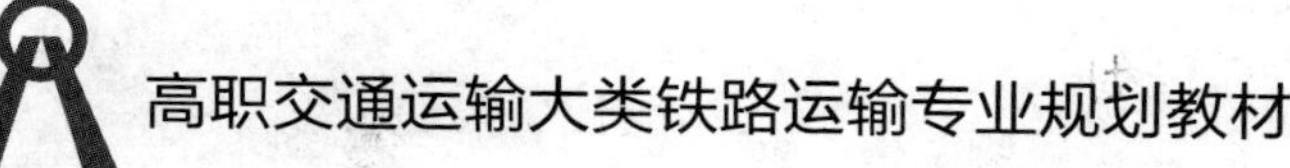

铁路客运组织

TIELU KEYUN ZUZHI

主　编　李　亚
副主编　解　慧　樊国霞
主　审　毛保华

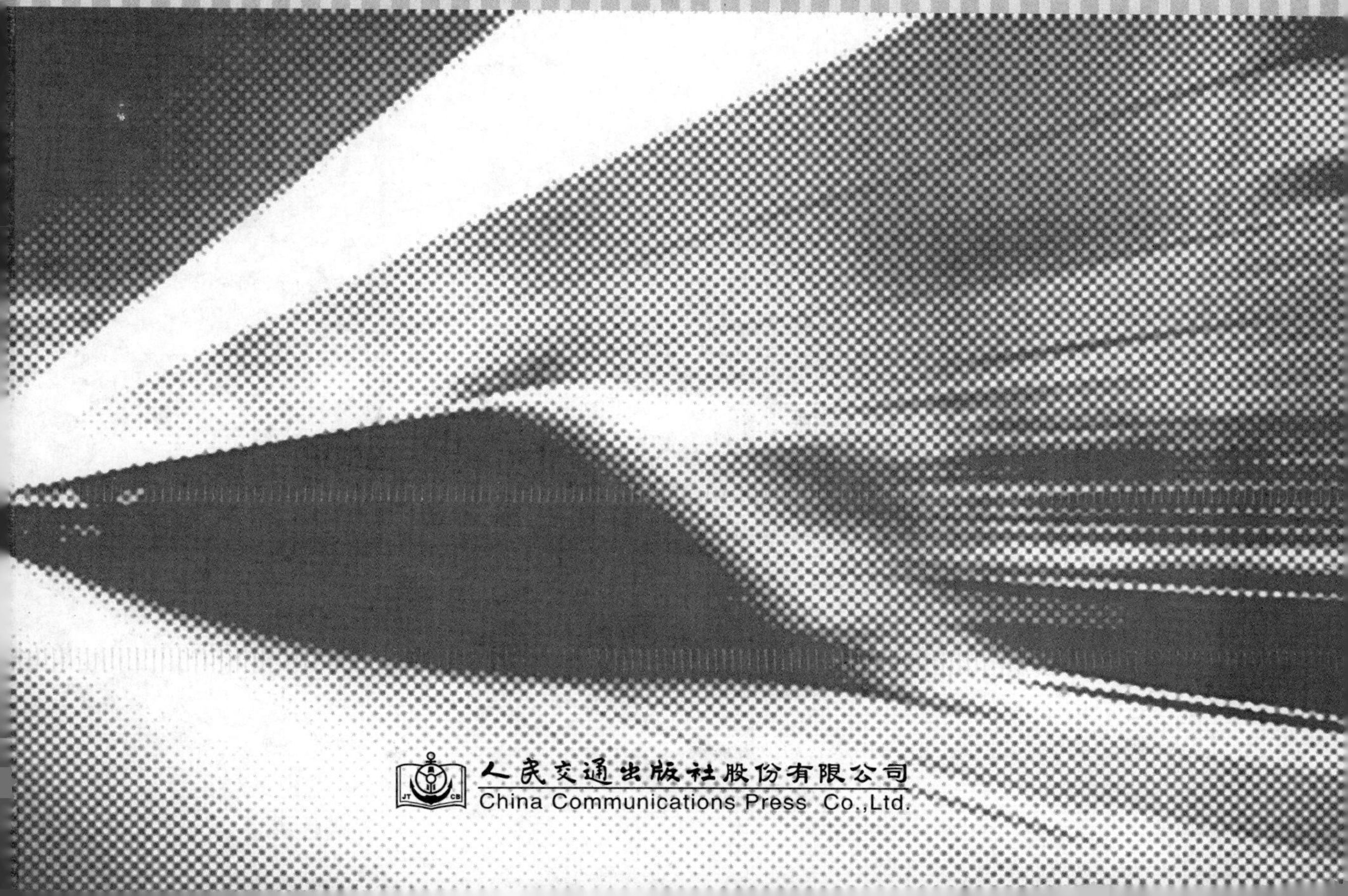

内 容 提 要

本书系统介绍了铁路客运组织内容,包括:铁路旅客运输服务;铁路客运运价;旅客、行李、包裹运送条件;旅客运输计划与组织;优化旅客列车编组结构和开行方案;站、车客运工作组织;旅客运输阻碍和客运事故处理;客运记录及电报;铁路军事运输和国际旅客联运等。全书重点突出实践操作技能培养,又提供了必要的基本理论知识,实用、好用。

本书适于高中等职业学院铁道交通运营管理专业学生选作教材使用,也可作为高等院校相关专业及相关运输企业客运站、段等培训教学使用,并可供从事铁路客运工作的相关人员用作学习参考。

图书在版编目(CIP)数据

铁路客运组织/李亚主编.—北京:人民交通出版社股份有限公司,2015.2

ISBN 978-7-114-11914-9

Ⅰ.①铁… Ⅱ.①李… Ⅲ.①铁路运输—客运组织—高等职业教育—教材 Ⅳ.①U293.3

中国版本图书馆 CIP 数据核字(2015)第 001558 号

书　　名:铁路客运组织
著 作 者:李　亚
责任编辑:杜　琛
出版发行:人民交通出版社股份有限公司
地　　址:(100011)北京市朝阳区安定门外外馆斜街 3 号
网　　址:http://www.ccpress.com.cn
销售电话:(010)59757973
总 经 销:人民交通出版社股份有限公司发行部
经　　销:各地新华书店
印　　刷:大厂回族自治县正兴印务有限公司
开　　本:787×1092　1/16
印　　张:16
插　　页:1
字　　数:400 千
版　　次:2015 年 2 月　第 1 版
印　　次:2019 年 9 月　第 4 次印刷
书　　号:ISBN 978-7-114-11914-9
定　　价:39.00 元

前言 Preface

“铁路客运组织”作为铁道交通运营管理专业的一门核心课程，是以铁路客运系统职业技能标准、职业技能鉴定规范为依托，以《既有线职工应知应会手册》要求为培养目标的实用性课程，对铁道运输应用型人才培养起着重要作用。本教材是根据《高等职业院校铁道交通运营管理专业教学指导方案》及“铁路客运组织”教学大纲基本要求，并结合现行《铁路旅客运输管理规划》、《铁路客运运价规则》、《铁路旅客运输办理细则》等规章编写的，有助于学生正确处理旅客运输业务中的实际问题。

在编写内容上，全书以站、车客运工作的基本原理、基本方法、基本技能为重点，以现行铁路有关规章、国家标准为依据，按照学以致用的原则，及时将铁路运输技术的发展和现行规章制度的变化纳入到教材中，力求体现教材的科学性、系统性和实践性，使本教材更加符合铁路现代化、管理科学化和高职教育应用化的要求。使学生通过对本课程的学习与实践全面了解铁路旅客运输工作所包含的整体内容、作业流程和作业标准，掌握铁路旅客运输组织的基本原理、方法和技能，理解并运用客运规章分析和处理旅客、行李、包裹运输中的问题，正确办理客运作业和业务，获得较强的实际工作能力和较高的职业综合素质。

在编写过程中，编者注意以现场岗位作业过程为导向，围绕铁道交通领域职业岗位的资格标准、生产作业流程及作业标准来设计教学内容，更有利于针对职业岗位能力的要求分模块整合教学内容，实现课程的培养目标与岗位的职业标准融通对接。使学生通过对本课程的学习与实践，既具备一定的客运理论知识，又具有较强的客运业务技能，符合铁道交通行业客运职业岗位群中售票员、客运员、列车员、行李员等各种岗位的用人要求；能够适应在铁道交通领域生产一线从事客运组织、服务、经营和管理等的工作，具备较强的实际工作能力。

本教材由郑州铁路职业技术学院李亚主编，北京交通大学毛保华教授主审。编写具体分工如下：郑州铁路职业技术学院解慧编写第 1、6、9 章；郑州铁路局职工培训基地樊国霞编写第 4、5 章；李亚编写第 2、3、7、8 章；孙仕明编写第 10、11 章；帖鹏飞编写第 12 章。

本教材在编写过程中得到了北京交通大学杜鹏、刘智丽，郑州客运段郭玲玲，郑州车站客运车间闫林等人的大力支持，也得到了有关站段的热情帮助，在此一并表示诚挚的谢意。

限于资料的掌握和编者的水平，书中定有不少缺点和疏漏，恳请广大师生和读者批评指正。

编　者

2014 年 10 月

目录 Contents

第一章　铁路旅客运输系统概述

【学习目标】

1. 掌握铁路旅客运输的特点。
2. 了解铁路各级客运部门的主要任务。
3. 了解我国铁路旅客运输的发展趋势。
4. 会应用客运交通行为理论。
5. 掌握铁路客流的分类及旅客列车种类。

第一节　旅客运输系统的构成

 客运交通系统的含义

社会系统可以看作是劳动、文化和居住组织的实体,这些实体在地域上是分散的。它们之间的相互联系通过交通运输系统来实现。根据运输对象的不同,交通运输系统可以分为两个子系统:客运系统和货运系统。就交通运输业的总体而言,现代交通运输业由铁路、水运、公路、航空和管道五种基本运输方式构成。我国的客运交通系统主要由铁路、水运、公路和民航四种现代化运输方式组成,客运交通系统的具体构成如图 1-1 所示。

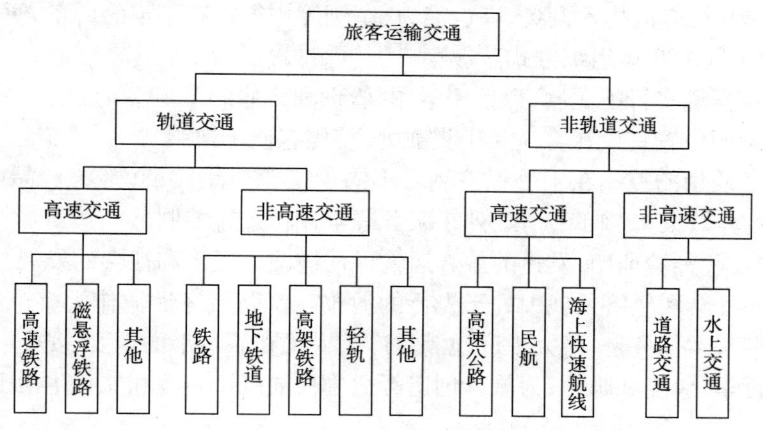

图 1-1　客运交通系统构成图

图中轨道交通中的高速交通包括高速铁路、磁悬浮铁路等。高速铁路是指列车时速在 300km 以上的铁路运输线。磁悬浮铁路时速一般在 500km 左右,它是介于时速 300km 的高速铁路运输和时速 1000km 的航空运输之间的一种高速、安全、舒适、绿色环保的地面交通方式。其原理是利用电磁力使列车悬浮于地面钢轨之上,由直线电机直接驱动前进(由车上和地面的导线线圈的相互感应作用推动列车前进)。德国于 1971 年造出第一辆常导磁悬浮原理车 TR01,日本于 1972 年造出第一辆超导磁悬浮原理车 ML100,磁悬浮列车正在向实用化道路迈进。我国上海浦东,由地铁二号线终点站的龙阳路至国际机场,已建成 33km 长的磁悬浮铁

路，最高时速430km，运行时间8min。

轨道交通中的非高速交通包括（普通）铁路、地下铁道、高架铁路、轻轨等。轻轨交通是指中运量快速轨道运输，它是由现代电车发展起来的采用铁轮走行、钢轨导向，可以运行在地下，也可建成高架轨道运行，在性能上它具有乘坐舒适、功率大、噪声小且能耗低等特点。

各种客运交通方式均有各自的优势和其适用范围，但在不同的具体环境条件下，其长处和短处的相对关系会发生变化。因此，不同地区、不同条件下，无法形成统一的客运交通模式；根据具体情况，选择不同的运输方式进行组合，才能组成最优化的客运交通网。

二 铁路旅客运输的特点

铁路具有运能大、能耗小、成本低、占地少、全天候、安全性好、环境效益高、有广泛的适应性等技术经济优势。大力发展铁路旅客运输完全符合我国的基本国情，也完全符合国民经济可持续发展战略的要求。在我国，铁路的地位和作用是不可替代的。

铁路旅客运输的特点主要有：

（1）旅客运输的主要服务对象是旅客，其次是行李、包裹和邮件。售票工作可把旅客组织起来并最大限度地满足他们在旅行中的物质文化生活需求，集人、车、路、站于一体，以主要提供劳务的形式为旅客服务。

（2）旅客运输生产向社会提供的是无形产品，其核心产品是旅客的空间位移。它被旅客本身所消耗，其使用价值具有不确定性，其创造的社会效益远大于自身的经济效益。

（3）铁路客运产品具有易逝性。旅客位移的生产和消费过程同时进行，产品不能存储，不能调拨。

（4）旅客运输在时间上有较大的波动性。季、月、周、日和一日内各小时之间常会出现急剧的起伏变化。为此，客运技术设备、客运能力、车辆等均须留有一定的后备，便于在不同的客运量峰值期采用不同的客运组织方式。

（5）铁路客运车辆实行配属制，以便于运用、管理和维修。

（6）客运站舍的位置宜设在客流易于集散处，使旅客便于换乘。

（7）客运服务质量的控制在于过程控制。不同于工业产品质量（最终产品或生产过程），客运服务必须对售票、候车、乘降工作、列车服务等全过程进行控制。

世界各国的发展经验证明，发达的旅客运输可促进国民经济和社会的发展，且旅客运输必须超前发展，它在社会和经济发展中处于先行的地位。铁路旅客运输作为整个铁路运输的重要组成部分，它的基本任务是：最大限度地满足广大人民在旅行上的需要；安全、迅速、准确、便利地运送旅客、行李、包裹和邮件；为旅客创造舒适愉快的旅途环境和文化生活上的优质服务。

三 铁路各级客运部门的主要任务

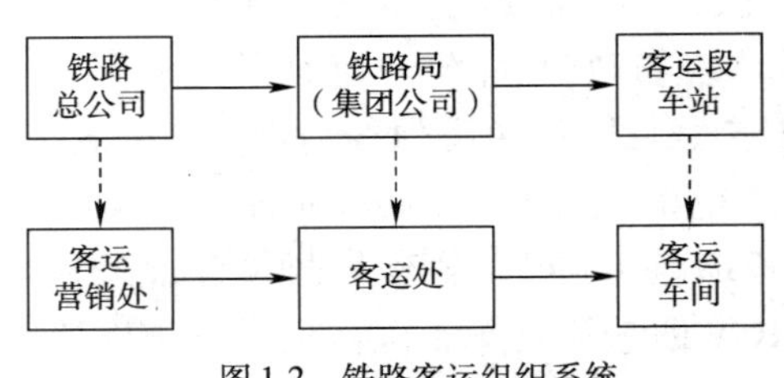

图1-2 铁路客运组织系统

铁路旅客运输管理工作，实行统一领导，分级管理。其组织系统如图1-2所示。

各级客运部门的主要任务是：

1. 铁路总公司客运营销处

（1）依据国家政策、法令，制定、修改有关规章、运价、标准等；审批公布新线（含跨局临管线）营业里程，开办或封闭营业站。

(2)收集国际铁路及国内其他交通工具运送旅客的有关信息,制订铁路旅客运输经营、管理及采用新技术的中、远期发展规划。

(3)编制和调整直通旅客列车运行图、票额分配方案,临时直通旅客列车的加开、停运;编制跨三局以上列车的行包运输方案;掌握直通旅客列车的运行、客车加挂。

(4)审批路用车的跨局使用,特等站、一等站的修建方案以及大型客运设备的更新改造、新技术的引进方案。

(5)组织完成国家下达的旅客运输计划,检查旅客运输中各项工作质量,仲裁跨局旅客及行包责任事故。

2. 铁路局(集团公司)客运处

(1)贯彻执行铁路总公司命令、指示、规章制度,制定有关补充规定或细则。

(2)审批公布管内临管线营业里程、旅客乘降所开办和封闭。

(3)编制和调整管内旅客列车运行图、票额分配,跨两局直通列车和管内列车的行包运输方案;掌握管内临时客车的加开、停运;掌握管内旅客列车运行,客车加挂;掌握管内客车配属。

(4)审批客运站的修建方案以及较大客运设备的更新改造、新技术引进方案。

(5)组织完成旅客运输生产任务,检查管内旅客运输各项工作质量;编写广播资料,并审批旅客及行包事故的赔偿。

3. 客运站、段(车间)

贯彻执行上级规章、命令、指示;制定客运工作的管理细则、作业过程和实施措施;培训、考核客运职工;管理、使用客运设备;处理旅客及行包事故,确保质量良好地完成旅客和行包运输任务。

第二节　我国铁路旅客运输的发展趋势

一　我国铁路旅客运输面临的形势

现阶段,我国处于加快转变经济发展方式的攻坚时期,同时也是铁路实现科学发展、全面提升现代化水平的关键时期。铁路发展既面临重要战略机遇,又面对新挑战和新要求,必须增强机遇意识,转变发展方式,提高发展质量,努力开创铁路科学发展新局面。

1. 紧跟时代要求,保持经济平稳较快发展,需要提升铁路服务能力和水平

贯彻科学发展主题和加快转变经济发展方式主线,实施扩大内需战略,深入推进工业化、城镇化,着力保障和改善民生,经济将保持平稳较快增长,城乡居民收入较快增加,经济要素流动更为频繁,百姓出行需求更加旺盛,客货运输需求持续增长,同时消费结构和运输需求结构升级对交通运输安全性、便捷性、舒适性、时效性、均等性等提出新的更高要求。据预测,2015年全社会客货运量将分别达 470 亿人和 450 亿 t,客货周转量分别达 39500 亿人 · km 和 194500 亿 t · km。铁路作为国家重要基础设施,是符合我国国情、适合区域及城乡大规模人员和物资流动的运输方式。这期间,需要进一步完善铁路运输网络,重点建设快速铁路、区际干线、煤运通道等,不断提高服务能力和品质,充分发挥铁路骨干作用,为保持经济平稳较快发展提供可靠运输保障。预计 2015 年铁路旅客发送量将达 40 亿人,旅客周转量将达 16000 亿

人·km;货物发送量将达55亿t,货物周转量将达42900亿t·km左右。

2. 实施主体功能区战略,促进区域协调发展,需要增强铁路基础保障能力

我国幅员辽阔、内陆深广,各地区自然条件与人口聚集差异大,资源能源与产业布局不均衡,决定了生产过程与市场消费需要长距离、大运量、低成本的运输方式来实现。今后一个时期,需要更加注重统筹区域协调发展,实施区域发展总体战略和主体功能区战略,推动区域良性互动发展,逐步缩小区域发展差距,加快西部连接东中部及出海、过境通道建设;加强中部地区贯通东西、沟通南北通道建设;完善东部地区路网结构,提高路网综合能力和服务水平。同时,加大对革命老区、民族地区、边疆地区、贫困地区扶持力度,需要进一步加强铁路基础设施建设,拓展路网覆盖面,惠及更多百姓。铁路基础设施是促进区域协调发展的重要保障,也是区域发展总体战略的重要组成部分,系统形成高效畅通的铁路运输网络,实现人便其行、货畅其流,对促进生产要素合理流动和产业梯度转移,推动区域协调发展,实现区域基本公共服务均等化具有重要作用。

3. 积极稳妥推进城镇化,促进城市群发展,需要铁路提供可靠的运力支撑

改革开放以来,我国城镇化快速发展,2010年城镇化率已达到47.5%,拥有城镇人口6.7亿人;预计到2015年我国城镇化率将达到51.5%,同时以大城市为依托、以中小城市为重点,逐步形成辐射作用大的城市群,促进大中城市和小城镇协调发展。随着城镇化水平提高以及城市群发展,人口和产业集聚的中心城市之间、城市群内部的客运需求强劲,这对交通基础设施承载能力提出了更高的要求。适应我国城镇化发展需要,尽快形成高速铁路、区际干线、城际铁路和既有线提速线路有机结合的快速铁路网络,可满足大流量、高密度、快速便捷的客运需求,为拓展区域发展空间、促进产业合理布局和城市群健康发展提供基础保障,同时也为广大城乡居民提供大众化、全天候、便捷舒适的基本公共服务。

4. 加快建设资源节约型、环境友好型社会,需要加快构建低碳绿色的综合运输体系

我国能源资源相对不足,生态环境承载能力弱。随着经济社会持续快速发展,资源环境约束日趋加剧,需要加快转变经济发展方式,加快构建"两型"社会,增强可持续发展能力。目前社会运输成本较高,能源消耗快速增加,节能减排压力大,交通拥堵严重,需要优化交通运输结构,促进我国交通运输又好又快发展。目前是转变交通发展方式的重要时期,需要更加注重统筹各种运输方式协调发展,加强各种运输方式的有机衔接和综合枢纽建设。铁路在节能、节地、环保、经济等方面具有明显的优势,进一步发展铁路运输,形成分工合作、优势互补、协调发展的运输体系,是落实国家节约资源、保护环境基本国策的重要体现,也是以较低的社会成本和资源环境代价满足经济社会发展对运输需求的客观需要,对加快转变交通发展方式、促进经济社会可持续发展具有重要作用。

二 我国铁路的发展趋势

目前,铁路发展的总体目标是:路网布局更加完善,技术装备先进适用,运输安全持续稳定,创新能力不断增强,信息化水平全面提高,运输能力和服务水平大幅提升,经营效益和职工收入同步增长。到2020年,我国将新增4万多千米营业里程,全国铁路营业里程将达12万km以上,其中西部地区铁路5万km,复线率和电气化率分别达到50%和60%以上。初步形成便捷、安全、经济、高效、绿色的铁路运输网络,基本适应经济社会发展的需要。

基本建成快速铁路网,营业里程达4万km以上,基本覆盖省会及50万人口以上城市,区

域间时空距离大幅缩短，旅客出行更加便捷、高效和舒适。

大能力区际干线和煤运通道进一步优化完善，煤炭运输能力达30亿t以上，重点物资和跨区域货运服务能力显著增强，大幅提升铁路对经济发展的支撑和保障能力。

加快构建与其他交通方式紧密衔接的综合交通枢纽及综合物流中心，提高服务效率，促进综合交通运输体系建设。

1. 建设发达完善的铁路网

"十二五"期间，基本建成快速铁路网，发展高速铁路，推进区际干线、煤运通道、西部铁路等建设，完善路网布局，加快形成发达完善的铁路网。

(1) 发展高速铁路，基本建成快速铁路网

建设"四纵四横"高速铁路。贯通北京—哈尔滨(大连)、北京—上海、上海—深圳、北京—深圳及徐州—兰州、上海—成都等"四纵四横"高速铁路。

有序建设快速铁路。建设北京—呼和浩特、大同—西安、西安—成都、成都经贵阳—广州、合肥—蚌埠、合肥—福州、南京—杭州、吉林—珲春、沈阳—丹东、哈尔滨—齐齐哈尔、哈尔滨—佳木斯、武汉—九江、郑州—万州等快速铁路，进一步扩大快速铁路网覆盖面。

规划建设城际铁路。规划建设长江三角洲、珠江三角洲、环渤海地区、长株潭城市群、中原城市群、武汉城市圈、成渝经济区、关中城市群、海峡西岸经济区以及呼包鄂地区、北部湾地区、鄱阳湖生态经济区、滇中地区等城际铁路。利用通道内新建快速铁路和既有铁路开行城际列车，充分发挥路网资源在区域城际客运中的作用。

快速铁路网重点项目：

建成北京—武汉、哈尔滨—大连、杭州—宁波、厦门—深圳、杭州—长沙、郑州—徐州、石家庄—济南、兰州—乌鲁木齐第二双线等快速铁路。

建设北京—沈阳、长沙—昆明、宝鸡—兰州、北京—呼和浩特、杭州—黄山、商丘—杭州、西安—成都、成都—贵阳、深圳—茂名等快速铁路。

(2) 建设大能力通道，完善区际干线网

在繁忙干线实现客货分线基础上，加快区际干线新线建设和既有线扩能改造，强化煤炭运输等重载货运通道。重点加强东部沿海铁路，京沪、京九、京广通道，大同—湛江—海口通道，包头经西安、重庆、贵阳—防城通道，临河经兰州、成都—昆明等南北向通道建设；满洲里—绥芬河通道，天津经北京、呼和浩特、哈密、吐鲁番—喀什(包括集宁经通辽—长春通道)，青岛经太原—兰州—拉萨通道，陆桥、沪昆通道，宁西、沪汉蓉通道，昆明经南宁—广州等东西向通道建设。

加强煤炭运输通道建设。坚持新线建设与既有线改造并举，加快建设晋、蒙、陕、甘、宁地区至华东、华中等地区煤炭运输通道，强化蒙东与东北地区煤运通道，加快推进新疆地区煤炭外运通道建设，适应新疆能源开发和资源转化的需要。加强煤炭集疏运系统的优化完善。

区际干线及煤运通道重点项目：

①南北通道。建设上海—南通、青岛—连云港—盐城—阜阳—景德镇、银川—西安、敦煌—格尔木等铁路，实施成都—昆明、包兰铁路银川—兰州、西安—安康、重庆—怀化等铁路扩能改造。研究建设琼州海峡跨海工程。

②东西通道。建设额济纳—哈密、九江—衢州、黔江—张家界—常德、怀化—邵阳—衡阳等铁路，实施西安—合肥、宝鸡—中卫、阳平关—安康等铁路扩能改造。研究建设川藏铁路成都—昌都段。

③煤运通道。建设蒙陕甘宁能源"金三角"—鄂湘赣等华中地区煤运通道、山西中南部、张家口—唐山、锡林浩特—乌兰浩特等铁路，实施长治—邯郸—济南、集宁—通辽、通辽—霍林河、太原—焦作等铁路扩能改造。

(3)建设以西部为重点的开发性铁路，优化路网布局

贯彻落实区域发展战略，进一步拓展西部路网，扩大路网覆盖面，形成路网骨架；强化东北路网，完善东中部路网，提升路网质量。

地区开发性重点项目：

①西部地区。建设库尔勒—格尔木、北屯—准东、哈密—罗布泊、哈密—将军庙、拉萨—日喀则、拉萨—林芝、黄桶—百色、兰州—合作等铁路。

②东北地区。建设前进—抚远、庄河—前阳、通化—灌水、靖宇—松江河等铁路，实施长春—白城等铁路扩能改造。

③中东部地区。建设赣州—韶关、赣州—龙岩、衡阳—井冈山、荆州—岳阳、天津—保定、邢台—和顺等铁路。

(4)加强国际通道建设，逐步实现与周边国家互联互通

建设东北、西北、西南等进出境铁路和国土开发性边境铁路，配套建设口岸基础设施，完善口岸集疏运系统，促进我国与周边区域的交流合作。

强化陆桥通道。实施哈尔滨—满洲里铁路电气化、哈尔滨—绥芬河铁路电气化改造，集宁—二连铁路扩能改造，强化第一亚欧大陆桥中国境内段；研究建设中吉乌铁路(国内段)，实施兰新线西段电气化、南疆铁路复线扩能改造，拓展第二亚欧大陆桥通道；建设大理—瑞丽铁路，逐步构筑第三大陆桥通道。

完善区域合作通道。在东北亚区域，新建同江铁路大桥、巴彦乌拉—珠恩嘎达布其、古莲—洛古河等铁路，实施阿尔山—乌兰浩特扩能改造等；在东南亚区域，建设玉溪—蒙自—河口，规划建设玉溪—磨憨铁路、南宁—凭祥铁路扩能改造等，逐步形成中国至东南亚区域交流多通道格局。

(5)强化枢纽及配套设施建设，提高运输效率

结合新线建设和既有线改造，强化枢纽、客货配套设施及集疏运系统建设，加强与其他运输方式的衔接，发挥综合运输体系组合效率和整体优势。

①建设客货运枢纽及配套设施。优化完善铁路枢纽总图规划，加强与城市总体规划衔接。结合新线建设和既有线改造，新建和改建部分铁路客站，在省会城市及重要中心城市构建与其他交通方式以及周边土地开发利用紧密衔接的综合客运枢纽；强化编组站以及大型货场等综合货运设施建设，构建完善的客货运综合枢纽。建设具有增值服务功能的现代化货场和物流中心，新建或改建沿线货运站，提升货运仓储和装卸等服务能力，推进货运站向现代物流中心转变，促进现代物流业发展。对区域内货运站、技术站等进行优化分工、集约经营，满足新兴工业园区与产业结构升级的需要。研究探索利用中心城市既有铁路资源服务城市交通的模式。

②建成集装箱运输网络。加快建设北京、沈阳、宁波、广州、深圳、兰州、乌鲁木齐等集装箱中心站以及集装箱办理站；结合新线建设、既有线改造和港口规划建设，加快推进集装箱运输通道建设，基本建成覆盖全国范围的铁路集装箱运输网络，大力发展集装箱运输。

③强化港口后方通道。通过新通道建设、既有通道改造以及港前运输系统的完善，建立布局合理、衔接顺畅、集疏便捷的港口后方通道，实现铁路与港口的无缝衔接，积极发展水铁、公铁等多式联运，扩展服务功能。

④建设综合配套设施。根据生产力布局调整和路网发展需要，建设跨区域服务的动车组维修基地、基础设施维修基地、大功率机车检修基地、调度所等运营配套设施。加强铁路沿线、生产站段及铁路地区职工公寓、单身宿舍等配套设施建设，改善职工生产生活条件。

2. 全面推进技术装备现代化

坚持自主创新，深化关键技术、关键领域再创新，健全铁路技术标准体系，扩大技术创新成果运用，全面推进技术装备现代化。

(1)提升机车车辆装备现代化水平

结合快速铁路、区际干线、煤运通道建设，重点配备动车组、大功率机车、重载货车等先进装备，适应客货运输需要。继续提高空调客车和专用货车比例，优化机车车辆结构。配备大吨位救援列车。推进动车组谱系化，发展不同系列机车、客车及货车，进一步提高技术装备现代化水平。

(2)提高通信信号现代化水平

完善全路骨干、局内干线传输网，建设全路数据通信网；高速铁路、城际铁路和重要干线实现GSM-R无线网络覆盖。建立健全通信网安全监控、预测预警、应急处置机制，构建全路应急救援通信网络；推进综合视频监控系统建设，实现高速铁路、城际铁路、重要干线关键部位实时监控。装备适应不同等级线路运行的列车控制系统，推广计算机联锁系统，推进编组站综合自动化系统建设，全面提高信号技术装备现代化水平。

(3)强化基础设施设备现代化水平

加强对既有线桥隧等基础设施和设备的加固与改造，提高抵御灾害、保障运输安全的能力。全面推广跨区间无缝线路。积极研制和应用轨道和接触网除冰雪减灾装备。建立完善高铁设备养护维修设施，实现大型养路机械作业和检测能力全覆盖。加快推广供电综合监控、数据采集及节能降耗技术，实现牵引供电系统监控自动化、远程化和运行管理智能化，提升供电装备现代化水平。

3. 大力推进铁路信息化建设

以运输组织、客货服务、经营管理三大领域为重点，推进信息基础设施建设，全面提升铁路信息化水平。

(1)推进信息基础设施建设

建设覆盖全路的宽带信息网络，构建新一代信息处理平台：整合信息资源，建成铁路信息共享平台、公用基础信息平台、网络与信息安全保障平台和铁路门户。建设铁路数据中心，构建技术先进、结构合理、安全可靠的铁路信息化技术体系。

(2)推进运输组织智能化建设

高速铁路、繁忙干线采用调度集中系统，不断优化完善列车调度指挥系统和运输调度管理系统。建成高铁调度指挥中心、调度所运营调度系统，基本建成覆盖全路移动和固定设备设施运行状态监控网络，基本实现运输生产组织全过程信息化，全面提升铁路运输组织智能化水平。

(3)推进客货服务社会化建设

大力发展铁路电子商务，建成铁路客货运输服务系统、铁路客户服务中心和电子支付平台，基本建成铁路现代物流信息系统，促进铁路客货服务方式转型，实现客货运服务电子化、网络化，全面提高铁路客货运服务和营销现代化水平。

(4)推进经营管理现代化建设

建设铁路车务、机务、工务、电务、车辆、安全监督管理信息系统，加快动车组检修基地、大功率机车检修基地、基础设施维修基地等信息化建设，推广应用建设项目管理信息系统，优化完善电子政务、人力资源、财务会计和统计等信息系统，全面提升铁路经营管理水平。

4. 不断提升服务水平

创新运输组织，优化运输产品，提升服务水平，强化市场营销，拓展运输市场，实现客货运量持续增长。

(1) 大力拓展客运市场

充分用好新线，特别是高速铁路投产的能力，实现新增与既有运力资源有效衔接，全面优化客运资源配置，提高客运能力和效率。强化客运组织工作，优化调整客车开行方案，加大客运产品开发，形成高速、快速、普速合理匹配，适应旅客不同层次需求的铁路客运产品。加大客运营销力度，千方百计采用便民利民服务措施，充分展示高铁品牌优势。科学制订节假日运输方案，最大限度满足客运市场需要。

(2) 大力拓展货运市场

充分利用新线和既有线释放的货运能力，加大货运营销力度，努力开发货运新产品，吸引和挖掘新增货源，扩大铁路货运量。继续深入推进大客户战略，积极发展重载运输、直达运输，巩固扩大大宗货源，增强重点物资运输保障能力。优化运输组织，开发快捷运输、多式联运、集装箱运输等货运产品，加大高附加值、高运价、远距离货物运输的占有份额，拓展铁路货运市场。依托铁路运输优势，深化铁路运输与物流服务融合，增强物流服务功能，推动铁路运输企业向现代物流企业转型，打造铁路物流骨干企业。探索货物列车客车化开行模式。

(3) 不断提高服务质量

树立以人为本、客户至上的服务理念，创新服务方式，完善服务标准，提高服务水平。实施便民利民举措，加快客货营销由传统方式向电子商务的转变，实现铁路与客户远程直接服务，积极推广电话订票、互联网售票、电子客票、银行卡购票、自动售检票等方式，最大限度方便旅客和货主。深化货运组织改革，创新货运业务流程，加快推进集中受理、优化装车等服务方式，提高运输效率和效益。加快建设铁路客户服务中心，实行“一站式”办理、“一条龙”服务，拓展服务功能，提升服务水平。加强公共信息服务工作。进一步改善站车服务设施，强化站车乘降、供水、供暖、卫生、餐饮、信息等基本服务，全面提高站车服务质量和水平。

5. 加强绿色铁路建设

贯彻落实国家关于加快建设“两型”社会的要求，进一步完善节能标准体系、技术支撑体系和政策引导体系，建立铁路节能减排管理新机制，加强节能减排管理。加快铁路电气化技术改造，优化路网技术结构，提高电气化铁路承担运输工作量比重，“以电代油”效应显著提高；广泛应用机车车辆等设备节能新技术、新装备、新工艺，促进牵引节能和用能结构调整，单位运输工作量牵引能耗大幅降低；扩大新能源、新产品和新材料利用，多层次和全方位降低非牵引能耗，使其占铁路总能耗比例有较大幅度下降；优化运输组织，提高运输效率，降低能源消耗。积极推广节地、节材等技术，节约、集约利用资源。促进绿色、低碳型交通消费模式和出行方式。预计到2015年，铁路单位运输工作量综合能耗下降5%，化学需氧量排放量控制在2280t，力争增产不增污。

加强铁路运输环境保护，采取综合措施，有效防治铁路沿线噪声、振动影响等，全面推行旅客列车垃圾集中处理，新型客车安装集便设施，加强货物列车粉尘防护，大力整治沿线白色污染，不断提高运输环境质量。加强铁路建设中的环境影响评价、生态保护、土地资源节约、水土保持、洪水影响评价等工作，依法认真落实各项要求。加强铁路绿色通道建设，积极推进绿色生态铁路建设，实现环境保护与铁路建设协调发展。

健全节能环保目标责任制，完善考核机制，严格考核指标。强化对铁路规划、建设和运营等过程节能环保监督检查。推进技术进步，完善节能环保管理和技术政策。

第三节　客运交通行为理论

由交通行为决定交通方式的选择从而确定交通综合网络的观点和方法称为交通行为理论。研究客运交通行为理论，就是要系统地研究旅客出行的需求、旅客对交通方式的选择和政府交通政策的制定等问题，以及这些问题之间的关系。旅客出行方式选择是交通行为理论的核心问题。交通方式选择行为决定了各种交通方式的分担率，从而影响交通体系结构。客运企业对于交通方式的选择问题尤为关心，企业只有了解了旅客是用什么依据去评价交通方式，并选择交通方式，才能据此改变客运产品的属性，增加本企业的市场占有率。因此，旅客出行方式选择问题是客运市场需求分析与预测的重要研究领域。正确地估计各种运输方式的客运分担率将对运输发展战略研究、运输政策制定、交通规划设计以及有效地发挥各种运输方式的综合运输能力起积极的作用。由于旅客出行方式选择问题所涉及的对象是处于多变的社会经济环境中的人，因而问题就变得比较复杂和棘手。在我国，交通运输虽属政府部门管辖最严格的市场范畴，但在计划经济向市场经济转轨的过程中，原来以卖方导向的计划性旅客运输结构逐渐向以买方导向为特征的多样性客运结构转变。这种发展趋势更要求我们从客运消费者的角度出发，对旅客出行方式选择行为进行更为深入的研究。

一　旅客出行方式选择行为的影响因素

旅客出行方式选择行为与一般消费者选择行为一样，其研究的基础是微观经济学中的消费者需求理论，旅客运输的消费者即出行者，通常定义为在某个特定时期、某个地域范围对可选方式能够独立做出出行决策的个人。客运出行选择分析是在一定的假设前提下进行的：

(1)旅客能对可选出行方式进行独立的选择。

(2)每种出行方式都可为旅客提供效用和满足感。

(3)旅客的选择偏好是相对稳定的。

(4)旅客的选择受到收入和时间预算的约束。

在此基础上，旅客的选择行为受到三方面因素的影响：其一是出行目的的影响；其二是出行者外部环境的影响；其三是旅客本身需求属性及偏好的影响。

1. 出行目的对出行方式选择的影响

人们出行有各种各样的目的，这是运输需求之所以成为派生需求的根源所在。出行行为实际上只是为达到出行目的的一种从属行为，因此不同的出行目的，必然会对出行方式的选择产生不同的影响。比如某旅客要马上到外地举行商务会谈，这时他很可能选择高速的交通方式，而忽略出行费用的多少；而对时间要求不那么严格的旅游者，则他可能会充分地权衡各种出行方式的利弊，最终做出最为明智的路线和方式的抉择。出行目的虽然多种多样，但对于旅客运输而言，大体上可以归类为：出差、旅游、探亲访友、购物及其他。表1-1列出了2010年北京地区旅客运输根据出行目的分类的统计数据。

2010 年北京地区客运按目的分类的旅客出行比率(%) 表 1-1

出行方式	探亲	出差	旅游	经商	通勤	上学	其他	合计
铁路	61.62	10.68	2.61	3.44	0.27	10.13	11.24	100.00
航空	38.11	33.22	11.54	7.35	0.00	9.79	0.00	100.00
公路	65.51	17.27	6.47	2.88	0.72	3.55	3.60	100.00

由表 1-1 可以看出,铁路客运以探亲为目的的出行所占比重最高,其次是出差和上学出行,也就是说在现有经济条件下,探亲、出差、上学大多选择低成本的出行方式。

一般说来,出行目的不能孤立地对出行方式选择发生作用,而是与其他因素结合起来共同作用于出行方式选择的全过程。

2. 供给属性对出行方式选择的影响

供给属性讨论的是旅客的外部运输环境特征。旅客所面对的运输供给条件不同,则做出的方式选择决策也将有所不同。在短时期内,这种外部运输环境影响可以被视为是既定不变的,而在一个较长的时期里,这种影响作用也将发生变化。供给属性对出行方式选择的影响包括:可达性、运输速度、方便性、舒适性、安全性等。

值得注意的是,中国目前仍存在着较严重的时间性、地域性和方式性的运输短缺现象,这种运输供给不足极大地限制着出行方式选择的自由,使旅客的出行方式选择经常发生由短缺引起的强制性替代,造成上述供给属性对出行方式选择作用的扭曲现象。例如,随着国民经济的迅速发展和人民生活水平的明显提高,长途旅行中选择民航方式的旅客与日俱增,但由于我国航空方式的航线、航班少,往往运输需求得不到满足,使选择该出行方式的旅客不得不转向相对较慢的铁路等其他出行方式。

3. 需求属性对出行方式选择的影响

所谓需求属性是指从出行者自身利益出发来考虑出行方式的选择问题。

(1)收入水平的影响。这可能是旅客对出行方式选择最重要的影响因素,或者更直接地说是限制因素。因为就人的自然本性而言,任何一个旅客都愿意选择最快、最好、最安全、最舒适的出行方式。我们姑且不谈这样理想的出行方式是否可行,实际上旅客的出行方式选择严格地受到收入预算约束的限制。在收入水平很低的情况下,旅客的出行只能选择成本最低(当然价格也最低)的交通方式,如铁路、水运。但随着收入水平的提高,人们便可以有能力支付较高的运输价格而获得便利、快速、舒适的客运服务。因此,铁路、水运的客运量和旅客周转量分担率均呈下降趋势,其中长途部分下降较缓。而公路、民航的客运量和旅客周转量分担率都有很强的上升趋势。旅客出行方式选择结构的变化说明,公路能为旅客提供门到门的便利服务,时间上比铁路、水运灵活得多,受到中短途旅客的青睐;而民航方式的快速、舒适和较高的服务水平也吸引着越来越多的中远距离出行者。

(2)方式偏好的影响。偏好也是旅客对出行方式进行选择的重要因素,而且偏好又是出行方式选择中最具感情色彩的因素,特别是在价格、服务水平差别不大的出行方式间进行选择时,旅客的出行习惯往往起着主导作用。除此之外,效用函数也可用来表示或概括偏好的排列次序,这时对旅客来说,一种出行方式的偏好高于另一种出行方式,其充分必要条件是前者的效用大于后者。

(3)出行时间价值的影响。出行的时间价值对出行方式选择的影响是比较复杂的一个问题,因为出行的时间价值是因人而异、因事而异、因不同地区而异、因不同时期而异的。尽管如此,有一点是十分明确的,即旅客的时间与旅客的收入类似,也是出行方式选择中的一个重要的限定性条件。时间价值一般指旅客为节约单位出行时间所愿意支付的运输费用。从更广义的角度看，如果出行时间的节约能为旅客带来货币形式或非货币形式的收益，当这种收益不仅能够弥补所选较快出行方式与较慢出行方式间的费用之差而且尚有剩余的话，这就是出行时间价值的实际体现。旅客的时间价值与其收入水平成正比，并且与出行目的密切相关。

除上述几方面外，职业、年龄、性别等也均属于旅客的需求属性。

目前发达国家交通方式的发展趋势反映了社会经济发展的一种模式，发展中国家应利用后发优势，根据本国的国情，合理地确定本国交通运输发展的道路。

不少国家在修建高速铁路后，客运交通结构发生了较大的变化，如日本东海道新干线建成投入运营后，迫使东京至名古屋的航班停飞。法国巴黎至里昂 TGV 通车，使该线国内航班乘客减少了 200 万人。20 世纪中叶，西方的高速公路和大型喷气式飞机几乎一度要取代已成为“夕阳工业”的铁路运输；而今天高速铁路的发展，又对汽车和喷气式飞机提出了挑战。在高速铁路未得到大发展时(1977 年)，欧洲国家的工作出行交通方式如图 1-3 所示。

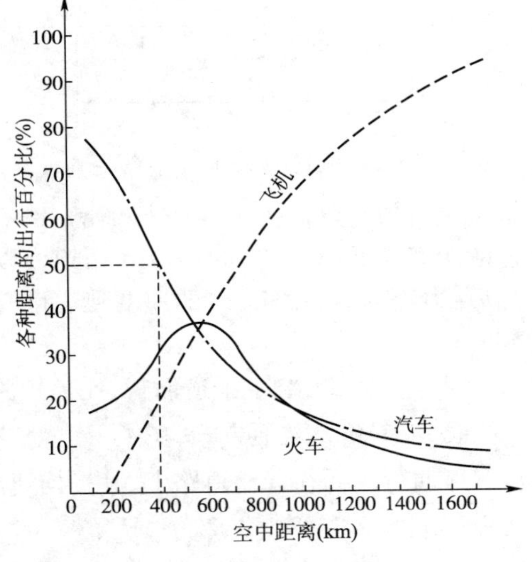

图 1-3　欧洲国家工作出行的交通方式

由图 1-3 可知：

(1)一般铁路客运的最优距离为 400～1000km。

(2)出行距离在 400km 以内小汽车优先于铁路。

(3)在高速铁路发展以后，则在 1500km 以上，飞机才能作为最优选择。

我国是发展中国家，且幅员辽阔，人口众多，人均资源匮乏，社会产品的大部分要用于消费，资金短缺，不能像发达国家那样在短时间内建设大量的高速铁路和高速公路，在一定时间内短途运输将由公路承担，长距离的旅客运输靠航空扩大通达范围难以解决问题，中长途旅客运输主要由铁路承担。

二　交通行为理论

交通行为理论的基本观点主要有：①交通方式的选择是亿万旅客(包括以单位形式体现的个人)随着他的经济收入水平所产生的对交通方式的“偏好”所决定，决策者所制定的交通政策应该最大可能地适应这种选择。在供不应求的状况下，旅客的“偏好”受到遏制；在供求均衡的情况下，会造成交通网络流的不均衡分配；而当出现供过于求的状况时，则乘客的偏好会唯一地决定交通方式的兴衰。②承认交通政策对旅客“偏好”的引导和调节作用。如我国 1985 年对短途铁路运费加价，使铁路短途客流转向公路运输。又如一些发达国家，对私人小汽车采取鼓励政策，如美国、加拿大，小汽车发展很快。但在另一些国家，对小汽车采取某种限制政策，使小汽车发展较慢。交通政策不是只限于采取简单的经济手段来遏制某种交通方式的发展，而是指确定交通投资的分配，其影响尤为显著。

三　大道定理

大道定理是由交通问题总结出来的一条数学定理，广泛地用于宏观经济领域。这里不从理论上探讨大道定理，而是将大道定理的思想反过来用于交通运输。

在交通行为观点中谈到过，在经济收入提高后，快速性的要求更优先于经济性的要求，即最优道路不是地理上的最短路，而是时间上的最短路。在设计交通网络时，我们不可能也无必要把每一条通路都改造或修建成为高速路，只能把主干道设计成高速通道，而其他次要道路只需与主干道相连通，便可构成综合交通网络。这就是说，交通网络是有层次的、可叠加的。第一个层次便是确定主干道，第二个层次是省际、区域间干线，然后再是第三层次的局管内或省内的线路（县、乡道路）。规划应是从上而下的。

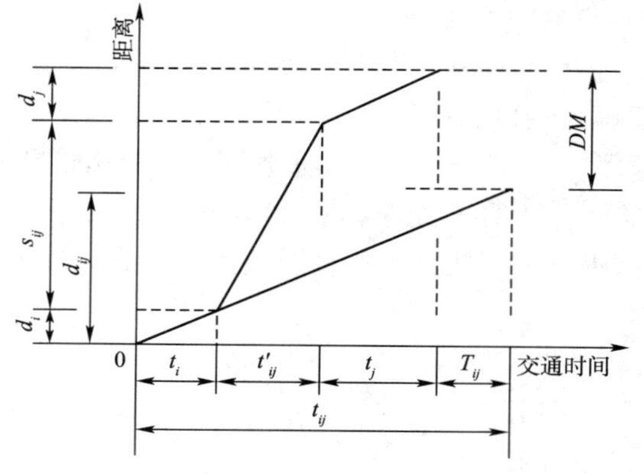

图 1-4　地理最短路与时间最短示意图

主干道的设计，我们称之为大道定理，下面用图 1-4 来说明此观点。

从点 i 到点 j，距离为 d_{ij}，按照某一种交通方式在一般道路上运行，平均时速为 v_i。图上用斜率表示速度，运行时间为 t_{ij}。

假设在 i,j 之间存在一条快速主干道，运行平均速度为 $v_2(v_2>v_1)$。于是从 i 点出发，按 v_1 的速度经过时间 t_i 运行到主干道上，i 到主干道的距离为 $d_i(t_i=d_i/v_1)$。在主干道上以 v_2 的速度经过距离 s_{ij}，运行时间为 $t'_{ij}(t'_{ij}=s_{ij}/v_2)$。然后，再经普通道路以 v_1 的速度到达目的地 j,j 到主干道的距离为 d_j，运行时间为 t_j，显然 $t_j=d_j/v_1$。

从距离来看，绕主干道而行，比最短路增加了 DM，但时间上却节约了 T_{ij}。

假定有 M 种交通方式，在主干道上，这 M 种交通方式都可以按各自的速度 $v_2^{(m)}(m=1,2,\cdots,M)$ 通行。而在普通道路上，其平均速度则为 $v_1^{(m)}(m=1,2,\cdots,M)$。按图 1-4 的运行方法，相差时间为 $T_{ij}^{(m)}(m=1,2,\cdots,M)$。

现假定有动态 0-D 流，并通过交通行为的选择，某时期第 m 种交通方式的 0-D 流为

$$X_i^{(m)}=[X_{ij}^{(m)}]_{N\times N}\quad(m=1,2,\cdots,M) \tag{1-1}$$

N 为交通区域的总数（即网络起讫点数），因而，交通主干道模型可以描述为

$$\max Z=\sum_{i=1}^N\sum_{j=1}^N\sum_{m=1}^M T_{ij}^{(m)}\cdot X_{ij}^{(m)} \tag{1-2}$$

约束条件为

$$\left.\begin{array}{l}
T_{ij}^{(m)}=\dfrac{1}{v_1^{(m)}}(d_{ij}-d_i-d_j)-\dfrac{1}{v_2^{(m)}}s_{ij}\\
(i=1,2,\cdots,N;j=1,2,\cdots,N;m=1,2,\cdots,M;i\neq j)\\
0<v_1^{(m)}<v_2^{(m)}\leqslant v^{(m)}\quad(m=1,2,\cdots,M)\\
p\cdot\sum_{i=1}^N\sum_{j=1}^N s_{ij}\leqslant P\\
d_{ij}\geqslant d_i+d_j\quad(i=1,\cdots,N;j=1,\cdots,N;i\neq j)\\
d_i\geqslant 0,d_j\geqslant 0,s_{ij}\geqslant 0\\
\text{若 } d_{ij}\leqslant d_i+d_j\text{，则 } s_{ij}=0
\end{array}\right\} \tag{1-3}$$

式中：$v^{(m)}$——第 m 种交通方式的最大限速；

p——主干道单位长度的造价；

P——主干道的最高限额投资。

第四节 国产动车组沿革

很多人认为中国高速铁路起源于2004年的技术引进,却不知道中国第一条高速铁路是1999年开工、2003年建成的秦沈客专;动车组的研制则更早,"蓝箭"、"中原之星"、"中华之星"都是鼎鼎大名。毫无疑问,2004年以来的引进技术,让中国高铁汇聚百家,站在巨人肩膀上,练就盖世奇功。但是技术可以引进,能力却引进不来,没有此前几十年的技术积累,即便引进了技术,也只能邯郸学步,难有大的作为。这正是中国高铁成功的关键,也就是所谓的"中国高铁模式":第一,是世界的,立足全球化,利用先进成果引进技术而非闭门造车;第二,又是中国的,立足自主化,汇聚几十年功力底蕴,最终消化了引进的技术并能够创新;第三,是体制优势,中国铁路总公司的统筹让中国铁路握成一个拳头,既拿到了技术又保住了市场,避免重蹈汽车行业丢了市场又没有拿到技术的覆辙。

"中国高铁模式"深刻含义至少包括如下几个方面:第一,品牌是自主的;第二,市场是自己的,国内在手里,国外去开拓;第三,产业链是完整的,不但高铁产品突破,还带动产业链的发展与技术的变革,如工业变流、IGBT半导体技术、高效能电机技术、机械传动技术、铝合金加工技术等;第四,形成中国的标准,不但在国内形成标准还要对外输出,目前国内标准已形成,对外输出工作正在进行中;第五,改变大家生活,高铁让中国变成一个大城市。

一 早期型号(均已退役)

中国早期动车组型号是指2004年引进消化吸收再创新之前的型号,包括1958年研制的2动4拖东风型摩托动车组,1994年研制的第一款动力分散型液力传动内燃动车组"天安号",以及后来的NZJ1"新曙光号"、NYJ1柴油动车组、"天驰号"等。值得一提的是大白鲨与蓝箭。大白鲨于1999年研制,是我国第一代电动车组型号,设计时速200km;蓝箭于2000年研制,是第一款批量化生产的时速200km动车组,采用动力集中式,批量化生产了8列。后来的代表还有动力分散型"中原之星"以及"先锋号"。2002年"先锋号"曾在秦沈客专创造了时速292.8km的速度纪录。

"先锋号"创造的速度纪录,后来由我国早期动车组型号的巅峰之作——大名鼎鼎的"中华之星"打破。中华之星设计速度270km/h,采用动力集中式,2动9拖,是我国老一代高铁人心血与智慧的结晶。2002年11月27日,2动3拖的短编组"中华之星"在秦沈客专进行高速试验,其最高速度创造了当时的"中国铁路第一速"——321.5km/h,成为轰动一时的事情,这个速度纪录直到2008年4月24日,才由CRH2C型动车组在京津城际铁路打破。

二 目前在线运营的动车组

这里面可以大致分为两代,第一代以引进消化吸收技术为主(其中有极少数车型进行了深入的创新,如CRH2C,尤其CRH2C二阶段),第二代又被称为"新一代",也就是我们常说的CRH380系列。

(1)第一代动车组包括1系、2系、3系、5系四种类型。其中1系属于南车与庞巴迪的合资公司BST,2系属于南车四方,3系属于北车唐山,5系属于北车长客。这里面又分为A、B、C、E四个小类(如CRH2A、CRH2B、CRH2C、CRH2E),A代表时速200km 8辆编组、B代表时速 200km 16 辆编组、C 代表时速 350km 8 辆编组、E 代表时速 200km 卧铺动车组。

①CRH1 系列。CRH1 系列由中国南车与庞巴迪的合资公司 BST 生产，包括 CRH1A(8 编)、CRH1B(16 编)、CRH1E(卧铺)。截至 2013 年 1 月，共有 136 组 CRH1 系列高速列车出厂。

②CRH2 系列。CRH2 系列由中国南车四方股份公司生产，是第一代车型里面的主力，故障率一直保持最低水准。包括 CRH2A 短编组、CRH2B 长编组，CRH2C 一阶段时速 300km、CRH2C 二阶段时速 350km，CRH2C 在技术方面有许多重大突破，具有划时代的意义。

③CRH3 系列。CRH3 只有 CRH3C，原型车是德国的 ICE-3，由中国北车唐山轨道客车引进。这是中国引进的所有型号动车组里面平台最好的，也是国产化率最低的一款。后来的 CRH380BL 就是在此车基础上升级改进。

④CRH5 系列。CRH5 即 CRH5A，由北车长客引进法国阿尔斯通技术，在国内制造生产。

(2) 新一代 CRH380 系列，主要包括 CRH380A、CRH380B、CRH380C、CRH380D。其中 CRH380AL 是中国南车四方股份公司生产的，CRH380BL 由长客、唐山共同生产，其中长客又研制了 CRH380B 短编高寒车以及 CRH380CL。CRH380D 入行最晚，原型车 2010 年 9 月在柏林展会上发布，号称目前最先进的车组。2014 年 4 月 19 日，CRH380D 正式在广铁集团开始载客试运营，但目前尚未正式上线。

三 在研发或即将投入运营的动车组

主要产品包括中国南车的 CRH6、高寒防风沙动车组、智能化高速列车、永磁传动高速列车等，多数车型都没有公布。中国北车也正在 CRH5 的基础上研发高寒防风沙动车组，还包括长客研制的 CRH3A、唐山研制的 CRH3G 等。

现阶段，中国南车研制的高速动车组，采用大量新材料、新技术，包括大量前瞻性技术，在实验室里跑出了 605km 最高时速。但一直没有进行线路冲高实验。在中国铁路总公司的协调下，目前中国南车与中国北车还都在研究中国标准动车组，此项工作对中国高铁走向世界，具有积极意义。

第五节　铁路客流分类及旅客列车种类

旅客根据需要选用一定的运输方式，在一定时间和空间范围内作有目的的移动便形成了客流。客流信息是旅客运输系统的基本信息。客流可以按不同特性进行分类，如按旅行距离可以分为长途、中途和短途客流，按身份职业可以分为工、农、商、学、兵客流。现在我国铁路采用的是按旅行距离结合铁路局管辖范围的分类方法，将客流分为直通、管内两种客流。

1. 直通客流

旅行距离跨及两个及以上铁路局的客流为直通客流。一般来说，此种客流旅行距离较长，购票早，进候车室早，送客亲友多，要求列车服务标准高，注重舒适度。

2. 管内客流

旅行距离在一个铁路局管辖范围以内的客流称为管内客流。一般来说，管内客流旅行距离较短，旅客注重便捷，其他要求较随意。

对不同的客流和不同的线路设备条件开行不同等级的列车。目前，我国旅客列车按速度特性可分为以下四大类：

(1)动车组旅客列车。使用时速200km的动车组、运行经过线路允许时速200km及以上线路的旅客列车。

(2)特快旅客列车。使用时速140～160km车底、运行经过线路允许时速140km及以上线路的旅客列车。有国际和国内两种特快列车，国内特快又分为直达特快和一般特快。

(3)快速旅客列车。使用时速120km的车底、在较大车站停车的旅客列车。

(4)普通旅客列车。可分为普通旅客快车和普通旅客慢车，使用时速100～120km的车底，停站根据客流需要确定。普通旅客快车的停站多于快速等级的旅客列车，普通旅客慢车的停站不受停站距离限制。

旅客列车的席位可分为硬座、硬卧、软座和软卧四种。

行邮、行包列车根据其技术水平和服务特色分为以下三大类：

(1)特快行邮列车。使用时速160km的行邮车辆编组，按特快旅客列车运行时分标准运行。

(2)快速行邮列车。使用时速120km的行邮车辆编组，按快速旅客列车运行时分标准运行。

(3)行包列车。使用专用货车进行行包运输的列车。

旅客列车种类有：动车组旅客列车、动车组检测车、直达特快旅客列车、特快旅客列车、快速旅客列车、普通旅客列车、通勤列车、临时旅客列车、临时旅游列车、回送出入厂客车底列车、回送图定客车底列车和因故折返旅客列车等。

为使铁路客运面向客运市场，适应客运市场变化，从1997年开始到2007年止，我国先后进行了六次提速调图、优化运输结构，根据客流变化和不同层次旅客的需求，开行不同档次的各种旅客列车，如定点定时的旅游列车、各种民工专列、城际列车、特殊需要的列车等。随着旅客旅行需求的多元化，旅客列车的种类会越来越多样化。

为了区别列车的种类、性质、运行方向和不同等级，需要为每一列车编定一个号码或代号作为标识码，这就是车次。为了保证行车安全，维护运输秩序，铁路总公司规定，全路向北京、支线向干线或指定方向为上行方向，均编为双数车次；反之为下行方向，编为单数车次。如：郑州—北京普通旅客列车1304次，北京—郑州则冠1303次。车次编码遵循下列基本原则：

(1)体现铁路产品品牌特征。品牌特性要突出，既体现市场功能，又体现技术水平、服务特色和票价水平。

(2)考虑未来发展，留有发展空间，具有可扩充性。

(3)坚持车次规范、唯一，客货列车车次统一考虑。

(4)简单、实用，易于实施，便于识别，便于记忆，维护方便。

车次形式为：列车种类标识符加车次号码。

旅客列车种类标识符由0～2位字母组成，车次号码由1～4位数字组成。因故折返旅客列车，在原车次前冠“F”。旅客列车车次总位数最多为7位。

行邮、行包列车种类标识符为1位字母，车次号码由1～3位数字组成。列车种类及车次范围，详见表1-2。

(1)高速动车组、城际动车组、动车组、动车组检测车、直达特快旅客列车、特快旅客列车各局车次按下述范围划分：

哈T501～T530，沈T531～T560，京T561～T600，太T601～T630，呼T631～T640，郑T641～T670，武T671～T700，西T701～T730，济T731～T760，上T761～T800，南T801～T830，广T831～T870，宁T871～T880，成T881～T900，昆T901～T920，兰T921～T940，乌T941～T960，青T961～T980。

列车种类及车次范围 表 1-2

列 车 种 类	车 次 范 围	备 注
一、旅客列车		
1. 高速动车组	G1 ~ G998	“G”读“高”
2. 城际动车组	C1 ~ C998	“C”读“城”
3. 动车组	D1 ~ D998	“D”读“动”
跨局	D1 ~ D398	
管内	D401 ~ D998	
4. 动车组检测车	DJ5501 ~ DJ5598	“DJ”读“动检”
5. 直达特快旅客列车	Z1 ~ Z998	“Z”读“直达”
6. 特快旅客列车	T1 ~ T998	“T”读“特快”
跨局	T1 ~ T498	
管内	T501 ~ T998	
7. 快速旅客列车	K1 ~ K998 N1 ~ N998	“K”读“快速”
跨局	K1 ~ K998	
管内	N1 ~ N998	“N”读“内”
8. 普通旅客列车	1001 ~ 7598	
(1)普通旅客快车	1001 ~ 5998	
跨三局及其以上	1001 ~ 1998	
跨两局	2001 ~ 3998	
管内	4001 ~ 5988	
(2)普通旅客慢车	6001 ~ 7598	
跨局	6001 ~ 6198	
管内	6201 ~ 7598	
9. 通勤列车	7601 ~ 8998	
10. 临时旅客列车	L1 ~ L998 A1 ~ A998	
跨局	L1 ~ L998	
管内	A1 ~ A998	
11. 临时旅游列车	Y1 ~ Y998	
跨局	Y1 ~ Y498	
管内	Y501 ~ Y998	
12. 回送出入厂客车底列车	001 ~ 00298	
13. 回送图定客车底	在车次前冠以“0”	
14. 因故折返旅客列车	原车次前冠以“F”	“F”读“返”
二、行包列车	X1 ~ X998	
1. 行邮特快专列	X1 ~ X198	
2. 行包快运专列	X201 ~ X998	

(2)快速旅客列车各局车次按下述范围划分：

哈 N1 ~ T100，沈 N101 ~ N200，京 N201 ~ N250，太 N251 ~ N280，呼 N281 ~ N300，郑 N301 ~

N320,武 N321 ~ N350,西 N351 ~ N380,济 N381 ~ N400,上 N401 ~ N500,南 N501 ~ N550,广 N551 ~ N700,宁 N701 ~ N750,成 N751 ~ N800,昆 N801 ~ N840,兰 N841 ~ N870,乌 N871 ~ N910,青 N911 ~ N920。

(3)普通旅客快车各局车次按下述范围划分:

哈 4001 ~4200,沈 4201 ~4400,京 4401 ~4600,太 4601 ~4650,呼 4651 ~4700,郑 4701 ~4800,武 4801 ~4900,西 4901 ~5000,济 5001 ~5050,上 5051 ~5200,南 5201 ~5300,广 5301 ~5500,宁 5501 ~5550,成 5551 ~5650,昆 5651 ~5700,兰 5701 ~5800,乌 5801 ~5900,青 5901 ~5998。

(4)普通旅客慢车各局车次按下述范围划分:

哈 6201 ~6300,沈 6301 ~6400,京 6401 ~6500,太 6801 ~6850,呼 6851 ~6900,郑 6901 ~6950,武 6951 ~7000,西 7001 ~7050,济 7051 ~7100,上 7101 ~7200,南 7201 ~7250,广 7251 ~7300,宁 7301 ~7350,成 7351 ~7450,昆 7451 ~7500,兰 7501 ~7550,乌 7551 ~7580,青 7581 ~7598。

(5)通勤列车各局车次按下述范围划分:

哈 7601 ~7798,沈 7801 ~7998,京 8001 ~8150,太 8151 ~8198,呼 8201 ~8250,郑 8251 ~8298,武 8301 ~8350,西 8351 ~8398,济 8401 ~8450,上 8451 ~8550,南 8551 ~8598,广 8601 ~8698,宁 8701 ~8750,成 8751 ~8850,昆 8851 ~8898,兰 8901 ~8950,乌 8951 ~8980,青 8981 ~8998。

(6)临时旅客列车各局车次按下述范围划分:

哈 A1 ~ A100、沈 A101 ~ A200,京 A201 ~ A250,太 A251 ~ A280,呼 A281 ~ A300,郑 A301 ~ A320,武 A321 ~ A350,西 A351 ~ A380,济 A381 ~ A400,上 A401 ~ A500,南 A501 ~ A550,广 A551 ~ A700,宁 A701 ~ A750,成 A751 ~ A800,昆 A801 ~ A840,兰 A841 ~ A870,乌 A871 ~ A910,青 A911 ~ A920。

(7)临时旅游列车各局车次按下述范围划分:

哈 Y501 ~ Y530,沈 Y531 ~ Y560,京 Y561 ~ Y600,太 Y601 ~ Y630,呼 Y631 ~ Y640,郑 Y641 ~ Y670,武 Y671 ~ Y700,西 Y701 ~ Y730,济 Y731 ~ Y760,上 Y761 ~ Y800,南 Y801 ~ Y830,广 Y831 ~ Y870,宁 Y871 ~ Y880,成 Y881 ~ Y900,昆 Y901 ~ Y920,兰 Y921 ~ Y940,乌 Y941 ~ Y960,青 Y961 ~ Y980。

目前旅客列车的编组是固定的,在每次运行图实行期间,都是按照《旅客列车编组表》执行,一般不变动。编组固定包含三层含义:一是每对列车的编组辆数固定;二是每对列车的编组结构固定;三是每对列车的车辆及顺序固定。因此,形成了旅客列车的固定车底。车底的组成根据客流密度、列车种类、机车功率、线路坡度、站线长度和站台长度等因素加以确定,每对列车都不尽相同。

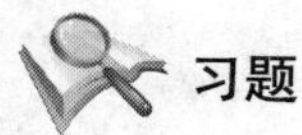 **习题**

一、填空题

1. 我国客运专线的建设目标是到 2020 年,形成(　　)客运专线骨架系统,建成(　　)(　　)、(　　)三个城际快速客运系统。

2. 客流的构成要素主要有(　　)、(　　)、(　　)、(　　)和旅行目的。

3. 客流可以按出行目的、旅行距离、身份职业等进行分类,但最常用的分类方法是(　　)

的分类方法。

4. 旅行距离跨越两个及以上铁路局的客流为(　　)客流,旅行距离在一个铁路局管辖范围以内的客流称为(　　)客流。

5. 以首都北京为中心,往北京方向运行的列车为(　　),由北京开往全国各地的列车为(　　)。

二、判断题

1. 京广铁路是中国最重要的一条南北铁路干线,其连接了六座省会以及数十座大中城市。(　　)

2. 我国幅员辽阔,铁路线路和类型众多,所以不必形成统一的运输网络。(　　)

3. 旅客的出行方式选择偏好是不稳定的。(　　)

4. 上行列车车次一般为单数,下行列车车次为双数。(　　)

5. 一列列车在一次始发终到过程中可能会有两个或以上的车次。(　　)

三、简答题

1. 我国的客运交通系统主要由哪几种方式构成?

2. 铁路旅客运输与货物运输相比,它具有哪些特点?主要任务有哪些?

3. 影响旅客出行方式选择行为的主要因素有哪些?并举例说明。

4. 交通行为理论有哪些主要观点?试联系实际说明。

5. 铁路客流及铁路旅客列车是如何分类的?

第二章 铁路旅客运输服务

【学习目标】

1. 了解旅行服务的特点及分类。
2. 掌握运输服务与其他服务的区别。
3. 了解旅客运输产品的质量特性。
4. 掌握铁路旅客服务心理。
5. 了解“服务金三角”内涵。
6. 了解旅客对铁路服务质量的评价要素。

第一节 旅客运输产品与旅客运输服务

旅客运输产品

现代营销理论认为,产品的概念应是一个整体性概念,它包含三个层次:①核心产品;②形式产品;③附加产品。客运产品的整体概念也包括这三个层次,如图2-1所示。

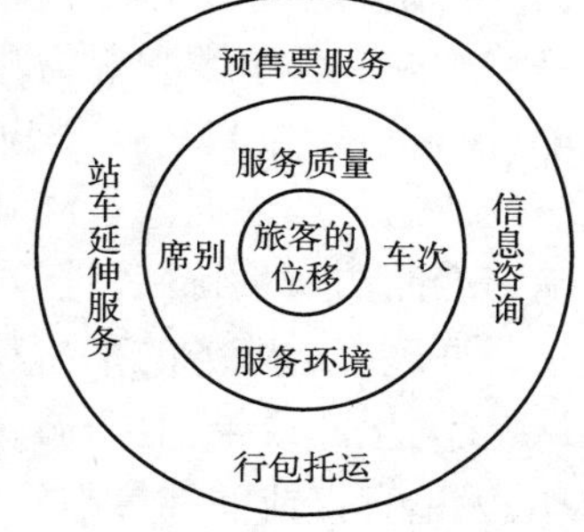

图2-1 客运产品整体概念示意图

(1)从核心产品层次上说,客运产品就是旅客的位移。这是从客运产品使用价值的角度定义的。旅客购买了客运产品,在正常情况下就能满足自己从出发地到目的地的需求,这个层次的产品,是产品的核心内容。任何形式的客运产品,包括铁路、公路、水路、航空,都必须具备旅客位移这个内容,离开了这个层次,客运产品就失去了存在的意义。

(2)从形式产品层次上说,铁路客运产品就是可供旅客选择乘坐的不同档次的列车或同一档次列车的不同席别,是核心层产品的载体,是核心层产品在形式上的表现。客运产品的基本效用只有通过形式产品才能得以实现。在形式产品层次上,铁路客运产品具有其可感知的几个属性,如质量(包括安全、准确、迅速、经济、便捷等)、席别(硬座、硬卧、软座、软卧等)、服务态度等。客运企业必须着眼于旅客购买位移产品时所追求的旅行需求,并以此为依据去改造已有产品或设计新产品。

(3)从附加产品层次上说,铁路客运企业提供给旅客的是购票、候车、行包托运、列车上的旅行服务以及其他延伸服务。这个层次上的产品,是客运企业提供给旅客的各种服务和旅行生活所需的保障条件。运输企业只有提供了比其他客运企业更多的保障、更便于旅客旅行的服务时,才能增强客运企业在市场中的竞争力,吸引更多的旅客。

我们只有从整体概念上认识了产品,铁路系统的车、机、工、电、辆各部门才能明确各自在铁路运输市场营销活动中的地位和作用;有了明确的定位才能积极参与营销,工作中才能协调配合,客运企业才能设计和开发出适销对路的新产品。

运输企业的新产品,不一定是完全创新开发的产品,只要产品的三个层次中有一个层次有较大的变化,能为旅客带来新的满足,为企业增加新的效益,就可以称之为新产品。一般设计新产品主要是在形式产品层和附加产品层两个方面进行。

如前所述,客运核心层产品是人在空间上的移动即位移,产生的是地点效用。由发送地点至到达地点进行位移的旅客的集合称为客流。客流也是旅客流量、流向、流程、流时、旅行目的的通称。客流的数量表示客流的规模;发送地点至到达地点的行程表示旅客流动的距离,它表明在空间移动的范围;发送地点与到达地点的相对方位则表明客流在地理位置上的对应关系,即客流的方向,反映客流的空间分布;旅客流动的时间反映客流在时间上的分布;旅行目的则反映出旅客交通行为产生的主客观原因。由这五个因素构成的客流反映了各个地区间在政治、经济、文化和军事上的相互联系。客流的主要特点是在时间、空间分布的非均衡性,但从长时间来看,方向上是平衡的。

旅客的位移是一种物质变化的形式,但是这种变化不具有可以持续存在的实物形态,因此,客运产品的生产过程也是产品的消费过程。旅客运输产品的位移不是任意的位移,而是有具体条件的,具有质量特性的,这就是不同层次的旅客有不同层次的旅行需求,如日期、车次、发到站、席别等,这些需求条件,可看成是客运产品的不同型号和规格。客票则是旅客购买客运产品的票据或合同。

铁路旅客运输以人公里为计量单位,旅客运输的产品总量称为旅客周转量,旅客周转量和货物周转量是铁路运输工作中最重要的数量指标之一。它是计算运输成本和劳动生产率的依据。在铁路运输工作中,通常采用换算周转量来表示,换算周转量的计量单位为换算吨公里,是将旅客人公里数和货物吨公里数直接相加而得到的(目前规定 1 人公里等于 1 个换算吨公里,换算系数为 1)。这里应指出,人公里和吨公里是铁路运输产品的计量单位,并不是铁路运输的产品。如果混淆了产品与产品计量单位两个不同的概念,把计量单位视为产品时,就不能确定产品的质量特性,对产品的质量考核就无法进行。

办理客运业务的车站和客运段,是客运的基层单位,只参与旅客位移的部分过程。这些站、段的生产成果,对于旅客运输的全过程来说,相当于半成品。这些站、段为了加强本身的管理,无论直接或间接参与旅客运输活动,都把其生产成果看成是本单位的产品,这样做是可以的。不过这种产品的概念与客运产品的概念有着原则的区别。这些站、段所谓的产品一般都是工作指标。

基层站、段为了工作的需要,各自确定自己的产品概念,这样可以使生产的目的性更加明确,对于广泛深入开展全面质量管理活动具有重要的实际意义。客运站面向广大旅客的服务工作可按表 2-1 确定。

客运站生产过程描述 表 2-1

输入原料	加工	输出产品	计量单位
旅客{发送 到达	{售票(中转签字) 进站候车 上车(出发) {下车 出站	发送(出)旅客 到达(出站)旅客	人

续上表

输入原料	加工	输出产品	计量单位
行李包裹{发送、到达}	{承运、保管（中转）装车（挂出）} {卸车、保管 交付}	发送（出）行包 到达（出站）行包	件、批、t

二 旅客运输产品的质量特性

旅客运输的服务对象是人，旅客运输工作就是直接为人民服务，全体客运职工应该有高尚的职业道德和高品位的职业素质，并采取相应技术组织措施，提供高质量的服务。

旅客运输的产品，虽然不具有实物形态，但和工农业产品一样，也有它的质量特性。旅客也是根据这些质量特性能否满足需要或者满足的程度来判断旅客运输产品的好坏。由于旅客运输的生产过程只是改变旅客的空间位置，这种位置的改变必须安全、迅速、及时。同时由于旅客的位移是有具体条件要求的，因此要求在时间和空间上准确无误，在费用方面力求经济节约。另外，旅客运输产品的生产过程与产品的消费过程是融合在一起的，产品不能存储，不能调拨。铁路必须有足够的能力，保证满足旅客的需求，为旅客提供便利的条件和文明服务。所有这些都决定了旅客运输产品的质量特性。由此可见，旅客运输产品的质量特性应该是安全、准确、迅速、经济、便捷、舒适和文明服务。旅客就是根据这些属性来判断产品的优劣。下面分别就这些质量特性加以说明。

1. 安全

确保人身安全，是客运工作的头等大事。目前在世界范围内每年因车祸造成的伤亡人数数以百万计，成为众所瞩目的“公害”。各国政府都采取了许多确保安全的措施。在我国，旅客运输市场正在由供不应求的卖方市场向买方市场过渡，客运设备还不够现代化，可能产生的火灾、爆炸、跳车、坠车、挤伤、烫伤、摔伤、击伤、轧伤、砸伤以及食物中毒等旅客伤亡事故较多。因此，千方百计保证旅客的人身安全，是客运人员的最基本职责。

旅行过程中，除了要保障人身安全外，还应确保财产安全。旅客携带的行李，在旅行过程中应做到完好无损。

2. 准确

在旅客运输过程中，广大旅客都希望在保障安全的前提下，准时到达目的地，以便安排接送，以及与其他客运交通方式的接续等。因此，准确、及时就成了广大旅客对客运工作的共同要求之一。客运企业必须采取一切措施，准时发车，正点运行，准时到达，以满足旅客对准确性方面的要求。

3. 迅速

旅客输送速度，是旅客运输服务最重要的质量指标之一，旅客在旅途中的各种消耗时间，是评价旅客旅行生活质量和运输服务水平高低的主要影响因素之一。

4. 经济

在完成同样运输任务的条件下，应尽量节约运输过程中的物化劳动和活劳动，以减少旅客的费用支出，这也是旅客普遍关心的问题。在其他质量特性大致相同的条件下，旅客对不同客运方式的选择主要考虑的问题之一就是经济性。

5. 便捷

购票、上车、下车、行包托运及提取等，手续要力求简便；一切要从方便旅客出发，增加售票地点和窗口的设置，改进客票预售、送票、行包接取送达等业务。方便旅客出行是在激烈的客运市场竞争中取胜的重要手段之一。

6. 舒适

随着人民物质文化生活水平的提高及交通运输业的发展，人们对旅行中舒适性的要求不断提高。因此，要不断改善铁路客车车辆的技术性能和车厢内部设备、客运站服务设施等，最大限度地满足旅客对舒适性的要求，使旅客获得热情周到、文明礼貌的服务，达到全面地提高旅行生活质量的目的。

总之，提高客运服务质量是旅客运输工作的根本要求。服务质量的好坏，不仅直接影响旅客运输业务的开展，而且涉及客运企业的信誉和铁路部门的形象。因此，必须加强客运职工的职业道德教育，使大家认识到，在市场经济的大潮中，良好的职业道德既是讲政治的需要，也是抓效益的需要；既是完善自身的要求，也是竞争取胜的要求；要通过客运职工的文明服务又好又快地建设铁路网。

三 旅行服务的基本内涵

所谓旅行服务就是在旅行的全过程中，向旅客提供时空运动的运载工具和必要的服务设施，并提供安全、舒适和便捷的服务，最大限度地满足旅客的旅行需求，以实现从始发地到达目的地的位移。即负责旅客在旅行全过程中如办理旅行手续、候车、乘降及列车上的一切服务，也包括满足物质生活和文化生活的各种需求。旅客乘坐铁路列车旅行的全过程也是铁路的客运部门、客运站和列车工作人员为旅客提供旅行服务的过程，其模式如图 2-2 所示。

旅客位移是在一定时间内的空间位移，从位移模式构成看，有三个部分：①始发地；②运载设备的旅行环境；③终到地（目的地）。三者之间具有封闭性的特点和矢量关系，如图 2-3 所示。

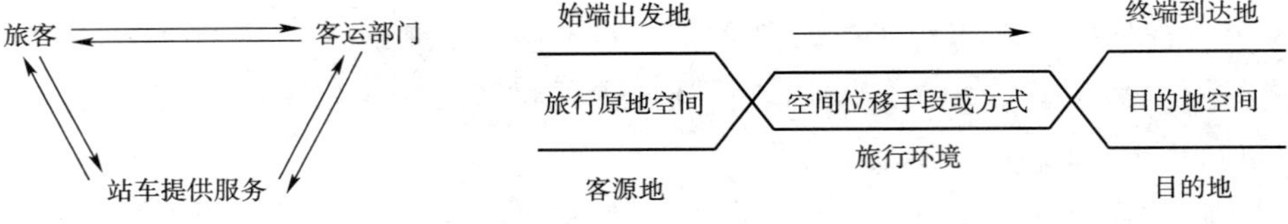

图 2-2　旅行服务过程模式示意图

图 2-3　位移模式构成图

旅行服务的实质是保证旅客在旅行过程中，以旅客需求为中心，提供安全舒适的乘载工具和良好的旅行环境，使旅客得到便捷的服务。具体表现在如下几个主要方面：买票便捷，旅行时间少，安全、正点率高，乘坐环境舒适，服务周到、态度好，票价合理。因此要求铁路客运供给方杜绝一切旅客责任伤亡事故，列车正点到发；车厢内有现代化设备，并配备高素质的列车服务人员提供优质的服务；办理旅行手续简捷，收费规范化，对团体客票给予优惠；为方便旅客购票实现计算机售票，增设售票点，逐步开设电话订票业务；优化列车开行方案，提倡列车高密度、多等级，在一些大城市间开行夕发朝至的高等级列车；要全面提高旅客列车的旅行速度等。

旅行服务水平在一定的硬件环境条件下，对铁路客运的营销起主导的作用，旅行服务水平与供需间的关系可用图 2-4 表示。

四 旅行服务的特点及分类

服务市场是指主要以劳务来满足消费者需求，但不涉及商品所有权的转移或商品所有权转移处于极不重要地位的市场。服务市场具有以下特点。

1. 旅行服务产品的无形性

旅行服务是以“活动”形式提供的无形服务。旅客在客运市场上购买到某种“旅行服务”后，并未因此而取得任何实际持有物，只改变了空间的方位。

2. 旅行服务产品的复杂性

旅行服务过程涉及吃、住、行等多方面的需要，旅客在此过程中需要的是一整套的服务，是经过组合的综合体，它们相互之间有着密切的联系，而且不同层次的旅客有不同的质和量的需求，某种单一的旅行服务不如能解决吃、住、行的多元化服务的竞争力强。

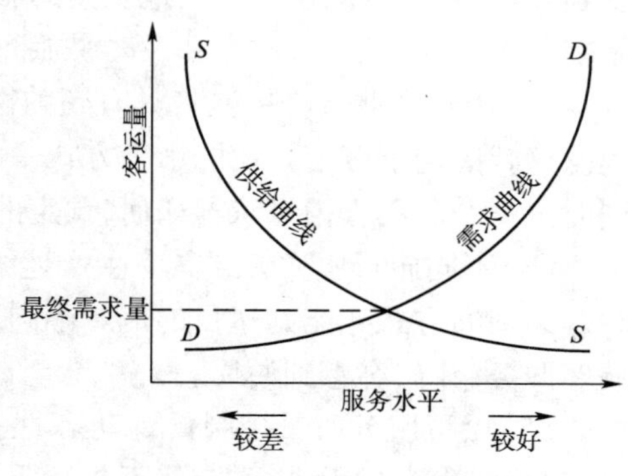

图 2-4　服务水平与供需间关系

3. 旅行服务产品的生产与消费在时间上的同一性

站、车工作人员和旅客直接发生联系，生产过程的同时也是消费过程，两者在时间和空间上不可分割。

4. 旅行服务产品的不可储存性

客运企业提供的服务产品不可能像工业企业提供的实物产品那样被储存起来，以备经销人员在市场上出售。虽然提供服务的各种设备可以在需求之前准备，但生产出来的旅行服务如不当时消费掉，就会造成损失。如列车座位和铺位空闲，表现为客运收入的损失和设备折旧的产生。

5. 同一服务产品品质差异的多变性

对于多数实物产品来说，由于生产企业大多实行机械化和自动化生产，所以它们的产品品质基本是标准的。而旅行服务是以“旅客”为中心的，不同的服务人员为不同的旅客提供同一种服务时，由于人类个性差异的存在，服务产品的品质很难一致。事实上，即使是由同一服务人员提供的同一服务，也可能因个性上的一些不可避免的因素（如心理状态等），而难有完全一致的服务水准。而且，由于服务产品的生产者和旅客是不可分割的，旅客直接参与旅行服务产品的生产和销售过程，因此，旅客本身的素质如知识、兴趣、态度等也会直接影响旅行服务的质量和效果。

6. 旅行服务产品的相互替代性

这里的替代性有两层含义：其一是旅行服务特别是一些旨在获取信息的出行，随着计算机、邮电、通信设备的发展，将影响这一旅行消费领域的客流量；其二是不同客运工具之间往往可以互相替代。人们为了达到同一旅行消费目的，可以选择不同的交通方式。去某一目的地，既可乘飞机、汽车去，也可乘火车、轮船去。

以上所述的这些特点和其他服务行业是类同的。此外，旅行服务区别于其他服务业的特征主要表现在以下方面：

（1）运输生产过程的流动性。旅客位移是通过运载工具来完成的。通过的空间是各种情况复杂的地理环境，特别是铁路运输，是以列车运行方式进行的。来自四面八方的旅客组成一个临时性的流动小社会，在运输过程中如何确保旅客的人身安全是第一位的，一旦造成旅客伤亡事故，就会造成难以挽回的损失。

(2)时间、空间特定性。人们出行的目的不同，所需客运企业提供的旅行服务也不同，它只有在特定的时间内和方向上才是被需求的，不同时间和不同方向上的供应和需求不能相互得到弥补，只能以满足当时当地发生的旅行需求为限度。客运企业提供的运能多了、早了或迟了都是无效的。因此，准点和及时是旅行服务有吸引力的重要因素。

(3)旅行消费过程中销售具有超前性。旅行消费过程是与生产过程结合在一起的统一过程。这就决定了客运企业的销售方式一般是先销售(售客票)再生产，只有少数是销售与生产同时进行的。不管销售状况如何，预定的运载工具如列车、航班、车船都必须准点开行。

(4)不同旅行服务方式具有生产连续性。绝大多数旅客在一次旅行过程中都要经过若干种客运交通方式才能到达目的地。不同运输方式只有协调配合、紧密衔接，才能高效优质地为旅客服务，让旅客感到便捷。

(5)旅行服务质量控制具有动态性。工业企业的产品质量既可对最终产品进行检验控制，也可对生产过程进行控制，而旅行服务质量控制主要是在运输生产过程中进行动态控制。人们对旅行服务产品质量的判断和检验也很困难。对于具有实体性的产品，人们可以通过各种理化检验或感官测定来检测它的质量。但是，对于服务产品来说，人们很难定出一个统一的质量指标。长期以来，虽然对运输生产过程的管理已形成了许多规范化管理标准，但由于工作人员的思想、业务素质水平，以及接受服务者的个性特点差异，使得服务质量仍然较难以控制。

在服务的过程中，按顾客参与服务活动的程度，可将服务分为三种类型：高度接触的服务(High-contact Service)、中度接触的服务(Medium-contact Service)和低度接触的服务(Low-contact Service)。由于服务接触度不同，在运输的各个环节，员工对旅客评价服务质量过程的影响力也不同，高度接触的服务，旅客对服务质量的评价很大程度上取决于旅客的感知。为了全

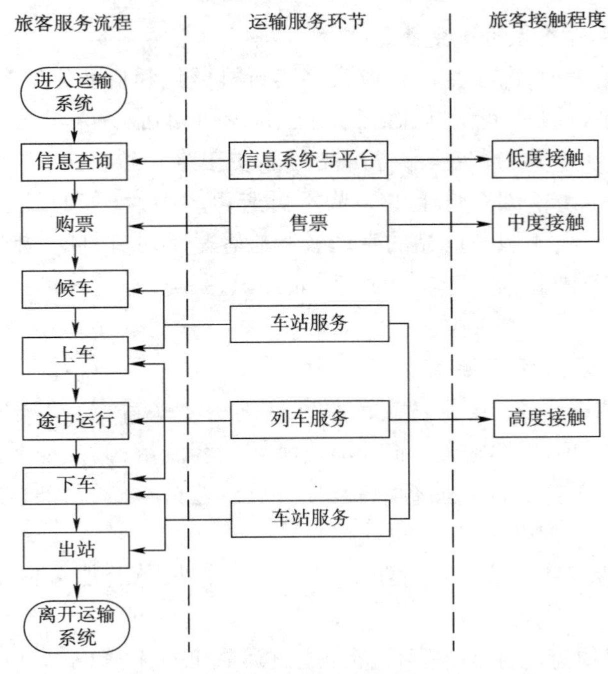

图2-5 旅客接受服务流程及接触程度图

面了解旅客在接受运输服务的各个环节与员工的接触度,需要分析旅客在旅客运输服务系统的经历,勾画旅客接受运输服务的流程及接触程度图(图 2-5),以帮助我们更清楚地认识旅客接触服务的程度。

旅客接受运输服务流程图勾画了旅客从开始介入旅客运输服务系统到接受服务完毕、离开服务系统的过程中,不同服务环节,旅客与运输服务生产过程的接触程度。通过图 2-5 可以看出,从候车到出站所经过的所有流程,旅客与运输服务系统高度接触。在这些环节中,虽然旅客对运输企业能提供的运送速度、车厢硬件环境很感兴趣,但由于旅客高度接触服务,在整个传递位移服务的过程中,乘务员对待旅客的态度会对旅客的满意度产生重要的影响。

第二节　旅客旅行心理活动与服务

心理学提示人们,需要产生动机,动机在环境条件满足的情况下导致行为,而在行为的整个过程中又伴随着各种各样的心理活动,这些心理活动直接影响行为的结果。

旅客运输服务的过程,是围绕旅客从始发地到终到地移动而提供旅客所需要的各项服务的过程,客运服务项目的制定应考虑旅客心理的需要,并在实施中使旅客的需要得到满足,满足程度决定客运服务质量水平的高低。因此,旅客运输服务应以心理学为主要理论依据,通过对旅客旅行心理需要的研究,充分分析、了解和掌握旅客旅行中所伴随的各种心理活动,促使旅客运输部门针对不同的旅客心理需要,采取相应的服务方式,改善和提高客运服务质量,树立旅客运输企业良好的形象。与其他旅客运输工具相比较,铁路客运服务项目的合理确定,以及在实施过程中使旅客满足程度的提高,是旅客运输业市场竞争力加强的体现。

一　旅客旅行的共性心理与服务

旅客乘车旅行的心理活动,贯穿了从产生旅行的需要开始,到抵达目的地结束旅行为止的整个过程。旅客旅行的共性心理是指所有旅客在乘车旅行的过程中从开始买票到旅行终了,经过各个环节,遇到各种情况,所具有的相同的心理活动。一般来讲,人们出门旅行首先要考虑选择乘坐何种交通工具,其共性的心理主要表现为要对交通工具的安全、经济、迅速、方便等方面进行比较,然后再对舒适程度、服务质量等方面进行比较,分析哪种交通工具旅行条件优越,最后选定交通工具。旅客在旅行中的共性心理是比较复杂的。下面对旅客共性心理活动进行一般性的分析。

1. 旅客旅行总体方面需要的表现

总体方面的需要是,每一个旅客在整个旅行过程中(包括旅行的准备工作及乘车旅行)一直存在的需要,主要表现为以下几个方面。

(1)安全心理

旅客乘车旅行最根本的需要就是安全的需要,它包括人身安全和物品安全两个方面。为保证旅行安全,旅客常综合考察自然环境状况、社会治安情况和运输工具的安全性等内容,再做出是否旅行的决定。

当亲友出门旅行时,我们祝福他"一路平安",这代表了出门旅行者最普通、最基本的共性心理要求。既然是"一路平安",就是指旅客从离开家门,一直到目的地,包括旅行的全过程都平平安安。

在旅客运输服务过程中，努力实现旅客旅行安全心理要求，这是所有客运服务人员的首要工作。要求铁路运输部门加强社会、铁路沿线、车站和列车的治安管理，从技术装备上提高运输载体的安全性，从安全管理上提高客运服务人员对不安全因素的预测和及时处理等方面的能力。

(2)顺畅心理

送亲友出门旅行时，除了祝福他“一路平安”外，常说的另一句话是“一路顺风”，讲的是旅行中的顺利、愉快问题，这也是出门旅行者的一个共性心理要求。还有一句话“穷在家里，富在路上”，讲的也是旅行的顺畅心理问题。

旅客到车站购票，能够顺利地买到自己需要的车票；上车时，人虽然多，但能够顺利地找到座位；在用餐时间，车站或列车上能够提供经济、卫生、可口的食品；食用自带食品时，车站或列车能够随时提供开水；列车在运行途中，因某些原因，如铁路线路施工、意外运行事故等而耽搁，在这种情况下，能够保证列车正点到达终点站；准备换车时，有充裕的时间赶上接续换乘的列车等。这些都是旅客出门旅行的顺畅心理要求。

要满足每位旅客的顺畅心理要求，做到时时顺畅、事事顺畅是不现实的。但是，从旅客运输服务管理角度，应尽最大的努力满足旅客的需要。在为满足旅客需要而做工作的同时，还要做好宣传工作。对旅客要有良好的服务态度，遇到不能满足旅客要求的事情，要进行耐心解释，使旅客明白为什么需求没有得到满足。在旅客旅行的过程中，由于运输部门的原因而发生的延误，影响到旅客旅行的顺利进行，旅客有权了解发生的原因，运输服务人员必须把事情的真相通告给旅客，让旅客心里有数，使其能够对自己下步的行为预先进行计划。

(3)快捷心理

随着社会的发展，人们的时间观念发生了重大的变化，“快捷”成为旅客一个主要需求。缩短旅行时间，迅速到达目的地，可以节约时间，同时减少旅行疲劳。

(4)方便心理

方便的需要表现在购票、进出站、上下车以及中转乘车等方面的便捷性。“方便”要求减少旅行中的各种中间环节，达到“快捷”的目的。法国巴黎的地铁公司曾经提出从城市的任何一个地点到地铁车站的距离不超过500m的口号，这是从最方便市民乘坐地铁的角度考虑的。虽然目前巴黎的地铁还没有达到口号中的程度，但这种思想是值得赞许的。

旅客出门旅行，希望处处能够方便，这是一种很普遍的共性心理。为了适应旅客的方便心理，需要采取一些措施，如售票处多开售票窗口，延长售票时间；旅客进、出站妥善安排检票口和检票人员；站内通道设置引导牌；列车上随时办理补票手续；及时通告到站站名；餐车将盒饭送到每节车厢和保证开水及时供应；保证厕所开放，随时提供洗漱用水；以及其他希望旅客运输服务部门提供的服务项目，例如代办住宿登记，提供旅行用品，拍发电报，长途电话等。从质量上，旅客希望运输服务部门提高办事效率，简化手续，改善服务态度等。满足旅客的方便心理要求，其要点是使旅客感到处处、事事、时时方便，节省时间，能够使事情顺利办成。

(5)经济心理

经济心理表现在旅行需要的满足程度与所付出的费用和时间相比较，希望在一定的需要满足程度之下，所付出的费用和时间最少。但旅客在乘车旅行中对经济性的考虑，一般是将两个因素结合在一起：一是花钱的多少；二是由谁出钱，是自己还是他人。

(6)舒适心理

随着经济的发展,人们生活水平的提高,旅客对旅行舒适性的要求被提到重要日程,对乘车环境、文化娱乐、饮食、休息睡眠等内容的要求相应提高。这种需要的强度和水平受多种因素影响,特别是旅行时间的长短往往是起决定作用的因素。

(7)安静心理

旅客出门旅行,离开家或工作场所,来到站、车,与其他旅客一起,共同旅行,一直处于动荡状态中。在嘈杂的环境中,尽量保持安宁,减少喧哗、动中求静,这是人之常情,是大多数旅客的共同心理要求,尤其是在人较多的候车室和车厢内,要求更为迫切。

要保持旅客旅行中的安静环境,一方面旅客本身要约束自己,不要大声说话、喝酒猜拳、来回走动等;另一方面客运服务人员有责任加强对乘车环境的管理,积极地组织诱导和制止不利于安静的事件,避免旅客大声喧哗、嘈闹,更要避免与旅客发生口角、争吵,影响旅客旅行心情和休息。

2. 旅客旅行心理需要的规律性表现

旅客旅行需要一般会呈现一定的规律性,概括为以下三点。

(1)需要的档次性

随需要的满足,需要的档次在提高。对于旅客来讲,在把乘车旅行的需要转变为行动前,总是先把需要水平定在一定的程度基础上。这样,在其行动时,就会出现两种情况:

①需要水平定得太高,旅行条件不允许,需要不能得到实现。如果出现这种情况,旅客的旅行受到挫折,旅客可能会产生两种反应,一是中止旅行,二是将需要水平降低,然后再看旅行条件是否允许。

②旅行条件能够满足需要水平的实现,这样旅客旅行的行为能够进行下去。但旅行能够进行下去的同时,旅客的下一步需要水平也会相应地提高。因此,需要的满足,经历了由简单到复杂、低级到高级、物质到精神的发展过程,相互联系又呈现阶梯式上升。

例如:旅客在对旅行条件分析的基础上,将车票需要水平定为硬座票,如果到售票处很容易地买到了车票,这时他就可能想到如能买到硬卧票多好;如果硬座票没有买到,而他又必须旅行,这时就会想到有张无座票也行。

(2)需要的强度性

旅行需要的强度受多种因素的影响和制约,尤其是在旅行的目的、距离、时间以及服务人员的服务态度和质量等方面。

(3)需要的主次性

在旅客旅行的过程中,心理活动反映出的需要不是单一的,而是有许多种。各种需要之间又不是并列的、不分主次的关系。在旅行的每一阶段总有一种或两种需要处于主导地位,其他需要处于从属地位。

例如:乘车前,购票需要是第一位的,车票买不到,其他旅行的所有需要都不能成为现实;买到车票后,有关乘车安全、生理等方面的需要则成为主导地位。

所以,要掌握旅客心理活动规律性变化,为深入细致地做好服务工作创造条件。

3. 满足旅客旅行共性心理需要的心理服务措施

为满足旅客旅行心理需要,提出全方位的心理服务思想。全方位服务思想就是将旅客旅行整个过程中产生的所有心理活动综合在一起考虑,使旅客的需要得到满足的一种服务思想。全方位服务产品的层次划分如图 2-6 所示。

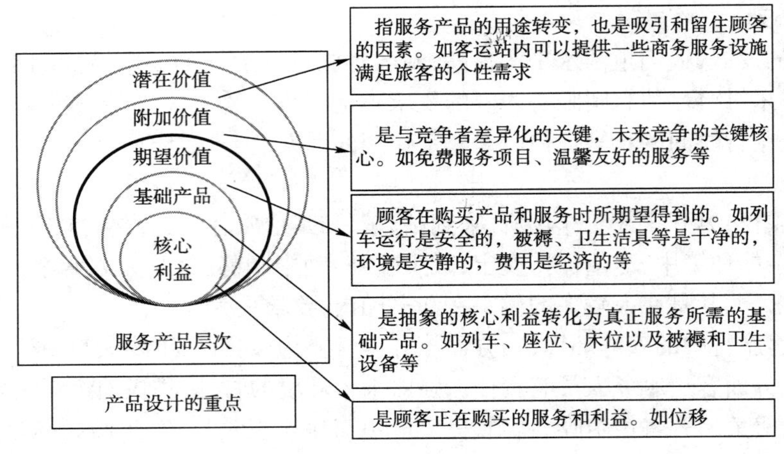

图 2-6　服务产品层次划分

二　旅客旅行的个性心理与服务

人们在旅行过程中的共性心理，是大多数旅客在旅行时普遍的、通常的心理要求。但对于每个旅客来说，由于自身条件、旅行条件、个人性格、爱好、观念的不同，又必然会有不同的心理要求，这就是旅客旅行的个性心理需要。例如，学生的旅行心理，有的学生是好动不好静，也有的学生却是好静不好动；买卧铺票的旅客有的希望买到下铺，而有的旅客却愿意睡中铺，甚至上铺。可见在旅客的共性心理需要中包含着个性心理需要，普遍规律中蕴藏着特殊性。

旅客在旅行过程中，当旅行条件发生变化时，心理要求也会随着变化。旅行者的心理活动除受自身条件制约以外，还受客观事物多变的影响。所以，旅客的个性心理与共性心理相比较，是十分复杂的。

客运服务人员在服务工作中，既要掌握旅客旅行的共性心理，又要探索和理解旅客的个性心理，这样才能避免服务工作的片面性和盲目性，才能做到更加主动、更有针对性地实现文明服务、礼貌待客。

由于广大旅客的个性心理复杂多变，形形色色，包罗万象，客运服务人员要全部了解、掌握是极困难的，而且也无这种必要。但我们应该注意综合一些具有较普遍、较典型、有代表性的个性心理，以便在日常服务中能够了解旅客的心理，提供有针对性的服务。

社会上的每一个人，都有可能成为旅客运输业的服务对象，从乘车旅行的角度，适当将市场细分，从研究每一类旅客的心理需要来了解这一类旅客旅行的个性心理需要，是有效地解决问题的出发点。

旅客在旅行中除了最基本的共性心理以外，由于自身条件的差异，以及要经过许多不同的旅行过程，遇到不断变化的旅行情况，他们会产生各自不同而复杂的个性心理。旅客旅行心理分类见表 2-2。

表 2-2（有下画线标记者）表示了一名工人旅客的旅行心理状态。其自身条件是工人→旅游→短途→始发→当地→男青年→健康；在买票、候车、检票、上车、下车、出站过程中属于正常，但却是处于无座席乘车旅行。前面已经分析过，属于这种具体情况的旅客，对旅行要求不高，其处于主导地位的心理便是旅客普遍的心理：安全、便利、顺畅、安静。

表 2-2（有点画线标记者）表示了一名家属旅客的旅行心理状态。其自身条件是家属→治

病→长途→换乘→外地→女→老年→患者，很显然她和前面那位旅客的具体情况不同，其处于主导地位的心理是希望得到安静，急盼客运服务人员多加照顾。

旅客旅行心理分类表　　表 2-2

<table>
<tr><td>共性心理</td><td colspan="2">安全心理</td><td colspan="2">顺畅心理</td><td>迅速心理</td><td>方便心理</td><td>经济心理</td><td colspan="2">舒适心理</td></tr>
<tr><td colspan="8">个性心理划分</td><td colspan="2">旅行条件</td></tr>
<tr><td>职业</td><td>旅行目的</td><td>旅行行程</td><td>旅行性质</td><td>始发地</td><td>性别</td><td>年龄</td><td>体质</td><td>旅行过程</td><td>旅行情节</td></tr>
<tr><td>工人
农民
军人
干部
学生
自由职业者
其他</td><td>公出
旅游
探亲
访友
治病
通勤
通学
长途
贩运
外流
旅行
结婚
其他</td><td>长途
短途
市郊</td><td>始发
换乘
公用
乘车证</td><td>当地
外地</td><td>男
女</td><td>老年
中年
青年</td><td>健康
较差
患者</td><td>买票
办理行包
候车
检票上车
问事，签证，寄存
坐车，卧车，下车
餐车用餐
购物
出站</td><td>没买到票
上错车，坐过站
下错车，漏乘
带物超重，无座席
携带“三品”
丢失财物
带物超重，无票乘车
对旅行条件不满意
遇到意外
临时患病
有急事
严寒酷暑乘车
气候突变
昼夜不同时间</td></tr>
</table>

旅客旅行心理变化关系如图 2-7 所示。

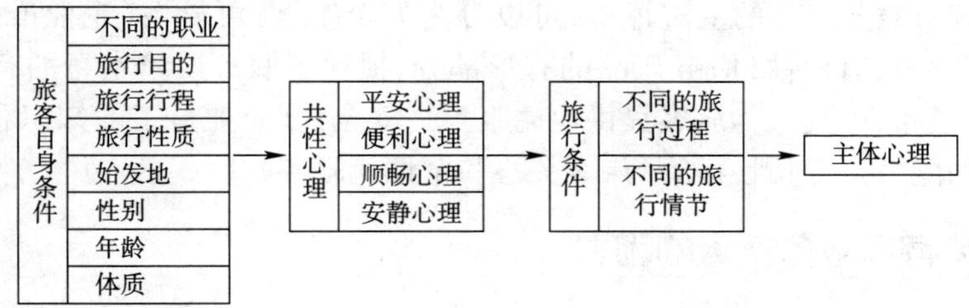

图 2-7　旅客旅行心理变化关系图

第三节　旅客运输服务质量分析与控制

工业企业的产品质量既可对最后产品进行检验控制，也可对生产过程进行控制，而旅客运输服务产品质量主要是过程控制。因此需要运输部门在设计运输产品时就要综合考虑服务的内容和范围等。

高质量的服务是运输企业参与市场竞争的法宝。旅客运输在完成其产品生产的过程中，服务占据主要地位，哪家企业的服务意识好、服务水准高，其市场吸引力和竞争力就大。

一　旅客的服务期望及影响因素

服务质量不仅取决于企业实际提供的功能质量和技术质量如何（客观性），还取决于感知与顾客的期望之间的对比如何（主观性）。顾客在接触服务之前，对服务一般都有个期望，想象服务应当是什么样的;接受服务之后就有了亲自感知,知道服务实际是什么样的。如果顾客感知到的服务符合其期望的服务(P≈E),就会感到满意,这就是良好的服务质量;如果顾客感知到的服务高于期望的服务(P > E),会感到欣喜,这就是卓越的服务;如果顾客感知到的服务低于期望的服务(P < E),就会不满,这就是不良的服务质量。也就是说,服务产品的质量和顾客的期望与感知之间的差距密切相关,差距(P < E)越大,顾客感知的质量越差;超越(P > E)越大,顾客感知的质量越好。

服务期望是顾客评价服务质量的前提,了解影响服务期望因素有助于服务组织采取适当的措施,对其进行一定程度的控制,从而改变其与服务实际感受的对比关系,提高顾客的满意度。这些因素包括:

(1)旅客的旅行消费经验。消费者通过以往的消费经验所建立起来的个人消费经验,是对即将消费服务的一种"想当然"看法,即"××服务应当是怎样的"。

(2)旅客的个人需要。个人需要是指消费者个人生理和心理的需要。

(3)消费者角色的感知程度。消费者角色的感知程度是指消费者个人在消费之前对自己即将扮演的角色的认识程度,如有人认为自己是"上帝",有人则认为自己只是"普通消费者"。

(4)消费者个人当时所处的状态。如消费者有非常重要的活动要参加,就不能容忍有片刻的耽搁;如果在消费者心情很好的时候,则可能对一些服务漏洞持宽容的姿态。

(5)其他人力所不能控制的环境因素。如狂风、洪水等自然灾害,意外事故等,此时旅客的服务期望会大大降低。

(6)服务组织的口碑。服务组织的口碑是指消费者从他人口中或者某个媒体的宣传报道等渠道,了解到服务组织的有关情况。

感知是旅客对服务产品的主观评价,可以分为五个维度:可靠性(企业准确、可靠地执行所承诺服务的能力),有形性(服务产品的有形部分,提供了服务质量本身的有形线索),反应性(企业愿意主动帮助旅客,为旅客提供便捷服务),安全性(企业员工的知识和谦恭的态度及其使旅客信任的能力),移情性(给予旅客关心和个性化服务)。

二 影响客运服务质量的因素

服务营销理论指出影响服务质量的三大要素是:人员、硬件和软件。这三者相辅相成,缺一不可,共同构成图2-8所示中的三角关系,即"服务金三角"。

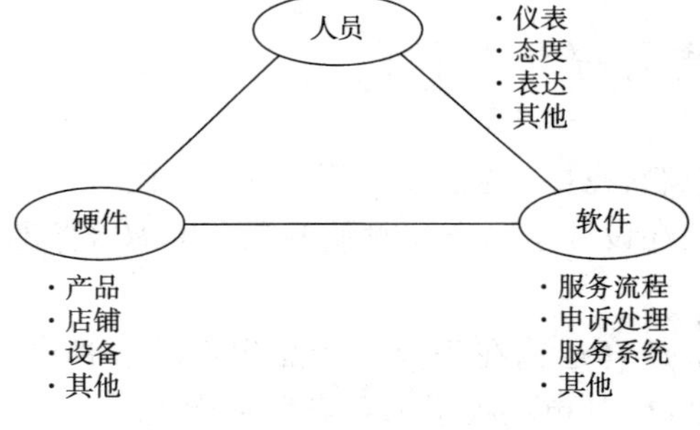

图2-8 服务金三角

对这三大要素的要求和描述就构成了优质服务标准的基本内容。在这三大要素中,硬件和软件的因素是比较确定和稳定的,人员的因素就比较易变和复杂,也是关键因素。

1. 人员

人员指完成服务项目的工作人员。服务的硬件和软件是有理性、有规则的,而旅客服务却是感性的,在服务中具有人性化的一面,涉及人与人的接触,涵盖了在服务时每一次人员接触所表现出的态度、行为和语言技巧。

在铁路旅客运输产品质量管理的过程中,对服务人员的着装、姿态、语言方面制定标准化要求，以及在运输企业内部建立良好的招聘、培训、考核、激励机制等，对提高客运服务产品质量起着至关重要的作用。

2. 硬件

硬件是指服务发生的物理环境的各个方面，服务提供者与旅客的相互活动都在其内部进行。硬件很像有形商品的包装，可以方便或者是阻碍服务的进行，也履行着对外传递信息的重要职能，硬件为旅客的整个服务体验设定了基调。硬件包括：服务地点、服务设施、视觉空间和服务环境特征四个关键领域。

(1)服务地点是指服务组织提供服务产品和旅客进行服务体验的地点，如车站、列车车底、售票点等。

(2)服务设施包括设施的质量和数量两个方面，设施的质量直接决定给旅客提供的服务是好还是坏，设施的数量则决定提供服务能力的大小。

(3)视觉空间是指服务场所的视觉效果。它带给旅客"第一印象"，因此非常重要，视觉空间包括：颜色、服务场所的通道设计、服务场所的座位安排、服务场所的设备定位、服务场所的光线。

(4)服务环境特征是指服务场所的环境，包括环境的色彩与照明、音响的音量与音高、气味、空气清新度、温度与湿度、环境的清洁度。

在铁路旅客运输中，硬件包括旅客列车车体及相关设备条件、站场条件等。旅客在开始旅行前，对铁路运输的第一印象就来自于车站、列车的硬件和站场条件等，可以说它们为旅客的整个服务体验设定了基调。

3. 软件

软件指服务发生的程序性和系统性。它涉及服务的递送系统，涵盖了工作如何做的所有程序，提供了满足客户需要的各种机制和途径。服务软件包括以下七个关键要素：

(1)时间。向旅客提供服务时，其服务的及时性和迅速性应该适度。即在规定为旅客提供服务时，应按实际情况从旅客的角度出发规定具体时间标准。

(2)流畅性。即为旅客提供服务时应保证各环节、各部门的相互配合与合作，形成紧密的服务链；保证为旅客提供服务流程的顺利实施；避免服务流程中的阻塞和停滞现象的发生。

(3)弹性。弹性是指服务系统的适应程度和灵活程度。服务规范和服务规章在实际执行时应有一定的"弹性"，应根据不同旅客的需求及时调整。近年来，铁路旅客运输服务的"弹性"有了一些进步，如《铁路旅客运输服务质量标准》中规定"……停车站锁闭厕所，对有特殊情况需要使用厕所的旅客，应提供容器"，充分显示了铁路服务规范的"弹性"。越高等级的旅客列车，服务"弹性"应该越大。

(4)预见性。预见性是指从规范化服务向人性化服务发展，不断体现对旅客的人文关怀。旅客提出的要做到，旅客想到的，在旅客尚未提醒之前，抢先一步，向他们提供所需的服务。越高等级的旅客列车，服务预见性要求会越高，因此，对乘务员的素质和能力要求越高。

(5)沟通渠道。要在服务系统内部和旅客与服务员之间能进行有效的信息沟通，应想方设法提供各种沟通渠道。

(6)旅客反映。对于旅客对服务的要求和反映应该及时了解，建立良好的旅客信息反馈系统。这需要具有良好服务素质的服务员的观察、分析，并采取积极有效的解决办法。

(7)组织和监督。有效的服务程序需要组织，同样，组织需要监管。要保证服务质量监督监管机制的有效性，并且成为进一步提高服务质量的积极因素，需要进一步完善服务质量的监督制度。

在铁路旅客运输中，软件包括列车上的一切服务内容、服务方法和服务规程。由于运输产品的特殊性，还包括旅客可以感受到的、与运输组织有关的运输指标的要求等，如旅客列车的到开时间、平均停站距离等。

三 旅客对服务质量的评价

旅客运输的生产和消费是同时进行的，在决定旅客心目中服务质量好坏的各种因素中，有许多因素必须等实际接受服务之后才能知道。实际上，只有"实体设施"和"信誉"这两个因素可以在购买之前知道。如便利、舒适、礼貌、可靠、反应能力、对旅客的了解以及沟通，这些因素全都必须等到顾客购买或接受某种服务时才能知道。通常情况下，旅客对铁路服务质量的评价要素包含以下几个方面：

1. 可靠性

可靠性是指旅行服务可靠地、准确地履行服务承诺的能力，如列车的准时性、安全性、等级标准执行的严格性等。可靠的服务行动是旅客所希望的，它意味着服务以相同的方式、无差错地准时完成。

2. 舒适性

舒适性是指旅行服务的设施、设备设计合理，符合人的心理生理要求，车厢洁净，乘务员穿着打扮得体。

3. 响应性

响应性是指帮助旅客并迅速提供服务的愿望。如让旅客等待，特别是无原因的等待，会对服务质量感知造成不必要的消极影响；列车运行过程中突然长时间的停车，会使旅客烦躁不安。当出现类似的问题时，乘务员通过告诉旅客临时停车的原因、预计停车的时间、热情地为旅客送水等办法，及时帮助旅客排解心理障碍，会使旅客对服务质量的感知带来积极的影响。

4. 移情性

移情性是指设身处地地为旅客着想和对旅客给予特别的关注。移情性有下列特点：接近旅客的能力、敏感性和有效地理解旅客需求。比如，乘务员为丢失行李的旅客着想并努力找出解决问题的办法。

5. 保证性

保证性是指员工所具有的技能、礼节以及表达出自信与可信的能力。保证性包括如下特征：完成服务的能力，对旅客的礼貌和尊敬，与旅客有效的沟通，将旅客最关心的事放在心上的态度。

客户对旅客列车的具体服务评价可以反映在对列车实物质量的评价和服务质量的评价两个方面的综合感受。旅客列车实物质量和服务质量的影响要素如图 2-9 所示。

四 铁路旅客运输的质量保证

1. 质量保证的基本概念

铁路旅客运输的质量保证可按照三层意思理解：对旅客的质量保证、对全过程的质量保证以及对下道工序的质量保证。

从管理思想看，客运企业生产出来的产品要对旅客实行质量保证，就是能使旅客满意、安心乘车，旅行过程中能得到安全感和满足感；从铁路客运产品质量的形成过程看，铁路客运企业的"质量保证"工作应当是系统性的，应当建立在车、机、工、电、辆整个系统上；从铁路运输生产的连续性特点上来看，在运前服务、运输生产和运后服务的各个阶段中都要保证质量，做到对旅客负责，对所有后续过程负责，使旅客满意，使所有后续过程的有关单位满意。

当然，对于铁路运输企业来说，最基本、最本质的还是对用户，即对旅客的质量保证。它是我们考虑问题的出发点和归宿。全过程的质量保证则是对旅客质量保证的手段。

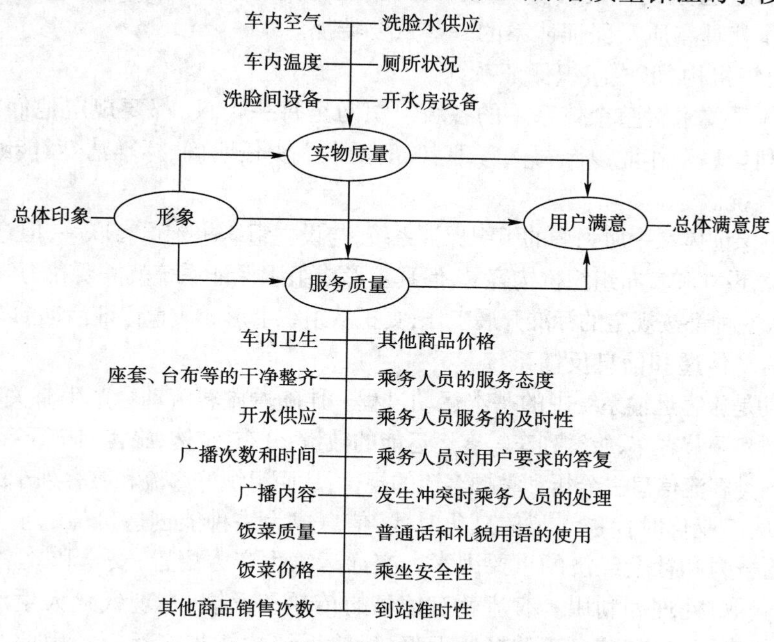

图 2-9　列车满意度影响要素

2. 质量保证体系的基本概念

客运企业为了适应市场经济发展，在市场竞争中以质取胜，必须建立质量保证体系。客运企业为了实现自己的方针目标，优质高效地为旅客服务，就要把各部门、各单位以及全体客运职工和整个客运系统的工作综合地组成一个有机的整体，按照规定的质量标准，进行各项质量管理活动。这个有机的整体就是质量保证体系。

建立质量保证体系是现代化大生产系统管理的客观要求。现代化大生产的质量管理，特别是铁路运输生产，要求能从“系统”的角度去观察、思考、分析和解决问题，这样才能保证旅客在乘车旅行的全过程中得到满意的服务。不同旅客运输方式间的竞争最终是服务质量的竞争，为此，必须从管理思想上抓住“质量保证”，从管理技术上抓住系统管理，从生产过程中抓住质量控制，才能以质取胜。总之，要把铁路运输系统的多部门、多工种组成一个有机整体，使联动机能够有效地转动。

3. 质量保证体系的基本内容

（1）要有明确的目标和目标值

按照系统理论，每一个质量保证体系都可以视为一个人造系统，或称目的性系统。人造系统总是要根据某一特定目标来构筑，因此，客运企业在建立质量保证体系时，首先要确定的是“体系”所要达到的目标和目标值。即首先要明确建立质量保证体系要“保什么、保到什么程度”。为了便于衡量和考核，目标项目必须以目标值来反映，目标值一般应当瞄准国内外同类服务的先进水平。

（2）规定标准程序

根据客运产品产生和形成过程的要求，合理规定保证体系的各项业务工作流程即技术作业过程的标准化。但有了标准化的作业过程，并不等于就是建立了质量保证体系，还必须处理好作业之间、单位之间、人与人之间的相互协调和衔接。如我国铁路运输系统每年的春节旅客运输工作，从铁路总公司到各铁路局、站段，从人员到物质，从客流调查、加开临时旅客列车……一整套春运工作就具有质量保证体系的一些重要特征。

(3)健全组织机构，形成组织保证系统

质量保证体系要求对整个体系中的各级组织乃至每一个人，都要规定他们在质量管理活动中的责、权、利。每个作业以至每一管理点，都要人人责任明确、标准清楚、能够考核，形成严密的组织保证系统。

在建立质量保证体系中所强调的组织保证系统，与设立组织机构虽有联系，但这仅是组织上的保证。一般来说，设立和宣布组织机构容易，但真正形成组织保证系统就需要花力气。它要求各级组织、各部门、各工种都按规定的标准开展工作，真正从组织上形成质量保证活动的有机整体。

(4)建立信息传递和信息反馈系统

旅客的流动是旅客运输系统中的基本运动过程。伴随着旅客流动会产生有关客流信息，再根据客流信息规划和调节客车、旅客列车等客运运能的数量、分布、结构、旅客列车开行方案等。因此，我们可以透过各类客流信息去分析和掌握客流的规律，从而组织好客流和旅客列车的运行。

当今社会从工业化时代进入了信息化时代，信息成为一种能创造价值的企业资源，已成为影响生产力、竞争力和社会经济的重要因素。交通运输生产力配置、安全和效率在很大程度上取决于信息的获取、处理和利用。有流就有信息的传递和反馈，在现代化大生产中，信息流具有越来越重要的作用，只有信息流的畅通无阻，运输系统才能很好运行。因此，如何保证信息流的畅通无阻，是建立质量保证体系的一个非常重要的问题。

在建立质量保证体系的活动中，除了要强调站、车间这种运输企业内部的信息流以外，同样重要甚至有时是更加重要的是来自客运市场以及来自旅客的信息反馈。这种外部的信息反馈特别是来自旅客的有关服务、质量的信息，是改进工作、提高客运服务质量的重要基础。

(5)提高客运人员素质，建立保证人员工作质量的保证体系

这个体系的研究对象是人，包括提高人的政治素质和业务素质两个方面，这是质量保证体系的一个重要组成部分。

提高人的素质也要有明确的目标，即要围绕客运企业发展方向的要求和实现方针目标去培养人才，提高客运职工和各级干部的政治素质和业务水平。客运人员的素质是客运企业的基础质量。因此，建立强有力的思想政治工作体系和技术教育体系，是质量保证体系中基础的基础，是必须加大投入的重点工作。

由于客运产品质量形成过程和路外、地方单位有密切关系，所以建立质量保证体系应当向路外延伸，搞一体化服务。如和地方的旅店、饭馆、汽车公司等单位建立协作关系，建立和水运等部门联运的质量保证体系等。

五 旅客运输服务的补救

服务补救是企业针对服务失误采取的行动。有效解决旅客的问题会对顾客满意度、忠诚度及最低绩效产生重大影响。也就是说，经历服务失误的旅客，如果经企业努力补救并最终使之感到满意，将比那些问题未被解决的旅客更加忠诚。因为服务产品生产与消费的同步性，旅

客在购买决策做出前无法检验产品的质量,只能依据相关信息来做出判断,口碑往往成为旅客所依赖的检测依据,这时忠诚度、口碑将会变成盈利性。那些因投诉而使其问题迅速得到解决的旅客与那些投诉但问题未得到解决的旅客相比,更可能发生再次购买行为。铁路客运服务的补救措施如下:

(1)欢迎并鼓励抱怨。即使在一个追求100%服务品质的零缺陷组织中,失误也会发生。服务补救策略的关键就是欢迎并鼓励抱怨。抱怨应该是被预期、被鼓励和被追踪的。抱怨的旅客应该被真正当成朋友看待。

(2)快速行动。有抱怨的旅客希望得到快速的回应,这要求有适合快速行动的系统和程序,以及相关员工。旅客希望听到其抱怨的人能快速解决问题,因此相关负责人必须对员工进行培训和授权,以使问题在发生时就予以解决。也可采用旅客自行解决问题的方法,建立一个允许旅客亲自解决服务需要的系统,例如在每节车厢里安装空调温度调节按钮,可以解决关于空调温度的投诉问题。

(3)公平待客。在快速反应时,公平对待每一位客户也至关重要。公平对待包括每一位旅客应得到的权益。

(4)从补救经历中学习。通过追踪服务补救的努力和过程,能够获知在服务系统中需要进行改进的问题。通过进行原因分析,识别出问题的来源,进行过程改进,以彻底解决产生问题的原因。

(5)从失去的旅客身上学习。有效服务补救策略的另一个重要部分是从已经决定离去的旅客身上学习。正式的市场调查可以发现旅客离开的原因,这有助于避免未来的失误。

习题

一、填空题

1. 客运产品主要包括(　　)、(　　)、(　　)三个层次。
2. (　　)是服务的本质特性,其他特性都由此而衍生。
3. 按顾客参与服务活动的程度,可将服务分为(　　)、(　　)、(　　)三种类型。
4. 服务质量是指服务满足顾客(　　)和(　　)能力的特征和特性总和。
5. 旅客感知质量可以分为(　　)、(　　)、(　　)、(　　)、(　　)五个维度。

二、判断题

1. 铁路客运服务是指用以满足旅客位移需要的全部服务过程。　(　　)
2. 客运产品是指站在旅客消费的角度强调旅客消费的过程体验。　(　　)
3. 旅客服务流程中购票环节属于高度接触。　(　　)
4. 不切实的承诺,会大大增加企业工作难度和运营成本。　(　　)
5. 客运服务不是一种实体,而是一系列的行为或者过程。　(　　)

三、简答题

1. 旅客运输产品的整体性概念是什么?
2. 旅客运输产品质量应从哪几个方面衡量?
3. 简述"服务金三角"的含义。
4. 旅客的旅行需要一般呈现出何种规律性?
5. 运输服务与其他服务业的区别有哪些?

第三章 铁路客运运价

【学习目标】

1. 了解旅客票价的构成要素及行包运价的制定原理。
2. 会计算旅客票价及行包运价。
3. 了解包车、租车、自备车挂运和行驶费用的核收规定。
4. 了解直通过轨运输的计价规定。
5. 掌握特定运价及客运杂费的核收规定。

第一节 运价结构

运输业作为一个独立的物质生产部门,其产品同其他企业一样具有商品属性;而运输业所生产出售的产品,其本质就是实现场所的变动,它产生的是地点效用,是和运输生产过程不可分割地结合在一起的。运价就是运输产品的销售价格,是运输产品价值的货币表现。基于运输产品具有以上的一般性和特殊性,其运价的制定必须遵循价值规律的客观要求,以运输价值为基础,并反映运输市场的供求关系。而运输业作为国民经济的基础,又要体现一定的公益性。

运输产品作为一般商品,其运价也具有一般商品价格的作用。如果运价过高,可能使运输需求减少、设备闲置和运力浪费,与运输有关的部门的发展受到影响和限制,收入较低的居民得不到必要的运输服务或不得不耗费其收入的较大份额来满足其运输需求,从而降低生活质量。如果运价过低,同样不利于资源的合理配置和有效利用,导致过量的运输需求,造成种种不合理运输,运输业本身的发展也受到限制,运力紧张,一定程度上制约了国民经济的发展。因此在运输经营中,不同的运价结构、运价水平以及表现形式均能起到不同的调节、核算和分配的作用。

目前,铁路客运运价结构从不同角度可分为按距离别的差别运价和按客运类型别的差别运价两种形式。

一 按距离别的差别运价结构

按距离别的差别运价是最基本的运价结构形式,由于运输成本是递远递减的,所以按距离别的差别运价也是递远递减的。

按距离别制定差别运价,衡量其单位运价水平的运价率与运输距离的关系主要有四种情况:一是运价率的递远递减变化与运输成本随距离的变化基本一致;二是运价率在一定距离范围内递远递减,当运输距离超出这个范围后,运价率不再递减,保持不变;三是运价率在一定距离范围内递远递减,当运输距离超出这个范围后,运价率不再递减,反而递增,这种结构主要是为了限制某种过远的运输;四是运价率始终保持一定的水平,不随运距的变化发生改变。

二 按客运类型别的差别运价结构

按客运类型别的差别运价结构是指不同的列车等级或席(铺)别适用高低不同的运价。

这是由于在同一运输中不同的客运类型所需要的设备、设施，占用的运输能力及消耗的运输成本存在着差异。例如，硬座车厢与软座车厢、普通客车与新型空调客车就有很大差别，相应的，其所能提供的旅客舒适程度和旅行速度也大有不同。因此在制定运价时，要根据不同类别的列车和席（铺）别制定相应的运价。

在具体运价的表现上，根据以上运价结构划分的客观依据，同时又能适应不同层次的需求和特殊情况，应制定相应的运价形式。目前，铁路客运的运价形式主要有以下六种。

1. 统一运价

适用于全国各个地区，实行按距离别、客运类型别的差别运价。

2. 特定运价

根据铁路客运运价政策，对按特定运输条件办理或在特殊运价区段的运输，制定特殊的客运运价。如包车、租车的运价，直通、过轨运输的运价等。

3. 浮动价格

对于不同季节、忙闲不均的线路或客运列车的类型，经国务院有关部门批准，铁路客运运价可根据不同的运输供求情况，以基本运价为基础，在一定范围内浮动。如新型空调客车。

4. 地方（合资）铁路运价

国家为鼓励地方（合资）修建铁路的积极性，允许地方（合资）铁路采用单独的客运运价。如广深线、金温线开行的列车，运价由企业自主制定。

5. 新路新价

对于新建的国家铁路线路，进行双线或电气化改造的铁路线路，实行高于统一运价水平的新路新价。

6. 合同运价

合同运价也称协议运价，其运价水平由旅客与铁路双方根据运输市场供求关系及各自的利益协商制定。国外运输企业采用这种运价形式较为普遍。

铁路客运运价包括旅客票价和行李、包裹运价。客运运价与客运杂费构成全部运输费用。

第二节　旅客票价

铁路旅客票价是铁路旅客运输产品的销售价格，是国民经济价格体系的重要组成部分。铁路旅客运输是直接为城乡广大居民提供运输服务的，其中个人出行占相当大的比重。旅客票价在一定程度上体现了国家与个人之间的交换与分配关系，价值规律对这一关系起一定的调节作用，旅客票价的高低，对旅客流量、乘车座别以及客运量在各种运输方式之间的分配，都有一定的影响。因此，在确定旅客票价时，必须考虑人民生活水平，妥善处理国家积累与照顾人民生活需要的关系，以及各种运输工具的充分合理利用。铁路旅客票价是由国家统一制定的一种计划价格，其基本票价率是由国务院铁路主管部门拟定，报国务院批准来确定的。

一　铁路旅客票价的分类与构成

目前，铁路旅客票价根据旅客选择乘坐的列车等级种类、车辆类型设备条件、客票使用期间以及减收票价的有关规定，分为客票票价和附加票票价两大类。客票票价包括普通旅客列车全价及半价硬座和软座票价；附加票票价实际上是在客票票价基础上的补加票价，包括快速以及特快列车的加快票价，普通硬卧上、中、下铺，以及软卧上、下铺票价和空调票价。

旅客客票基本票价是以普通硬座每人每公里的票价率为基础，按照旅客旅行距离和规定的旅客票价里程区段，采取递远递减的方法，再根据旅客乘坐的不同列车等级及设备条件来确定的。

铁路旅客票价的构成要素

1.基本票价率及与其他票价的比价关系

基本票价率是各类旅客票价的定价基础，基本票价率的高低是决定旅客票价整体水平的最重要的因素。铁路以硬座客票票价率为基本票价率。因此，在制定硬座客票票价率时，应综合考虑国家有关方针、政策、铁路旅客运输成本、人民生活水平和出行需要等多方面因素，参照同期其他运输方式的旅客票价，在调查研究的基础上通过核算加以确定。当硬座客票票价率确定后，其他各种票价率就以它为基准，按相应的加成或减成比例计算确定。铁路现行硬座票价率及与各种票价的比价关系见表3-1。

铁路硬座票价率及与各种票价的比价关系 表3-1

票　　种			票价率[元/(人公里)]	比例(%)
基本客票	硬座		0.05861	100
	软座		0.11722	200
加快票		普快	0.01172	20
		快速	按普快票价2倍计算	
硬卧票	开放式	上铺	0.06447	110
		中铺	0.07033	120
		下铺	0.07619	130
	包房式	上铺	按开放式中铺票价另加30%计	
		下铺	按开放式下铺票价另加30%计	
软卧票	普通	上铺	0.10257	175
		下铺	0.11429	195
	高级	上铺	0.12308	210
		下铺	0.13480	230
空调票			0.01465	25

各种旅客票价的比价关系，基本上是以不同旅客列车和车辆的运输成本为依据，按质论价。在其他条件不变的情况下，每人公里的运输成本与列车运行速度和设备、服务质量成正比。如普通快车、特别快车运行速度高于慢车，占用通过能力多，列车编成辆数少，还要加餐车、行李车、宿营车，对车辆等设备条件和质量要求较高，因而运输成本也较高。同时，在其他条件不变的情况下，每人公里的运输成本与列车编成辆数、车辆载客人数成反比。在同等级旅客列车中，各种类型客车的设备条件和定员人数相差悬殊，因此每人公里的运输成本差别也很大。目前，铁路主型客车中，硬座车定员118人，普通硬卧车定员60人，包房式软卧车定员32人，至于市郊车有的能达240人，因而运输成本显著降低。

为体现相应的运价政策，考虑有关的政治、经济、文化等因素，还制定了政策性优待票价；针对特定运输对象、线路、季节和运送条件等制定有特定或浮动票价，按统一票价加成或减成计算。例如,广深线普通客运价格以统一运价为中价位,自 1996 年 4 月 1 日起在原来上下浮动 50% 的基础上再上下浮动 50%,在此浮动范围内,由企业自主定价,只需在调整价格前,报国务院物价管理部门备案。

随着国家物价体制和铁路体制的改革,铁路运价形成机制和管理体制不断完善,铁路旅客运价的形式,以及浮动幅度也将会越来越灵活,以适应社会主义市场经济的发展和中国旅客运输市场的要求。

2. 旅客票价里程区段

同一运输条件下,旅客旅行距离不同,票价肯定也不相同。但考虑使旅客较为合理地支付票价,铁路旅客票价并不完全按运输里程计算,而是将运输里程按一定的距离标准划分成若干区段,即旅客票价里程区段。旅客实际运输里程按票价里程区段划分,以其所属区段的中间里程作为旅客票价的计价里程。铁路现行旅客票价里程区段划分见表 3-2。

旅客票价里程区段 表 3-2

里程区段(km)	划分标准(km/小区段)	小区段数(个)
1 ~ 20	20	1
21 ~ 200	10	18
201 ~ 400	20	10
401 ~ 700	30	10
701 ~ 1100	40	10
1101 ~ 1600	50	10
1601 ~ 2200	60	10
2201 ~ 2900	70	10
2901 ~ 3700	80	10
3701 ~ 4600	90	10
4601 以上	100	—

为使旅客合理负担票价,里程区段划分标准较低,并且随里程的增长逐渐加大。

在计算票价时,除实行票价区段外,考虑到运输成本及分流的问题,对旅客票价的计算还规定了起码里程:客票 20km,空调票 20km,加快票 100km,卧铺票 400km(特殊区段另有规定者除外)。

3. 递远递减率

由于单位运输成本是随着运距的增加而相应降低的,同时为减轻长途旅客的经济负担,并照顾边远地区,促进地区间往来,旅客票价是按运输里程递远递减计算的。在计算票价时,基本票价率随运输里程的增加而减少的幅度叫递远递减率,以百分比表示。

现行铁路旅客票价,对市郊票价以外(市郊旅客的运距不超过 100km,不实行递减)的各种票价,从 201km 起在基本票价率的基础上实行递远递减,见表 3-3(以硬座票价为例)。

普通硬座票价递远递减率和递远递减票价率 表 3-3

区段(km)	递减率(%)	票价率[元/(人公里)]	区段全程票价(元)
1 ~ 200	0	0.05861	11.722
201 ~ 500	10	0.052749	15.825
501 ~ 1000	20	0.046888	23.444

续上表

区段(km)	递减率(%)	票价率[元/(人公里)]	区段全程票价(元)
1001～1500	30	0.041027	20.514
1501～2500	40	0.035166	35.166
2501 以上	50	0.029305	—

三 铁路旅客票价的理论计算

旅客票价构成的三要素——票价率与比价关系、票价里程区段和递远递减率具备后,即可计算旅客票价。

基本票价的计算,除初始区段不足起码里程按起码里程以及最后一个区段按中间里程计算外,其余各区段均分别根据其递远递减票价率求出各区段的全程票价和最后一个区段按中间距离求出的票价加总,即为基本票价。各种附加票价的计算,以基本票价为基础,按与基本票价率的比例关系,进行加成或减成。

旅客票价中基本票价的计算尾数以5角为单位,尾数小于2.5角的舍去、2.5角及以上且小于7.5角的计为5角、7.5角及以上的进为1元。附加票价的计算尾数以元为单位,元的尾数按四舍五入处理。但半价票价、市郊单程票价及折扣票价以角为单位,角的尾数按四舍五入处理。

1.硬、软座客票票价的计算

(1)计价中间里程。如前所述,旅客票价并不完全按运输里程计算,而是按运价里程在其所属旅客票价里程区段的中间里程来计算的,这一中间里程可通过以下两种方法确定:

①按区段里程推算。

例如:郑州—北京西的运输里程为689km,按旅客票价里程区段表,属于670～700km区段(每一小区段按30km划分),这个范围的中间距离685km就是旅客票价的计价中间里程。

②按公式计算。

对于票价里程的确定,除按区段推算外,可按下式计算

$$L_{中间}=L_{基}+(n\pm0.5)L_{段} \tag{3-1}$$

式中:$L_{中间}$——旅客票价计价中间里程,km;

$L_{基}$——实际运输里程所属里程区段的起算里程,km;

n——小区段数,$n=\dfrac{L_{实}-L_{基}}{L_{段}}$(尾数四舍五入取整,舍去时前式取"+",进入或整除时前式取"-");

$L_{实}$——实际运输里程,km;

$L_{段}$——实际运输里程所属里程区段划分小区段的里程,km。

(2)票价计算。

硬、软座客票票价的计算公式为

$$\left.\begin{aligned}F&=E(\text{尾数处理})\\E&=C_0L_0+C_1L_1+C_2L_2+\cdots+C_nL_n\end{aligned}\right\} \tag{3-2}$$

式中: F——客票票价(电子计算机发售的软、硬座客票票价应加软纸费1元,票价不超过5元的软纸费0.5元;卧铺订票费、候车室空调费(计价格〔1998〕1519)已

取消），元；

E——客票基本票价，元；

C_0——基本票价率，元/（人·km）；

L_0——不递减区段的里程，km；

C_1、C_2、…、C_n——各区段的递减票价率，元/（人·km）；

L_1、L_2、…、L_n——各递减票价率对应区段的里程，km。

［例 3-1］ 计算郑州—北京硬座客票票价。

(1)确定中间里程。

郑州—北京客运运价里程为 689km，其区段中间里程：

$$n=\frac{689-400}{30}=9.633\approx10$$

$$L_{中}=400+(10-0.5)\times30=685(\text{km})$$

(2)计算硬座客票票价。

$$E=0.05861\times200+0.052749\times300+0.046888\times185=36.22098(元)$$

$$F=36.22098\approx36.0(元)$$

2. 附加票价的计算

计算加快票、卧铺票、空调票等票价时，根据硬座基本票价，参照表 3-1 的比价关系进行推算。

$$F_{附加}=x\%\cdot E \tag{3-3}$$

式中：$F_{附加}$——附加票票价，元；

$x\%$——相应票种所占硬座基本票价的百分率。

［例 3-2］ 计算北京—上海硬座客票、快速加快票、硬卧中铺票及空调票的票价。

(1)确定中间里程。

北京—上海客运运价里程为 1463km，其区段中间里程：

$$n=\frac{1463-1100}{50}=7.26\approx7$$

$$L_{中}=1100+(7+0.5)\times50=1475(\text{km})$$

(2)计算硬座客票票价。

$$E=0.05861\times200+0.052749\times300+0.046888\times500+0.041027\times475=70.478525(元)$$

$$F=70.478525\approx70.5(元)$$

(3)计算快速加快票票价。

$$F_{普快}=20\%\times70.478525=14.09571\approx14.0(元)$$

$$F_{快速}=2\times14.0=28.0(元)$$

(4)计算硬卧中铺票票价。

$$F_{硬卧}^{中}=120\%\times70.478525=84.57423\approx85.0(元)$$

(5)计算空调票票价。

$$F_{空调}=25\%\times70.478525=17.619631\approx18.0(元)$$

软座、软卧票票价的计算与上述方法相同。

应特别指出的是：

(1)新型空调列车的各票种票价，分别在普通车客票、加快票、卧铺票、空调票的票价基础上向上浮动不超过50%计算。同时浮动的票价应分别按票种处理尾数。

(2)加快票由低到高分为三等,即普通加快票、快速加快票和特别加快票。为体现列车提速不提价,特别加快票票价暂时按照快速加快票票价核收。

[例3-3] 计算T197次郑州—兰州新型空调车特快硬卧下铺票价。

(1)确定中间里程。

郑州—兰州客运运价里程为1187km,其区段中间里程:

$n=\frac{1187-1100}{50}=1.74\approx 2$

$L_{中}=1100+(2-0.5)\times 50=1175(\text{km})$

(2)计算硬座客票票价。

$E=0.05861\times 200+0.052749\times 300+0.046888\times 500+0.041027\times 175=58.170425(元)$

$F=58.170425\approx 58(元)$

(3)计算普通车分票种票价。

$F_{普快}=20\%\times 58.170425=11.634\approx 12(元)$

$F_{特快}=12\times 2=24(元)$

$F_{硬卧}=130\%\times 58.170425=75.622\approx 76(元)$

$F_{空调}=25\%\times 58.170425=14.543\approx 15(元)$

(4)计算新型空调车票价。

$F_{硬座}=58\times(1+50\%)+1=88(元)$

$F_{特快}=24\times(1+50\%)=36(元)$

$F_{硬卧}=76\times(1+50\%)=114(元)$

$F_{空调}=15\times(1+50\%)=23(元)$

$F_{总}=88+36+114+23=261(元)$

四 动车组列车票价

1.普通动车组票价的定价依据

按国家计委《关于高等级软座快速列车票价问题的复函》(计价管〔1997〕1068号)的规定,旅行速度达到110km/h以上的动车组列车软座票价基准价:每人公里一等座车为0.3366元,二等座车为0.2805元,可上下浮动10%。

按国家计委《关于广深铁路运价的复函》(计价管〔1996〕261号)的规定,广深线开行的动车组列车票价可在国铁统一运价为中准价上下浮动50%的基础上再上下浮动50%,由企业自主定价。

2.普通动车组票价

(1)普通动车组车票价

$$\left.\begin{aligned}一等座车票价&=0.3366\times(1+10\%)\times 运价里程\\ 二等座车票价&=0.2805\times(1+10\%)\times 运价里程\end{aligned}\right\}\tag{3-4}$$

另需注意,广深线上的动车组列车公布票价由企业在规定范围内自行确定。

(2)普通动车组软卧票价

$$\left.\begin{aligned}软卧上铺票价&=0.3366\times(1+10\%)\times 1.6\times 运价里程\\ 软卧下铺票价&=0.3366\times(1+10\%)\times 1.8\times 运价里程\end{aligned}\right\}\tag{3-5}$$

另需注意，动车组高级软卧票价可按公布票价打折，但打折后不得低于相同运价里程的动新空软卧票价。

(3)普通动车组高级软卧票价

$$\left.\begin{array}{l}\text{高级软卧上铺票价}=0.3366\times(1+10\%)\times3.2\times\text{运价里程}\\\text{高级软卧下铺票价}=0.3366\times(1+10\%)\times3.6\times\text{运价里程}\end{array}\right\}\tag{3-6}$$

另需注意，动车组高级软卧票价可按公布票价打折，但打折后不得低于相同运价里程的动车组软卧票价。

(4)动车组软卧儿童票价

$$\text{软卧儿童票价}=\frac{\text{动车组软卧公布票价}-\text{动车组一等座公布票价}}{2}\tag{3-7}$$

另需注意，运价里程不足400km时，公式中扣减的动车组一等座公布票价均按400km公布票价计算。

3. 普通动车组票价有关执行规定

动车组票价可按公布票价打折，但应符合下列条件：

(1)根据不同区域、不同季节、不同时段的市场需求，实行不同形式的打折票价。

(2)二等座车公布票价打折后不得低于相同运价里程的新空软座票价。在短途，公布票价低于新空软座票价时，按公布票价执行。70km及以下运价里程的动车组不进行任何形式打折优惠，一律按公布票价执行。

(3)经过相同途径、相同站间、相同时段，不同车次应执行同一票价。

(4)同一车次，各经停站在里程上不能倒挂。

(5)一等座车与二等座车的比价在1∶1.2～1∶1.25之间。

4. 普通动车组票价管理权限

公布票价由中国铁路总公司决定。

折扣票价由铁路运输企业决定，并在公布前3天报中国铁路总公司备案，但下列情况铁路运输企业要在公布前10天报中国铁路总公司备案：

(1)跨局开行的动车组列车。

(2)折扣率低于6折时。

(3)铁路运输企业之间意见有分歧时。

(4)公布票价的折扣率和折扣后票价由上车站所在铁路局提出车次别、发到站的动车组列车点到点票价，与有关担当局协商后，按管理权限执行。

5. 高速动车组票价

高速动车组票价由各高速铁路(客运专线)公司提出申请，由国家铁路局报国家发改委批准执行。

五 《旅客票价表》的应用

车站在发售车票时，实际不可能也不必要按前述的方法进行计算，而是根据计算机打印的车票票面的票价核收。遇特殊情况，则根据发、到站间客运运价里程(不足起码里程按起码里程计算)依据《旅客票价表》进行计算。

旅客票价的查找步骤如下。

1. 确定运价里程

计算运价所应用的里程，称为运价里程。运价里程分为客运运价里程和货运运价里程。全路的客运运价里程都列在《铁路客运运价里程表》内，它是计算客运运价的依据。

（1）查找发、到站站名

首先从汉语拼音或笔画站名首字索引表中，查出站名索引表的页数，再按此页数从站名索引表中查出发、到站的站名里程表页数，并从站名里程表中确认到站有无营业办理限制。

（2）确定运价里程

根据规定的或旅客指定的乘车径路和乘坐列车车次，从铁路客运运价里程表中查出乘车里程，或分段计算出全部乘车里程。当发、到站在同一线路上时，用两站到本线路起点或终点的里程相减，即可求出两站间的里程；当发、到站跨及两条及以上线路时，应按规定的接算站接算。

所谓规定的接算站，就是为了将发、到站间跨及两条及其以上不同的线路衔接起来，进行里程加总计算票价和运价所规定的接算衔接点。

接算站主要有下列形式：

（1）大多数接算站是两条及其以上线路相互衔接的接轨站，如郑州、新乡等站。此类接算站查找、计算里程都较为方便，如图 3-1 所示。

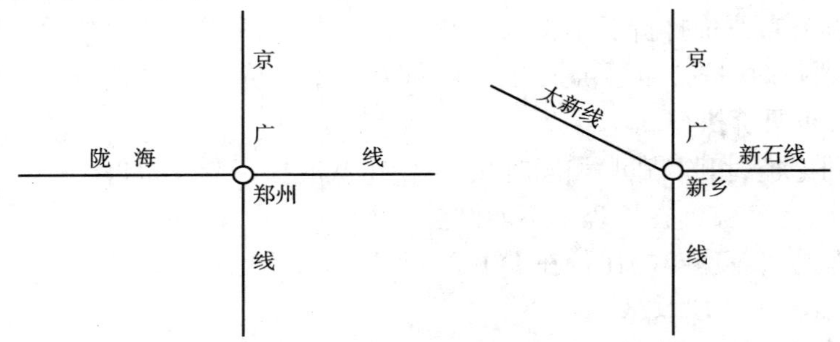

图 3-1　接算站示意图例之一

（2）部分接算站是接轨站附近的城市所在站。由于接轨站线路设置、车站设备、列车开行等都受到一定的限制，同时，多数旅客从附近大站乘车，因此，为了铁路工作及旅客乘车的方便，指定城市站为接算站。凡是这样的接算站，接轨站和城市站相互间要往返乘车，这部分往返里程已列入里程表中，确定运价里程时，不再另计。如京广线与漯宝线的接轨点为孟庙站，但接算站规定为漯河站；再如京沪线与京广线的接轨点为丰台站，但接算站规定为北京站，如图 3-2 所示。

（3）个别接算站是在同一城市无线路衔接的车站。由于城市建设的关系，相互间未能铺轨连接，为了计算里程的方便，而特定该两站为同一接算站。

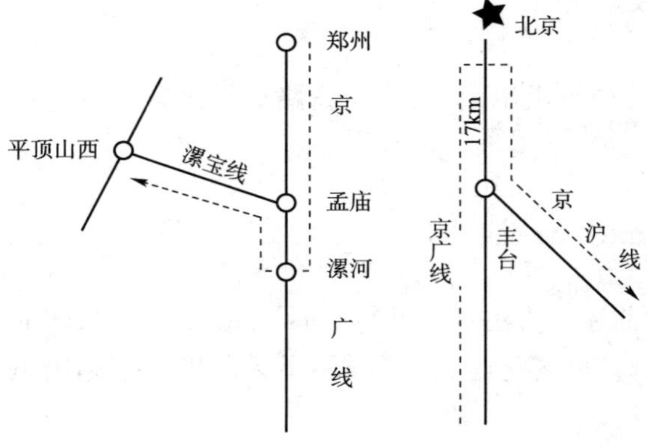

图 3-2　接算站示意图例之二

确定运价里程时，还应考虑一些特殊规定，如国际旅客联运经由国境线时，应另加算国境站至国境线的里程；如通过轮渡时，应将规定的轮渡里程加入运价里程。

2. 查找旅客票价

旅客票价根据发、到站间的运价里程和不同的车辆设备以及旅客所购票种，从《旅客票价表》有关栏内直接查得该票种应收的票价。

第三节　行李、包裹运价

行李是旅客凭有效客票或有关证明托运的物品。行李运输随同旅客运输而产生，是旅客运输的组成部分。通过铁路客车运输的行李仅指为方便旅客的旅行生活所限定的少量物品（如旅客自用的被褥、衣服、个人阅读的书籍等旅行必需品）和残疾旅客代步所用的残疾人车。超过规定范围应按包裹运输。

一　行李、包裹运价体系

行李、包裹使用行李车随旅客列车运送，送达速度快，并由行李员全程负责运送，运输质量高。但由于行李、包裹自身的特点，以及装载方法等因素，行李车的载重利用率低、容量低。因此，根据行李、包裹的运输条件和与其他运输工具合理分工的原则，参照铁路零担货物和民航等其他运输部门的行李、包裹运价，铁路行李、包裹运价高于铁路零担货物但低于民航行李、包裹的运价。

1. 基本运价率

行李运价率根据惯例和各交通部门通用的办法计价：每100kg・km行李运价等于人・km的硬座基本票价，即行李的基本运价率是基本票价率的1%，为0.0005861元/(kg・km)。

包裹运价率以三类包裹运价率为基本运价率，其他各类包裹的运价率按其加成或减成比例计算。铁路现行四类包裹运价率及其比价关系见表3-4。

铁路现行四类包裹运价率及其比价关系　　表3-4

包裹类别	运价率[元/(kg・km)]	运价比例(%)
三类	0.001518(基价率)	100
一类	0.0003036	20
二类	0.0010626	70
四类	0.0019734	130

2. 行李、包裹运价里程区段

行李、包裹运价与旅客票价的制定原理相同。行李运输属于旅客运输的组成部分，所以其运价里程同样也参照旅客票价里程区段的划分(表3-2)，取其所属区段的中间里程为计价里程。行李运价里程区段划分及中间里程的推算与旅客票价完全相同。同时，考虑运输成本及分流的问题，行李运价的计算也规定起码里程为20km。包裹属物资运输，所以运价里程区段单独规定。包裹计费的起码里程为100km。铁路现行包裹运价里程区段划分见表3-5。

包裹运价里程区段划分　　表3-5

里程区段(km)	区段里程(km/小区段)	小区段数(个)
1～100	100	1
101～300	20	10
301～600	30	10
601～1000	40	10
1001～1500	50	10
1501以上	100	—

3. 递远递减率

由于实际上单位运输成本是随着运距的增加而相应降低的，同时为减轻长途旅客和托运人的经济负担，行李、包裹的运价也是以各自的基本运价率为基数，按里程递远递减计算的。

行李运价的递远递减率和旅客票价的递远递减率规定相同，其递减运价率见表3-6。

行李运价递远递减率和递远递减运价率 表3-6

区段(km)	递减率(%)	运价率[元/(kg·km)]	区段全程运价(元)
1~200	0	0.0005861	0.11722
201~500	10	0.00052749	0.15825
501~1000	20	0.00046888	0.23444
1001~1500	30	0.00041027	0.20514
1501~2500	40	0.00035166	0.35166
2501以上	50	0.00029305	—

包裹运价的递远递减率单独规定，见表3-7(以三类包裹为例)。

三类包裹递远递减率和递减运价率 表3-7

区段(km)	递减率(%)	运价率[元/(kg·km)]	区段全程运价(元)
1~200	0	0.001518	0.3036
201~500	10	0.0013662	0.40986
501~1000	20	0.0012144	0.6072
1001~1500	30	0.0010626	0.5313
1501~2000	40	0.0009108	0.4554
2001以上	30	0.0010626	—

二 行李、包裹运价计算

行李、包裹运价的构成，是以基本运价率乘以不递减区段的里程(初始区段不足起码里程，按起码里程计算)，加上各递减运价率乘以其相应的递减区段的里程(最后一个区段取中间里程)，即得到每千克行李、包裹的运价基数。在运算过程中，保留三位小数，第四位四舍五入；其他重量的运价，以1kg的运价基数进行推算，尾数保留到角，角以下四舍五入。最后汇总编制1kg的行李、包裹运价表，由铁路总公司公布实行。

1. 计算中间里程

行李、包裹运价计算时，其中间里程与旅客票价中间里程的推算方法相同。可以按行李、包裹运价里程区段推算，也可以按公式求算。行李运价里程区段与旅客票价里程区段相同，包裹运价里程区段见表3-5。

2. 计费重量

一般情况下，行李、包裹均按实际重量计算运价，但有规定计价重量的物品，应按规定重量计算运价，见表3-8。同时，为了简化计算，规定行李、包裹的起码计费重量均为5kg，不足5kg的按5kg计算；超过5kg时，不足1kg的尾数进为1kg。

在运能不能满足运量要求的情况下，为了保证旅客必需的行李运输，对按行李运输、包裹托运的物品，除在品名上做了规定外，在重量上也做了一定限制。旅客托运的行李重量在50kg以内，按行李运价计算；超过50kg时(行李中有残疾人用车时为75kg)，对超过部分按行李运价加倍计算。

行李、包裹规定计价重量 表3-8

品　名	单　位	规定计价重量(kg)	备　注
残疾人用车	辆	25	以包裹托运时,按实际重量计
自行车	辆	25	
助力自行车	辆	40	含机动自动车
两轮轻便摩托车	辆	50	①含轻骑;②气缸容量 $50cm^3$ 以下时
两轮重型摩托车	辆	按气缸容量 $1cm^3$ 折合1kg计	气缸容量超过 $50cm^3$ 时
警犬、猎犬	头	20	超过20kg时,按实际重量计

3.行李、包裹的运价计算

(1)计算以1kg为单位的运价基数

$$E = C_0L_0 + C_1L_1 + C_2L_2 + \cdots + C_nL_n \tag{3-8}$$

式中: E——每千克每千米的行李、包裹的基本运价,元;

C_0——行李、包裹的基本运价率,元/(kg·km);

L_0——行李、包裹不递减区段的里程,km;

C_1、C_2、…、C_n——各递减区段的递减运价率,元/(kg·km);

L_1、L_2、…、L_n——各递减运价率对应区段的里程,km。

(2)按1kg的运价基数计算其他重量的运价

$$F = G_{计费} \cdot E \tag{3-9}$$

式中:F——运价,元;

$G_{计费}$——计费重量,kg。

[例3-4] 计算信阳—北京(997km)的21kg行李以及25kg三类包裹的运价。

(1)行李

①确定区段中间里程。

$$n = \frac{997-700}{40} = 7.425 \approx 7$$

$$L_{中间} = 700 + (7+0.5) \times 40 = 1000(\text{km})$$

②计算1kg行李运价。

$$E = 0.0005861 \times 200 + 0.00052749 \times 300 + 0.00046888 \times 500$$
$$= 0.509907 \approx 0.510(元)$$

③计算21kg行李运价。

$$F = 21 \times 0.510 = 10.71 \approx 10.7(元)$$

(2)包裹

①确定区段中间里程。

$$n = \frac{997-600}{40} = 9.925 \approx 10$$

$$L_{中间} = 600 + (10-0.5) \times 40 = 980(\text{km})$$

②计算1kg三类包裹运价。

$$E = 0.001518 \times 200 + 0.0013662 \times 300 + 0.0012144 \times 480 = 1.296372 \approx 1.296(元)$$

③计算25kg三类包裹。

$F = 25 \times 1.296 = 32.4$(元)

 行李、包裹运费核收的有关规定

1. 运价里程

行李、包裹的运价里程以《铁路客运运价里程表》为计算依据。行李运价里程，按实际运送径路计算，即按旅客旅行的客票指定的径路运输。但旅客持远径路的客票，要求行李由近径路运送时，如近径路有直达列车，也可以按近径路计算。

包裹运价里程，按最短径路计算，有指定径路时，按指定径路计算。带运、押运包裹的运价里程，按实际运送径路计算。

2. 运费计算

行李、包裹的运费按《行李、包裹运价表》计算。如旅客凭一张客票第二次托运行李时，不论第一次托运重量多少，都按包裹运价计算。但因残疾人用车系残疾人以车代步的工具，是残疾人行动中必不可少的，为照顾残疾人的旅行，不限托运次数，也不受第二次托运按包裹运价计算的限制，都按行李运价计费。

旅客托运行李至客票到站以远的车站时，应分别按行李和包裹运价计算，加总核收。不足起码里程时，分别按起码里程计算；不足起码运费时，还应核收起码运费。

类别不同的包裹混装为一件时，按其中运价高的计算。

行李、包裹运费按每张票据计算，起码运费为1元，运费除另有规定外，都按现付办理。

个人托运的行李、包裹可自愿按保价运输或非保价运输办理。按保价运输办理的行李、包裹，除核收运费外，还应按发货人的声明价格核收保价费。按保价运输的行李、包裹核收保价费时，行李保价费按声明价格的0.5%、包裹保价费按声明价格的1%计算，不足1角的尾数，按四舍五入处理。

第四节　特定运价

特定运价是对一些特殊运输方式和特殊运价区段制定的客运运价，包括以下两个方面：

(1)包车、租车、挂运、行驶等运价的计价规定。

(2)国家铁路、合资铁路、地方铁路及特殊运价区段间办理直通、过轨运输的计价规定。

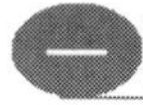 包车

凡旅客要求单独使用加挂车辆(含普通客车、公务车)或加开专用列车(含豪华列车)时，均按包车办理。包车人应与承运人签订包车合同。包车合同应载明：包车人和承运人的名称、地址，联系人的姓名、电话；包用车辆的种类、数量、时间；发站和到站站名；包车运输费用；违约责任；双方商定的其他内容。包用客车、公务车、专用列车、豪华列车时，包车人应预先缴付相当于运输费用20%的定金。

1. 包车运输费用

包车或加开专用列车，应按以下标准，根据运行里程(娱乐车、餐车根据使用日数)核收票价、运费、使用费、包车停留费、空驶费及其他费用等；并且包车或加开专用列车的运输费用，在全部运行途中，里程采取通算。

(1)票价。

①座车和合造车的座车部分,按座车种别、定员核收全价客票票价。

②卧车和合造车的卧车部分,按卧车种别、定员核收客票及卧铺票的全价票价。

③公务车按40个定员核收软座客票及高级软卧票(上、下铺各1/2)的全价票价。

④豪华列车每辆按32个定员核收软座客票及高级软卧票(上、下铺各1/2)的全价票价。

⑤棚车代用客车,按车辆标记载重计算定员(每吨按1.5人折算)核收棚车客票票价。

乘坐包车或专用列车的旅客,票价高的与票价低的(如成人与儿童,享受减价优待的学生、伤残军人等)混乘一辆包车时,如果实际乘车人数不足定员,按定员和票价高的核收;但如果实际乘车人数超过定员,对超过的人数则按实际分别核收全价或半价客票票价。

包用的客车、公务车加挂在普通快车、快速列车、特别快车上,或加开的专用列车、豪华列车按上述等级速度运行时,都应根据核收客票票价的人数核收相应的加快票价;途中发生中转换挂(或开行)不同列车等级时,按首次挂运(或开行)的列车等级核收加快票价。

包用车辆使用空调设备时,还应按核收客票票价的人数核收空调费。娱乐车、餐车的空调费按使用费的25%计算。

(2)运价。行李车和合造车的行李车部分,按车辆标记载重核收行李或包裹运费。用棚车代用行李车时,按行李或包裹的实际重量核收行李或包裹运费。起码计费重量按标记载重的1/3计算(不足1t的尾数进整为1t)。行李、包裹混装时,按其中运价高的核收。

加开专用列车、豪华列车时,隔离车或宿营车不另计费。但如用隔离车装运行李、包裹,应核收包车费用。

(3)使用费。娱乐车、餐车按每日每辆核收使用费,不足1d,按1d计算。但餐车合造车按每日每辆减半核收使用费。

(4)包车停留费。包车停留费是指包车或加开的专用列车,根据包车人提出的要求,在发站、中途站、折返站停留时(因换挂接续列车除外),所应付的费用。

包车停留费按每日每辆核收,并根据产生停留的自然日计算,即0点起至24点止为1d,停留当日不足12h减半核收。

根据运输成本并考虑减少计费标准、简化手续等要求,将各种不同车辆予以归类,每一个类别规定统一的收费标准。铁路现行的车辆归类如下:

①娱乐车、餐车(餐车合造车按2500元减半核收)每日每辆5000元。

②公务车、高级软卧车每日每辆3300元。

③软座车、软卧车、软硬卧车、硬卧车、软座硬卧合造车每日每辆1800元。

④硬座车、行李车、软硬座合造车、行李邮政车、软座行李合造车、硬座行李合造车每日每辆1400元。

⑤棚车每日每辆139元。

包用娱乐车、餐车,1d内同时发生停留费和使用费两项费用时,只收一项整日费用。

(5)空驶费。空驶费是指包车人指定要在×日包用×种车辆,而乘车(装运)站没有所需车辆,需从外站(车辆所在站)向乘车(装运)站空送时,以及用完后送至车辆原所在站,所产生空驶应付的费用。

对于车辆空驶区段(里程按最短径路并采取通算),不分车种,按每车每公里核收空驶费,但棚车不核收空驶费。

(6)其他费用。

①包用公务车、豪华列车的服务费,按车票票价的15%核收。

②包用专用列车、豪华列车,如列车编成辆数不足12辆时,根据实际运行日数,按每日每辆核收欠编费。当日不足12h的减半核收。

[例3-5] ×单位包用硬卧车一辆,定员66人。指定2014年8月1日开封站使用,挂K377次新型空调快速列车,8月2日13:22至兰州,8月4日兰州站挂K916次新型空调快速22:45开往银川,开封站没有所需车辆,需自郑州空送车辆至开封,车辆使用至银川后回送郑州。

(1)票价。

开封—兰州—银川　1727km

新型空调快速票价:201.0×66=13266.0(元)

硬卧票价

上铺:142.0×22=3124.0(元)

中铺:154.0×22=3388.0(元)

下铺:166.0×22=3652.0(元)

小计:10164.0(元)

合计:13266.0+10164.0=23430.0(元)

(2)停留费。

天数:2日(K377次)13:22到　　0.5d

3日　　1d

4日(K916次)22:45开　　1d

合计:0.5+1+1=2.5(d)

停留费:1800.0×2.5=4500.0(元)

(3)空驶费。

空驶区段:郑州—开封　72km

银川—郑州　1287km

合计:72+1287=1359(km)

空驶费:3.458×1359=4699.0(元)

(4)总计:23430.0+4500.0+4699.0=32629.0(元)

2.包车变更费用

包车人包用的车辆由于某种原因需要变更时,可以办理包车变更。但包车人在未交付运输费用前取消用车计划时,定金不退。如已交付运输费用时,按以下规定办理:

(1)包车人在始发站停止使用时,除退还已收空驶费与已产生的空驶区段往返空驶费差额外,其他费用按以下方式计算核收:

①开车前48h,退还全部费用,核收票价、使用费、运费10%的停止使用费。

②开车前不足48h至开车前6h,退还全部费用,核收票价、使用费、运费20%的停止使用费。

③开车前不足6h,退还全部费用,核收票价、使用费、运费50%的停止使用费。

④开车后要求停止使用时,只退还尚未产生的包车停留费。

(2)包车人在始发站延期使用,在开车前6h以前提出时,按规定核收包车停留费;在开车前不足6h提出时,核收票价、使用费、运费50%的延期使用费,并重新办理包车手续。

（3）包车人在中途站延长使用区段或延长停留时间时，需经中途变更站报请铁路局（集团公司）同意后，核收票价、使用费、运费或包车停留费。如包车人当时付款有困难时，应根据其书面要求，由变更站电告发站或到站补收应收费用。

中途缩短停留时间或缩短使用区段时，所收费用不退。

（4）包车人在中途站要求变更径路时，应补收新旧径路里程的票价、运费差额。要求变更到站时，应补收自变更站至新到站与自变更站至原到站的票价、运费差额。

变更径路或变更到站均不退还票价、运费差额。

如包车中承运人违约，应双倍返还定金。

[例3-6] 前述例3.5中，用车单位在开车前5h提出停止使用。

（1）核收空驶费：

郑州—开封—郑州 $72\times2=144(\mathrm{km})$

$3.458\times144=498.0$（元）

（2）核收停止使用费：$23430\times50\%=11715$（元）

（3）总计：$498+11715=12213$（元）

二 租车及租用、自备车辆的挂运和行驶

1. 租车

租用人向承运人租用客运车辆时，租用人应与承运人签订租车合同。租车合同主要载明：租用人和承运人名称、地址及联系人姓名、电话；租用车辆种类、数量；租用时间和区段；租车费用；违约责任；双方商定的其他事项等，并按包车停留费标准，按日核收租车费。单独租用发电车时，租车费每日每辆2100元。

2. 挂运和行驶

企业自备机车车辆或租用车，利用承运人动力挂运或线路运行时，应向承运人提出书面要求，经协商同意并对机车车辆的技术状态检查合格后方能办理，核收挂运费或行驶费。长期挂运或行驶时，承运人应与企业或租用人签订合同。

（1）挂运。企业自备客车或租用客车在国家铁路的旅客列车或货物列车挂运时，按下列标准核收挂运费：

①空车。不分车种，按0.534元/（轴·km）核收。随客运列车挂运的空客车，如有随车押运人员时，应购买所挂运列车等级的硬座车票，随货物列车挂运的空客车的随车押运人员，按货运押运人收费标准核收押运费。

②重车。

a. 客车按标记定员票价的80%核收。

b. 行李车按标记载重及所装行李或包裹品类运费的80%核收。

c. 餐车、娱乐车、发电车按租车费的80%核收。

企业自备动力牵引租用客车或企业自备客车，利用国家铁路线路运行时，不论空车或重车，均按0.468元/（轴·km）（含机车轴数）核收行驶费。

（2）行驶。铁路机车车辆工厂（包括车辆研究所）新造车或检修厂在正式营业线上进行试验时，同样收取挂运费或行驶费。

军运、邮政部门租车和自备车辆挂运及行驶的收费标准，按军运和邮政有关规定办理。

挂运费和行驶费不足 1 元的尾数,按四舍五入处理。

三 过轨运输

国家铁路、合资铁路、地方铁路及特殊运行区段间办理直通旅客运输业务称为过轨运输。在办理时应分别按各段里程计算客运运价,加总核收。国家铁路涉及几个地段时,里程采取通算。上述各段由于分段计算,有不足起码里程区段时,按起码里程计算,但卧铺票价按表 3-9 所列比例计算。

400km 卧铺票价比例计算表

表 3-9

里程(km)	占 400km 卧铺票价的比例(%)	里程(km)	占 400km 卧铺票价的比例(%)
1～100	25	201～300	75
101～200	50	301～400	100

[例 3-7] 旅客 1 人,在北京西站购买 K106 次(北京西—深圳)新型空调车至深圳的硬席客特快卧(下)票。

(1)国家铁路段票价:北京西—龙川 2102km

硬座票价:145 元

特快票价:58 元

硬卧(下)票价:192 元

空调票价:35 元

合计:430 元

(2)地方铁路段票价:龙川—东莞 213km

硬座票价:30 元

特快票价:10 元

硬卧(下)票价:50 元

空调票价:8 元

合计:98 元

(3)特殊运价区段票价:东莞—深圳 57km

硬座票价:10 元

特快票价:8 元

硬卧(下)票价:17 元

空调票价:4 元

合计:39 元

(4)总计:430 + 98 + 39 = 567(元)

第五节 客运杂费

客运杂费是指在铁路运输过程中,除去旅客车票票价,行李、包裹运价以外,铁路运输企业向旅客、托运人、收货人提供的辅助作业、劳务及物资等所收的费用。

铁路在旅客及行包运输全过程中,向旅客及行李、包裹托运人和收货人提供辅助作业付出的劳务费,以及运输契约占用铁路设备等所发生的费用或旅客、托运人、收货人违章所加收的款额，均属客运杂费。客运杂费是铁路旅客运输收入的组成部分。

客运杂费的种类

铁路现行客运杂费收费项目主要有以下几类。

1. 付出劳务所核收的费用

该费用包括搬运费、送票费、接取送达费、手续费、行李包裹变更手续费、查询费、装卸费等。

核收这类费用，是因为旅客或托运人、收货人提出要求，为其特殊服务时而收取，要贯彻既为旅客或托运人、收货人服务，又要收费合理的原则。

2. 违反运输规定所核收的费用

该费用包括各种无票乘车加收的票款及违章运输加倍补收的运费等。

为了维护站、车秩序，对无票乘车或持失效车票乘车的人员，应根据铁路法及客运规章有关规定加收票款。

为了贯彻国家运输政策，确保旅客运输安全，对违章携带、违章运输应采用经济制裁的办法，施行加倍补收运费。

3. 使用有关单据及其他用品所核收的费用

该费用包括货签费、安全标志费、其他用品等。对这类费用应本着为人民服务的精神，核收适当的费用。

4. 为加强资金与物资管理所核收的费用

该费用包括迟交金、保价费、保管费等。这类费用是按照有关款额的百分比或保管的日数进行计算收取。

核收客运杂费，应按规定收费项目实际发生的内容收费，未发生的项目或未付出相应的劳务不准收费，更不准随意扩大、曲解收费范围。发生多收、少收、漏收杂费时，根据实际情况按照铁路有关规定办理退补，无法退补的应上缴。

客运杂费的核收标准

对于客运杂费的收费项目和收费标准，根据《中华人民共和国铁路法》规定，由国务院铁路主管部门规定。现行收费项目及收费标准见表3-10。

客运杂费收费项目及收费标准 表3-10

收费项目		计费条件		收费标准	备注
1	站台票			1元/张	
2	手续费	列车上补卧铺		5元/人次	同时发生时按最高标准核收一次手续费
		其他		2元/人次	
3	铁路异地售票手续费	铁路运输企业直接设立的售票点，向旅客发售在同城以外其他地方车站登乘的铁路车票		每张车票最高不得超过5元	
4	退票费	按每张车票面额计算	距开车时间48h以上	5%	最低按2元计收
			距开车时间24h以上，不足48h	10%	
			距开车时间不足24h	20%	

续上表

收费项目		计费条件	收费标准	备　注
5	送票费	送到集中取票点	3元/人次	
		送到旅客所在地	5元/人次	
6	货签费		0.25元/个	
7	安全标志费		0.20元/个	
8	行李、包裹变更手续费	装运前	5元/票次	
		装运后	10元/票次	
9	行李、包裹查询费	行李、包裹交付后，旅客或收货人还要求查询时	5元/票次	
10	行李、包裹装卸费	从行李房收货地点到装上行李车，或从行李车卸下至交付地点，各为一次装卸作业	2元/件次	超过每件规定重量的，按其超重倍数增收
11	行李、包裹保管费	超过免费保管期限，每日核收	3元/件	超过每件规定重量的，按其超重倍数增收
12	行李、包裹搬运费	从广场停车地点搬运至行包办理处或从行包交付处搬运至广场停车地点各为一次搬运作业； 由火车、汽车搬上、搬下时每搬一次，另计一次搬运作业	2元/件次	超过每件规定重量的，按其超重倍数增收
13	行李、包裹接取送达费	接取、送达各为一次作业，每5km(不足5km按5km计算)核收	5元/件次	超过每件规定重量的，按其超重倍数增收
14	携带品搬运费	从广场停车地点搬运至站台或从站台搬运至广场停车地点各为一次搬运作业； 由火车、汽车搬上、搬下时每搬一次，另计一次搬运作业	2元/件次	每件重量以20kg为限，超重时按其超重倍数增收
15	携带品暂存费	每日核收	3元/件	每件重量以20kg为限，超重时按其超重倍数增收

习题

一、填空题

1. 目前，铁路客运运价结构从不同角度可分为(　　)和(　　)两种形式。

2. 铁路旅客票价分为(　　)和(　　)两大类。

3. 计算旅客票价的起码里程：客票为(　　)km，加快票为(　　)km，空调票为(　　)km，卧铺票为(　　)km。

4. 旅客托运行李至客票到站以远的车站时，应分别计算(　　)和(　　)运价，然后加总核收。

5. 国家铁路、合资铁路、地方铁路及特殊运行区段间办理直通旅客运输业务称为(　　)。

二、判断题

1. 硬座客票票价率是旅客票价的基础，是决定旅客票价水平最重要的因素。　(　　)

2. 旅客票价从101km起实行递远递减。 ( )

3. 旅客凭一张客票第二次托运行李时，无论第一次托运重量多少，均按照包裹计价。 ( )

4. 行李、包裹基本计费重量为20kg，不足基本重量时按基本重量计算。 ( )

5. 行李、包裹的运到期限按运价里程计算。行李400km以内为3d，包裹600km以内为3d。 ( )

三、简答题

1. 旅客票价构成要素有哪些？

2. 行李、包裹运价的比例关系如何？

3. 行李、包裹运费的核收有哪些规定？

4. 什么是过轨运输？

5. 客运杂费的分类及收费标准是如何规定的？

四、综合题

1. 试计算T137次（郑州—苏州）新型空调列车硬卧下铺票价。（914km）

2. 试计算上海—郑州30kg二类包裹的运价。（998km）

3. ×旅客持郑州—石家庄车票，要求将其随身携带的20kg物品托运至北京，试计算该物品的托运费用。（郑州$\xrightarrow{412km}$石家庄$\xrightarrow{281km}$北京）

4. ×旅客持柳州—长沙客票一张，第一次托运行李两件，计63kg，第二次托运行李一件，计16kg，均要求托运至武昌。试计算运费。（柳州$\xrightarrow{724km}$长沙$\xrightarrow{362km}$武昌）

5. ×单位包用普通硬卧车一辆，定员66人。指定8月10日西安站使用，8月11日9:00至北京，8月13日17:00由北京站开往济南。由于西安站没有所需车辆，需从郑州站空送至西安，车辆使用至济南后回送郑州。计算该单位包车费用。（郑州$\xrightarrow{511km}$西安$\xrightarrow{1200km}$北京$\xrightarrow{495km}$济南$\xrightarrow{668km}$郑州）

第四章　旅客运送条件

【学习目标】

1. 了解铁路旅客运输合同的含义及凭证，旅客、承运人的基本权利和义务。
2. 了解车票的作用、分类、发售规定及代用票的填制方法。
3. 会计算车票有效期间。
4. 掌握误售误购、误乘和丢失车票及不符合乘车条件的处理方法。
5. 掌握退票及各种旅行变更的处理方法。
6. 了解旅客携带品的范围及旅客违章携带品的处理方法。

第一节　铁路旅客运输合同

一　铁路旅客运输合同的含义及凭证

1. 含义

铁路旅客运输合同是明确承运人与旅客之间权利、义务关系的协议。起运地承运人与旅客订立的旅客运输合同，对所涉及的承运人都有连带关系，具有同等约束力。

铁路旅客运输合同从售出车票时起成立，自旅客进站检验车票为合同履行开始，至按票面规定运输结束旅客出站缴销车票时止，为合同履行完毕。

2. 凭证

铁路旅客运输合同的基本凭证是车票。

除车票外，还有铁路乘车证和特种乘车证。特种乘车证包括：

(1)全国铁路通用乘车证。

(2)中央和各省(自治区、直辖市)机要部门使用的软席乘车证(限乘指定的乘车位置)。

(3)邮政部门使用的机要通信人员免费乘车证，包括押运员、检查员(只限乘坐邮车及铁路指定的位置)。

(4)邮局押运人员免费乘车证(只限乘坐邮车及铁路指定的位置)。

(5)邮局视导员免费乘车证(只限乘坐邮车及铁路指定的位置)。

(6)口岸站的海关、边防军、银行使用的往返免费乘车书面证明。

(7)我国铁路部门邀请的外国铁路代表团使用的中华人民共和国铁路免费乘车证。

(8)用于到外站装卸作业及抢险的调度命令。

另外，为了加强对铁路运输企业执行国家政策法令的监督，国务院铁路主管部门邀请的其他政府部门和新闻单位检查铁路工作乘车时所使用的“全国铁路免费乘车证”可乘坐除国际列车以外各种等级、席别的列车。“全国铁路免费乘车证”由国务院铁路主管部门制发和管理。

二 旅客的基本权利和义务

旅客是指持有铁路有效乘车证的人和同行的免费乘车儿童。根据铁路货物运输合同，押运货物的人视为旅客。

1. 权利

(1)依据车票票面记载的内容乘车。

(2)要求承运人提供与车票等级相适应的服务并保障其旅行安全。

(3)对运送期间发生的身体损害有权要求承运人赔偿。

(4)对运送期间因承运人过错造成的随身携带物品损失有权要求承运人赔偿。

2. 义务

(1)支付运输费用；当场核对票、款，妥善保管车票，保持票面信息完整可识别。

(2)遵守国家法令和铁路运输规章制度，听从铁路车站、列车工作人员的引导，按照车站的引导标志进、出站。

(3)爱护铁路设备、设施，维护公共秩序和运输安全。

(4)对所造成铁路或其他旅客的损失予以赔偿。

三 承运人的基本权利和义务

承运人是指与旅客或托运人签有运输合同的铁路运输企业。铁路车站、列车及与运营有关人员在执行职务中的行为代表承运人。

1. 权利

(1)依照规定收取运输费用。

(2)要求旅客遵守国家法令和铁路规章制度，保证安全。

(3)对损害他人利益和铁路设备、设施的行为有权制止、消除危险和要求赔偿。

2. 义务

(1)确保旅客运输安全正点。

(2)为旅客提供良好的旅行环境和服务设施，不断提高服务质量，文明礼貌地为旅客服务。

(3)对运送期间发生的旅客身体损害予以赔偿。

(4)对运送期间因承运人过错造成的旅客随身携带品损失予以赔偿。

第二节　车票及其发售规定

车票的作用和分类

1. 作用

车票是旅客乘车的凭证，是旅客和铁路缔结运输合同发生运输关系的依据。

2. 分类

车票是乘车票据的总称。车票票面(特殊票种除外)主要应当载明发站、到站、径路、座别、卧别、票价、车次、乘车日期、有效期等内容，其分类情况如下：

(1)按形式分

①磁卡式。在一些大的客运站通过电子计算机等高科技设备发售磁卡票(图4-1)。

a)普通车票

b)自动售票机售票

图4-1　磁卡式车票

②薄纸式。它包括电子售票机打印的软纸票(图4-2)以及根据需要临时填发的代用票(图4-3)。

图4-2　计算机软票

(2)按性质分

①客票，包括软座、硬座客票。

②附加票，包括加快票、卧铺票、空调票。

附加票是客票的补充部分，可以与客票合并发售，但除免费儿童外不能单独使用。

(3)按乘车情况分

①直达票，指从发站至到站不需中转换乘的车票。

②通票，指从发站至到站需中转换乘的车票。

二　车票的发售规定

车票应在承运人或销售代理人的售票处购买。在有运输能力的情况下，承运人或销售代理人应按购票人的要求发售车票。承运人还可以开办往返票、联程票(指在购票地能够买到换乘地或返回地带有席位、铺位的车票)、定期、不定期、储值、定额等多种售票业务，以便于购票人购票和使用。有计算机售票设备的车站，除系统设备故障等特殊情况外，不得发售手工车票。

车票是有价证券，实行实名制购买，旅客须凭乘车人有效身份证件购买车票，并持车票及购票时所使用的乘车人本人有效身份证件原件进站、乘车，但免费乘车的儿童及持儿童票的儿童除外。

车票实名制的实行范围、售票及验证检票方式以车站公告为准，但学生优惠票、残疾军人或伤残人民警察优待票、使用残疾人专用票额的车票均需乘车人的有效身份证件及规定的证件。

有效身份证件包括：居民身份证、临时身份证、户口簿、中华人民共和国旅行证、中国人民解放军军人保障卡、军官证、武警警官证、士兵证、军队学员证、军队文职干部证、军队离退休干部证、按规定可使用的有效护照、港澳居民来往内地通行证、中华人民共和国来往港澳通行证、台湾居民来往大陆通行证、大陆居民往来台湾通行证、外国人居留证、外国人出入境证、外交官证、领事馆证、海员证、外交部开具的外国人身份证明、地方公安机关出入境管理部门开具的护照报失证明、铁路公安部门填发的乘坐旅客列车临时身份证明（以下简称“临时身份证明”）等24种。1.5m以上16岁以下未成年人有效身份证件还包括学生证。

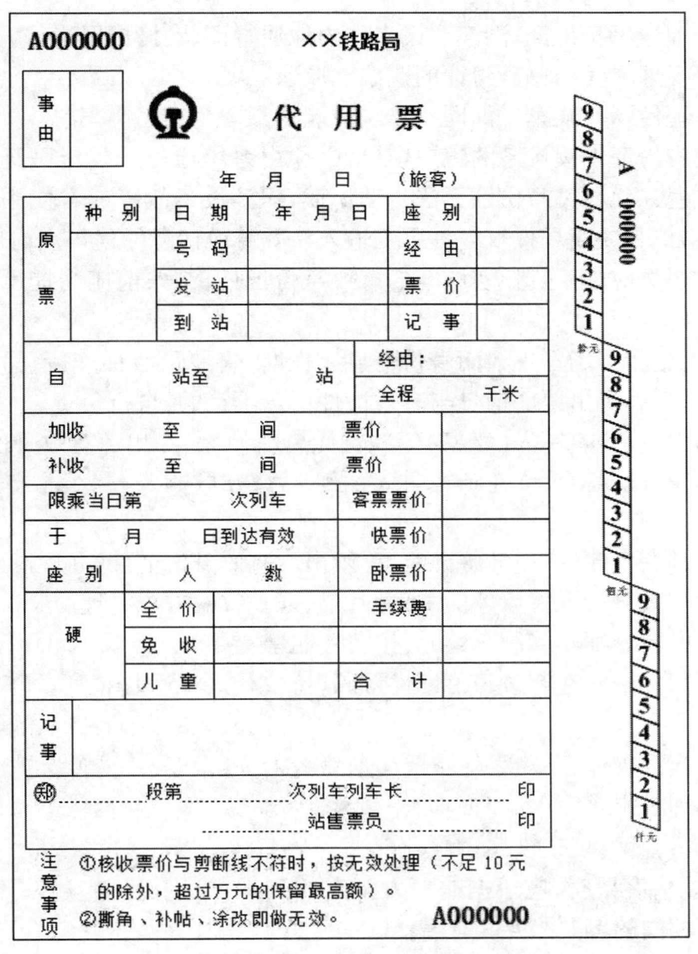

A000000　　××铁路局

事由	

代用票

年　月　日　（旅客）

原票	种别	日期	年　月　日	座别	
		号码		经由	
		发站		票价	
		到站		记事	

自　站至　站	经由：
	全程　千米

加收　至　间　票价	
补收　至　间　票价	

限乘当日第　次列车	客票票价	
于　月　日到达有效	快票价	
座别	人　数	卧票价	
硬	全价		手续费	
	免收			
	儿童		合计	

记事	

(郑)……段第……次列车列车长……印

……站售票员……印

注意事项　①核收票价与剪断线不符时，按无效处理（不足10元的除外，超过万元的保留最高额）。②撕角、补帖、涂改即做无效。

A000000

A 000000

9 8 7 6 5 4 3 2 1 拾元

9 8 7 6 5 4 3 2 1 佰元

9 8 7 6 5 4 3 2 1 仟元

图4-3　代用票

车站售票厅设置铁路公安制证口，为无法出示有效身份证件的旅客办理临时身份证明。办理时，须符合下列条件之一，并携带一寸照片一张：

（1）出具所在地公安机关的户籍证明信。

（2）学生旅客出具所在学校的证明信。

（3）中国人民解放军、武警部队现役军人持所在部队出具的证明信。

（4）外籍旅客持当地使领馆出具的证明信。

（5）凭其他有效证件购买车票的旅客持发证部门出具的证明信。

（6）通过其他方式能够证明本人身份的。

证明信内容必须包括旅客姓名、性别、出生年月、籍贯、有效身份证件号码等信息，并加盖证明单位公章。购票后丢失有效身份证件的，证明信内容应与车票票面记载的旅客身份信息一致。

车站铁路公安部门办理的临时身份证明一式两联，载明持有人姓名、性别、年龄、身份证件号码，第一联为公安留存，第二联供旅客购票、退票、中转签证、验证检票以及乘车使用，由旅客自行妥善保管，站、车不予收回。同城车站均实行实名制时，临时身份证明可以通用。

购票人可以使用有效身份证件原件或复印件购买车票，也可以持乘车人的有效身份证件原件或复印件替乘车人代购车票。

电话订票仅受理居民身份证、港澳居民来往内地通行证、台湾居民来往大陆通行证、护照。

自助售票机仅受理二代居民身份证的购票和取票。

一张有效身份证件同一乘车日期同一车次只能购买一张实名制车票。

配备二代居民身份证识读设备的售票窗口，必须由系统通过二代居民身份证识读设备自动读取身份信息。遇二代居民身份证无法自动识读、识读设备故障或者使用其他有效身份证件购票时，在车站窗口和铁路局授权允许手工输入有效身份信息的代售点窗口，由售票员录入旅客身份信息。售票员应当认真核实旅客的有效身份证件，制票前应当提示旅客核实有效身份证件信息。

制票后交付时，旅客当场发现票面身份信息有误时，售票员收回作废、另发新票。旅客未当场核对票面信息，过后提出票面信息与有效证件信息不符的，自行负责。

须凭证购买的学生、残疾军人（警察）等减价优惠（待）票，在出示有效身份证件的同时，还应出示符合规定的减价优惠（待）凭证原件，经核实后，方可购票、乘车。学生票按规定核减次数。

实名制车票办理始发改签、中转签证时，无须出示有效身份证件；办理退票时，需核实车票及其票面所载明的有效身份证件原件的一致性；票、证一致的方予办理。

非实名制通票中转签证实名制车票时，按实名制售票办理。

实名制车票票面标明旅客有效身份证件号码，持二代居民身份证所购车票票面还标明旅客姓名。

旅客购票后应当妥善保管车票，保持票面信息清晰、可识读，并妥善保护票面身份信息。

发售车票的办理规定：

1. 客票

（1）承运人在发售客票时，应根据购票人指定的到站、座别、径路发售，不得为图方便，使用到站不同而票价相同的客票来互相代替。

（2）发售软座客票时最远至本次列车终点站。为了方便旅客和充分利用运输能力，白天乘车的旅客，在软卧车有空余包房的条件下，车站可根据列车长的预报发售软座客票。始发售给中途站预留的包房，可利用其发售最远至预留站的软座客票，但涉及夜间（20:00 至次日 7:00）乘车时不得超过 2h，超过时不得发售软座客票。

（3）旅客在乘车过程中，要求一段乘坐硬座车，一段乘坐软座车时，全程发售硬座客票。乘坐软座时，另收软座区段的软硬座票价差额。

（4）发售动车组列车车票时，最远至本次列车终点站。

（5）发售去边境地区的客票时，应要求旅客出示国务院铁路主管部门、公安部门规定的边境居民证、身份证或边境通行证。

2. 加快票

（1）旅客凭软座或硬座客票购买加快票。

(2)发售加快票的到站,必须是所乘快车、快速车或特别快车的停车站。

(3)发售需要中转换车的加快票的中转站,必须是有同等级快车始发的车站,还应具备发到站之间全程都应有快车运行;如中间有无快车运行的区段时,则不能发售全程加快票。

(4)新型空调列车的均普快、快速、特快的车票,最远只能售至本次列车终点站或换车站。

3. 卧铺票

(1)旅客凭软座或硬座客票(乘快车时还应有加快票)购买卧铺票。身高不够1.2m的儿童单独使用卧铺时,只购买全价卧铺票,如有空调时还应购买半价空调票,但不必购买儿童票。

(2)卧铺票必须和客票的座别、到站相同,但对持通票的旅客其卧铺票只发售至中转站,为了照顾旅客对卧铺使用的要求,发站给中途站预留的铺位,如旅客的到站是预留站或预留站以近的车站时,可利用其发售到最远至预留站的卧铺票。

4. 空调票

(1)旅客乘坐提供空调的列车(或车厢)时,应购买相应等级的车票或空调票。由于旅客乘坐空调的列车(或车厢)不同,票价也不相同。如乘坐新型空调列车或新型空调成组列车时,该列车(或成组列车)的票价可上浮30% ~50%计算;如乘坐不成组的普通空调车厢,该票价是不上浮的。为此,根据旅客所乘坐的空调列车(或车厢),支付相应等级的票价。

(2)旅客在全部旅途中分别乘坐空调车和普通车时,可发售全程普通车的车票,对乘坐空调车区段另行核收空调车与普通车的票价差额。

5. 减价票

减价票包括儿童减价票、学生减价票和伤残军人半价票。减价票应按下列规定发售:

(1)儿童减价票(简称儿童票)

身高1.2~1.5m的儿童乘车时,可购买半价客票、加快票和空调票。超过1.5m的儿童和不足1.5m的成人,均应购买全价票。每一成人旅客可免费携带身高不足1.2m的儿童一名,超过一名时,超过的人数应购买儿童票。

为了确保儿童旅行的安全,承运人一般不接受儿童单独旅行(乘火车通学的学生和承运人同意在旅途中监护的除外)。因此,儿童应随同成人乘车,购买与成人座别相同的儿童票。

儿童票的到站,原则上应与成人的客票到站相同。在成人能保证儿童安全的条件下,儿童票的到站,可近于成人的到站,但不能超过成人的到站,以免无人照顾发生意外。

(2)学生减价票(简称学生票)

在普通大、专院校(含国家教育主管部门批准有学历教育资格的民办大学),军事院校,中、小学和中等专业学校,技工学校就读,没有工资收入的学生、研究生,家庭居住地和学校所在地不在同一城市时,凭附有加盖院校公章的减价优待证的学生证及优惠卡(小学生凭书面证明),每年可享受家庭至院校(实习地点)之间4次单程半价硬座客票、加快票、空调票。

动车组列车只发售二等座车学生票,动车组列车的学生票价按全价票价75%计收。

学生票限定在寒假(12月1日—3月31日)、暑假(6月1日—9月30日)期间发售。

学生从实习地点回家或从家去实习地点,凭附有“减价优待证”的学生证和院校的书面证明,可购买学生票。

学生父母都不在学校所在地，并分两处居住时，由学生选择其中一处，并登记在学生减价优待证上。如学生父母迁居时，根据学生申请，经学校确认，可将学生减价优待证上的乘车区段更改并加盖公章或更换新证。

学生回家后，院校迁移或调整，也可凭院校证明和学生减价优待证，发售从家庭所在地到院校所在地的学生票。

应届毕业生从学校回家，凭院校书面证明，可购买一次学生票。新生入学凭院校的录取通知书，也可购买一次从接到录取通知书地点至院校的学生票。

在乘降所上车的学生（其减价优待证上注明上车地点为乘降所），可以在列车上售给全程学生票，并在减价优待证相当栏内，由列车长注明"×年×月×日乘××次列车"，加盖名章，作为登记一次乘车次数。

华侨学生和港澳台学生回家时，其学生票发售至边境车站。

学生票应按近径路发售，但有直达列车或换车次数少的远径路也可发售。

学生购买联程票或乘车区间涉及动车组列车的，可分段购票。学生票分段发售时，由发售第一段车票的车站在学生优惠卡中划消次数，中转站凭上一段车票售票，不再划消乘车次数。

减价优待证记载的车站是没有快车或直通车停靠的车站时，离该站最近的大站（可以超过减价优待证规定的区间）可以发售学生票。

超过学生减价优待证上记载的区段乘车时，对超过区段按一般旅客办理，核收全价票价。

符合减价优待条件的学生无票乘车时，除补收票款（含应补的半价票价及加收已乘区间应补票价50%的票款）外，同时应在减价优待证上登记盖章，作为登记一次乘车次数。

但下列情况不能发售学生票：

①学校所在地有学生父或母其中一方时。

②学生因休学、复学、转学、退学乘车时。

③学生往返于学校与实习地点以及举办夏令营或其他社会实践活动乘车时。

④"减价优待证"涂改或一人持两个以上学生证时。

⑤学生证丢失补发学生证的当年。

⑥学生证未按时办理学校注册的。

⑦学生证优惠乘车区间更改未加盖学校公章的。

⑧没有"学生票优惠卡"、"学生火车票优惠卡"不能识别或与学生证记载不一致的。

（3）伤残军、警半价票

中国人民解放军和中国人民武装警察部队因伤致残的军人凭"中华人民共和国残疾军人证"，及因公致残的人民警察凭"中华人民共和国伤残人民警察证"享受半价的软、硬座客票和附加票。

"中华人民共和国残疾军人证"和"中华人民共和国伤残人民警察证"由国家有关部门颁发，铁路运输企业有权进行核对。

6. 团体旅客票

凡20人以上乘车日期、车次、到站、座别经由相同的旅客集体乘车时为团体，即可发售团体旅客票。承运人对团体旅客乘车应优先安排并在计价上给予一定的优惠。其具体规定如下：

（1）满20人时，给予免收1个人票价的优惠，20人以上每增加10人，再免收1人的票价，但每年春运期间（起止日期以春运文件为准）不予优惠。

（2）团体旅客中有分别乘坐座、卧车或成人、儿童同一团体时，按其中票价高的免收。

（3）用计算机售票的车站，办理团体旅客票并实行一定优惠政策时，优惠票的票面打印“团优”字样（图4-4），其余票的票面上加印“团”字样。

7.代用票

代用票是根据需要临时填发的票据。它是车站在无计算机售票设备或计算机设备故障等特殊情况下代用车票和办理旅游专列、团体旅客乘车、包车、旅行变更、旅客丢失车票补票以及在列车内补收票价、杂费时使用的一种票据。

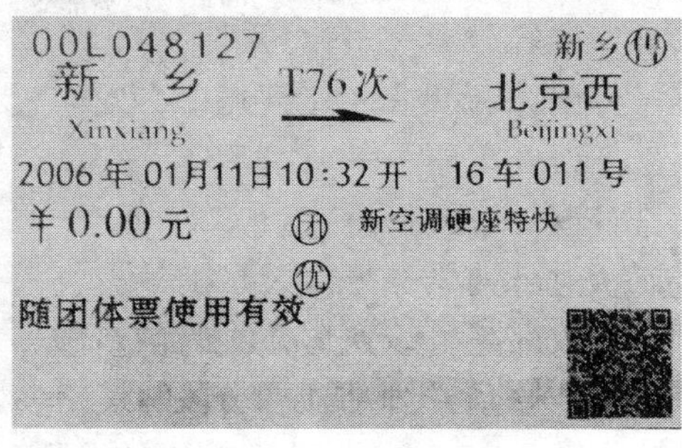

00L048127
新乡
新乡
T76次
北京西
Xinxiang
Beijingxi
2006年01月11日10:32开 16车011号
￥0.00元
新空调硬座特快
随团体票使用有效

图4-4　团体优惠车票票样

发售代用票应按规定填写。

（1）代用客票、加快票、卧铺票、空调票、包车票、团体票时：

①事由栏：为了填记简便，可按规定的略语填写（同时办理两种以上内容时，应分别填写事由）。

代用客票——“客”。

代用普通加快票——“普快”。

代用快速加快票——“快速”。

代用特别加快票——“特快”。

代用客快联合票——“客快”或“客普快”。

代用客快速联合票——“客快速”。

代用客特快联合票——“客特快”。

代用卧铺票——“卧”。

代用客快卧联合票——“客快卧”。

代用客快速卧联合票——“客快速卧”。

代用客特快卧联合票——“客特快卧”。

代用空调票——“空调”。

办理包车票——“包车”。

办理团体票——“团体”。

②原票栏：不用填写。

③人数栏：应按实际收费人数，分开价别用大写数字填写，不用栏用“#”符号抹消。办理包车代用票时，如实际乘车人数不足车辆定员数时，填记定员人教（即收费人数）。

④票价栏：按收费种别，分别在适当栏内填写。其他费用应在空白栏内注明收费种别和款额；卧铺栏前加“上、中、下”字样，加快栏前加“普、快速、特”等字样。

⑤记事栏：办理包车票时，应注明包车的车种、车号和定员数。办理团体旅客票时，应注明团体旅客证的起止号码。代用学生、伤残军人减价票时，应注明“学”、“残”字样。

（2）办理变更径路、变更座席、变更卧铺、越站乘车、旅客分乘、误售误购、误撕车票、退加快票、退卧铺票、改乘高等级列车时：

①事由栏：按规定略语填写。

变更座别——“变座（补价）”。

变更铺别（包括软座变硬卧）——“变铺（补价）”。

变更径路——“变径”。

越站乘车——“越站”。

旅客分乘——“分乘”。

误售、误购——“误售”、“误购”。

误撕车票——“误撕”。

退加快票——“退快”。

退卧铺票——“退卧”。

改乘高等级列车补收票价差额——“补价”。

②原票栏:根据原票转记。

③乘车区间栏:填记变更的发到站名、经由等有关事项。

④票价栏:对变径、变座、变铺及改乘高等级列车发生补费时,应填写在补收区间票价栏内,其他则填记在相应的票价栏,不用的票价栏划斜线。软座变硬卧发生补费时,应在空白栏列出应退软硬座差价,以“-”号注明,卧铺票价栏列明硬卧上、中、下铺票价,核收手续费,票价合计栏填写冲抵后补收款额。发生退款时,在空白栏注明应退款种别和款额,合计栏用“-”号注明退款款额。

⑤记事栏:在列车上发生退款时,应注明“到站净退款×元”。软座变硬卧时,应注明“软座变硬卧×铺”。原票在原票栏转记并收回时,应注明“原票收回”字样。

(3)对无客票、无加快票、乘车日期和车次不符、越席乘车、客票中途过期、不符合减价规定、儿童超高、丢失车票、持站台票来不及下车等填发时:

①事由栏:按规定略语填写。

无客票——“无票”。

无普通加快票——“无快”。

无快速加快票——“无快速”。

无特别加快票——“无特快”。

乘车日期、车次、径路不符——“不符”。

越席乘车——“越席”。

不符合减价规定——“减价不符”。

有效期终了——“过期”。

丢失车票——“丢失”。

儿童超高——“超高”。

持站台票送人来不及下车——“送人”。

②原票栏:除无票乘车、丢失车票、无加快票以及儿童超过1.2m时,不填记原票栏外,其他情况都应将原票有关事项,记入原票栏内。

③乘车区间栏:填记补票区间的发、到站名。

④票价栏:对无票等情况加收的票款,应填写在加收区间票价栏内;其他核收的费用,按收费种别,填记在适当的票价栏内。

⑤记事栏:原票收回时,应注明“原票收回”字样,以及其他需记载的事项。

发售代用票时,乙页应按票价合计栏的款额,在“款额剪断线”的相当款额右侧剪断,将实收款额留在本页交给旅客,剩余部分附在丙页上报(如发生退款时,“款额剪断线”全部剪下随丙页上报)。收回原票换发代用票时,应将原票随丙页上报。

总之,站、车发售代用票时,字体要清楚、不潦草,不写自造简化字、不涂改,项目填写齐全,不用栏划斜线。发、到站间有两条及以上径路和发、到站间涉及两条线路时,应填写经由;发、到站均在一条线路上时,一般情况下不填写经由。

第三节　旅客乘车条件

旅客乘车基本条件和车票签证

1. 基本条件

(1)旅客乘什么车买什么票,并须按票面载明的乘车日期、车次、径路、席别乘车,在票面规定的有效期间内抵达到站。

(2)对乘坐卧铺的旅客,列车可以收取车票,并集中保管。收取车票时,应当换发卧铺证,旅客下车前,凭卧铺证换回车票。

考虑旅客携带儿童出行的方便,允许成人带儿童或儿童与儿童共用一个卧铺。

(3)除特殊情况并经列车长同意外,持低票价席别车票的旅客不能在高票价席别的车停留。

(4)为了确保广大旅客的人身健康和安全,对烈性传染病患者、精神病患者或健康状况危及他人安全的旅客,站、车可以不予运送。车站发现时应告知铁路规定并对已购的车票按旅客退票的有关规定处理;列车上发现时,列车长编制客运记录交车站处理,必要时,应通知铁路防疫部门处理污染现场。车站应退还已收车票票价与已乘区间车票票价的差额,已乘区间不足起码里程时,按起码里程计算,并核收退票费。

(5)对违反国家法律、法规,在站内、列车内寻衅滋事、扰乱公共秩序的旅客,站、车均可拒绝其上车或责令其下车,车站工作人员应将站内发现的和列车移交的上述旅客带出站外,情节严重的送交公安部门处理;对未使用至到站的票价不予退还,并在车票背面作相应的记载,运输合同即行终止。

2. 车票签证

(1)旅客购票后,如不能按票面指定的日期和车次乘车时,应当在票面指定的日期、车次开车前,办理一次提前或推迟乘车签证手续,特殊情况经站长同意可在开车后 2h 内办理。

动车组列车车票的旅客改乘当日其他动车组列车时不受开车后 2h 内的限制。团体旅客不应晚于开车前 48h 办理。

在车站车票预售期内且有能力的前提下,车站应予办理,改签后的车次票价高于原票价时,核收票价差额,改签后的车次票价低于原票价时,退还票价差额,并应收回原车票换发新车票,在新车票票面注明"始发改签"字样,如图 4-5 所示(特殊情况在开车后改签的注明"开车后改签"字样);原车票已托运行李的,在新车票背面注明"原票已托运行李"字样,并加盖站名戳。

必要时,铁路运输企业可以临时调整改签办法。

(2)由于铁路责任造成旅客不能按票面记载的日期、车次乘车时,车站应积极为旅客办理签证及通票有效期延长手续。

(3)旅客持通票在中转站换车时,应办理签证手续。签证不需补差价或签证的车次票价低于原票价时,票价差额部分不予退还,计算机只打印签证号,随原票使用,如图 4-6 所示,需补差价时,发售有价签证票。

(4)除售票系统设备故障等特殊情况外,不得手工改签车票。

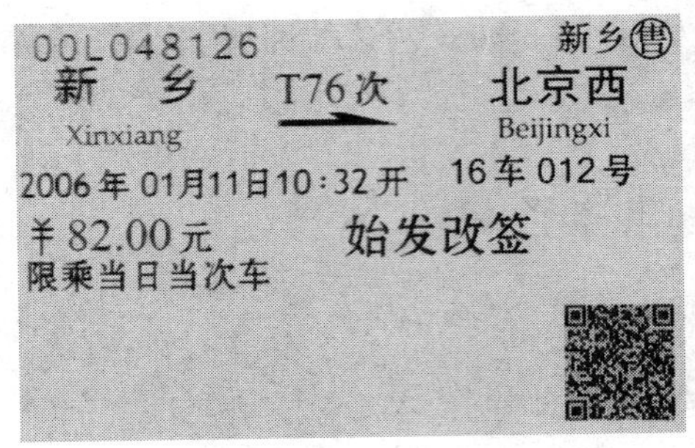

图4-5 始发改签车票票样

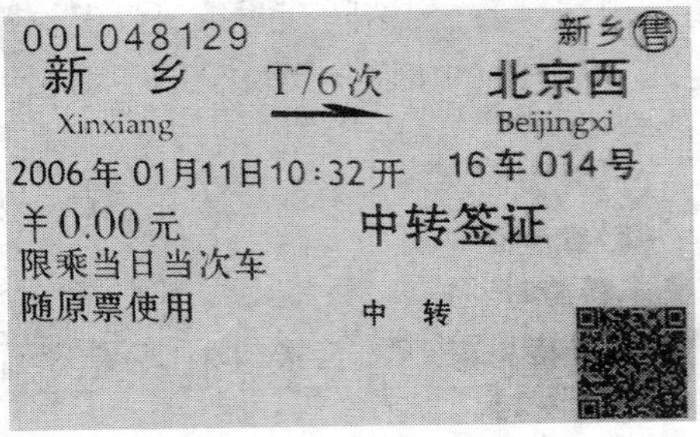

图4-6 中转签证式样

二 车票的有效期间

车票是运输合同,任何一种合同都有一定的时效,作为运输合同的车票也不例外,其时效即为有效期间。

1. 车票有效期间的计算

直达票当日当次有效,但下列情形除外:

(1)全程在铁路运输企业管内运行的动车组列车车票有效期由企业自定。

(2)有效期有不同规定的其他票种。

通票的有效期按乘车里程计算:1000km为2d,超过1000km的,每增加1000km增加1d,不足1000km的尾数按1d计算;自指定乘车日起至有效期最后一日的24:00止。

2. 车票有效期间的延长

遇下列情况,可适当延长通票的有效期间:

(1)因列车满员、晚点、停运等原因,使旅客在规定的有效期间内不能抵达到站时,车站可视实际需要延长通票的有效期间。延长日从通票有效期终了的次日起计算。

(2)旅客因病中途下车,恢复旅行时,在通票有效期间内,提出医疗单位证明或经车站证实时,可按实际医疗日数延长,但最多不得超过10d。卧铺票不能延长,可办理退票。同行人同样办理。

(3)由于误售、误购、误乘或坐过了站在原通票有效期间不能到达正当到站时,应根据折返站至正当到站间的里程,重新计算通票有效日期。

车站在办理延长有效期手续时,应在通票背面注明"因××延长有效期×日"并加盖站名戳。因铁路责任还应在行李票上同样签注,作为到站提取行李时,计算免费保管日数的凭证。

3. 车票有效期间失效的处理

(1)持通票的旅客在乘车途中有效期间终了,要求继续乘车时,应自有效期间终了站(如列车正在运行中,则从最近前方停车站)起另行补票,核收手续费。

(2)旅客持用的定期票的有效期间,在乘车途中终了时,可按有效使用至到站。

三 旅客乘车中发生特殊情况的处理

1. 误售、误购车票的处理

由于站名相似、口音不同等原因,发生误售、误购车票时,车站和列车必须正确处理,使旅客能安全迅速到达旅行目的地。

对误售、误购车票,应按下列规定补收或退还已收票价与正当票价的差额,不收手续或退票费。

(1)在发站,收回原票,换发新票。

(2)在中途站、原票到站或列车内,应补收票价时,收回原票,换发代用票,补收票价差;应退还票价时,站、车应编制客运记录,连同原票交给旅客,作为乘车至正当到站退还票价差额的凭证,并应以最方便的列车将旅客运送至正当到站。

[例4-1] 误售、误购车票的处理。

2014年6月10日一名旅客持当日洛阳郑、石、德沧州的新空调硬座客快速票一张,到郑州站声称误购车票,实际到站为常州,要求乘坐K154次(郑州徐州上海)新空车到常州。如图4-7所示。请办理。

(1)应补收已收票价与正当票价的差额。

(2)票价计算。

①已收票价:洛阳郑、石、德沧州829km

新空调硬座客快速票价:112.0元

②正当票价:洛阳徐州常州957km

新空调硬座客快速票价:124.0元

③补收票价:124.0－112.0＝12.0元

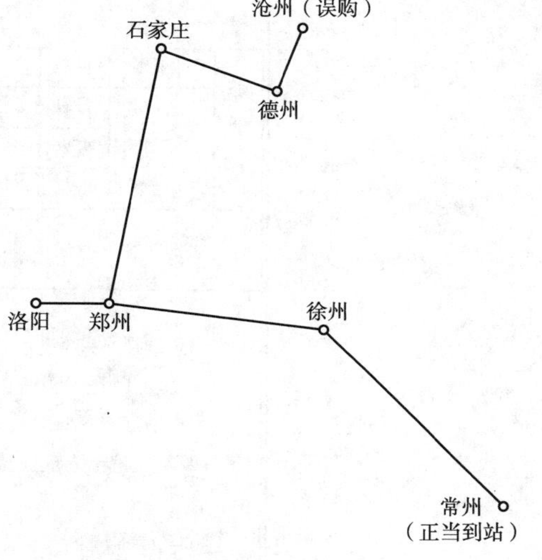

图4-7 误购车票示意图

2. 误乘的处理

由于旅客没有确认车次或上、下行方向坐错了车,或乘车中坐过了站,统称为误乘。

旅客发生误乘时,列车和车站应认真妥善处理。列车长应编制客运记录交前方停车站,车站应在车票背面注明“误乘”并加盖站名戳,指定最近列车(不办理一般旅客运输的国际列车除外)免费送回误乘站或正当到站。

误售、误购、误乘的旅客,在免费送回的区段,站、车均应告知旅客不得中途下车。如中途下车时,对往返乘车的免费区段,按返程所乘列车等级分别核收往返区段的票价,核收一次手续费。

[例4-2] 误乘,免费送回、中途下车的处理。

2014年6月18日,一旅客持信阳至漯河的硬座客特快联合票,乘K22次列车(桂林—北京西,新型空调车),列车在漯河开车后,验票发现该旅客坐过了站,列车长即编客运记录,连同原票和旅客到郑州站交下,郑州站指定乘坐K1211次列车(郑州—贵阳,新型空调车)免费送回漯河。但该旅客在中途站许昌下车,请处理。

(1)许昌站应收回原票,对往返乘车的免费区段,按返程所乘列车的等级分别核收往返区段的票价,核收一次手续费。

(2)票价计算。

应收:漯河—郑州140km

　　新空客快速票价:21.5元

　　郑州—许昌86km

　　新空客快速票价:14.5元

(3)手续费:2.0元

合计补收:21.5 + 14.5 + 2.0 = 38.0(元)

填写"客杂",如图4-8所示。

如该旅客在许昌恢复旅行,则应另行购票。

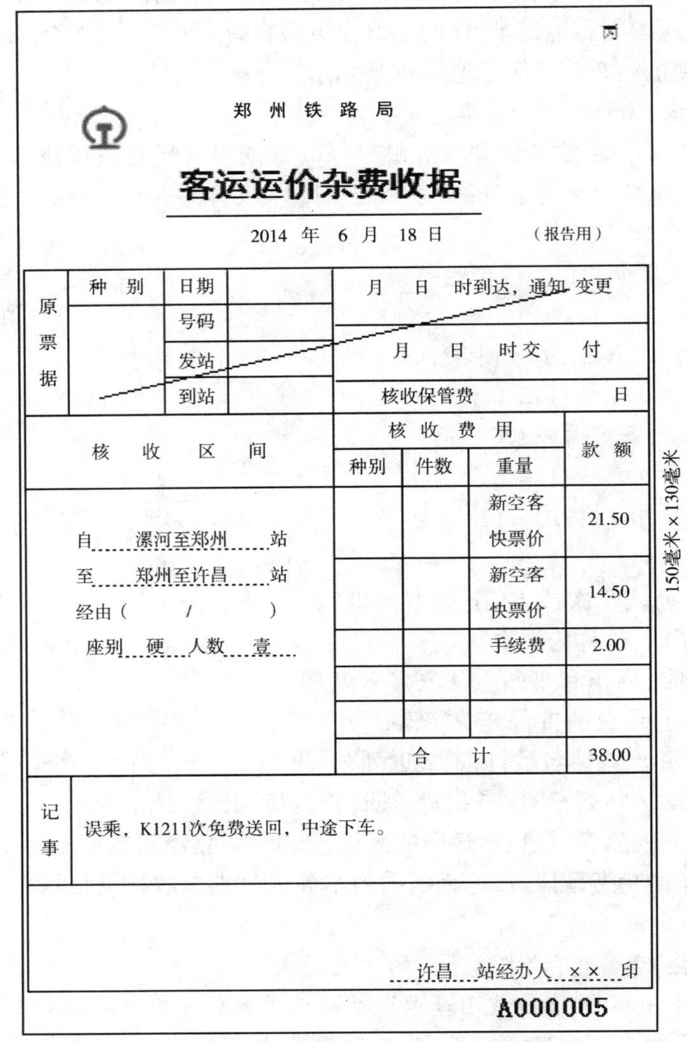

丙

郑州铁路局

客运运价杂费收据

2014 年 6 月 18 日　　(报告用)

<table>
<tr><td rowspan="4">原票据</td><td>种别</td><td>日期</td><td></td><td colspan="4">月 日 时到达，通知 变更</td></tr>
<tr><td rowspan="3"></td><td>号码</td><td></td><td colspan="4"></td></tr>
<tr><td>发站</td><td></td><td colspan="4">月 日 时交 付</td></tr>
<tr><td>到站</td><td></td><td colspan="4">核收保管费 日</td></tr>
<tr><td colspan="4" rowspan="2">核收区间</td><td colspan="3">核收费用</td><td rowspan="2">款额</td></tr>
<tr><td>种别</td><td>件数</td><td>重量</td></tr>
<tr><td colspan="4" rowspan="6">自 漯河至郑州 站
至 郑州至许昌 站
经由(/)
座别 硬 人数 壹</td><td></td><td></td><td>新空客快票价</td><td>21.50</td></tr>
<tr><td></td><td></td><td>新空客快票价</td><td>14.50</td></tr>
<tr><td></td><td></td><td>手续费</td><td>2.00</td></tr>
<tr><td></td><td></td><td></td><td></td></tr>
<tr><td></td><td></td><td></td><td></td></tr>
<tr><td colspan="3">合计</td><td>38.00</td></tr>
<tr><td>记事</td><td colspan="7">误乘，K1211次免费送回，中途下车。</td></tr>
<tr><td colspan="8">许昌 站经办人 ×× 印</td></tr>
</table>

A000005

150毫米×130毫米

图4-8 "客杂"填写式样

3. 丢失车票的处理

车票是有价证券,旅客购票后丢失车票时,符合以下条件的,可到车站售票窗口办理挂失补办手续:

(1)提供购票时所使用的有效身份证件原件、原车票乘车日期和购票地车站名称。

(2)不晚于票面发站停止检票时间前20分钟。

以下情形,不办理挂失补办手续:

(1)超过规定时间提出的。

(2)原车票已经退票的。

(3)已经挂失补办的。

车站确认旅客身份、车票等信息无误后，旅客应按原车票车次、席位、票价重新购买一张新车票。新车票票面标记“挂失补”字样。原车票已经改签的按改签后的车票办理挂失补办手续。

其具体处理办法如下：

(1)旅客在乘车前丢失车票时，应另行购票。

(2)在乘车中丢失车票时，应自丢失站起(不能判明时从列车始发站起)补收票价，核收手续费。

(3)学生丢失车票，可凭学生优待证及优惠卡或学校证明，在发站重新购买学生减价票；在列车上或中途站丢失时，经确认无误后，补收自丢失站起至到站的学生减价票，核收手续费。不再在优待证上加盖有关印章(即不占用使用次数)。

(4)旅客丢失车票另行补票后又找到原票时，在发站按退票处理；在列车上经列车长确认后，编制客运记录，连同原票和后补车票一并交给旅客，作为旅客在到站出站前要求退还后补收票票价的依据。处理站在办理时，填写退票报告，并核收退票费，后补车票及客运记录随退票报告一并上报。

(5)如遇旅客丢失车票，确实无钱买票乘车时，必须经过详细认真的调查了解后，可按国务院有关规定办理，但不得以客运记录代替车票乘车。

[例 4-3] 丢失车票的处理。

2014 年 3 月 18 日，在哈尔滨开往北京的新型空调特快 T72 次列车正运行在长春—沈阳北间时，一旅客到列车长办公席声明哈尔滨至北京的车票丢失，经列车查证属实。

(1)在乘车中丢失车票时，应自丢失站起(不能判明时从列车始发站起)补收票价，核收手续费。

(2)票价计算。

长春—北京　1003km

新空硬座票价:78.5 元

新空特快票价:30.0 元

新空空调票价:20.0 元

手续费:2.0 元

合计:130.5 元

四 车票的查验和违章乘车的处理

1. 车票的查验

(1)车站的检票

①为了维护车站秩序，保证旅客安全，避免旅客上错车、下错站，旅客购票后上车时，必须经检票口进站。车站对进站旅客持用的车票经确认后加剪表示旅客旅行的开始，也是铁路旅客运输合同履行的开始。自此时起，铁路应负旅客的旅行和安全的责任。同时，检票还可以正确统计上车人数，掌握客流，为有计划地输送旅客提供可靠的原始资料。

②车站对已使用完毕的计算机票、代用票应撕角后交给旅客；出站人员的站台票应将其副券撕下。误撕车票时，应换发代用票。

③车站应当在开车前提前停止检票，并在车站营业场所通告停止检票的提前时间。

(2)列车上的验票

①列车的验票工作应由列车长负责组织实施，由乘警、列车值班员等有关人员配合。验票原则上每400km一次，运行全程不足400km的列车应查验一次，特殊区段由列车长决定次数的增减，验票应打查验标记。必要时列车员也可在车内和车门口验票。对于持用必须持证购买的减价票和铁路签发的各种乘车证的旅客，验票时应检查对照减价凭证和规定相应证件。

②铁路稽查人员凭稽查证件、佩带稽查臂章可以在列车内验票。铁路稽查执行任务时，应事先与列车长取得联系，特殊情况可先执行任务。列车长、乘警及其他列车工作人员应对稽查的工作应予以配合。

2. 对违章乘车的处理

违章乘车包括不符合乘车条件的乘车和车票未按规定办理签证、剪口的乘车，现将处理规定分述如下。

(1)对不符合乘车条件的处理

不符合乘车条件的情况是多方面的，由于具体情况不同，处理方法也不同，但归纳起来，可分为两种类型。对不符合乘车条件的旅客、人员，站车均应了解原因，区别不同情况予以处理：

①属于客观原因，不符合乘车条件的，只补收车票票价或票价差额，核收手续费。

a. 确因时间仓促来不及买票，主动补票或经站、车同意上车补票的，只补收车票票价(持旅客乘降所发给的补票证上车补票的不收手续费)。

b. 应买票而未买票的儿童只补收儿童票价；身高超过1.5m的儿童持用儿童票乘车时，应补收全价票价与儿童票价的差额。

c. 旅客持用票价低的车票，经车站和列车同意乘坐票价高的座席、卧铺或高等级列车时，只补收乘车区段车票票价差额。

d. 持站台票送客的人员，已经上车来不及下车并及时声明时，按所乘列车的等级，补收至前方下车站的车票票价。

②属于有意取巧、不履行义务的，除按规定补收票价、核收手续费外，还必须加收已乘区间应补票价50%的票款。同时，铁路运输企业有权对其身份进行登记。

a. 无票乘车时，补收自乘车站(不能判明时自列车始发站)起至到站止的车票票价。持失效车票乘车按无票处理。

b. 持用伪造或涂改的车票乘车时，除按无票处理外并送交公安部门处理。

c. 持站台票上车并在开车20min后仍不声明时，按无票处理。

d. 持用低等级的车票乘坐高等级列车、铺位、座席时，补收所乘区段的票价差额。

e. 旅客持减价票没有规定的减价凭证或不符合减价条件时，补收全价票价与减价票价的差额。

对持定期客票违章使用，需按往返及天数加收票价时，应按下列公式进行计算核收：

$$加收票价 = 单程应收票价 \times 2 \times 天数 \tag{4-1}$$

对无票乘车而又拒绝补票的人员，列车长可责令其下车，并应编制客运记录交县、市所在地车站或三等以上车站处理(其到站近于上述到站时应交到站处理)。车站对列车移交或本站发现的上述人员应追补应收和加收的票款，核收手续费。

(2)车票未签证、未剪口的处理

下列情况只核收手续费，但已经使用至到站的除外：

①旅客在票面指定的日期、车次开车前乘车的应补签。

②旅客所持车票日期、车次相符但未经车站剪口的应补剪。

③持通票的旅客中转换乘应签证而未签证的，应补签。

[例4-4] 无票的处理。

T271次(北京—吉林新型空调)列车北京开车验票时，在硬卧车厢发现一人无票乘车，到沈阳北站，列车应如何处理？

(1)票价计算。

北京—沈阳北 703km

(2)应收票价。

空调硬座客特快票价:98.00元

硬卧下铺票价:84.00元

手续费:5.00元

合计:187.00元

若在沈阳北验票时，在硬卧车厢发现有旅客无票乘车，列车应如何处理？

(1)除按照规定补收票价、核收手续费外，加收北京—沈阳北票价50%的票款。

(2)票价计算。

应补票价:98.00+84.00=182.00(元)

手续费:5.00元

核收已乘区间应补票价50%的票款:182.00×50%=91.00(元)

合计:278.00元

[例4-5] 减价不符的处理。

2014年7月13日，郑州经由徐州开往上海的K154次新型空调列车，商丘开车后，发现一旅客持当日该次郑州到南京学生半价硬座客快票，票号00A000111，票价47.0元，没有减价凭证，列车如何办理？

(1)列车应收回原票，换发代用票，补收全、半价差额，并加收已乘区间应补票价50%的票款，核收手续费。

(2)票价计算。

①补收全、半价差额。

郑州—南京 695km

已收新空硬座半价客快速票价:47.0元

应收新空硬座全价客快速票价:93.0元

补收全、半价差额:93.0-47.0=46.0(元)

②加收已乘区间应补票价50%的票款。

郑州—商丘 203km

新空硬座客快速全价:32.5元

新空硬座客快速半价:17.0元

加收票款:(32.5-17.0)×50%=7.75≈8.0(元)

③手续费:2.0元

合计:46.0+8.0+2.0=56.0(元)

第四节　退票和旅行变更

退票

铁路发售车票是按照旅客运输日计划办理的，旅客购票后应按照票面记载的日期、车次、座别、铺别乘车，不应随意退票而打乱铁路旅客运输计划。但为了照顾有特殊情况的旅客，并在经济上不受损失，铁路在一定的条件下仍允许办理退票。

1. 旅客责任退票

由于旅客本身的原因，要求退票时，除按下列规定办理外，并核收退票费：

（1）旅客退票必须在购票地车站或票面发站办理。

（2）在发站，列车开车前，退还全部车票票价。特殊情况经站长同意，也可在开车后2h以内办理。团体旅客必须在开车前48h以前办理。

（3）旅客开始旅行后不能退票。但如因伤、病不能继续旅行时，经站、车证实，可退还已收票价与已乘区段票价的差额。已乘区段不足起码里程时，按起码里程计算；同行人同样办理。

但对动车组列车的车票，按下列公式计退：

$$应退票款 = 原票价 - (原票价 \div 原票里程 \times 已乘区段里程) \tag{4-2}$$

（4）退带有“行”字戳记的车票时，应先办理行李变更手续。

（5）因特殊情况经站长同意在开车后2h内改签的车票不退。

（6）站台票售出后，不办理退票。

市郊票、定期票、定额票的退票办法由铁路运输企业自定。必要时，铁路运输企业可以临时调整退票办法。

办理挂失补的新车票发售后，原车票失效。新车票不能改签，但可以退票；退票时按规定核收补票的手续费。新车票退票后，原车票效力恢复。

旅客持新车票乘车时，应向列车工作人员声明。到站前，列车长确认该席位使用正常的，开具客运记录交旅客作为到站退票的凭证。

旅客到站后24小时内，凭客运记录、新车票和购票时所使用的有效身份证件原件，至退票窗口办理新车票退票手续，按规定核收补票的手续费。

［例4-6］　1462次列车，一名旅客持徐州—北京新型空调硬座客快卧（下）车票，因病需住院手术，列车编制记录交济南站，办理退票手续。

已收票价：徐州—北京　814km　新硬座客快卧（下）184.00元

已乘区间：徐州—济南　319km　94.5元

应退票价：184.00 − 94.5 = 89.5（元）

退票费：18.00元

净退：89.5 − 18.00 = 71.5（元）

2. 铁路责任退票

由于铁路责任，如列车超员、列车晚点、卧铺发售重号、车辆故障途中甩车、行车事故等原因致使旅客退票时，按下列规定办理，不收退票费：

(1)在发站,退还全部车票票价(或某种车票的全部票价)。

(2)在途中,如在列车上,应由列车长编制客运记录或换发代用票至到站退款,如在中途站,应退还已收票价与已乘区段票价差额,已乘区段不足起码里程时,退还全部票价。

(3)在到站,凭原票和客运记录或列车长换发的代用票退还已收票价与已使用部分票价差额。未使用部分不足起码里程时,按起码里程计价退还。

(4)空调列车因空调设备故障在运行过程中不能修复时,应退还未使用区段的空调票价。未使用区段不足起码里程,按起码里程计算。

总之,由于旅客原因(包括旅客因伤、病),要求退还车票票价时,核收退票费,已乘区段不足起码里程时,按起码里程计算。因铁路责任退还车票票价时,不收退票费,如已乘区段不足起码里程时,退还全部票价;未使用部分不足起码里程时,按起码里程计价退还。

[例4-7] 同例4-6条件,在济南站因铁路责任退票。

徐州—北京 814km

已收票价:新客快空票价93.00元

硬卧票价91.00元

徐州—济南 319km

已乘区间票价:新客快空票价40.5元

应退票价:客快票价差93.00 -40.5 =52.50(元)

全程卧铺原价91.00元

净退:52.50 +91.00 =143.50(元)

 旅行变更的处理

旅客在乘车途中,要求办理旅行变更的情况是经常发生的,由于变更类别很多,办理的时间又比较紧迫,站、车客运工作人员务必从方便旅客出发,积极主动地按规定予以办理。

1. 变更等级

旅客要求变更座席、卧铺、列车等级时,由高等级变更为低等级不办理(即不退还变更区段的票价差额);由低等级变更为高等级(含通票的旅客在中转站要求换乘动车组列车),应补收变更区段(不足起码里程时,按起码里程计算)的票价差额,核收手续费。

持用软座票的旅客要求改用硬卧时,补收变更区段的票价差额,核收手续费。

办理变更等级需补收票价差额时,可发售一张补价票,随同原票使用有效。因铁路责任,使旅客变更座席、卧铺、列车等级时,所发生的票价差额,应补收的不补收;应退款时,由列车长编制客运记录,到站退还票价差额,已乘区段不足起码里程时,退还全程票价差额。变更区段不足起码里程时,按起码里程计算,退还票价差额。均不收退票费。已购买加快票的通票旅客,在换车站因铁路责任不能换乘接续快车而改乘低等级列车时,换车站也按此办法办理退款。

[例4-8] 变座的处理。

T201次(北京西—郑州新型空调)列车石家庄开车后,一名旅客持石家庄至郑州段列车的软座客特快票,票号00A000022,票价96.50元,要求改乘硬卧下铺,9号车厢有空铺,列车同意办理。

变座区间:石家庄—郑州 412km

硬座票价:37.50 元

软座票价:71.50 元

应退软、硬座票价差:34.00 元

补收硬卧(下)票价:55.00 元

应补票价差额:21.00 元

手续费:5.00 元

合计:21.00 + 5.00 = 26.00(元)

[例 4-9] 一旅客持上海—济南××次新型空调软座客特快卧(下)车票,票价 315 元。因软卧故障在中途甩车,使旅客变更为硬卧(下)铺,列车编制客运记录,旅客至到站退款。若分别在南京、蚌埠、徐州甩车,则到站分别处理如下:

(1)南京甩车。

上海—南京 301km,已乘区间不足卧铺起码里程,退还全程软、硬卧票价差额。

上海—济南 968km

软、硬卧票价差额:154.00 - 106.00 = 48.00(元)

退还变更区间的软、硬座票价差额。

南京—济南 667km

软、硬座票价差额:105.00 - 55.00 = 50.00(元)

应退合计:48.00 + 50.00 = 98.00(元)

(2)蚌埠甩车。

上海—蚌埠 485km(已乘区间已足基本里程)

蚌埠—济南 483km,应退还变更区间软、硬座及软、硬卧票价差。

软、硬座票价差:80.00 - 42.00 = 38.00(元)

软、硬卧票价差:87.00 - 61.00 = 26.00(元)

应退合计:38.00 + 26.00 = 64.00(元)

(3)徐州甩车。

上海—徐州 649km(已乘区间已足基本里程)

徐州—济南 319km,未乘区间不足卧铺起码里程,应按照 400km 退还软、硬卧票价差和 319km 软、硬座票价差额。

400km 软、硬卧票价差额:75.00 - 54.00 = 21.00(元)

319km 软、硬座票价差额:53.50 - 28.50 = 25.00(元)

应退合计:21.00 + 25.00 = 46.00(元)

2. 变更径路

变更径路是指发站、到站不变,只是改变经过的线路。

持通票的旅客在中转站或列车上要求变更径路时,必须在通票有效期间内能够到达原到站方可办理。办理时,原票价低于变径后的票价,应补收新旧径路里程的票价差额,核收手续费。原票价高于或相等于变更后的径路票价时,持原票乘车有效,差额部分(包括列车等级不符的差额)不予退还。但应在原票面注明"变更经由××站",并加盖站名戳记或列车长名章。动车组列车车票不办理变径。

[例 4-10] 变径的处理。

2014 年 3 月 18 日,石家庄站一名旅客持 3 月 17 日北京西经太原至宝鸡新空硬座客快通票，票号00A018355，票价143.5元，中转换车时，要求签证当日乘1363次（北京西经郑州至成都的新空列车）去宝鸡，北京西至宝鸡线路如图4-9所示。

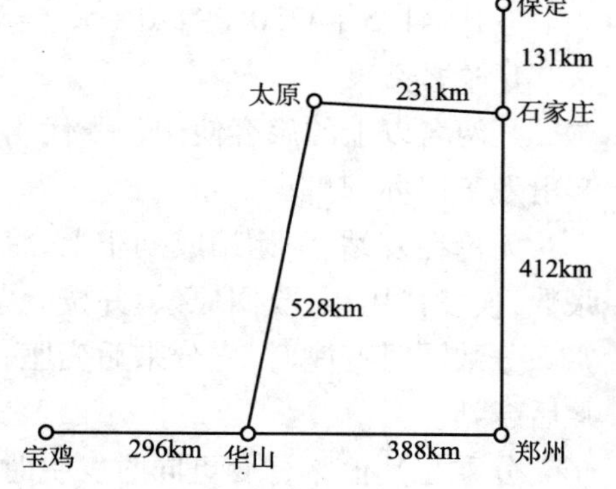

图4-9　北京西至宝鸡线路示意图

（1）石家庄站收回原票，换发代用票，补收新、旧径路里程票价差额，核收手续费。

（2）票价计算。

原径路：石家庄—宝鸡（经由太原）　1055km

新空硬座客快票价：118.5元

新径路：石家庄—宝鸡（经由郑州）　1096km

新空硬座客快票价：121.5元

补收票价差：121.5－118.5＝3.0（元）

手续费：2.0元

合计：3.0＋2.0＝5.0（元）

3. 越站乘车

越站乘车是指旅客原票到站即将到达，由于旅行计划的变更，要求超越原票到站至新到站的乘车。

旅客要求越站乘车，必须在原票到站前提出，在本列车有能力的条件下，方可办理。

遇下列情况不能办理越站乘车：

（1）列车严重超员时。

（2）乘坐卧铺的旅客买的是给中途站预留的卧铺时。

（3）乘坐的是回转车，途中需要甩车时。

越站乘车意味着另一旅行计划的开始，所以，办理手续时，应补收越乘区段的票价（不足起码里程按起码里程计算），并核收手续费，但最远不能超过本次列车的终点站。

在同一城市内有两个以上的车站，由于不明情况，发生越站乘车时，如票价相同，原票按有效办理；票价不同，按客票越站乘车办理，只补收客票票价及手续费，不补附加票价。越站同时变座（变铺）时，先越站后变座（变铺）；越站同时变径时，先变径后越站；越站同时补卧时先越站后补卧。

［例4-11］　越站变座加卧的处理。

2014年6月10日K180次（郑州至北京西，新型空调列车）新乡开车后，一旅客持当日当次郑州至石家庄的空调硬座客快速票，票号00A012345，票价63.00元。要求改乘软卧上铺到北京西，列车有剩余软卧（8车9号铺），同意办理。

（1）越站同时变座加卧时，先越站后变座再加卧，并核收手续费。

（2）票价计算。

①越站区间票价。

越站区间：石家庄—北京西　277km

新空硬座客快速票价：41.5元

②变座加卧票价。

变座加卧区间：新乡—北京西　609km

新空软座票价：98.0元

新空硬座票价：51.0元

补收新空软硬座票价差:98.0 - 51.0 =47.0(元)

新空软卧上铺票价:94.0 元

③手续费:5.00 元

合计:41.5 +47.0 +94.0 +5.0 =187.5(元)

4. 旅客分乘

凡两名以上的旅客使用一张代用票,要求分票乘车时,称为旅客分乘。站、车应从方便旅客出发予以办理。

无论在发站、中途站或列车上,旅客提出要求办理分乘时,都应按照旅客提出分票乘车的张数,换发代用票,收回原票,并按分票的张数核收手续费。

分乘同时变座时,先分乘后变座;分乘同时变径时,先分乘后变径;分乘同时越站时,先分乘后越站。

分乘与其他旅行变更同时发生时,则按变更人数核收一次手续费。

若分乘同时退票时,先分乘后退票,并核收退票费。

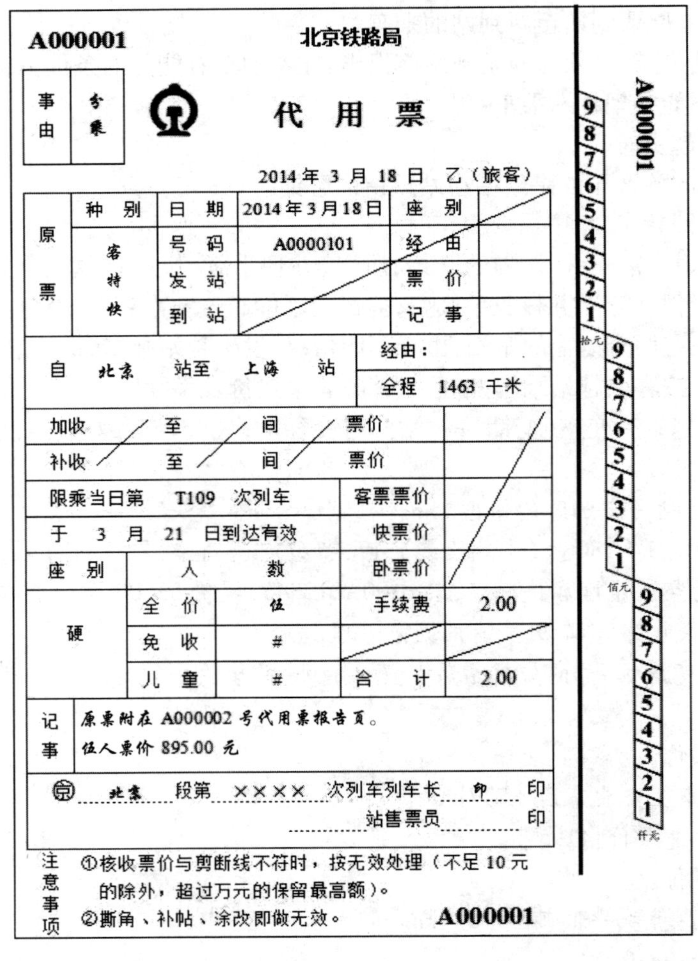

A000001　　北京铁路局

事由　分乘　　代用票

2014年3月18日　乙(旅客)

原票	种别	日期	2014年3月18日	座别	
	客特快	号码	A0000101	经由	
		发站		票价	
		到站		记事	

自　北京　站至　上海　站　　经由:　　全程　1463　千米

加收　至　间		票价	
补收　至　间		票价	
限乘当日第　T109　次列车		客票票价	
于　3　月　21　日到达有效		快票价	
座别	人数	卧票价	
硬	全价　伍	手续费	2.00
	免收　#		
	儿童　#	合计	2.00

记事　原票附在A000002号代用票报告页。伍人票价895.00元

京　北京　段第　××××　次列车列车长　印　印

站售票员　印

注意事项　①核收票价与剪断线不符时,按无效处理(不足10元的除外,超过万元的保留最高额)。②断角、补帖、涂改即做无效。　A000001

拾元 9 8 7 6 5 4 3 2 1　佰元 9 8 7 6 5 4 3 2 1　仟元 9 8 7 6 5 4 3 2 1　A000001

图4-10　代用票填写式样(1)

[**例 4-12**]　旅客分乘的处理。

2014 年 6 月 18 日,T109 次新型空调(北京—上海)列车,旅客 10 人,持当日该次列车硬座客特快代用票一张,北京开车后提出分乘,其中 5 人变更为软卧(上铺 3,下铺 2)。列车同意办理。

(1)分乘同时加卧时,先分乘后加卧,并核收手续费。

(2)票价计算。

①第一张代用票。

分乘,手续费 2.0 元

②第二张代用票。

北京—上海　1463km

补收软、硬座票价差:(212.50 − 108.50) × 5 = 520.00(元)

补收软卧票价:195.00 × 3 + 216.00 × 2 = 1017.00(元)

手续费:5.00 × 5 = 25.00(元)

合计:520.00 + 1017.00 + 25.00 = 1562.00(元)

两张代用票分别如图 4-10、图 4-11 所示。

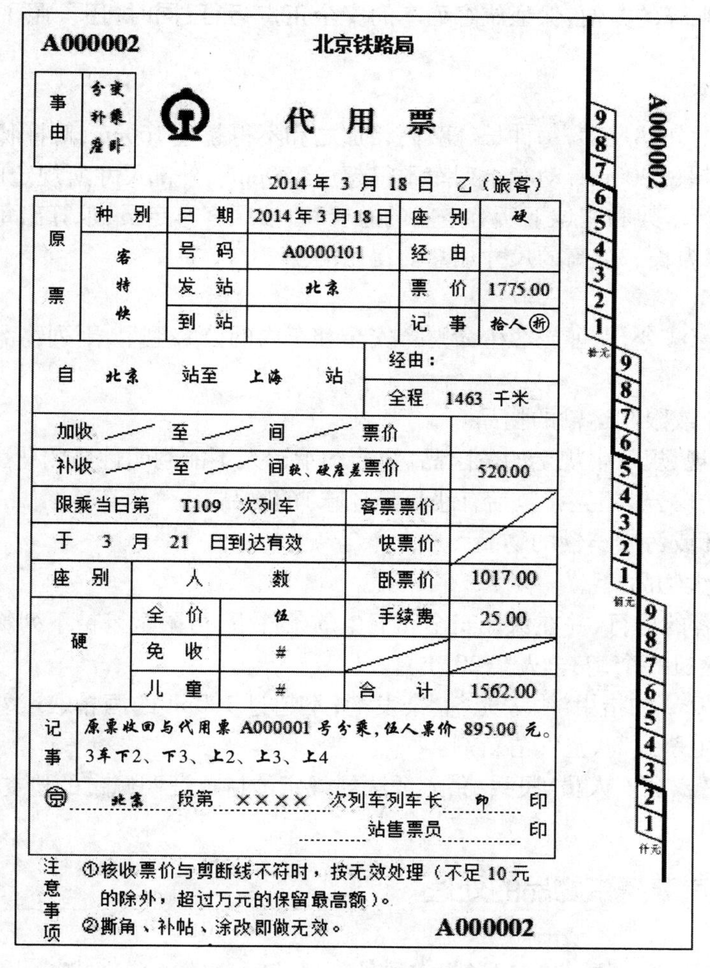

A000002　北京铁路局

事由	分乘 变更 补座卧

代 用 票

2014 年 3 月 18 日　乙(旅客)

原票	种别	日期	2014 年 3 月 18 日	座别	硬
	客特快	号码	A0000101	经由	
		发站	北京	票价	1775.00
		到站		记事	拾人㊗

自 北京 站至 上海 站	经由:
	全程 1463 千米

加收 ——— 至 ——— 间 ——— 票价			
补收 ——— 至 ——— 间软、硬座差票价			520.00
限乘当日第 T109 次列车		客票票价	
于 3 月 21 日到达有效		快票价	
座别	人数	卧票价	1017.00
硬	全价　伍	手续费	25.00
	免收　#		
	儿童　#	合计	1562.00

记事:原票收回与代用票 A000001 号分乘,伍人票价 895.00 元。3车下2、下3、上2、上3、上4

㊄ 北京 段第 ×××× 次列车列车长 印 印

站售票员 印

注意事项:①核收票价与剪断线不符时,按无效处理(不足 10 元的除外,超过万元的保留最高额)。②断角、补帖、涂改即做无效。

A000002

拾元　佰元　仟元

A000002

图 4-11　代用票填写式样(2)

第五节　旅客携带品

为了照顾旅客旅行生活的便利，旅客可以将旅行中所需要的物品如提包、背包、行李袋等带入乘坐的客车内，这些随身带入客车的零星物品，由旅客自行负责看管。但为了维护站车的良好秩序，确保运输安全，方便旅客进出站、上下车，必须对旅客携带品的范围有所限制。同时，铁路运输企业要在售票厅、候车室和列车内加强对旅客携带品的宣传，让广大旅客知道携带品的范围及超过范围的处理，以免旅客把违章物品带进站，带上车。

一　旅客携带品的范围

1. *在重量方面*

旅客携带品免费重量成人20kg，儿童（包括免费儿童）10kg，外交人员（持有外交护照者）35kg。其免费重量的规定，首先是经过广泛的调查，了解到我国一般旅客正常旅行时，随身携带的生活用品往往不超过20kg，此限量是充分满足了广大旅客需要的；其次，考虑客车车厢的正常负载和旅客乘降的方便，保证旅客列车的安全正点运行；同时，还参照了国际上的有关规定等因素而制定的。

2. *在体积方面*

旅客携带品的外部尺寸，每件长、宽、高相加之和不得超过160cm，对杆状物品（如扁担、标杆、塔尺等）不得超过200cm，动车组列车不得超过130cm。外部尺寸所规定的数值，是根据客车摆放携带品的行李架和座位下所有空间的总容积，按照客车定员，求算出每一旅客平均占有的容积，然后分解为长、宽、高的尺寸加总而得出的。

3. *在品类方面*

为了贯彻国家法令，保证旅客生命财产安全和车内的公共卫生，下列物品不准带进车站和列车内：

（1）国家禁止或限制运输的物品。

（2）法律、法规、规章中规定的危险品、弹药和承运人不能判明性质的化工产品。

（3）动物及妨碍公共卫生（包括有恶臭等异味）的物品。

（4）能够损坏或污染车辆的物品。

（5）超重、超大物品。

为了方便旅客的旅行，并在保证安全和卫生的条件下，可限量携带下列物品：

（1）气体打火机5个，安全火柴20小盒。

（2）不超过20ml的指甲油、去光剂、染发剂；不超过100ml的酒精、冷烫精；不超过600ml的摩丝、发胶、卫生杀虫剂、空气清新剂。

（3）军人、武警、公安人员、民兵、猎人凭法规规定的持枪证明佩带的枪支子弹。

（4）初生雏20只。

二　旅客违章携带物品的处理

旅客携带品超过免费重量或超过规定的外部尺寸时，在发站应按规定办理托运手续，不准带上车。如在列车内或下车站发现时，对超过免费重量的违章物品，按超重部分补收四类包裹运费。

［例 4-13］ 石家庄开往长春 2046 次列车，衡水站开车后发现一旅客持石家庄—长春车票，携带提包一个（内装杂物）重 15kg，纸箱一件（书籍）重 10kg，处理如下：

石家庄—长春　1380km

旅客携带品重 25kg，扣除免费携带重量 20kg，超重 5kg，补收 5kg 四类包裹运费 11.50 元。客运运价杂费收据填写如图 4-12 所示。

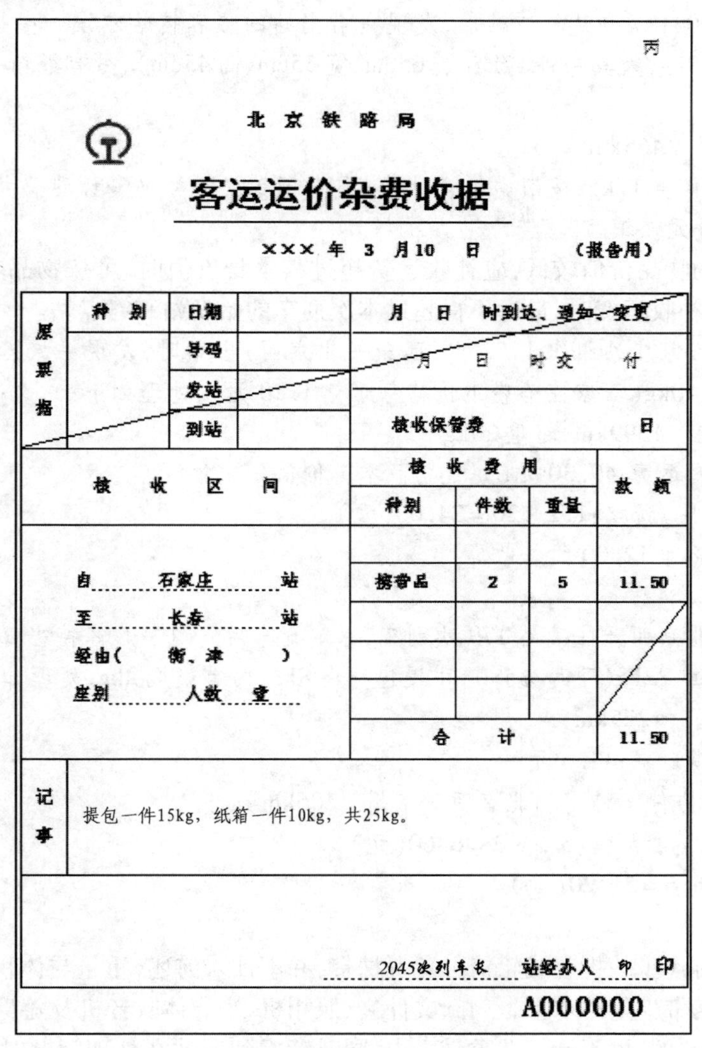

丙

北 京 铁 路 局

客运运价杂费收据

××× 年 3 月10 日　　（报告用）

原票据	种别	日期		月 日 时到达、通知、变更			
		号码		月 日 时交 付			
		发站					
		到站		核收保管费 日			
核收区间				核收费用			款额
				种别	件数	重量	
自 石家庄 站 至 长春 站 经由（ 衡、津 ） 座别 人数 壹				携带品	2	5	11.50
				合计			11.50
记事	提包一件15kg，纸箱一件10kg，共25kg。						

2045次列车长　站经办人　印　印

A000000

图 4-12 “客杂”填写式样

旅客携带不可分拆的整件超重、超大的物品以及动物（含猫、狗、猴等宠物），都应按该件全部重量补收四类包裹运费。

［例 4-14］ 郑州开往北京西 K180 次列车，新乡开车后发现一旅客持该次郑州—北京西车票，携带手提包两件 27kg，纸箱一件（仪器）8kg（长 62cm、宽 53cm、高 49cm），处理如下：

郑州—北京西　689km

手提包重 27kg，超 7kg，纸箱长、宽、高相加为 164cm，为超大，按该件重量 8kg 补收运费。则共超 15kg，补收四类包裹运费 18.6 元，填写“客杂”。

对于旅客带入车内的宠物，除按上述规定补收运费外，还应放置在列车通过台处，由携带者自己照看并做好保洁工作，宠物发生意外或伤害其他旅客时，由携带者负责。

旅客携带危险品和国家禁止或限制运输的物品以及妨碍公共卫生、污染车辆的物品，均按该件全部重量加倍补收四类包裹运费；危险品交最近的前方停车站处理，必要时移交公安部门处理，对有必要就地销毁的危险品应就地销毁，使之不能危害旅客，同时，承运人不承担任何赔偿责任。

[例4-15] 4041次到达林口站后，发现一名出站的旅客持哈尔滨—虎林硬座客快票，携带小皮箱一件重18kg，教具一件17kg(长65cm、宽55cm、高45cm)，另有纸箱一件，内装小狗一只3kg。

哈尔滨—林口　465km

教具超大，该件重17kg，按四类包裹计费；小狗3kg按四类包裹计费。共计20kg，补收四类包裹运费17.30元。填写“客杂”。

如旅客携带的物品价值较低，应补收运费超过其本身价值时，可按物品本身价值的50%核收运费。同时，补收运费时，最远不得超过本次列车的始发站和终点站。

[例4-16] 石家庄站组织T152次(西宁—北京西)出站时，发现一旅客持兰州—石家庄车票，携带哈密瓜40kg(石家庄哈密瓜价格每千克1.20元)，处理如下：

兰州—石家庄　1599km，超重20kg

20kg四类包裹运费：49.30元(超过物品本身价值)

按当地(石家庄)价格：$1.2\times20=24.00$(元)

按其价值50%即12.00元补收。

填写“客杂”。

[例4-17] 北京西开往武昌T79次列车，保定开车后发现一旅客持当日北京西至武昌车票，携带模具一件重22kg(不可分拆)，手提包一件8kg，内有鞭炮2kg，处理如下：

北京西—武昌　1225km

22kg四类包裹运费：44.6元

2kg鞭炮交前方停车站定州北京西—定州　206km

8kg四类包裹运费加倍：$3.3\times2=6.60$(元)

合计：$44.6+6.6=51.20$(元)

填写“客杂”。

残疾人旅行时代步的折叠式轮椅可免费携带，并不计入前述(重量与体积)范围。

旅客旅行中携带少量的水果、点心、文件袋、照相机、半导体收音机及随身穿着的衣服等零星细小物品，根据惯例，可不计算在重量之内，同时考虑到车站在处理问题时要有一定的灵活性，为此规定：对携带品超重不足5kg时，可免收运费。

三 旅客携带品的暂存和搬运

为了方便旅客，三等以上客流量较大的车站均需设置旅客携带品暂存处，其他车站可由服务处或行包办理处兼办携带品暂存业务。

携带品存放范围，以允许旅客随身携带的物品的范围为限，暂存品必须包装良好，箱袋必须加锁，并适于保管。贵重物品、重要文件、骨灰、尖端、精密产品、易腐物品和各种动物等，不予存放。携带品的暂存范围和暂存处的工作时间、收费标准等，应在暂存处的明显处所公告旅客。

办理暂存手续时，必须填写暂存票，注明品名、包装、日期、件数等。提取时还应注明提取日期、寄存日数和核收款额，并在暂存票乙页上加盖戳记后交给旅客。暂存票应按顺序号装订，保留1年。

客流量较大的车站应开展旅客携带品搬运业务。搬运员必须穿着统一制服，佩戴标志。搬运车辆应有明显标志，易于识别。收费时应给旅客开具收费凭证。搬运服务不得违反铁路规章，车站对非车站人员进站经营搬运业务的应予以制止和清理。

车站开展携带品搬运、暂存业务时，可核收搬运、暂存费。

四 旅客遗留携带品的处置

1. 旅客遗失物品的保管

由于旅客乘降车匆忙而遗留在站、车内的携带品(简称旅客遗失物品)，应设法归还原主。如旅客已经下车，应编制客运记录，注明品名、件数等，移交旅客下车站。不能判明时，移交当次列车的终点站。

车站对本站发现或移交的遗失物品，应在遗失物品登记簿上详细登记，注明日期、地点、移交车次、品名、包装及内含物品、数量、重量、交物人、经办人、处理结果等内容。

2. 旅客遗失物品的招领

客流量较大的主要客运站应设置旅客遗失物品招领处。对旅客遗失物品必须加强管理，定期查点。失物招领处对旅客遗失物品应妥善保管，正确交付。失主来领取时，应查验身份证，核对时间、地点、车次、品名、件数、重量，确认无误后，由失主签收，并记录身份证号码。

如车站或列车拾得现金时，应填写客运运价杂费收据，并在捡拾物品登记簿上注明客运运价杂费收据号码，当失主来领取时，开具退款证明书办理退款。

3. 旅客遗失物品的转运

遗失物品需要通过铁路向失主所在站转运时，内附清单(一件整体物品除外)，物品加封，填写客运记录和行李、包裹交接证，并与列车行李员办理交接手续(危险品和国家禁止或限制运输的物品、动物，妨碍卫生、污染车辆的物品以及食品不办理转送)。物品在5kg以内的免费运送，如旅客遗失物品重量超过5kg时，到站按品类及实际重量填发客运运价杂费收据，补收包裹运费。

鲜活易腐货物和食品不负责保管和转送。

习题

一、填空题

1. 旅客因自身原因(因伤、病不能继续旅行的除外)，要求退票时，必须在(　　)或(　　)办理。

2. 因铁路责任，造成旅客在中途站退票时，应退还(　　)，已乘区段不足起码里程时，退还(　　)。

3. 变座同时越站、补卧时，在办理顺序上，应先(　　)后(　　)再(　　)。

4. 郑州—青岛运价里程为1061km,其通票有效期为(　　)天。

5. 旅客携带不可拆分的整件超重、超大物品,应按照该件全部重量补收(　　)。

二、判断题

1. 旅客因病退票,已乘区间不足起码里程时,应退还全部票价。(　　)

2. 车站办理退票时,应按照客、快、卧起码里程分别计算。(　　)

3. 学生丢失车票,将不能再次购买减价票。(　　)

4. 变更径路后未使用区段的卧铺票即行失效。(　　)

5. 团体票退票应在开车前24h办理。(　　)

三、简答题

1. 铁路旅客运输合同的含义及凭证是什么?

2. 简述车票的分类方式。

3. 车票有效期是怎样确定的?什么情况下可延长车票的有效期?车票有效期失效应如何处理?

4. 旅客发生误购(误售)车票、误乘列车及丢失车票时,应如何处理?

5. 旅客携带品的范围是怎样规定的?超过规定范围违章携带时应如何处理?

四、综合题

1. 旅客持武昌—北京西(1225km)硬座客快票乘车,安阳开车后要求石家庄—北京西间乘软座(石家庄—北京西277km),列车同意办理。试计算票价。

2. 旅客持北京西经石家庄、太原—西安(1159km)硬座客快票乘车,到保定站前要求变更经郑州去西安。北京西—保定146km,保定经郑州—西安1054km。试计算票价。

3. 2014年10月26日,在1566次(郑州—青岛)列车上,郑州站开车后,一名旅客持郑州—济南的硬座客快卧(下)车票,要求变更为软卧(下),并越站至青岛,列车同意办理。试计算应补票价。(郑州$\xrightarrow{668\text{km}}$济南$\xrightarrow{393\text{km}}$青岛)

4. 2014年9月1日,安阳站组织K370次(汉口—大连,新型空调车)旅客出站时,发现一名旅客持信阳至安阳伤残军人硬座半价票一张(票价37.0元,票号14B012345),无减价凭证,携带身高1.3m儿童1名,手提包两个,共重38kg,试计算应补票价。(信阳$\xrightarrow{489\text{km}}$安阳)

5. ×次郑州—上海旅客列车:

郑州$\xrightarrow{349\text{km}}$徐州$\xrightarrow{348\text{km}}$南京$\xrightarrow{175\text{km}}$无锡$\xrightarrow{126\text{km}}$上海

(1)该列车行至南京站时,由于铁路责任使旅客甲由软卧下铺变更为硬卧下铺,则车站应如何处理?

(2)上海站出站检票时,发现旅客乙持郑州—无锡硬座车票,旅客丙持郑州—上海硬卧下铺车票,携带皮箱一只(重22kg)旅行包一只(重15kg)和1.5m儿童一名,车站应如何处理?

(3)旅客丁持徐州—上海硬座客票,携带手提包两件,重27kg,仪器一部15kg(长62cm,宽55cm,高50cm),车站应如何处理?

第五章　行李、包裹运输

【学习目标】

1. 了解行李、包裹运输的范围。
2. 掌握行李、包裹托运承运规定。
3. 会填写行李票、包裹票。
4. 会计算行李、包裹运到期限。
5. 能够对运输变更及违章运输进行处理。

第一节　行李、包裹运输合同

一　行李、包裹运输合同的含义

铁路行李、包裹运输合同是指承运人与托运人、收货人之间明确行李、包裹运输权利和义务关系的协议。

行李、包裹运输合同自承运人接收行李、包裹并填写行李票、包裹票时起成立，至行李、包裹运至到站交付收货人止为履行完毕。

承运时所填制的行李票、包裹票是行李、包裹运输合同的基本凭证。

行李票、包裹票主要应当载明：

(1)发站和到站。

(2)托运人、收货人的姓名、地址、联系电话、邮政编码。

(3)行李、包裹的品名、包装、件数、重量。

(4)运费。

(5)声明价格。

(6)承运日期、运到期限、承运站站名戳及经办人员名章。

二　托运人的基本权利和义务

1. 权利

(1)要求承运人将行李、包裹按期、完好地运至目的地。

(2)行李、包裹灭失、损坏、变质、污染时要求赔偿。

2. 义务

(1)缴纳运输费用，完整、准确填写托运单，遵守国家有关法令及铁路规章制度，维护铁路运输安全。

(2)因自身过错给承运人或其他托运人、收货人造成损失时，应负赔偿责任。

三 承运人的基本权利和义务

1. 权利

(1)按规定收取运输费用,要求托运的物品符合国家政策法令和铁路规章制度。对托运的物品进行安全检查,对不符合运输条件的物品拒绝承运。

(2)因托运人、收货人的责任给他人或承运人造成损失时向责任人要求赔偿。

2. 义务

(1)为托运人提供方便、快捷的运输条件,将行李、包裹安全、及时、准确地运送到目的地。

(2)行李、包裹从承运后至交付前,发生灭失、损坏、变质、污染时,负赔偿责任。

第二节　行李、包裹运输范围

一 行李运输范围

行李是指旅客自用的被褥、衣服、个人阅读的书籍、残疾人用车和其他旅行必需品,并且凭有效客票办理。

为了保证安全,行李中不得夹带货币、证券、珍贵文物、金银珠宝、档案材料等贵重物品和国家禁止、限制运输的物品、危险品,而且这些物品也不能按照行李办理。

行李每件的最大重量为50kg,体积以适于装入行李车为限,但最小体积不得小于$0.01m^3$。

二 包裹运输范围

包裹是指适合在旅客列车行李车内运输的小件货物。作为包裹运输的物品,其性质、形状、体积和重量,必须适合旅客列车运输,并在优先保证行李运输的条件下,才可办理包裹运输。

根据党和国家的方针政策及政治经济任务,物品本身的价值、性质、用途以及运输条件和能力,可将铁路包裹分为四类,见表5-1。

包裹分类表　　表5-1

类　别	具体内容
一类	报纸类——自发刊日起5d以内的报纸[中国图书进出口总公司(含上海、广州分公司)托运的10d以内的报纸、30d以内的杂志]; 政宣品——中共、省级政府(含国务院各部委和解放军大军区)宣传用非卖品以及新闻图片; 课本类——中、小学生的教学课本,不含各种教学参考书及辅导读物等(但全国政协工作用书可按一类包裹)
二类	抢险救灾物资——凭政府机关证明办理托运; 书刊——印有国家规定的统一书刊号的各种刊物、著作、工具书册以及内部发行的规章等; 鲜冻的食用品——鲜或冻鱼介类,肉、蛋、奶类,果蔬等
三类	不属于一、二、四类包裹的物品
四类	特殊运输物品——运输等级一级的放射性同位素、油样箱、摩托车以及国务院铁路主管部门制定的需要特殊运输的物品; 轻泡物品——泡沫塑料及其制品

铁路局(铁路集团总公司)根据包裹运输的市场需求,经铁路总公司批准可以下浮包裹品名的类别,同时可以制定管内包裹运输的范围,但下列物品不能按包裹运输:

(1)尸体、尸骨、骨灰、灵柩及易于污染、损坏车辆的物品。

(2)蛇、猛兽和每头超过20kg的活动物(警犬和运输命令指定运输的动物除外)。

(3)国务院及国务院铁路主管部门颁发的有关危险品管理规定中的危险品、弹药及承运人不明性质的化工产品。

(4)国家禁止运输的物品和不适于装入行李车的物品。

包裹的每件最大重量为50kg,体积以适于装入行李车为限,但最小体积不得小于0.01m³。运输超过包裹规定重量和铁路总公司指定的需要特殊运输条件的物品时,应经调度命令或上级书面运输命令批准。

鲜或冻的食品,品名繁多,有的应按二类包裹办理,有的应按三类包裹办理,为了正确判明包裹类别,特列出不易判明的二类包裹品名表,见表5-2。

不易判明的二类包裹品名表 表5-2

品　名	可按二类包裹办理	不按二类包裹办理
鲜和冻的鱼类	螺蛳、蛤蜊、海参、包括为防腐而煮过的和加少量盐的虾蟹	咸的、卤的、干的鱼、虾、海蜇、海参
鲜和冻的肉类	包括食用动物的五脏、头、蹄和未经炼制的脂油	咸的、腌的、熏的、熟的肉类
肠衣	包括为防腐加少量盐的牛、羊、猪的小肠、肠衣、胎盘	
蔬菜类	藕、荸荠、芋头、土豆、豆芽、红薯、豆腐干、干豆腐(干张)、豆腐、姜、葱、蒜、洋葱、鲜笋	干辣椒、花椒、粉条、粉皮、海带或腌菜、干菜
瓜果类	鲜枣、荔枝、木瓜、桂圆(龙眼)、橄榄、佛手、百合、鲜菱、甘蔗	干果、蜜饯,如松子、核桃、椰子、白果、瓜子、花生、栗子、果脯等
乳类	鲜或冻牛、马,羊乳,酸牛乳,奶酶	炼乳、奶粉、奶油、黄油
蛋类	家禽、野禽的鲜蛋	咸蛋、熟蛋、松花蛋、糟蛋

第三节　行李、包裹的托运和承运

 托运

旅客或托运人要求铁路运输行李或包裹并与之签有行李、包裹运输合同的称为托运。

旅客托运行李时,必须提出有效客票和行李托运单,如图5-1所示。旅客在乘车区间凭有效客票每张可托运行李一次。铁路乘车证不能免费托运行李。

托运人托运包裹时,应提出包裹托运单,如图5-2所示,车站根据运输能力在托运单内指定承运日期后,再按指定日期将物品搬到车站办理托运手续。

为了加强物资的管理,促进物资流通,保护人民生命财产安全,保障社会安定,贯彻实施国家法令法规,政府和铁路部门对某些物品的运输实行了必要的限制。托运人托运下列物品应

×××铁路局

行李托运单

行李票号码

注意事项

1. 除行李号及实际重量栏由车站填写外，其他各栏均由旅客填写清楚。
2. 每件行李最大重量不得超过 50 kg，最小体积不得小于 0.01 m^3。
3. 危险品（爆炸、易燃、自燃、有毒、腐蚀性物品等）、货币、证券、珍贵文物、金银珠宝等贵重品、档案材料不得按行李托运，也不得夹带在行李中托运。
4. 行李包装外部必须写明发到站、旅客姓名、单位、住址。
5. 托运的行李分为保价运输和不保价运输两种，按哪种方式运输由旅客选择，并在托运单上注明。

年　　月　　日

到　站	站	经由	站
旅客姓名	共　　人　　电　　话		
住　址	邮政编码		

顺号	包装种类	件数	实际重量	声明价格	记　事
合　计					

图 5-1　行李托运单

提供规定部门签发的运输证明：

（1）托运金银珠宝、货币证券应提供中国人民银行的正式文件或当地铁路公安局（处）或公安分局（分处）的免检证明。

（2）托运枪支应提供运往地市（县）公安局的运输证明。

（3）托运警犬应提供公安部门的书面证明，国家法律保护的野生动物应提供国家林业主管部门的运输证明。

（4）托运免检物品应提供当地铁路公安局（处）、公安分局（分处）的免检证明。

（5）托运国家限制运输的物品应提供主管部门的运输证明，如精神和麻醉药品应提供国家卫生主管部门的运输证明。

（6）托运动植物时应提供动植物检疫证明；办理时，将检疫证明的二联附在运输报单上以便运输过程中查验。

×××铁路局

包裹托运单

包裹票号码

注意事项

1. 除包裹号及实际重量栏由车站填写外，其他各栏均由托运人填写清楚。
2. 每件包裹最大重量不得超过 50 kg，最小体积不得小于 0.01 m^3。
3. 危险品（爆炸、易燃、自燃、有毒、腐蚀性物品等）和限制性运输物品，均不得按包裹托运。
4. 包裹包装外部必须写明发到站、托运人和收货人姓名、单位、地址、电话、邮政编码。
5. 托运的包裹分为保价运输和不保价运输两种，按哪种方式运输由旅客或托运人选择，并在托运单上注明。

年　　月　　日

到　站	站	经由	站
托运人	单位姓名：	电　话：	
	详细地址：	邮政编码：	
收货人	单位姓名：	电　话：	
	详细地址：	邮政编码：	

顺号	品名	包装种类	件数	实际重量	声明价格	记　事
合　计						

图 5-2　包裹托运单

(7)托运Ⅰ级或辐射水平 $H \leqslant 1\text{mrem/h}$ 的Ⅱ级放射性同位素时(气体放射性物质除外)，应提供经铁路卫生防疫部门核查签发的“铁路运输放射性物品包装件表面污染及辐射水平检查证明书”，包装件表面放射性污染及其内容物的放射性活度均不得超过《铁路危险货物运输规则》表1和表2规定的限值。

一批或一辆行李车内装载的件数不得超过20件，每件重量不得超过50kg，并不得与感光材料以及活动物配装，与食品配装需要隔开2m以上的距离。

(8)托运油样箱时，必须使用铁路规定的专用油样箱，并提出国务院铁路主管部门签发的油样箱使用证，到站后由收货人直接到行李车提取。

(9)承运人认为应提供证明的其他物品。

旅客或托运人托运的行李、包裹分为保价和不保价运输两种形式，托运人可选择其中一种运输方式，并在托运单上标明。保价运输必须声明价格，可分件声明价格，也可按一批全部件数声明总价格。按整批办理时，不得只保其中一部分。

按保价运输的行李、包裹，铁路按声明价格的百分比核收保价费。一段按行李、一段按包裹托运时，全程按行李核收保价费。保价的行李、包裹发生运输变更时，保价费不补不退。因承运人责任造成的取消托运时，保价费全部退还。

承运人对按保价运输的行李、包裹，可以检查其声明价格与实际价格是否相符；如拒绝检查，承运人可以拒绝按保价运输承运。按保价运输的行李、包裹，应在行李票、包裹票上写明声明价格总额。如分件声明价格时，应将每件的声明价格分别填写，最后加总并对每件进行编号，在货签上和包装上写明“总件数之几”字样。

二 验货

旅客或托运人托运行李、包裹时，应主动提供便于检查的条件，准确填写行李，包裹托运单，并对托运单上所填写事项的真实性负完全责任。

车站在受理时，必须对下列项目认真检查核对：

(1)物品名称、件数是否与托运单记载相符，物品状态是否完好，有否夹带危险品及国家禁止或限制运输的物品。

(2)包装是否符合运输要求。

(3)货签、安全标志是否齐全，填写是否正确。

旅客或托运人托运的行李、包裹的包装必须完整牢固，要适合运输，不能有开口、破裂、短缺等现象。其包装的材料和方法应符合国家或运输行业规定的包装标准。包装不符合要求时，应动员其改善包装。

行李、包裹每件的两端应各有一个铁路货签。货签上的内容应清楚、准确并与托运单上相应的内容一致。托运易碎品、流质物品或一级运输包装的放射性同位素时，应分别在包装表面明显处贴上“小心轻放”、“向上”、“一级放射性物品”等相应的安全标志。

三 承运

1. 承运条件

铁路对旅客或货主要求承运的行李、包裹认为符合运输条件即可办理承运手续。

车站对承运的金银珠宝、货币证券、文物、枪支、鱼苗、蚕种和途中需要饲养的动物等，要求托运人派人押运。对运输距离在200km以内，不需要饲养的家禽、家畜，托运人提出不派人押运时，也可以办理托运。车站应向托运人说明并在托运单上注明“途中逃逸、死亡铁路免责”。

押运的包裹应装行李车，由押运人自行看管，车站负责装车和卸车。押运人应购买车票并对所押物品安全负责。车站行李员对已经办理承运的包裹应通知押运人装车日期和车次。列车行李员应对押运人进行登记并告之下列事项：

(1)行李内严禁吸烟。

(2)不准打开车门乘凉。

(3)不得移动车内备品、物件。

(4)不要靠近放射性物品。

在能够保证安全和车内秩序、不损坏车内设备的条件下，旅客可将按包裹办理的贵重物品、重要文件、尖端保密产品带入包房，并自行看管和装卸，称之为带运包裹。对占用的包房铺位应按占用数量购买车票。所带物品影响其他旅客时，应单独占用包房并按包房的铺位数购买车票。带运包裹每件重量不得超过50kg，每个包房不得超过100kg。

在包房内发现应办而未办手续的带运包裹，应按旅客携带品处理。

2. 制票要求

车站承运行李、包裹时，应根据行李、包裹托运单逐项填写（或打印）行李票、包裹票及小件货物快运运单，如图 5-3 ~ 图 5-5 所示。

×××铁路局

行 李 票

No.××××××× 年 月 日

到____站 经由____站

旅客乘坐 月 日 次车 客票号

<table>
<tr><td colspan="2">旅客姓名</td><td colspan="4">共 人</td><td colspan="3">电 话：</td></tr>
<tr><td colspan="2">住 址</td><td colspan="4"></td><td colspan="3">邮政编码：</td></tr>
<tr><td>顺号</td><td>包装种类</td><td>件数</td><td>实际重量</td><td>声明价格</td><td colspan="2">运价里程</td><td colspan="2">千米</td></tr>
<tr><td></td><td></td><td></td><td></td><td></td><td colspan="2">运到期限</td><td colspan="2">天</td></tr>
<tr><td></td><td></td><td></td><td></td><td></td><td rowspan="2">计重费量</td><td>规重</td><td colspan="2">千克</td></tr>
<tr><td></td><td></td><td></td><td></td><td></td><td>超重</td><td colspan="2">千克</td></tr>
<tr><td></td><td></td><td></td><td></td><td></td><td colspan="2">运 费</td><td colspan="2">元</td></tr>
<tr><td></td><td></td><td></td><td></td><td></td><td colspan="2">保价费</td><td colspan="2">元</td></tr>
<tr><td></td><td></td><td></td><td></td><td></td><td colspan="2">杂项计</td><td colspan="2">元</td></tr>
<tr><td></td><td></td><td></td><td></td><td></td><td colspan="2">合 计</td><td colspan="2">元</td></tr>
<tr><td></td><td></td><td></td><td></td><td></td><td colspan="4">月 日 次列车到达</td></tr>
<tr><td colspan="2">合 计</td><td></td><td></td><td></td><td colspan="4">月 日 交 付</td></tr>
<tr><td rowspan="3">运送情况</td><td colspan="4">月 日 次列车装</td><td colspan="4">月 日 到达 站</td></tr>
<tr><td colspan="4">月 日 次列车装</td><td colspan="4">月 日 到达 站</td></tr>
<tr><td colspan="4">月 日 次列车装</td><td colspan="4">月 日 到达 站</td></tr>
<tr><td>记事</td><td colspan="8">____站行李员____印</td></tr>
</table>

㊞ 行李票号码： No.×××××××

图 5-3 行李票

行李票、包裹票、小件货物快运运单一式 5 页，为甲、乙、丙、丁、戊 5 联。甲页上报；乙页运输报单随行李或包裹交列车行李员，随行李、包裹交到站；丙页交给旅客或托运人作为领取行李或包裹的凭证；丁页作为报销凭证；戊页作为存根留发站，按日整理，存查保管。

行李票的车次和经由栏按客票填写，旅客指定径路时，按指定径路填写。在计费重量栏，将按行李运价计费的重量写在“规重”栏内，加倍计费的重量写在“超重”栏内。包裹票各栏应按包裹托运单详细填写。分件保价运输的行李、包裹应按顺号逐栏填写声明价格。

行李票、包裹票记事栏应注明的内容有：

（1）旅客指定径路时，注明“旅客指定经由××站”。

（2）承运超过客票到站的行李时，注明“客票到××站”。

（3）承运加冰、加水物品或喂养饲料时注明“加冰”、“加水”或“附饲料”等。

×××铁路局

包 裹 票

No.××××××× 年 月 日

到______站 经由______站

托运人	单位姓名：			电 话：			
	详细地址：			邮政编码：			
收货人	单位姓名：			电 话：			
	详细地址： 邮政编码：						
顺号	品名	包装种类	件数	实际重量	声明价格	运价里程	千米
						运到期限	日
						计费重量	千克
						运 费	元
						保价费	元
						杂项计	元
						合 计	元
						月 日 次列车到达	
						月 日 时通 知	
合 计						月 日 交 付	
运送情况	月 日 次列车装运					月 日 到达 站	
	月 日 次列车装运					月 日 到达 站	
	月 日 次列车装运					月 日 到达 站	
记事						______站行李员______ 印	

㊞ 包裹票号码： No.×××××××

图 5-4 包裹票

(4)承运需要提出证明文件的物品时,应注明文件的名称、号码、填发日期和填发单位等有关事项,并将运输证明文件附在包裹票运输报单上以便途中和到站查验。

(5)承运客调或部令批准的超重、超大物品时,在包裹票记事栏内填写命令号及日期。

(6)承运自行押运或带运的包裹时,应注明“自押”或“带运”,并注明“押运人姓名”。

(7)承运自行车、助力机动车、摩托车时,应注明牌名、车牌号码、车型、新或旧等车况,并分别注明有无铃、锁和灯等零件。

(8)承运凭书面证明免费托运的铁路砝码和衡器配件时,应在包裹票记事栏内注明“衡器检修,免费”字样,收回书面证明报铁路局。

(9)承运中国铁路文工团和中国铁道建筑总公司文工团开具的证明办理免费运送的演出服装、道具、布景时,按第 8 条办理。

(10)其他需记载的事项。

另外,行李票、包裹票乙页运送情况栏的装运栏由列车填写,到达栏由中转站填写。

中铁快运股份有限公司
中国铁路小件货物快运运单 0000000 K000000000000000000000

<table>
<tr><td colspan="3">发送地：</td><td colspan="4">承运时间： 年 月 日</td><td colspan="4">到达地： 发站： 到站：</td></tr>
<tr><td>托运人</td><td colspan="6">单位(姓名)：
地址：
电话： 传真：</td><td>收货人</td><td colspan="3">单位(姓名)：
地址：
邮政编码： 电话：</td></tr>
<tr><td colspan="2">品 名</td><td>包装种类</td><td>件数</td><td>重量(kg)</td><td>体积(m³)</td><td>声明价格</td><td colspan="2">快运包干费： 元</td><td colspan="2">运价里程： km</td></tr>
<tr><td colspan="2"></td><td></td><td></td><td></td><td></td><td></td><td colspan="2">超重附加费： 元</td><td colspan="2">运到期限： 天</td></tr>
<tr><td colspan="2"></td><td></td><td></td><td></td><td></td><td></td><td colspan="2">保价费： 元</td><td colspan="2">计费重量： kg</td></tr>
<tr><td colspan="2"></td><td></td><td></td><td></td><td></td><td></td><td colspan="2">元</td><td colspan="2">元</td></tr>
<tr><td colspan="2"></td><td></td><td></td><td></td><td></td><td></td><td colspan="2">元</td><td colspan="2">元</td></tr>
<tr><td colspan="2">合 计</td><td></td><td></td><td></td><td></td><td></td><td colspan="2">元</td><td colspan="2"></td></tr>
<tr><td colspan="7">托运人签章：</td><td colspan="4">费用总计： Y 元</td></tr>
<tr><td colspan="7">收货人有效证件号码(或单位公章)：</td><td colspan="3">交付时间： 月 日 时 分</td><td rowspan="2">领货人
签 章</td></tr>
<tr><td rowspan="2">记
事</td><td rowspan="2" colspan="6"></td><td colspan="3">领货人有效证件号码：</td></tr>
<tr><td>承运人
签 章</td><td></td><td>到达通
知记录</td><td>到达
记录</td></tr>
</table>

甲联：上报

图5-5 小件货物快运运单

小件货物快运运单与包裹票主要不同栏的填写要求：

(1)发送地、到达地应当填写货物实际接收和交付的地点。

(2)对每立方米重量不足167kg的轻泡货物需要填写体积。

(3)快运包干费和超重附加费按照规定费率计费或按协议价格填写。

总之，行李票、包裹票、小件货物快运运单必须使用规范字，认真逐项填写。承运行李时应在客票背面加盖"行"字戳记。承运后、交付前发现包装破损、松散时，承运人应负责及时整修并承担整修费用。

第四节 行李、包裹的运送及运输变更

一 行李、包裹的运送

1. 行李、包裹的运送原则

行李、包裹的运送，根据流量和流向，按照先行李后包裹、先中转后始发、先重点后一般和长短途列车分工的原则，及时、安全、准确、合理、均衡地组织运输。为此，行李应随旅客所乘列车装运或提前装运，做到行李随人走、人到行李到。包裹应按其类别的顺序及性质统筹安排运输，并尽量以直达列车或中转次数少的列车装运。

2. 行李、包裹的运到期限

行李、包裹运到期限是指在铁路现有技术设备条件和运输组织水平下，将行李、包裹运送一定距离所需要的时间。行李、包裹运到期限的长短以及能否按规定的运到期限运到目的地，在一定程度上反映了整个铁路运输组织的管理水平和工作质量。因此，铁路自承运后，应迅速组织装运，站、车之间应严格执行运到期限。

行李、包裹的运到期限，按运价里程计算。从承运日起，行李：600km以内为3d，601km以上每增加600km增加1d，不足600km的尾数也按1d计算；包裹：400km以内为3d，401km以上每增加400km增加1d，不足400km的尾数也按1d计算。一段按行李、一段按包裹计价时，

全程按行李计算运到期限。

3. 快运包裹运到期限

快运包裹以铁路为主要运输工具运送时,其运到期限按承诺的运到期限或以铁路客运运价里程计算。从承运次日起,国内主要城市间有直达旅客列车运送的快运包裹为3d,3500km以上为4d;其他城市间需中转运送的快运包裹1000km以内为3d,超过1000km时,每增加800km增加1d,不足800km按1d计算。

一批货物内有超过50kg均不足100kg的超重快运包裹增加1d;100kg以上的快运包裹增加2d。按该批单件最重货物计算增加天数。

由于不可抗力(如自然灾害)或非铁路责任(如疫情、战争、执法机关扣留等)所发生的停留时间,应加算在运到期限内。

4. 行李、包裹运到逾期的处理

行李、包裹应在规定的运到期限内运至到站。如实际运到日数超过规定的运到期限时,到站应按所收运费的百分比(最高额不得超过运费的30%,见表5-3),向旅客或收货人支付运到逾期违约金。

运到逾期违约金计算表 表5-3

逾期日数(d) / 违约金比率(%) / 运到期限(d)	1	2	3	4	5	6	7	8	9	10以上
3	10	20	30							
4	5	15	20	30						
5	5	10	20	25	30					
6	5	10	15	20	25	30				
7	5	10	10	15	20	25	30			
8	5	5	10	15	20	20	25	30		
9	5	5	10	15	15	20	20	25	30	
10以上	5	5	10	10	15	20	20	25	25	30

快运包裹超过规定的运到期限运到时,经营人应按逾期天数每日向收货人支付包干费(包括超重附加费、转运费、到付运费)3%的违约金,但违约金最高不超过包干费的30%。违约金不足1角的尾数按四舍五入处理。快运包裹超过运到期限20d以上仍未到达时,收货人可以认为快运包裹已灭失而向经营人提出赔偿。

一批中的行李、包裹部分逾期时,按逾期部分的运费、包干费比例支付运到逾期违约金。

旅客或收货人要求支付运到逾期违约金时,应自到达次日起10d内提出,并提出行李票、包裹票、小件货物快运运单(行李票、包裹票、小件货物快运运单丢失或包裹票、小件货物快运运单未到时,应提出保证单位书面证明和所有权证明)。支付运到逾期违约金时,应填写退款证明书,以站进款支付。

行李未到,当时又未超过运到期限,旅客需继续旅行并凭新购客票办理转运至新到站的手续,交付运费后行李逾期到达原到站,车站应编制客运记录,随同运输报单一并送交新到站,作为退还已收转运区段运费的凭证,但保价费不退。

旅客要求将逾期的行李运到新到站时,铁路可凭新客票运送,但不再支付运到逾期违约金。铁路在办理时，新行李票按原行李票转记，运费栏画斜线抹消，记事栏注明“逾期到达，免费转运”。如旅客换乘其他交通工具时，车站一般不代办行李的转运手续；但特殊情况代为办理时，费用由旅客预先支付。

包裹逾期到达，仅支付运到逾期违约金，不办理免费转运。

行李、包裹运输变更（包括因误售、误购车票以致误运而造成的行李运输变更），致使行李、包裹逾期到达，铁路不支付运到逾期违约金。

二 行李、包裹的运输变更

旅客或托运人交由铁路运输的行李、包裹，由于某种原因要求取消托运和变更到站的情况时有发生。运输变更有一定条件限制，如行李应随人走，凭客票托运，在变更到站时，仅限办理运回原发站和中止旅行站。再如鲜活物品因本身易于变质、死亡及受运输条件的限制，除装运前取消托运外，不办理其他变更。

行李、包裹的运输变更，根据装运前后的情况分别办理。

1. 装运前取消托运

行李、包裹在发站办完托运手续至装车前，旅客或托运人要求取消托运时，车站应收回行李票、包裹票注销，注明“取消托运”字样。办理时，以车站退款证明书办理退款，收回的行李票、包裹票报销联随车站退款证明书上报。核收因取消托运发生的各项杂费（如保管费、变更手续费等），另填发客运运价杂费收据（简称为“客杂”），并将“客杂”号码及核收的费用名称、金额填注在取消托运的行李票、包裹票上。如图 5-6 所示。

取消托运的行李、包裹，已收运费低于变更手续费和保管费时，运费不退也不再补收，收回原行李票、包裹票，在报单页、旅客页和报销页注明“取消托运，运费不退”字样。旅客页贴在存根页上。

2. 装运后变更到站

行李、包裹装运后，旅客、托运人或收货人要求变更运输时，只能在发站、行李或包裹所在中转站、装运列车和中止旅行站提出。如要求取消托运或变更到站时（鲜活物品除外），按下列规定办理：

（1）发站对要求运回发站的行李、包裹，应收回行李票、包裹票，编制客运记录，注明原票内容，交旅客或托运人作为领取行李票、包裹的凭证；对要求变更到站的行李、包裹，应在行李票、包裹票旅客页和报销页上注明“变更到 × × 站”，更正到站站名及收货人单位、姓名，加盖站名戳，注明日期，交给旅客或托运人，作为在新到站领取行李、包裹和办理变更运输后产生运费差额的核算凭证。对于要求运回发站或变更到站，在办理时，都应发电报通知有关车站和列车。

（2）列车接到电报，找到行李、包裹时，应编制客运记录，连同行李、包裹和运输报单，交前方营业站或运至新到站（旅客在列车上要求变更时，可按此办理）。

（3）行李、包裹所在站接到电报后；应编制客运记录注明应收保管费日数及款额，改正货签上的发、到站，连同行李、包裹运回发站或运至新到站（对列车移交的也同样办理）。

（4）发站或新到站收到行李、包裹后，通知旅客或收货人（托运人）领取，补收或退还已收运费和实际运送区段里程通算的运费差额；核收变更手续费。如超过规定免费保管期间时，核收保管费（包括所在站发生的保管费）。补收时填写“客杂”，退款时填写退款证明书，并将收

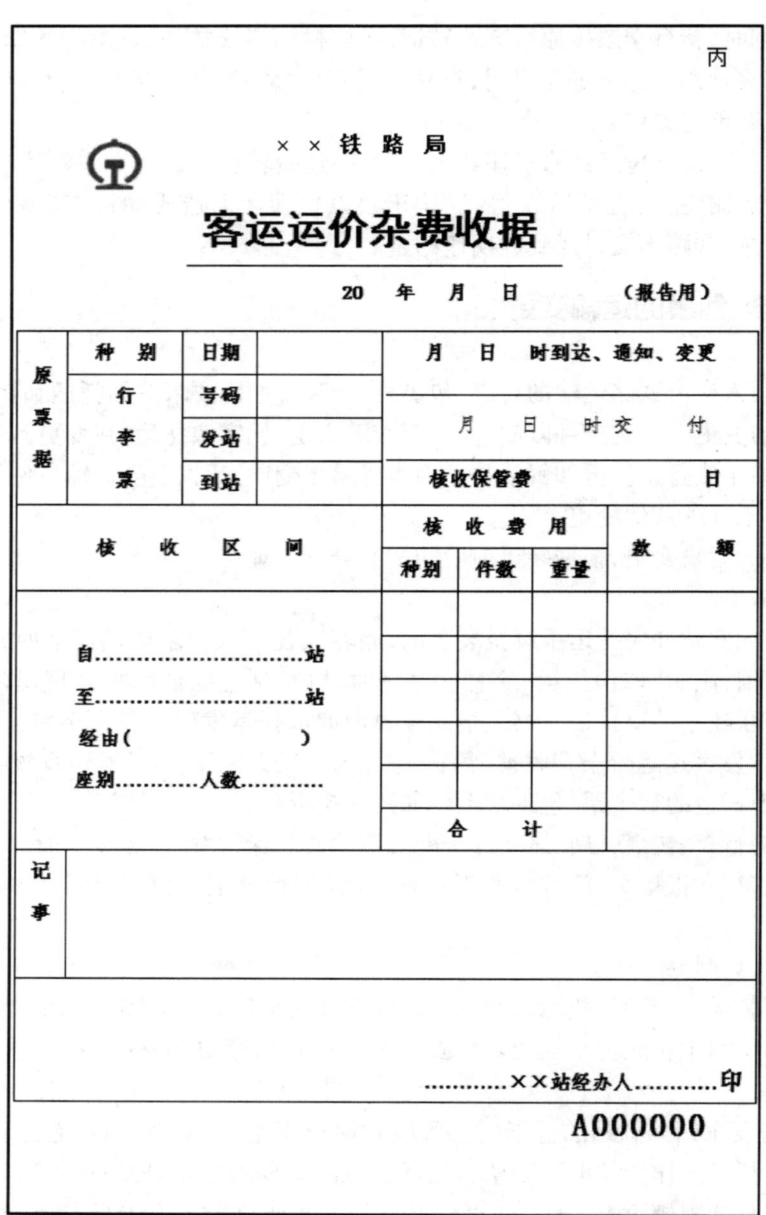

丙

××铁路局

客运运价杂费收据

20　年　月　日　　（报告用）

原票据	种　别	日期		月　日　时到达、通知、变更
	行李票	号码		月　日　时交　付
		发站		
		到站		核收保管费　　日

核　收　区　间	核收费用			款　额
	种别	件数	重量	
自……………………站 至……………………站 经由（　　　　） 座别…………人数…………				
	合　计			

记事	

…………××站经办人…………印

A000000

图 5-6　客运运价杂费收据

回的原票贴在“客杂”或退款证明书报告页上报。

旅客在发站或中途站停止旅行，要求把行李运至原到站时，应补收停止旅行站至原到站的行李与包裹的运费差额，核收变更手续费。但货件可凭原行李票继续运送，收货人凭原行李票在原到站提取。

因误售、误购客票而误运行李时，补收或退还已收运费与发站至正当到站运费的差额，不收变更手续费。同时应编制客运记录或发电报通知行李所在站，将误办的行李运至正当到站。到站需要补收行李运费差额时，使用“客杂”核收，并在原行李运输报单页、报销页和旅客页的记事栏注明“误运”，报单页加盖“交付讫”戳记，交旅客报销；需要退款时，使用退款证明书退还，原行李票收回附在退款证明书上一并上报。

行李、包裹运输变更处理程序如图5-7所示。

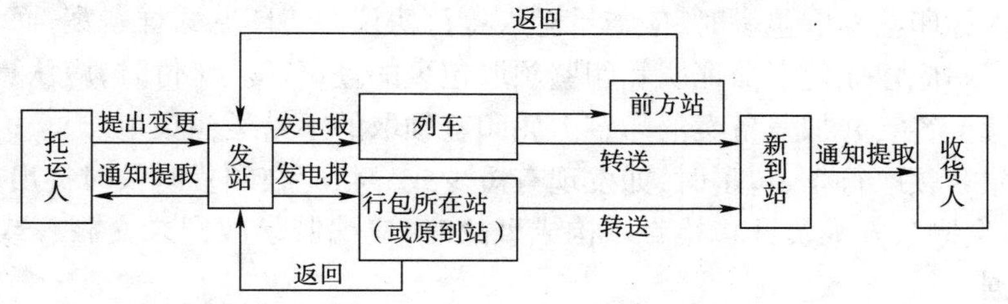

图5-7　行李、包裹运输变更处理程序

第五节　行李、包裹的交付及无法交付物品的处理

行李、包裹的交付

行李、包裹的交付是行李、包裹运输过程中的最后一个环节。为此，行李、包裹运至到站后，到站应立即准备并实施交付工作。

1. 到达通知、保管和查询

行李随旅客所乘坐列车或提前装运，旅客到达到站即可提取，包裹由托运人在发站办理托运手续后，即可告知收货人按时领取。同时，车站为确保正常运输秩序，保证仓库周转良好，包裹到达后，承运人应及时通知收货人领取，通知时间最迟不超过包裹到达次日的12:00。

行李从运到日起，包裹从发出通知日起，承运人免费保管3d。超过免费保管期限时，按日核收保管费。

逾期到达的行李、包裹从发出通知日起免费保管10d。因事故或不可抗力等原因而延长车票有效期的行李按车票有效期延长日数增加免费保管日数。

收货人询问行李、包裹是否到达时，承运人应及时予以查找。逾期未到时，车站除向有关站、段进行查询外，还应在行李票、包裹票背面加盖行包逾期戳，注明时间。同时记录旅客或收货人姓名、住址、邮政编码、电话号码等，以便行李、包裹到达后及时通知提取。如已经领取，应收查询费。

2. 交付

旅客或收货人凭行李票、包裹票的领取凭证到车站领取行李、包裹。承运人向收货人办理交付时，应认真核对票货，确认票据号码、发站、到站、托运人、收货人、品名、件数、重量、包装无误后在运输报单上加盖“交付讫”戳予以交付，同时收回领取凭证。如将领取凭证丢失，必须提出本人身份证、物品清单和担保人的担保书，承运人对上述单、证和担保人的担保资格认可后，由旅客或收货人签收办理交付。如旅客或收货人提不出担保人时，可以出具押金自行担保。押金数额应与行李、包裹的价值相当，抵押时间由车站与收货人协商确定。车站收取押金应向旅客或收货人出具书面证明，书面证明样式由车站自定。

如在旅客或收货人声明领取凭证丢失前行李、包裹已被冒领，承运人不承担责任。

经当事人双方约定，包裹也可使用领取凭证的传真件领取，约定内容应记载在包裹票记事栏内。对要求凭传真件领取的包裹应认真核对记事栏内记载的内容，确认无误后，由领收人在运输报单上签注“凭传真件领取”并记录身份证号码、姓名等，对凭传真件领取的不给运输报单。

收货人要求凭印鉴领取包裹时，应与承运人签订协议并将印鉴式样备案，而且不得再凭领取凭证领取。车站应建立凭书面证明和印鉴领取包裹的登记簿。交付时，应认真核对印鉴，由领取人在登记簿上签字并加盖备案的印鉴。凭印鉴领取的不给运输报单。

收货人或旅客领取行李、包裹时，如发现有短少或异状应在领货时及时提出。车站应检斤复磅，必要时可会同公安人员开包检查。构成事故时，应编制事故记录交旅客或收货人，作为要求赔偿的依据。

二 无法交付物品的处理

无法交付物品是指无主的行李、包裹，旅客的遗失物品和无人领取的暂存物品。

1. 无法交付物品的确定

根据定义，可以从三方面进行确定：

(1)指由于铁路或托运人、收货人的原因，造成不能交付给正当收货人的物品。

(2)无法归还的旅客遗失物品是经查找未能归还原主而由车站保管的物品。

(3)无人领取的暂存物品是旅客在车站携带物品暂存处存放，长期无人领取的物品。

2. 无法交付物品的管理

车站对无法交付的物品，应按其开始日期、来源、品名、件数、重量、规格、特征等登入无法交付物品登记簿内，登记簿内的编号、移交收据的编号及物品上的编号应一致，以便查找。对无法交付的物品应有专人分管，做到账物相符。无法交付物品在保管期间发生丢失、损坏时，可参照行李、包裹事故处理的有关规定办理。

3. 无法交付物品的处理规定

车站对无法交付的物品，行李从运到日起，包裹从发出到达通知日起，遗失物品和暂存物品从收到日起，90d 内无人领取时(易变质物品应及时处理)应在车站进行公告。公告满 90d 以后仍无人领取时，报请铁路局批准，按下列规定处理：

(1)将无法交付物品送交铁路指定拍卖行拍卖。

(2)枪支、弹药、机要文件及国家法令规定不能买卖的物品应及时移交有关部门处理。

对于变卖所得款项，扣除所发生一切费用的款额，自变卖日起 180d 内旅客、托运人或收货人来领取时，车站应将旅客、托运人或收货人出具的物品所有权的书面证明报铁路局审核拨款。无人领取时，上缴国库。属于事故行李、包裹的变卖款拨归承运人收入。

第六节　行李、包裹违章运输的处理

目前，我国铁路行李、包裹违章运输包括：品名不符运输、重量不符运输和无票运输三种情况。

一 品名不符运输的处理

品名不符是指运送物品与申报品名不同，影响运价计算，甚至把危险品、国家禁止或限量运输的物品，伪报成其他可运输的品名，进行隐瞒运输。

发现品名不符应区别性质，实事求是，正确处理。装车前应重新制票，装车后由到站处理。

对伪报一般品名的，在发站应补收已收运费与正当运费的差额；在到站，加收应收运费与已收运费差额两倍的运费。

对将国家禁止、限制运输的物品或危险品伪报其他品名托运或在货件中夹带时，按下列规定处理：

（1）在发站停止装运，通知托运人领取，运费不退，将原票收回，在记事栏内注明“伪报品名，停止装运，运费不退”。将报销页交托运人作报销凭证，另根据保管日数以“客杂”核收保管费。

（2）在中途站停止运送，发电报通知发站转告托运人领取，运费不退，并对品名不符货件，按实际运送区段补收四类包裹运费，另根据保管日数核收保管费。

（3）在到站（包括列车移交的），补收全程四类包裹运费，核收保管费。

（4）在列车上发现时，应编制客运记录，交前方停车站处理。

车站除按上述规定办理外，认为必要时还应交有关部门按国家有关规定处理。

因旅客或托运人伪报品名给铁路或其他旅客（收货人）造成损失，由托运人负全责。车站或列车发现伪报品名的行李、包裹损坏其他旅客（收货人）的行李、包裹时，应编制客运记录分别附在伪报品名的和被损坏的行李、包裹上，交由有关到站处理，由责任者到站负责追索赔偿。

二 重量不符运输的处理

重量不符是指行李、包裹的实际重量与票据记载的重量有出入。

其产生多数由于承运人不认真检斤或图省事估计重量或盲目信任托运人有关单据记载的重量来代替承运时称重的结果。对于重量不符，应实事求是地处理。到站发现行李、包裹重量不符，应遵循下列规定进行处理：

（1）应退还时，开具退款证明书，将多收款额退还收货人。

（2）应补收时，开具“客杂”补收正当运费，同时编制客运记录附收回的行李票、包裹票报局收入部门，由局收入部门列应收账款向检斤错误的车站再核收与应补收运费等额的罚款。

品名、重量不符同时出现时，应先处理品名不符，后处理重量不符。

三 无票运输的处理

无票运输是指行李、包裹应办托运手续而未办的一种违章运输。

发现无票运输的行李、包裹，发站和列车应拒绝装运；列车已装运发现的，应编制客运记录交到站处理。到站对列车移交和本站发现的无票运输行李、包裹，按照实际运送区间加倍补收四类包裹运费。

以上补收运费、运费差额或保管费均用“客杂”核收，并在记事栏内注明核收事由。

习题

一、填空题

1. 行李、包裹承运时所填制的（　　）、（　　）是行李、包裹运输合同的基本凭证。

2. ×旅客凭郑州—石家庄客票托运行李至北京西，则郑州至石家庄按（　　）计算运费，石家庄至北京西按（　　）计算运费。若托运的行李提出声明价格，全程按（　　）核收保价费。

3. 行李、包裹的运到期限，从承运日起，行李(　　)以内为3d，包裹(　　)以内为3d，

4. 到站对列车移交和本站发现的无票运输行李、包裹，按照(　　)加倍补收(　　)运费。

5. 目前，我国铁路行李、包裹违章运输包括(　　)、(　　)、(　　)三种情况。

二、判断题

1. 保价运输按批次办理时，可以选择只保其中一部分。(　　)

2. 一段按行李、一段按包裹计价时，全程按行李计算运到期限。(　　)

3. 凭政府机关证明办理托运的抢险救灾物资均按照一类包裹运输。(　　)

4. 因误售、误购客票而误运行李时，补收或退还已收运费与发站至正当到站运费的差额，不收变更手续费。(　　)

5. 如旅客换乘其他交通工具，车站同样为旅客代办行李的转运手续。(　　)

三、简答题

1. 行李的范围和包裹的分类分别是如何规定的？

2. 行李、包裹的运送原则是什么？运到期限如何计算？运到逾期如何处理？

3. 行李、包裹要求运输变更如何办理？

4. 行李、包裹违章运输应如何处理？

5. 2014年10月15日，旅客王斌(住柳州市江滨路3号)持K142次(南宁—成都)车票，到站成都，票号E0010028，在柳州站托运行李两件(其中皮箱一件，重28kg，声明价格840元；旅行包一件，重34kg，声明价格780元，要求托运至绵阳站。已知柳州至绵阳行李运输径路如习图5-1所示，计算运费、保价费、运到期限，并填制行李票。

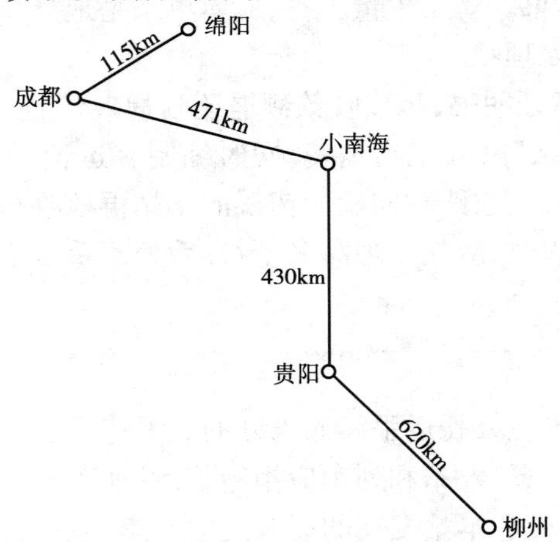

习图5-1　柳州至绵阳行李运输路径图

第六章　旅客运输计划与组织

【学习目标】

1. 了解铁路客运计划的分类。
2. 理解客流调查的目的和方法，掌握客流调查范围的确定。
3. 了解客运量的预测方法。
4. 理解客流计划的编制过程。
5. 掌握客流图的概念及管内客流图的编制方法。
6. 了解票额分配计划的作用和票额分配方法，会计算硬座定员。
7. 了解旅客输送日计划的作用、编制依据、主要内容和考核指标。
8. 会制订简易开行方案。

第一节　概　　述

旅客运输计划的意义、原则

1. 意义

旅客运输计划是铁路运输主要内容之一，是铁路旅客运输工作的基础，是整个国民经济计划的重要组成部分。它不仅是编制旅客列车运行图的基础，是旅客计划运输组织工作的前提，同时也是确定客运设备、客运机车车辆修造计划及客运运营支出计划的重要依据。编制旅客运输计划是为了更好地挖掘运输潜力，组织旅客均衡运输，提高客运服务质量，保证旅客安全、迅速、准确、便利地旅行。

2. 原则

旅客运输计划要从全局出发，认真贯彻执行始发局（站）兼顾中间局（站），大站兼顾小站，先中转、后始发，先长途、后短途，以及保证重点的运输原则，达到长短途列车合理分工，站、车密切配合，保证均衡运输。

旅客运输计划的分类

根据执行期间的不同，可分为下列三种：

1. 长期计划

长期计划由计划部门负责编制，一般为 5 年或更长时期的规划，是纲领性的战略计划。它是铁路旅客运输的发展计划，通常根据国民经济计划期间（如五年计划）进行编制，主要是规定旅客运输的发展方向、技术政策、速度、重量及有关的主要指标。它是以国民经济和社会发展长期计划为依据。

2. 年度计划

年度计划是根据长期计划的要求，结合当年的具体情况编制的执行计划，是旅客运输的任务计划。它是确定旅客列车行车量和客运机车车辆需要量以及客运设备改建、扩建的主要依据。在年度计划中，一般还包括季度的分配数字。

3. 日常计划

日常计划是在年度计划的指导下，进行旅客运输作业的月、旬、日、班计划，是作业计划，是指导日常旅客运输的工作计划。在日常计划中，还根据各站所提报的日计划，按照各次旅客列车的运输能力，对各站、各区段的客流，进行统一平衡和调整，以保证旅客运输任务的完成和旅客列车容量的充分利用。计划要正确反映客观经济规律的要求，切忌主观随意性。

旅客运输计划同货物运输计划相比较，有如下特点：

(1)计划期内人们提出的旅行需要，运输部门不能拒绝，不能延期或提前，必须及时满足。

(2)旅客要求的径路和到达地，不能像货流那样进行调整。

(3)铁路运送旅客的能力及客运机车车辆的工作量决定于旅客列车运行图。运行图的编制时间与计划部门编制年度旅客运输计划的时间并不一致，从而增加了综合平衡的复杂性。

一般计划的内容是用指标系列来描述的，指标是计划内容的数值表示。一个完整的指标，由指标名称、计量单位、所属时间、指标数值等部分组成。

年度旅客运输计划包括旅客发送量、运送量、平均行程、周转量等指标。长远计划的指标与年度计划基本相同。

第二节　旅客运输客流计划

一　客流的意义及其主要特点

1. 意义

旅客按照需要选用一定的运输方式，在一定的时间和空间范围内发生的有目的的移动，便形成了客流。它包括流量、流向、流程、流时和旅行目的五个要素。客流可以按照不同的标准来进行分类，现在我国铁路基本采用的是按照旅行距离结合铁路局管辖范围的分类方法，将客流分为直通客流、管内客流、市郊客流三种。

(1)直通客流：旅行距离跨及两个及其以上铁路局的客流。

(2)管内客流：旅行距离在一个铁路局范围以内的客流。

(3)市郊客流：旅行距离在城市及附近郊区之间的客流。

近年来，在我国各种客流所占的比重在不断发生变化。其中，市郊客流的比重逐年下降，直通客流所占的比重呈明显上升的趋势。

2. 特点

(1)客流增长迅速。随着我国宏观经济的不断发展，农村经济结构也在发生变化，城乡交流活跃，人民物质文化水平不断提高，人们出行次数开始增多，国际交往频繁。

(2)客流在时间上有较大的波动性。客流在时间上的不均衡表现在季、月、周、日和一日之内各小时之间经常会出现急剧的起伏变化。

客流在时间上的不均衡程度，可用波动系数表示

$$K_{波} = \frac{A_{时段发}}{A_{平均发}} \tag{6-1}$$

式中：$K_{波}$——波动系数；

$A_{时段发}$——某时段(月、季)旅客发送人数；

$A_{平均发}$——分析期间平均旅客发送人数。

缓和客流在时间上的不均衡性比较困难，因为旅客对运输的需求是有时间性的，为了满足客流波动高峰时的要求，对客运技术设备、客运能力、车辆等必须留有一定的后备，在不同的客运量峰值期采用不同的客运组织方式。

(3)客流分布不均衡。我国铁路客流主要分布在经济比较发达、路网密度比较大、人口比较稠密的东北、华北、华东和中南地区。除了人口、经济、文化的发达程度等因素外，不同运输方式的分工与铁路网的密度，对铁路客流的地区分布有着重大影响。华北、华东地区铁路旅客运输量在全路中的比重远低于东北地区，这两个地区公路和水运分担的客流量较大是一个很重要的原因。东北地区人口不到全国人口的10%，但由于铁路发达，旅客运输量在全路占有的比重长期保持在40%左右。铁路网的发展对改变客流的地区分布最明显是西南和西北地区。新中国成立以来，这两个地区的旅客运输量在全路占有的比重，有着明显的增长。

客流在方向上的分布与它在地区上的分布有一定的联系，因为客流并不全都是在它的发生地区内消失。旅客运输量大的地区，它们之间的交流也最频繁。东北、华北、华东、中南地区旅客运输量的比重大于西北、西南地区，因而南、北各区之间的旅客交流量亦大于东、西地区之间的交流量。

 客运量预测

预测是一种预计和推测，即人们利用已经掌握的信息资料和手段，预先推测和判断事物未来或未知状况的结果。预测过程是在调查研究和科学实验的基础上进行的科学分析。客运量预测是编制旅客运输计划不可缺少的前期步骤，是编制旅客运输计划的基础，也是铁路新线建设、旧线和技术设备改造的重要依据。

预测通常分为近期预测、中期预测和远期预测三类。对铁路客运量预测来说，5年以内的预测称为近期预测，5年至10年的预测可视为中期预测，10年以上为长期预测。各种预测方法无论其是否同类，都不是互相排斥的，而是可以结合运用、互相验证、互为补充的。

1. 客流调查

客流调查是编制客流计划的基础，它以影响客流变化的各项因素为主要对象，寻找客流的变化规律，为编制客流计划提供准确的科学依据。摸清客流又是一项比较复杂的工作，因为大部分客流是基于个人旅行需要而自然形成的，但它又受一系列社会因素的影响。因此，客流调查应以影响客流发展与变化的主要因素为对象。同时，要确切地掌握一定时期的客流数量和客流变化规律。

(1)影响客流变化的主要因素。

①社会政治、经济、文化的发展变化。

②国家或地区在一定时期内方针政策的变化。

③生产力布局的变化，经济区的开发，地方工业及乡镇企业的兴办和发展。

④人口的自然增长。

⑤人文、民俗及国家和地区性的大型团体活动。

⑥现有铁路的技术改造，新线的修建，客流吸引范围的扩大或缩小。

⑦各种交通运输工具的发展和分工情况。

⑧不同交通工具客运票价的变化。

⑨自然灾害和季节、气候变化。

⑩旅游业的发展变化。

这些因素对铁路旅客运输量的增减变化影响极为显著。例如,城市人口的增加,广大人民群众物质文化生活水平的提高,铁路客运设备的不断改善和方便旅客乘车旅行等,都会引起客流的急剧增大。

必须指出,上述各种因素的变化,都是国民经济计划在该地区的具体体现。因此,调查、分析和运用这些资料时,首先应该研究国民经济计划的发展趋势,领会党和国家在一定时期制订经济计划的原则精神和在各地区进行经济建设的方针意图。以此作为依据,再进行具体资料的分析,才有可能使客流调查工作做得更好、更符合客观实际。

(2)客流调查的范围。客流调查可以在列车上进行,也可以在车站及铁路沿线的吸引区进行。车站的客流调查范围可分直接吸引范围和间接吸引范围两种。前者是指车站所在地及其附近地区被车站直接吸引的城市和居民点的总区域。这个区域可用垂直平分线法划出大致范围,如图 6-1 所示。

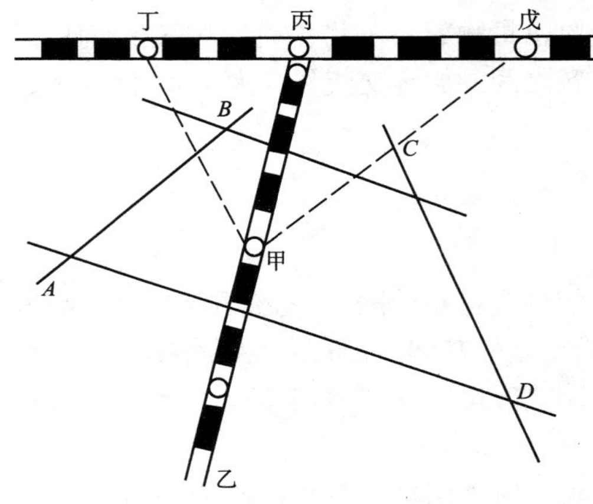

图 6-1　直接吸引区示意图

甲站的几何吸引范围是 ABCD 实线包围的地区。其求法为先划出甲乙和甲丙的垂直平分线,然后划出甲丁的垂直平分线与其相交于 A、B 两点,再划出甲戊的垂直平分线与其相交于 C、D 两点。A 点与甲、乙、丁三站的距离相等,B 点与甲、丙、丁三站的距离相等,D 点与甲、乙、戊三站的距离相等,C 点与甲、丙、戊三站的距离相等。所以几何图形 ABCD 内各点都距甲站较近,可作为甲站的吸引范围。同时还必须考虑许多具体条件,如地形、地貌、交通条件、运输费用、在途时间等,进行分析、修正,才能最后确定吸引区的边界。间接吸引区是指车站直接吸引范围以外,由其他交通工具的联系而被间接吸引的较远地区的城市和居民点的总体区域。间接吸引范围一般按最短通路原则划定。

(3)客流调查的方法。客流调查分为综合调查、节假日调查和日常调查三种。

①综合调查。综合调查一般每两年进行一次。调查的目的是摸清车站吸引区的政治、经济、文化和人民生活情况,了解影响铁路客运量增长变化的各种因素以及对客运工作的客观要求,作为制订长期规划、年度计划及改进客运设备的主要依据和日常客运组织工作的基础。

调查内容有:

a. 吸引地区的一般情况。包括地区的自然条件(位置、地形、气候等);行政区域的划分;城市、农村人口的分布和增长情况;工矿企业、机关学校的分布和发展情况;工矿企业生产水平及与外地在供销上的联系;农业生产和劳动力的安排及有组织的或自发的劳动力外出情况;文教、卫生事业的发展和名胜古迹、医院、疗养院的分布;地区交通的一般情况。

b. 直接影响客流的各项因素。包括吸引地区的总人数;工矿企业、机关、学校等单位的人员及家属人数,休假制度及利用铁路旅行的情况;疗养、休养处所的开放时间、床位及其周转时间;吸引范围内名胜古迹、游览胜地及历年各月的旅游人数;历年特殊客流及大批人员运输情况(应分出主要到发区段)。

c. 各种交通运输工具的分工情况。包括吸引范围内现有交通运输方式的运输能力,历年的运量及比例,客流在时间上的变化情况以及今后的发展;各种交通运输工具的运行线路,与铁路旅客列车运行时间的配合情况。

d. 铁路旅客运输资料。按运输类别的旅客发送、中转及到达人数,使用铁路乘车证人数,客流月间、季度的波动情况及原因;历年客流变化及到达各区段的客流量;分直通、管内和市郊的旅客列车对数、运行区段、时间及平时和客运量最大时的运能与运量的适应情况;其他与编制客流计划、组织旅客运输有关的资料。

综合调查最好每年例行在规定的时间内进行,并将调查的结果按客流分析说明表等汇总编制成该年度的铁路旅客运输客流调查资料。在调查方法上,采取点面结合的方法,一方面从计委和统计部门搜集计划和历年统计资料;一方面到基层单位或社会做实际调查。经过反复核实,就可以获得较为可靠的调查资料。然后对调查内容分科目制表并按客流分析说明汇编成车站年度客流资料。

②节假日调查。节假日调查主要是对"十一"国庆节、春节两个大节日和学生每年的寒、暑期客流进行调查。调查工作一般在节日运输前1个月左右进行,春节期间客流量大,影响客流的变化因素复杂,客流调查应在春节运输前3~4个月进行。

节假日客流调查的目的是为了安排好节假日旅客运输方案以及做好各项组织工作,其中包括制订节假日期间临时旅客列车开行方案,编制节日旅客运输计划和售票、服务组织工作等。

调查的主要内容:

a. 重点工矿企业、政府机关团体的休假制度、社会经济活动及外地人员乘坐火车的流量、流向。

b. 学生客流重点调查本地区大、中专学校数量,在校学生和外地学生人数,乘坐火车的流量、流向,放假和开学日期。

c. 民工流重点调查产生地的农业人口数量、乡镇企业发展情况和剩余劳动力数量及外出劳动力分布地区和数量;接纳地区用工部门、劳务市场已经或预计接纳的用工数量;中转站应建立健全民工旅客的流量、流向资料台账,加强分析和预测。

d. 其他交通运输工具与铁路衔接运能、运量的变化情况。

调查的方法可采取登门调查、函调和召集会议等方式。

将调查的资料汇总编制出节假日客流调查统计,见表6-1。

③日常调查。日常调查是指车站的有关客运人员与旅客在购票、候车、乘车过程的接触中,对客流变化的各项因素进行的调查了解。日常调查比较适宜在列车上进行,旅客也愿意主动配合。车站客运计划人员应经常注意车站内和吸引地区客流情况,随时了解、掌握旅客流量、流向的变化,找出客流受季节、气候等因素影响的规律,分析客流增减数量、变化原因和延续时间等。在调查中,特别要了解旅客的旅行目的、到达地点、返回日期及掌握市郊、周末、集市贸易、旅游、会议等方面的旅行动态。这种调查,对于编制日常旅客运输计划和安排运输工作,将起到较大作用。

全面的、较大规模的客流调查,一般是以车站为单位,在车站吸引范围内进行。客流的调查工作,一般由各站组织专门人员来进行,在调查中必须紧紧依靠地方政府的领导和有关部门的密切配合,成立调查小组,实行分工负责、分片包干。

2. 各种预测方法

(1)固定比例法(乘车系数法)。

$$\alpha = \frac{n}{N} \tag{6-2}$$

式中：α——乘车系数；

n——铁路客运发送量；

N——吸引地区居民人数。

例如，×年×站吸引地区的居民人数为60万人，而铁路客运发送量为15万人，则

$$\alpha = \frac{n}{N} = \frac{15}{60} = 0.25$$

α是随着客观形势的发展不断变化的，所以必须分析研究各项因素对α的影响程度，从而确定计划期的α。如上例中，计划期$\alpha_{计}$为0.6，计划期吸引区的居民人数为65万人，则计划客运发送量为

$$n_{计} = N_{计} \cdot \alpha_{计} = 65 \times 0.6 = 39(万人)$$

××铁路局××站工矿企业节假日客流调查统计表 表6-1

所属部门： 局(公司)单位名称	
地址： 区(县) 路 巷(弄)	
联系人科室： 姓名： 电话：	
全厂(校)人数： 人 其中职工(教职工) 人 (学生) 人 享受探亲假职工(师生) 人	
发薪日期： 日，厂(校)休日星期 春节假期自 月 日至 月 日止(包括调休)	
××年春节在××乘坐交通工具	乘火车往××方向 人，往××方向 人，往××方向 人，小计 人
	乘长途汽车往××方向 人，往××方向 人，往××方向 人，小计 人
	乘内河轮船往××方向 人，往××方向 人，小计 人
	乘火车至××站转乘海轮往××方向 人，往××方向 人，小计 人
	现有临时工使用到××年×月底的往××方向 人，往××方向 人，小计 人
对铁路客运服务工作和车次、时间等方面的意见、要求	

填表单位： 填表人科室： 姓名： 电话：

(2)动态关系法(比例增减法)。

按照各种因素的影响，推定铁路客运发送量的增长百分数。例如，×站客运发送量最近3年增长率约为9%、10%、13%，分析计划年度各项因素预计发展情况，加以研究确定计划年度的增长百分数。×站历年增长客流的基本原因是吸引区经济建设的迅速发展。车站附近中学的建立，一批工厂的兴办，在计划期间内还将有几座大工厂投产、兴建，确定计划年度的增长百分数为15%。如下年度客运发送量完成24万人，则计划年度客运发送量应为27.6万人，其计算式如下

$$n_{计} = n(1 + \beta) \tag{6-3}$$

式中：$n_{计}$——计划年度客运发送量；

n——上年度客运发送量；

β——计划年度增长百分数。

(3)专家意见法。这里所指的专家是指熟悉本部门业务,有丰富的经验,并且对预测目标的历史和现状有比较全面地了解的客运人员。专家意见法就是根据一部分专家的分析、推断,来进行预测的方法。

专家意见法有两种形式,一种是专家会议法,另一种是德尔菲法。德尔菲法是在专家会议法的基础上发展起来的一门预测技术,它是一种有组织的专家集体判断方法。其主要特点是:匿名性,反馈性,集思广益,趋同性。

在处理专家意见时,可以采取:平均法(算术平均)式中位数法和四分位数法,其基本做法如图 6-2 所示。

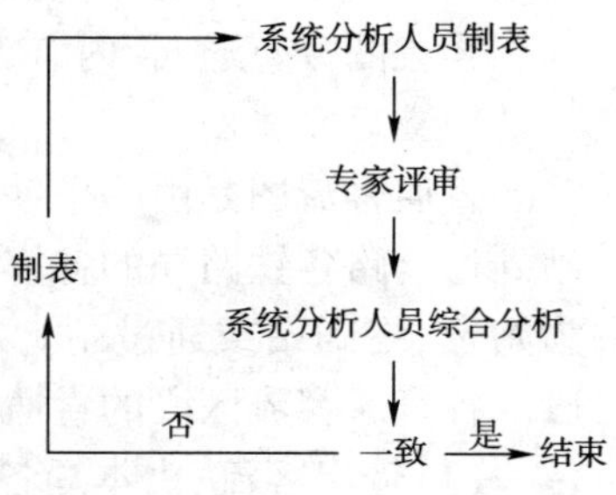

图 6-2 处理专家意见基本做法图示

(4)对比分析法。就是对比上年同期的市场实绩,分析预测其在上年基础上的增长情况,以此为依据的一种预测方法。预测公式为

$$预测值 = 上年同期实际值 \times (1 + 增长率) \tag{6-4}$$

三 客流计划的编制

客流计划是旅客运输计划的重要组成部分,它是实现旅客运输计划的技术计划,又是旅客运输能力的分配计划和旅客运输组织的工作计划。

客流计划的编制工作是在铁路总公司的集中统一领导下,根据客流资料,采取上下结合集中编制的方法进行的。其步骤为:下达任务、准备资料;铁路局编制客流图和客流计划;铁路总公司汇总直通客流图和编制客流计划三个阶段。

铁路总公司在下达编制客流图任务的同时,即公布全路直通客流区段(管内和市郊客流区段由路局自定)和规定的客流月。所谓客流月,是指汇总全路客流时,为求统一,由铁路总公司选定的客运量中等偏上的月份,以使编制出的客流计划符合客流增长规律,具有代表意义。

所谓客流区段,是指客流的到达区段,它不同于列车运行区段和机车牵引区段,其长度按客流密度的变化情况而定。凡各大城市之间,客流密度大致相同的地段,作为一个客流区段。客流密度不同的即分为两个或几个客流区段。一般大量客流产生和消失地点,衔接几个铁路方向的大型客运站,各铁路局间的分界站,都是划分客流区段的始发站和终点站。在同一客流区段内各站间有不同的客流密度时,区段客流密度应按其中最大值计算,如图 6-3 所示,其区段客流密度应为 360 人。

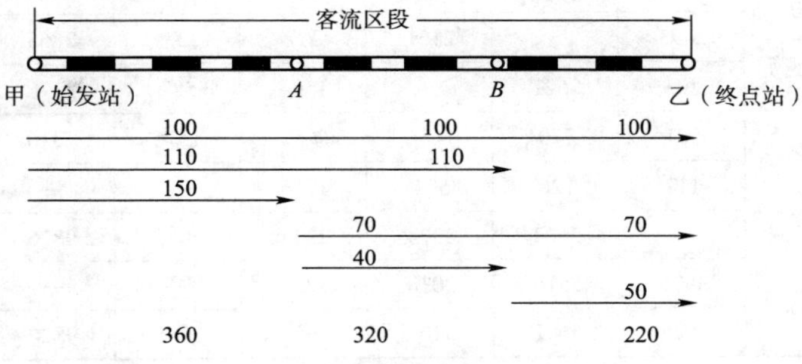

图 6-3 区段内始发和到达客流图

各个铁路局的统计部门按《铁路客货运输统计规则》的要求,提出客流月的直通、管内和

市郊分区段的发送旅客流向统计资料。客运部门根据分区段的旅客流向资料,按日平均数编制客流图。

客流图是旅客由发送地至到达地所经过的客流区段的图解表示。编制客流图的目的是为在编制列车运行计划时,提供确定旅客列车对数和运行区段所需的计划客流量。

客流图分直通、管内、市郊三种。

1. 直通客流图

直通客流图是由一个铁路局所属各客流区段产生的客流,经过一个或几个铁路局间分界站到达全路各铁路局的各客流区段的客流图解来表示。每个铁路局都有一条或几条铁路线作为始发、终到站或通过站。每条铁路线根据客流密度的不同,可分为一个或几个直通客流区段。各直通客流区段的直通客流都是由三部分组成。即:

(1)输出客流:由本局各直通客流区段内产生通过局间分界站交到外局的客流。

(2)输入客流:全路各铁路局的各客流区段内产生的直通客流,通过本局分界站到达本局各直通客流区段内的客流。

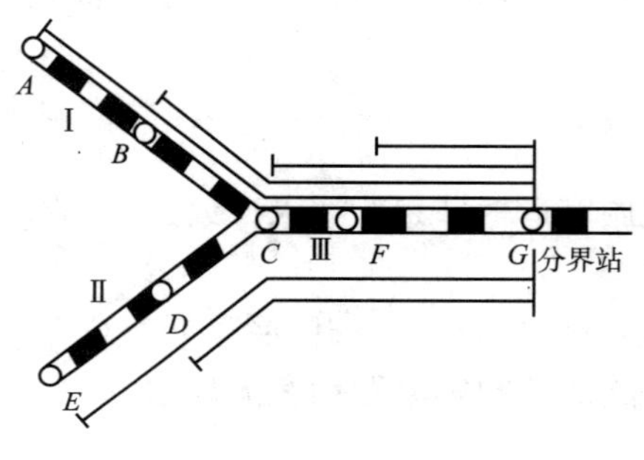

图 6-4　直通客流图

(3)通过客流:由本局的一个局间分界站接入到另一个局间分界站交到外局的客流。

各局和全路的直通客流图,只编制直通到达客流。

直通客流图的编制,是根据各局统计工厂提供的各直通客流区段产生的输入客流量和流向,分线别、客流区段别进行编制,把每个客流区段产生的直通输入客流量按区段顺序,填入各客流区段,如图 6-4 所示。直通客流图应按铁路总公司公布的直通客流区段绘制。在图上表示出本局管内各客流区段的日均到达客流量,以作为全路客流汇总时的交换资料。

2. 管内客流图

管内客流图是由一个铁路局管内各客流区段产生,在本铁路局管内各客流区段消失的客流图解表示。管内客流图的编制方法与直通客流图不同,一般是先作客流斜线表,见表 6-2,后编管内客流图。

客流斜线表　　表 6-2

到站 发站	距离(km)	甲	乙	丙	丁	戊	下行	上行	总计
甲	120		2124	813	372	160	3469	—	3469
乙	135	2493		2561	277	27	2865	2493	5358
丙	176	865	2622		1594	582	2176	3487	5663
丁	221	501	770	1436		1316	1316	2707	4023
戊		117	126	594	1216		—	2053	2053
下行		—	2124	3374	2243	2085	9826	—	9826
上行		3976	3518	2030	1216	—	—	10740	10740
总计		3976	5642	5404	3459	2085	9826	10740	20566

管内客流图编制步骤:

(1)首先将客流统计到客流斜线表中,斜线上方为下行客流,下方为上行客流。

(2)绘制密度图。在绘图中应将上行客流绘在站名线的下方，下行客流绘在站名线的上方，这与我们的习惯相反，原因是我国的行车组织方法是左侧行车。

为使管内客流资料更加明显、清晰，绘制管内客流图时，要用不同颜色或图案、线条代表不同管内客流区段所产生的客流，如图6-5所示。

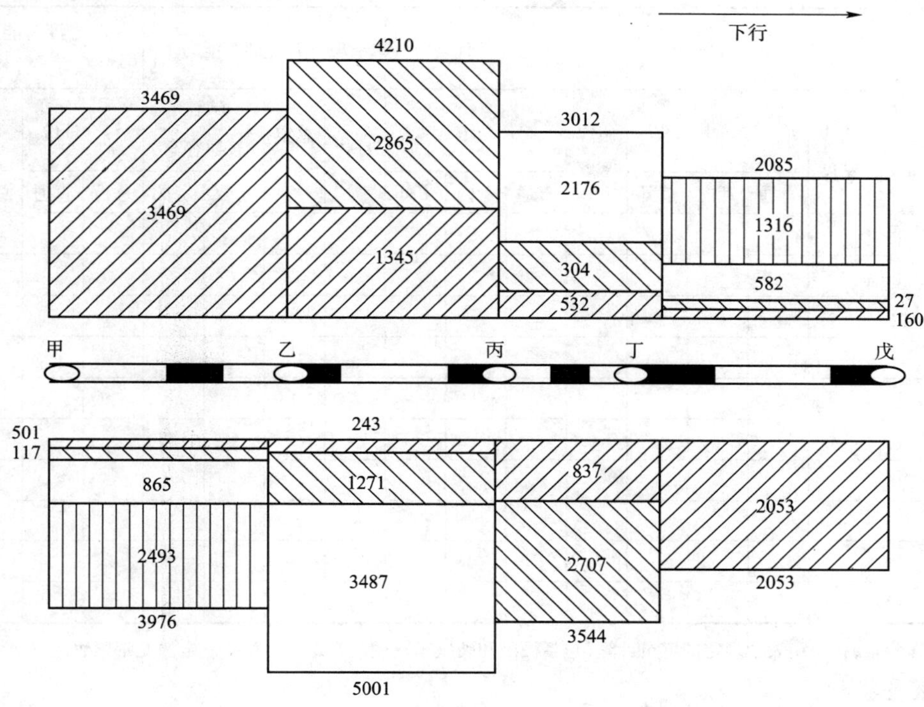

图6-5　管内客流图

为使管内客流斜线表所表示的客流计划更为明显、清晰，便于计算旅客运输指标和确定旅客列车行驶区段与行车量，可将斜线表上的各项数字按一定的格式，用图案的形式编制出管内客流图。同时，为了便于识别，在客流图上，对于由不同车站发送的客流，可用不同颜色或线条表示。

3. 市郊客流图

市郊客流图的编制方法与管内客流图的编制方法一样。不同的只是市郊客流行程较短，一般是将两站之间的距离作为一个客流区段，因而没有区段内中途到发客流的问题。若区段内设有乘降所，其到发客流按管内客流同样原理进行归并。

各铁路局编好直通、管内、市郊客流图后，铁路总公司组织各铁路局将所编制的输出直通客流图资料进行变换，并汇总在按局别的全国铁路直通客流图上。各局根据交换的资料，计算出直通客流区段的客流密度，连同管内和市郊一起，汇总在全国铁路区段客流密度图上。然后，各局结合客流调查和统计资料，利用各种预测方法推算出计划期内客流可能的增长率或绝对数，据以编制全部客流计划。最后把计划客流密度与现行运行图规定的旅客列车能力进行比较，见表6-3，即可提出编制新的客车运行图所需的资料。

四　旅客运输工作主要指标

旅客运输指标在一定程度上反映了客运任务完成的情况，反映了旅客运输工作质量、效率和效益。不同的旅客运输企业和主管单位均有各自的指标体系。从管理的观点出发,站、车指标体系可分质量管理、业务及经济管理、技术管理三大方面的指标。下面以铁路旅客运输为例进行说明。

运行图旅客密度与客车能力比较表 表6-3

<table>
<tr><th rowspan="3">线路区段</th><th rowspan="3">方向</th><th colspan="4">年 月份</th><th colspan="4">年至 年计划</th><th colspan="4">现行旅客列车能力</th><th colspan="4">密度与能力 ±</th></tr>
<tr><th rowspan="2">旅客密度</th><th colspan="3">其中</th><th rowspan="2">旅客密度</th><th colspan="3">其中</th><th rowspan="2">对数</th><th rowspan="2">总定员</th><th colspan="2">其中:直通客车</th><th colspan="2">与 月份</th><th colspan="2">与 年</th></tr>
<tr><th>直通</th><th>管内</th><th>市郊</th><th>直通</th><th>管内</th><th>市郊</th><th>对数</th><th>定员</th><th>总计</th><th>直通</th><th>总计</th><th>直通</th></tr>
<tr><td rowspan="2"></td><td>上</td><td></td><td></td><td></td><td></td><td></td><td></td><td></td><td></td><td></td><td></td><td></td><td></td><td></td><td></td><td></td><td></td></tr>
<tr><td>下</td><td></td><td></td><td></td><td></td><td></td><td></td><td></td><td></td><td></td><td></td><td></td><td></td><td></td><td></td><td></td><td></td></tr>
<tr><td rowspan="2"></td><td>上</td><td></td><td></td><td></td><td></td><td></td><td></td><td></td><td></td><td></td><td></td><td></td><td></td><td></td><td></td><td></td><td></td></tr>
<tr><td>下</td><td></td><td></td><td></td><td></td><td></td><td></td><td></td><td></td><td></td><td></td><td></td><td></td><td></td><td></td><td></td><td></td></tr>
<tr><td rowspan="2"></td><td>上</td><td></td><td></td><td></td><td></td><td></td><td></td><td></td><td></td><td></td><td></td><td></td><td></td><td></td><td></td><td></td><td></td></tr>
<tr><td>下</td><td></td><td></td><td></td><td></td><td></td><td></td><td></td><td></td><td></td><td></td><td></td><td></td><td></td><td></td><td></td><td></td></tr>
<tr><td rowspan="2"></td><td>上</td><td></td><td></td><td></td><td></td><td></td><td></td><td></td><td></td><td></td><td></td><td></td><td></td><td></td><td></td><td></td><td></td></tr>
<tr><td>下</td><td></td><td></td><td></td><td></td><td></td><td></td><td></td><td></td><td></td><td></td><td></td><td></td><td></td><td></td><td></td><td></td></tr>
<tr><td rowspan="2"></td><td>上</td><td></td><td></td><td></td><td></td><td></td><td></td><td></td><td></td><td></td><td></td><td></td><td></td><td></td><td></td><td></td><td></td></tr>
<tr><td>下</td><td></td><td></td><td></td><td></td><td></td><td></td><td></td><td></td><td></td><td></td><td></td><td></td><td></td><td></td><td></td><td></td></tr>
</table>

注:列车定员,按编组表中规定的定员计算(包括硬卧和硬座车),硬座车定员要扣除规定的儿童票数。

1. 数量指标

(1)发送旅客人数

发送旅客人数(简称旅客发送量),指在一定时期(日、旬、月、年)内,全路、铁路局由各站始发的全部旅客人数。应分别按直通、管内及市郊统计计算,然后加总,即

$$A_{发} = A_{发}^{直通} + A_{发}^{管内} + A_{发}^{市郊} \quad (人) \tag{6-5}$$

式中:$A_{发}^{直通}$、$A_{发}^{管内}$、$A_{发}^{市郊}$——直通、管内、市郊发送旅客人数。

全路发送旅客人数等于全路各站发送旅客人数的总和。一个铁路局的发送旅客人数等于铁路局管内各站发送旅客人数的总和。发送旅客人数是国家规定的旅客运输任务,其完成的程度,反映全国铁路、铁路局客运工作量的大小。

(2)运送旅客人数

运送旅客人数又称旅客运输量(简称客运量),指在一定时期(日、旬、月、年)内,全路或铁路局运送的全部旅客人数,即

$$A_{局运} = A_{局发} + A_{到达}^{接入} + A_{通过}^{接入} \quad (人) \tag{6-6}$$

式中:$A_{局发}$、$A_{到达}^{接入}$、$A_{通过}^{接入}$——局发送、接入到达和接入通过的旅客人数。

对一个铁路局而言,发送旅客人数不能全部反映其工作量,运送旅客人数才能反映总的旅客运输量。

全路的运送旅客人数等于全路发送旅客人数、国际联运铁路及新建临管线接运的旅客人数之和,即

$$A_{运} = A_{发} + A_{国际} + A_{临管} \quad (人) \tag{6-7}$$

（3）旅客周转量

旅客周转量是指在一定的时期（日、旬、月、年）内，全路、铁路局计划或完成的旅客人公里数。旅客周转量应分别按直通、管内、市郊三种客流统计计算，然后加总。

由于发送旅客人数不能代表各铁路局的全部客运工作量，因此计算周转量应以运送旅客人数为准。

旅客周转量能较全面反映铁路的旅客运输量，是铁路客运工作中最重要的指标之一，又是各局分配客运收入，计算和分析运输成本、劳动生产率的依据。

$$AL = A_{运}^{直} L^{直} + A_{运}^{管} L^{管} + A_{运}^{市} L^{市} \quad (人 \cdot km) \tag{6-8}$$

式中：$A_{运}^{直}$、$A_{运}^{管}$、$A_{运}^{市}$——运送直通、管内、市郊旅客人数；

$L^{直}$、$L^{管}$、$L^{市}$——旅客相应的乘车行程，km。

（4）旅客平均运距

旅客平均运距（或旅客平均运输距离）是指每位旅客被平均运送的距离，分别按直通、管内、市郊统计计算，然后加总取平均值，即

$$L_{客} = \frac{AL}{A_{运}} \quad (km) \tag{6-9}$$

（5）旅客运输密度

旅客运输密度（简称客运密度）是指在一定时期内，某一区段、铁路局或全路平均每公里线路所承担的旅客周转量，即

$$\varepsilon_{客}^{区段} = \frac{AL_{区段}}{L_{区段}} \quad (人 \cdot km/km) \tag{6-10}$$

式中：$AL_{区段}$——通过该区段的旅客周转量，人 · km；

$L_{区段}$——该区段线路长度，km。

$$\varepsilon_{客} = \frac{AL}{L_{营业}} \quad (人 \cdot km/km) \tag{6-11}$$

式中：$\varepsilon_{客}$——全路、铁路局客运密度；

AL——全路、铁路局旅客周转量；

$L_{营业}$——全路、铁路局营业里程。

（6）行李包裹运送量

运送量是指在一定时期内（日、旬、月、年），全路、铁路局的车站始发和中转的行李包裹件数之和，即

$$G_{行包}^{运送} = G_{行包}^{始发} + G_{行包}^{中转} \quad (件) \tag{6-12}$$

2. 质量指标

（1）速度指标

①旅客列车技术速度。技术速度是指旅客列车在运行区段的各区间内，每小时平均运行的公里数（分别对直通、管内、市郊列车进行计算），即

$$v_{技} = \frac{\sum nL}{\sum nt - \sum nt_{停站}} \quad (km/h) \tag{6-13}$$

式中：$\sum nL$——旅客列车公里；

$\sum nt$——旅客列车旅行总时间；

$\sum nt_{停站}$——旅客列车在中间站停留总时间。

②旅客列车旅行速度。旅行速度是指旅客列车在运行区段内，每小时平均运行的公里数，即

$$v_{旅} = \frac{\sum nL}{\sum nt} \quad (\mathrm{km/h}) \tag{6-14}$$

③速度系数。速度系数是指旅客列车旅行速度与技术速度的比值，即

$$\beta_{旅} = \frac{v_{旅}}{v_{技}}$$

④旅客列车直达速度。直达速度（直通速度）是指旅客列车在车底配属站和折返站之间的平均速度，即旅客列车在其运行全程中的平均速度，其表达式为

$$v_{直} = \frac{L_{客}}{\sum t_{运转} + \sum t_{中停} + \sum t_{技停}} \quad (\mathrm{km/h}) \tag{6-15}$$

式中：$L_{客}$——车底配属站至折返站之间的距离；

$\sum t_{运转}$——列车运转时间；

$\sum t_{中停}$——列车在中间站停站时间；

$\sum t_{技停}$——列车在区段站、客运站停站时间。

（2）客车运用指标

①旅客列车车底周转时间。旅客列车所用的车底周转时间是从第一次由配属站发出之时起，至下一次再由配属站发出之时止所经过的全部时间，以天为计算单位，而且为整天数，即

$$\theta_{车底} = \frac{1}{24}\left(\frac{2L_{客}}{v} + t_{配}^{客} + t_{折}^{客}\right) \quad (\mathrm{d}) \tag{6-16}$$

式中：$t_{配}^{客}$——车底在配属站停留时间；

$t_{折}^{客}$——车底在折返站停留时间。

客车车底周转时间反映车底周转全过程的运用效率，反映所有与客运有关部门的工作效率，是考核客车运用效率最重要的指标之一。

②旅客列车车底需要数。旅客列车车底需要数是指为开行某一对旅客列车所需要的运用车底数。计算公式为

$$N_{车底} = \theta_{车底} \cdot K_{客} \quad （组） \tag{6-17}$$

式中：$K_{客}$——平均每天开行的对数，如每日开行 $K_{客}=1$，如隔日开行则 $K_{客}=1/2$。车底数是由车底周转天数和平均每天发出的列车数决定的。

③运用客车需要数。运用客车需要数是指为开行某一对旅客列车所需要的运用客车数，计算公式为

$$N_{客} = N_{车底} \cdot M_{客} \quad （辆） \tag{6-18}$$

式中：$N_{车底}$——运用车底需要组数；

$M_{客}$——每个车底的编成辆数，辆。

各客车车辆段需要的运用客车辆数为

$$m_{运} = m_1 n_1 + m_2 n_2 + \cdots + m_n n_n \quad （辆） \tag{6-19}$$

式中：$m_{运}$——运用客车辆数；

m_1、m_2、…、m_n——列车中编挂的车数；

n_1、n_2、…、n_n——车底数，列。

以运用客车为基础，对于某车辆段配属车辆时，需用下列公式计算客车总数

$$m_{总} = m_{运} \times (1 + \gamma) \quad (辆) \tag{6-20}$$

式中：$m_{总}$——配属车辆段的客车总数，辆；

γ——检修、备用车所占运用客车的百分数。

（3）载客人数及客座利用率

载客人数是反映客车容量利用程度的指标，可以按旅客列车平均载客人数及客车平均载客人数分别计算。

①旅客列车载客人数。旅客列车载客人数是指在一定时期内，全路、一个铁路局平均每一旅客列车公里所完成的人公里数，其计算公式为

$$A_{列} = \frac{\sum AL}{\sum NL} \quad (人 \cdot km/车 \cdot km) \tag{6-21}$$

式中：$A_{列}$——每一旅客列车平均载客人数，人；

$\sum AL$——在一定时期内，全路、一个铁路局完成的旅客周转量之和，人·km；

$\sum NL$——在一定时期内，全路、一个铁路局的旅客列车公里总和，车·km。

②客车载客人数。客车载客人数是指在一定时期内，全路、一个铁路局平均每一客车公里所完成的人公里数，其计算公式为

$$A_{客车} = \frac{\sum AL}{\sum NS_{客}} \quad (人 \cdot km/客车 \cdot km) \tag{6-22}$$

式中：$\sum NS_{客}$——运用客车公里总数。

③客车平均日车公里。客车平均日车公里是指某一客车车底内每辆客车或全部客车中每辆运用车在一昼夜内平均走行的公里数，即

$$S_{客} = \frac{\sum NS_{客}}{N_{客}} \tag{6-23}$$

式中：$S_{客}$——客车日车公里；

$\sum NS_{客}$——客车公里总数；

$N_{客}$——运用客车数。

④客座利用率。客座利用率是指用百分率表示的平均每一客座公里所完成的人公里数，即

$$\left.\begin{aligned} \lambda_{客} &= \frac{\sum AL}{\sum NS_{客座}} \times 100\% \\ \lambda_{客} &= \frac{A_{列}}{A_{定}^{列}} \times 100\% \\ &\text{或} \\ \lambda_{客} &= \frac{A_{车}}{A_{定}^{车}} \times 100\% \end{aligned}\right\} \tag{6-24}$$

式中：$\sum NS_{客座}$——客座公里总数；

$A_{列}$——旅客列车平均载客人数；

$A_{定}^{列}$——旅客列车平均定员；

$A_{车}$——平均车厢载客人数；

$A_{定}^{车}$——平均车厢定员人数。

客座利用率是以相对数字反映客车载客能力利用程度的指标。

(4)客运安全及列车正点指标

①旅客伤亡事故件数和旅客伤亡人数。旅客伤亡事故件数和旅客伤亡人数是指车站、列车(段)、铁路局或全路在一定时期内由于本单位责任事故造成旅客死亡和受伤的事故件数及总人数。

通常用旅客伤亡事故发生率作为考核局以上单位旅客运输安全的相对指标,它是指铁路局或全路在一定时期内,每完成1亿人公里旅客周转量所发生的旅客伤亡事故件数,即

$$\alpha_{事故}^{旅客} = \frac{G_{旅客}}{(\sum AL)/100000000} \tag{6-25}$$

式中:$G_{旅客}$——旅客伤亡事故件数。

②行李包裹责任事故件数。行李包裹责任事故件数是指车站、客运段(列车段)、铁路局及全路在一定时期内结案的由于本单位责任造成的行李包裹事故的总件数。它包括由本单位结案属于本单位责任和由外单位结案属于本单位责任的件数,即

$$\left.\begin{aligned} G_{行包} &= G_{行李} + G_{包裹} \quad (件) \\ G_{行包} &= G_{行包}^{自结} + G_{行包}^{外结} \quad (件) \end{aligned}\right\} \tag{6-26}$$

式中:$G_{行包}$——行李包裹事故件数;

$G_{行包}^{外结}$——外单位结案的本单位责任事故件数;

$G_{行包}^{自结}$——本单位结案的本单位责任事故件数;

$G_{行李}$——行李责任事故件数;

$G_{包裹}$——包裹责任事故件数。

为了全面考核行李包裹运输的质量,常用行李包裹责任事故发生率作为考核指标,即

$$\alpha_{事故}^{行李} = \frac{G_{行李}}{G_{行李}^{总}} \times 100\% \tag{6-27}$$

$$\alpha_{事故}^{包裹} = \frac{G_{包裹}}{G_{包裹}^{总}} \times 100\% \tag{6-28}$$

$$\alpha_{事故}^{行包} = \frac{G_{行包}}{G_{行包}^{总}} \times 100\% \tag{6-29}$$

还可用每万元行李包裹收入中行李包裹责任事故赔偿金额(简称行包赔偿率)作为经济方面反映铁路行包运输质量的指标,即

$$\alpha_{行包}^{赔} = \frac{P_{行包}}{R_{行包}^{总}/10000} \tag{6-30}$$

式中:$R_{行包}^{总}$——行包总收入;

$P_{行包}$——行包赔偿金额。

③旅客列车始发正点百分率。旅客列车始发正点百分率是指在一定时期内,全路、铁路局或车务段正点发出的旅客列车次数在发出旅客列车总次数中所占的比重,即

$$\gamma_{发} = \frac{n_{正点}^{发}}{n_{发}} \times 100\% \tag{6-31}$$

旅客列车始发正点率是反映铁路工作和服务水平的一个综合性指标。保证旅客列车始发正点,是保证按图行车的关键。始发正点率愈大愈好。

④旅客列车运行正点百分率。旅客列车运行正点百分率是指在一定时期内,全路、铁路局、车务段正点到达终到站或各铁路局的列车次数在到达列车总次数中所占的比重,即

$$\gamma_{运} = \frac{n_{正点}^{到}}{n_{到}} \times 100\% \tag{6-32}$$

（5）方便性指标

方便性指标是指旅客在旅行过程中能否得到便捷的服务。主要包括售票方式便捷、中转换乘简便、行包托运提取手续简捷、列车上餐饮供应方便等。衡量的指标有如下几种。

①旅客列车开行间隔（频率）。

$$I_{间} = \frac{T_{时}}{n} \tag{6-33}$$

式中：$I_{间}$——在合理开车时间范围内开行同方向列车的间隔时分；

$T_{时}$——24h 中适合开行旅客列车的时间段（时分数）；

n——在合理开车时间范围内开出的同方向旅客列车数。

开行间隔时间小，则旅客在站滞留时间短，旅客方便程度高。

②旅客旅行总时间。旅客旅行总时间是指旅客从始发地到达旅行目的地花费的总时间。这是旅客选择某种客运方式时考虑的一个重要因素。

$$T_{总数} = t_{站候} + t_{旅} + t_{换} \tag{6-34}$$

式中：$T_{总数}$——从旅客准备出发旅行开始到旅客到达目的地所花费的总时间；

$t_{站候}$——旅客上车前，在车站等候的时间；

$t_{旅}$——旅客在列车运行途中经过的全部时间；

$t_{换}$——旅客旅行途中换乘中转时间。

③售票时间。售票时间是指旅客有了旅行需求从住宿地出行开始到售票处所买到车票时止所需的时间。计算公式为

$$T_{售票} = t_{出行} + t_{候票} + t_{办票} \tag{6-35}$$

式中：$t_{出行}$——从住宿地至售票处所花费的时间；

$t_{候票}$——旅客在售票处等候售票的时间；

$t_{办票}$——旅客办理售票手续的时间。

售票是旅客接受旅行服务过程的开始，也是旅客感觉某种方式是否方便的敏感点。要想压缩 $T_{售票}$，必须建立计算机网络预售票系统，并增设售票代办点。

（6）舒适性指标

舒适性指标是指旅客在旅行过程中，从精神到物质条件上享受心理和生理愉悦和舒适的程度，可通过下列指标衡量。

①站车文明服务旅客满意率。站车文明服务旅客满意率是指感到满意的旅客人数占抽样调查旅客总人数的百分比，其计算公式为

$$P = \frac{\alpha}{A_{抽}} \times 100\% \tag{6-36}$$

式中：P——旅客满意率；

$A_{抽}$——抽样调查总人数；

α——感到满意的旅客人数。

②客车车辆人均占有面积。客车车辆人均占有面积是指按标准坐席旅客在列车上人均占有的基本面积。在客车车辆设计规范中有明确的规定。日本规定 $S_0 \geqslant 0.82\text{m}^2$，世界上发达国家规定 $0.82\text{m}^2 \leqslant S_0 \leqslant 1.18\text{m}^2$，目前我国仅为 0.57m^2。

③乘坐舒适度。乘坐舒适度是指旅客在乘坐列车过程中的舒适程度。为此,在设计时就必须考虑最小曲线半径、横向加速度临界值、外轨超高时间变化率、车体振动加速度和横向加速度、噪声频率等,这些参数都应按乘坐舒适度评价试验或参考国外经验值确定。

④站车环境舒适度。旅行环境是考虑舒适度时不可忽略的一个重要方面,要提高旅行生活质量,必须有良好适宜的环境,环境参数必须符合国家规定的旅行卫生环境标准。

第三节　旅客运输技术计划

旅客运输技术计划是保证质量良好地完成旅客运输任务,合理使用机车车辆和其他各种技术设备的具体生产计划。

旅客运输技术计划应以客流计划为依据,解决以下问题:

(1)选择旅客列车的重量与速度。

(2)制订旅客列车的开行方案。

(3)编制旅客列车运行图。

(4)确定客运机车、车辆的需要数。

(5)铁路客运调度指挥工作。

旅客运输技术计划的编制,主要是在铁路总公司和铁路局两级机构中进行,是一项细致而复杂的工作。为此,需要在部、局的统一领导下,在客运部门和其他各部门的密切配合、共同努力下,才能编制出质量较高的旅客运输技术计划。

一　旅客列车的重量和速度

旅客列车的重量和速度,决定着旅客列车编成的大小和旅客在途时间的长短,直接影响到铁路的客运能力、服务质量和客运设备的使用效率。选择旅客列车最佳重量和速度的方法主要是针对提高旅客列车直通速度这一要求。在机车类型和线路条件一定的情况下,提高直通速度可以通过采取加速列车运行、压缩停站次数、缩短停站时间等措施来实现。还应从列车始发时刻、终到时间、通过大站的时刻来进行检验和修正,按这个修正后的速度计算出来的各种旅客列车重量标准和编组辆数,最后还要考虑沿途车站的线路有效长、站台雨棚长等各种实际因素。

选择旅客列车重量和速度的方法如下:

1. 拟定设计的直通速度

在牵引种类和机车功率一定的条件下,列车重量愈大,运行速度则愈低。确定旅客列车重量时,应以提高直通速度为主,还应考虑旅客站台和站线的有效长,并按列车的种类和等级,参照现行技术标准,分别拟定其设计直通速度。

$$v_{设直} = \frac{L_{方向}}{\sum t_{区段} + \sum t_{技站}} \tag{6-37}$$

式中:$v_{设直}$——设计直通速度;

$L_{方向}$——列车在该方向所行驶的距离;

$\sum t_{技站}$——列车在客运技术作业站的停站时分总和;

$\sum t_{区段}$——列车在各区段内旅行时间的总和。

另外，

$$\sum t_{区段} = \sum t_{运行} + \sum t_{停站} + \sum t_{起停} + \sum t_{慢行} \tag{6-38}$$

式中：$\sum t_{运行}$——区间运行时分总和；

$\sum t_{停站}$——列车在区段内停站时分总和；

$\sum t_{起停}$——起停附加时分总和(一般不包括技术作业站的)；

$\sum t_{慢行}$——慢行时分总和。

2. 修正直通速度

为方便旅客，直通旅客列车自始发站发车的最佳时刻在19:00之后，但不迟于0:00，到达终点站的最佳时刻宜在7:00～14:00之间。

据此来修正直通速度，使之规定在下列范围内

$$\frac{L_{方向}}{19+24D} \leqslant v_{修直} \leqslant \frac{L_{方向}}{7+24D} \tag{6-39}$$

式中：$v_{修直}$——修正直通速度；

D——途中过夜天数。

在旅客列车的重量和速度确定之后，根据各种旅客列车的编组结构，可以计算出定员，在已经编制好的客流计划的基础上，就可以着手拟订旅客列车的开行方案。

二 旅客列车的开行方案

旅客列车的开行方案是指确定旅客列车运行区段、列车种类及开行对数的计划。旅客列车开行方案的编制是在铁路总公司列车运行图编制委员会的统一领导下进行。直通旅客列车的开行方案由铁路总公司研究有关铁路局的建议后确定，管内及市郊旅客列车的开行方案由各铁路局自行确定并报部，铁路总公司有关业务局进行综合平衡后拟订全路开行方案并提交铁路总公司列车运行图编制委员会审批。

旅客列车的始发站、终到站及经由线路构成旅客列车的运行区段，列车种类可区别出列车不同的等级或性质，开行对数的多少表示行车量的大小，三者组成一个完整的旅客列车开行方案。

旅客列车的运行区段和行车量，基本上取决于客流计划。"按流开车"是确定旅客列车运行区段和行车量的基本原则。在根据客流计划绘制的区段客流密度图上，清楚、直观地表示出各方向上各客流区段旅客的流量、流向及客流大量发生、消失和变化较大的地点，这就为划分各种旅客列车运行区段，确定列车种类、计算开行对数的工作提供了有利的条件。

直通旅客列车的运行区段应根据列车始发站与终到站之间的直通客流量确定。跨局列车的直通客流需达到一定数量时报部审批方可执行。开行跨越两个铁路局的直通旅客列车其直通客流量不少于600人，跨三局的不少于500人，跨四局及其以上的不少于400人。

市郊列车应根据职工通勤、学生通学的实际需要，确定在早、晚高峰时间内需要开行的市郊旅客列车数，然后根据市郊列车的平均定员，查定其他时间内应开行的列车数。

开行不同种类的旅客列车是不同时期、不同地区社会经济形势的需要，铁路旅客列车的开行必须服从国家的政治、经济、文化、科技、国防的发展要求，加强首都与各直辖市和各省、自治区首府之间，以及各省、市、自治区主要城市之间，重点工矿之间，边疆、沿海和内地之间，城市和农村之间的联系。旅客列车的开行，除必须符合大量客流的需要之外，同时还要有利于铁路技术设备的合理运用。

一般在首都与省会之间、各大城市之间应有特快和快速旅客列车，做到以较高等级列车输送大城市间的直通客流，以较低等级的旅客列车输送沿途变动的客流。

确定旅客列车的开行方案，除了客流的条件之外，还需要考虑客运设备的配置条件。为了进行旅客列车车底的整备作业，旅客列车的始发站和终到站应选择有客车整备所的车站。为了办理机车的折返作业，列车运行区段的两端站应为机务段所在站。除此之外，还要求配属的机务段和客车车辆段提供满足需要数量的客运机车和客运车辆。

在直通旅客列车的开行方案确定后，管内列车及市郊列车的开行方案，由各铁路局根据管内及市郊客流区段密度的特点自行确定，报铁路总公司备案。

现以某线路最大客流方向的总客流计划所绘制的客流图（图6-6）为例，从图中不仅能很清楚地看出旅客的流量、流向，而且可以看出客流发生和消失的地点，这就给划分直通和管内旅客列车运行区段的工作提供了有利的条件。

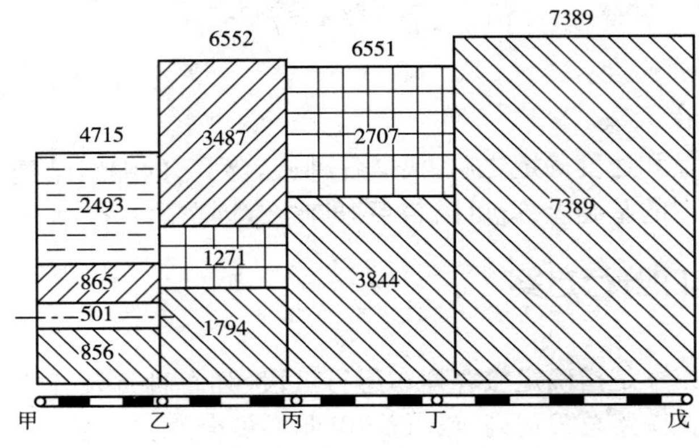

图6-6 最大客流方向客流图

甲—戊方向上客流显著变化的地点为乙、丁、戊三站，则按照甲—戊间、乙—戊间、丁—戊间的不同客流密度，确定旅客列车对数。

1. 旅客列车行车量的计算通式

$$N=\frac{A}{\alpha_{均}} \quad (列) \tag{6-40}$$

式中：A——两站间的计划客流密度；

$\alpha_{均}$——列车平均定员人数；

N——列车数。

2. 公式计算法

由于旅客列车的种类和运行距离不同，其所能吸引的客流量也不同，要求列车的编组内容也不同，因而列车定员也就不同，因此，在确定行车量时应对各种旅客列车分别进行，一般按从高级列车到低级列车顺序计算，分别确定其列数。

（1）特快

$$N_{特快}=\frac{AK_{特}}{\alpha_{特快}} \quad (列) \tag{6-41}$$

式中：$K_{特}$——乘特别快车的旅客占总旅客数的百分数；

$\alpha_{特快}$——特别旅客快车的定员。

（2）快速

$$N_{快} = \frac{AK_{快}}{\alpha_{快}} \quad (列) \tag{6-42}$$

式中：$K_{快}$——乘快速旅客列车的旅客占总旅客数的百分数；

$\alpha_{快}$——快速旅客列车的定员。

(3)普客

$$N_{客} = \frac{A - \alpha_{特快}N_{特快} - \alpha_{快}N_{快}}{\alpha_{客}} \quad (列) \tag{6-43}$$

式中：$\alpha_{客}$——普通旅客列车的定员。

确定各种旅客列车的行车量，除按上述公式方法进行计算外，还应考虑：

(1)计算出的列车总数和各类列车数，往往出现不足一列的尾数，对此一般不予进整，而是采用加挂车辆或调整车型以扩大客车定员或采取超员运输办法解决。

(2)对于不足每日开行一列的长途直通旅客列车或国际旅客列车可采用定期(如每周两次)或隔日开行的方式，以合理地运用铁路机车车辆和通过能力。

(3)如直通旅客快车在运行全程个别区段定员有余，为充分利用运能而不影响旅客服务质量，可采取在定员有余区段适当增加列车停站次数，以吸收部分管内客流，或在超定员区段加挂回转车，缩减列车基本编组辆数，在超员区段再编挂上。

(4)公式计算是静态的，且未考虑出行时段的波动，故在实际工作中，应根据出行需求来确定旅客列车行车量。

三 旅客列车运行方案图

旅客列车运行图的编制，是一项非常复杂的工作，应在铁路总公司的统一领导下，由各铁路局负责编制。铁路总公司成立车、机、工、电、辆各业务局参加的运行图编制委员会，由主管运输的副部长领导。各铁路局的编图委员会由各局局长领导，各业务处参加。在集中统一的领导下，明确分工，密切配合，做到协调一致，正确处理好各方面、各环节的关系。

在编制列车运行图时，首先铺画旅客列车运行线。此时，分两步进行，第一步编制旅客列车运行方案图，着重搭好整体框架，处理各方关系，解决全面布局的问题。第二步以方案为基础，铺画出表示每一列车在各个车站上到发通过时刻的列车运行详图。在此基础上再铺画货物列车运行线。

对跨三局的直通旅客列车，应在铁路总公司的统一领导下由各铁路局派人到部集中编制；跨两局的直通旅客列车，由两局协商编制；管内旅客列车，则由铁路局组织进行编制。因为对跨局的直通旅客列车，不仅要考虑某一整个方向，而且还要与有关方向互相联系起来通盘考虑，全面安排。因此，各铁路局都必须在铁路总公司的集中领导和统一规划下进行编制工作。

旅客列车运行图的具体编制工作，分两个阶段进行：

第一阶段：铺画旅客列车运行方案图(简称客车方案图)。客车方案图是列车运行图的骨架，它用小时格运行图铺画，在图上只表示始发站、终点站、分界站及其他主要站的到开时刻，如图 6-7 所示。

第二阶段：铺画具有详细时刻的旅客列车运行图(简称详图)，从图上可以看出各次列车在沿途各站的到、发、通过时刻及交会越行的车站，这样就使客车方案图上的运行线建立在切实可行的基础上。

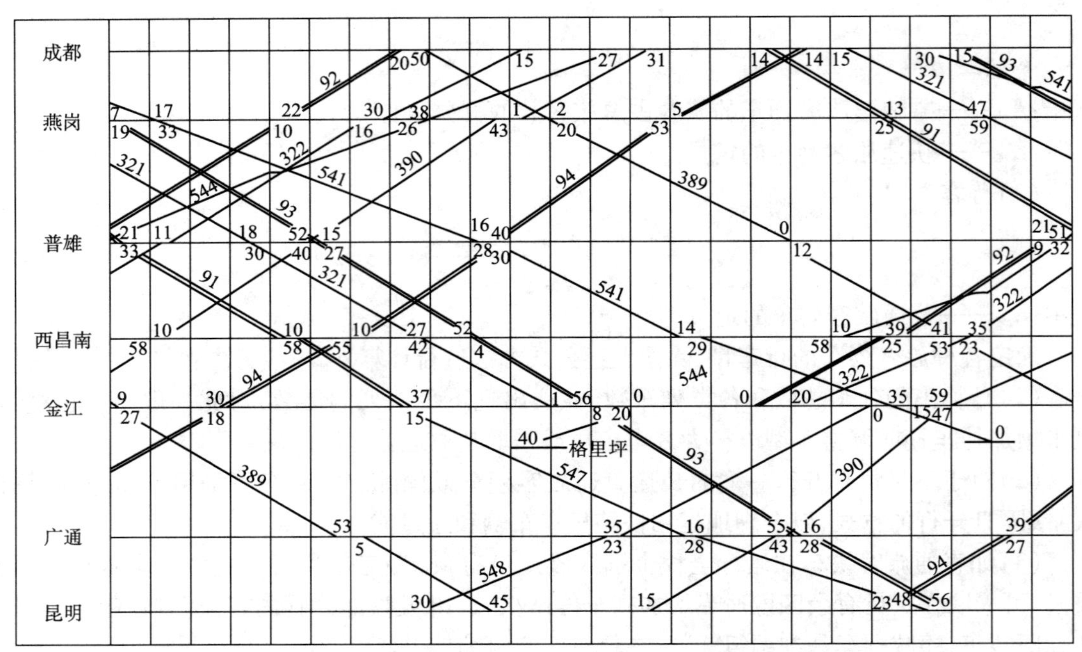

图6-7 客车方案图

1.客车方案图的编制原则

旅客列车运行方案所要解决的是每一方向旅客列车在运行图上的整体布局问题,它不仅对整个列车运行图的布局起着决定的作用,而且对列车运行图的编制质量也有直接影响。为此,编制客车方案时应遵守以下原则:

(1)减少停站次数及停站时间,提高列车的直通速度。

(2)列车始发、终到、通过各主要站的时刻,应方便旅客旅行,并应对有优势、有竞争力的中距离列车给予优先考虑。

直通旅客快车最好晚间发车,但不迟于零点,终到时间在白天或早晨,但不宜早于7:00,通过沿途主要城市的时间尽可能安排在白天。由于一天中最适合旅客旅行的始发、终到时间有限,应对有优势、有竞争力的中距离列车给予优先考虑,保证用最好的机车、车辆,以最短的径路,给最优的运行线和最优的停点。直通列车通过沿途各大站的时刻亦应力求方便旅客,若不能完全满足此项要求,则只能权衡轻重,尽可能予以照顾。

管内旅客列车以运送短途旅客为主,一般运行距离较短,故以白天运行为宜。在管内列车较多的区段不可能均在白天运行时,个别列车亦可在夜间运行,但始发时刻不宜过晚,到达时刻不宜过早。由于在乘坐管内列车的旅客中,有很多需要当天往返,为满足其需要,列车在折返站的到达与出发时刻之间,应有适当的间隔,以保证旅客有一定的活动时间。

市郊旅客列车的开行应保证通勤职工上、下班,通学学生上、下学的需要。

其次,在联结几个铁路方向的大型客运站应尽量缩短旅客中转换乘的停留时间,使各方向旅客列车到发时刻有良好的衔接。如确有困难时,应照顾主要的中转直通客流。

区段内中间站产生的直通客流,一般先由管内旅客列车运送到直通旅客快车停车站,然后再转由直通旅客快车运送。到达区段内中间站的直通客流则反之。

同时,还应保证旅客列车的到发时刻与其他交通工具互相衔接、配合。这种衔接包括组织公铁、海铁、河铁、空铁联运及缩短旅客由这种运输形式换乘到另一种运输形式的等待时间。

这样,不仅可以方便需要换乘其他交通工具的旅客,而且对报纸、邮件的传递也有重要意义。

(3)旅客列车与货物列车运行线应有良好的配合,做到客货兼顾,全面安排。

旅客列车在运行图上均衡铺画,不但对车站客运设备的运用有利,而且能保持旅客列车良好的运行秩序,并且有利于货物列车密度的均衡,对加速机车车辆的周转是有利的。旅客列车运行线的安排应尽可能减少货物列车待避、停会旅客列车的次数,更不应该使旅客列车待避、停会货物列车,以提高列车的旅行速度。

(4)保证旅客列车运行与客运站技术作业过程相协调。

由于要求旅客列车在大城市有比较合适的到发时刻,这就可能出现密集到发的现象。因此,要求旅客列车到发的间隔时间应与车站技术作业过程相协调,否则将不能保证车站正常接发列车,造成客运站作业的困难和设备的利用紧张状态,这种情况应尽量避免。

同方向旅客列车的始发间隔时间,也应考虑与客运组织工作配合的问题。同方向列车密集到发,会使客运站工作负荷过重,增加组织工作的难度。同时,也应考虑旅客站舍的负担,以免造成站内拥塞。

(5)经济、合理地使用客运机车车辆。

加速机车和客车车底的周转是铁路运输组织工作的重要原则之一。在编制客车方案时,如果旅客列车运行方案安排得好,可以减少车底需求组数,使客车车底得到更经济的使用。

另外,旅客列车运行方案图对调整客运机车的运用也有很大关系。通过适当地调整列车的到发时刻也可以达到节省运用机车台数的目的。因此,在编制方案图时,也应同时考虑各区段的客运机车运用,以加速机车周转。

(6)处理好列车到开时间和列车密度、客车车底运用、机车交路等几方面的关系,避免抢好点、抢热门车现象。

编制客车方案图要求同时实现上述各项原则往往是有困难的。例如,为要选择旅客列车始发、终到的合适时刻,就需要增加使用的车底数;各方向列车始发、终到的时刻合适,却往往不能配合客运站的客流衔接等。在这种情况下,就必须根据具体情况,采取措施,通过协商,解决主要矛盾,这样才能不断提高客车方案的编制质量。

2. 旅客列车运行方案图的编制方法

全路列车运行图的编制工作,贯彻集中领导和分级负责相结合的原则。在铁路总公司的总体部署下,分片、分线、分工负责,密切配合,共同完成运行方案图的编制工作。

各局根据上述原则,按照先国际、后国内,先直通、后管内,先快车、后慢车的顺序进行铺画工作。

铺画旅客列车方案运行线的一般方法如下:

(1)国际联运旅客列车,按照联运会议决定的时刻从国境站开始向国内铺画。

(2)直通旅客快车,除根据原方案调整范围不大的以外,对必须翻架子的和新增加的直通旅客快车,一般是先确定合理开车范围,并从中选择几个可行方案,进行技术、经济比较,取其中最优方案,而后从列车始发站开始,向终点站顺序地铺画。如终点站的到达时刻不太合适,再做小范围的上下调整。

在具体编制方案时,不管是直通还是管内方案,大多数情况下,都是在上一届方案的基础上进行的,一般调整的范围不大。

根据方便旅客旅行的原则,直通旅客快车可规定为不晚于零点开,不早于7:00到。按这个条件,每一对列车都有其合理开车范围。这个合理开车范围因始发、终到城市之间列车运行时间的不同而不同。

设直通快车的单程运行时间为 $T = x + 24D$，则其合理的开车范围 t 可用下列分析式确定

$$\left.\begin{array}{ll} t = 7 \sim (24 - x) & \text{当 } 0 + 24D \leqslant T < 7 + 24D \text{ 时} \\ t = \begin{cases} 7 \sim (24 - x) \\ (24 - x + 7) \sim 24 \end{cases} & \text{当 } 7 + 24D \leqslant T \leqslant 17 + 24D \text{ 时} \\ t = (24 - x + 7) \sim 24 & \text{当 } 17 + 24D < T \leqslant 24 + 24D \text{ 时} \end{array}\right\} \qquad (6\text{-}44)$$

根据上式，可根据不同的单程运行时间，确定其相对应的合理开车范围，见表 6-4。

合理开车范围表 表 6-4

T	合理开车范围	T	合理开车范围
$1 + 24D$	7 ~ 23	$13 + 24D$	7 ~ 11　18 ~ 24
$2 + 24D$	7 ~ 22	$14 + 24D$	7 ~ 10　17 ~ 24
$3 + 24D$	7 ~ 21	$15 + 24D$	7 ~ 9　16 ~ 24
$4 + 24D$	7 ~ 20	$16 + 24D$	7 ~ 8　15 ~ 24
$5 + 24D$	7 ~ 19	$17 + 24D$	7　14 ~ 24
$6 + 24D$	7 ~ 18	$18 + 24D$	13 ~ 24
$7 + 24D$	7 ~ 17　24	$19 + 24D$	12 ~ 24
$8 + 24D$	7 ~ 16　23 ~ 24	$20 + 24D$	11 ~ 24
$9 + 24D$	7 ~ 15　22 ~ 24	$21 + 24D$	10 ~ 24
$10 + 24D$	7 ~ 14　21 ~ 24	$22 + 24D$	9 ~ 24
$11 + 24D$	7 ~ 13　20 ~ 24	$23 + 24D$	8 ~ 24
$12 + 24D$	7 ~ 12　19 ~ 24	$24 + 24D$	7 ~ 24

根据表 6-4 的计算结果，直通快车的合理开车范围与单程运行时间的相互关系，可归纳为表 6-5。

单程运行时间与合理开车范围关系表 表 6-5

项目 \ 单程运行时间(h)		$0 + 24D \leqslant T < 7 + 24D$	$7 + 24D \leqslant T \leqslant 17 + 24D$	$17 + 24D < T \leqslant 24 + 24D$
合理开车范围	个数	一个 (7:00 ~ 24:00)	两个 (7:00 ~ 17:00) (14:00 ~ 24:00)	一个 (7:00 ~ 24:00)
	比例关系	反比例	一个成反比例 另一个成正比例	正比例

从表 6-5 中可看出，单程运行时间为 $0 + 24D \leqslant T \leqslant 7 + 24D$ 及单程运行时为 $17 + 24D \leqslant T \leqslant 24 + 24D$ 的直通快车，在铺画客车方案时，难度较大。因其合理开车范围小且只有一个，调整的余地不大。单程运行时间为 $7 + 24D \leqslant T \leqslant 17 + 24D$ 的直通快车，在铺画客车方案时，比较容易，因其有两个合理开车范围，活动余地比较大。

(3) 一般从列车始发站开始，向终到站顺序铺画。如终到站的能力紧张，也可从终到站开始铺画，反推出沿途各站的运行时刻和始发站的开车时刻。或者从指定的某方向的一端或中间部分开始铺画。这一方法，主要是为了解决某些关键问题才采用的。例如，为加速客车周转，缩短客车车底在外段的停留时间，可以从旅客列车的到达站开始，同时铺画上下行列车。

又如,为解决旅客列车在主要站的接续,可以从接续站开始铺画。再如,为提高线路通过能力,可以从"卡脖子"区段向两端铺画。

在铺画各种旅客列车运行方案时,应尽量避免直通快车在每天 18:00 前的一段时间内通过局间分界站(俗称不要"封口")。这段时间,随分界站邻接两区间运转时分不同而不同,一般约需 15min。因为这段时间,往往有大量货物列车由分界口排出,容易造成旅客列车晚点。

铺画方案运行线时,应按局报部审批的区段旅行时间来确定各技术站的开点。注意区段内会车或越行地点的设备条件,考虑列车会让附加的时分。

遇到列车会让时,应遵守低等级列车等会或待避高等级列车,短途列车等会或待避长途列车的原则,并为等会或待避的列车增加区段旅行时间。附加时分随单线、双线及信、联、闭设备的条件而有所不同。一般来说,停车会让附加 10 ~ 12min,待避附加 30 ~ 35min。

直通客车方案图是整个方案图的基础,一经确定后,局间分界站的到发时刻原则上不许变动,必要时铁路局仅能适当调整本局管内的运行线。各铁路局根据直通客车方案编制管内客车方案后,即可具体铺画旅客列车详图。

当旅客列车运行图确定后,为保证列车运行图的严肃性,维护铁路的声誉、方便旅客,列车运行图不得随意变动;如必须变动时,应符合下列条件,但变更直通旅客列车运行时刻,必须报铁道总公司批准。

①旅客流量发生较大幅度增减或流向发生变化而需增减客车对数时。

②技术设备发生变化时,如开通新线、双线、三线、四线和双线、三线、四线插入段,增加会让站,采用自动闭塞、调度集中或其他先进设备,提高线路允许速度,改变牵引动力等。

③工作条件发生变化时,如改变旅客列车重量标准和机车交路,调整列检布局等。

3. 旅客列车运行详图的编制方法

根据旅客列车方案图和有关资料对每一区段进行编制,在二分格运行图上精确地铺画出每一条运行线,确定每一趟旅客列车在每个车站的到、发、通过时刻和在区间内的运行时分。

二分格运行图由车务人员铺画。本着客货兼顾、统筹安排的原则,必要时对个别旅客列车的运行线稍加调整。

一般二分格运行图上列车的到、发时刻与客车方案比较,总是有差异的,在双线上差别不是很大,在单线上有时出入较大。各次列车在各技术站的到、发、通过时刻,应按二分格运行图上的时刻进行修正,最后形成旅客列车简明运行图。

客、货列车运行线全部铺画完毕后,应进行细致的检查。对旅客列车运行线审查的内容主要有如下几点:

(1)全部旅客列车对数是否符合既定的方案。

(2)各次旅客列车的区间运行时分是否准确,停车站和停车时分是否符合规定原则。

(3)旅客列车车底在配属站和折返站的停留时间是否符合客车整备技术作业过程所规定的时间标准。

(4)旅客列车的会让是否合理,有无旅客列车等会货物列车的不合理情况,同时办理会车及越行的车站,其到发线数量是否满足需要。

(5)主要客运站设备能力的运用情况。

(6)客运机车及客车车底的运用是否经济合理,乘务组连续工作时间是否超过规定标准。

运行图审查完毕后,应计算运行图的各项数量指标和质量指标,填写旅客列车指标计算表(表 6-6)和运行图旅客列车指标汇总表(表 6-7)。

旅客列车指标计算表

表 6-6

列车运行 t<数	车次	列车公里	列车运行时分					直通速度	技术速度	速度系数	列车对数		列车编组				列车编组总公里（自局担当）		列车编组（车底）停留时间（自局担当）		记事
	下行	下行	全程总时分	其中							管内运行	自局担当	组数	辆数	其中客座车数	定员			本段	外段	
				停站		平均停站时分	运转时分														
	上行	上行		站数	时分																

运行图旅客列车指标汇总表

——铁路局

表 6-7

<table>
<tr><th rowspan="5">项目
列车种别</th><th colspan="2" rowspan="5">年季别</th><th rowspan="5">列车公里</th><th colspan="5" rowspan="2">列车运行时分</th><th rowspan="5">直通速度</th><th rowspan="5">技术速度</th><th rowspan="5">速度系数</th><th colspan="15">固定旅客列车对数</th><th colspan="4" rowspan="2">列车编组</th><th colspan="2" rowspan="2">列车车底日行公里</th><th colspan="4">列车车底停留时间</th><th rowspan="5">记事</th></tr>
<tr><th colspan="8">直通列车</th><th colspan="5">管内列车</th><th colspan="2">合计</th><th colspan="2">总停留时分</th><th colspan="2">平均停留时分</th></tr>
<tr><th rowspan="3">全程总时分</th><th colspan="4">其中</th><th colspan="2">特快</th><th colspan="2">直快</th><th colspan="2">直客</th><th colspan="2">小计</th><th rowspan="3">快车</th><th rowspan="3">管客</th><th rowspan="3">市郊</th><th rowspan="3">混合</th><th rowspan="3">小计</th><th rowspan="3">管内运行</th><th rowspan="3">其中自局担当</th><th rowspan="3">组数</th><th rowspan="3">辆数</th><th rowspan="3">其中客座车数</th><th rowspan="3">定员</th><th rowspan="3">列车车底总公里</th><th rowspan="3">平均</th><th rowspan="3">本段</th><th rowspan="3">外段</th><th rowspan="3">本段</th><th rowspan="3">外段</th></tr>
<tr><th colspan="3">停站</th><th rowspan="2">运转时分</th><th rowspan="2">管内运行</th><th rowspan="2">其中自局担当</th><th rowspan="2">管内运行</th><th rowspan="2">其中自局担当</th><th rowspan="2">管内运行</th><th rowspan="2">其中自局担当</th><th rowspan="2">管内运行</th><th rowspan="2">其中自局担当</th></tr>
<tr><th>站数</th><th>时分</th><th>平均</th></tr>
<tr><td rowspan="6">直通速度</td><td rowspan="2">直快</td><td></td><td></td><td></td><td></td><td></td><td></td><td></td><td></td><td></td><td></td><td></td><td></td><td></td><td></td><td></td><td></td><td></td><td></td><td></td><td></td><td></td><td></td><td></td><td></td><td></td><td></td><td></td><td></td><td></td><td></td><td></td><td></td><td></td><td></td><td></td><td></td></tr>
<tr><td>比较</td><td></td><td></td><td></td><td></td><td></td><td></td><td></td><td></td><td></td><td></td><td></td><td></td><td></td><td></td><td></td><td></td><td></td><td></td><td></td><td></td><td></td><td></td><td></td><td></td><td></td><td></td><td></td><td></td><td></td><td></td><td></td><td></td><td></td><td></td><td></td></tr>
<tr><td rowspan="2">直客</td><td></td><td></td><td></td><td></td><td></td><td></td><td></td><td></td><td></td><td></td><td></td><td></td><td></td><td></td><td></td><td></td><td></td><td></td><td></td><td></td><td></td><td></td><td></td><td></td><td></td><td></td><td></td><td></td><td></td><td></td><td></td><td></td><td></td><td></td><td></td><td></td></tr>
<tr><td>比较</td><td></td><td></td><td></td><td></td><td></td><td></td><td></td><td></td><td></td><td></td><td></td><td></td><td></td><td></td><td></td><td></td><td></td><td></td><td></td><td></td><td></td><td></td><td></td><td></td><td></td><td></td><td></td><td></td><td></td><td></td><td></td><td></td><td></td><td></td><td></td></tr>
<tr><td rowspan="2">计</td><td></td><td></td><td></td><td></td><td></td><td></td><td></td><td></td><td></td><td></td><td></td><td></td><td></td><td></td><td></td><td></td><td></td><td></td><td></td><td></td><td></td><td></td><td></td><td></td><td></td><td></td><td></td><td></td><td></td><td></td><td></td><td></td><td></td><td></td><td></td><td></td></tr>
<tr><td>比较</td><td></td><td></td><td></td><td></td><td></td><td></td><td></td><td></td><td></td><td></td><td></td><td></td><td></td><td></td><td></td><td></td><td></td><td></td><td></td><td></td><td></td><td></td><td></td><td></td><td></td><td></td><td></td><td></td><td></td><td></td><td></td><td></td><td></td><td></td><td></td></tr>
<tr><td rowspan="8">管内列车</td><td rowspan="2">管客</td><td></td><td></td><td></td><td></td><td></td><td></td><td></td><td></td><td></td><td></td><td></td><td></td><td></td><td></td><td></td><td></td><td></td><td></td><td></td><td></td><td></td><td></td><td></td><td></td><td></td><td></td><td></td><td></td><td></td><td></td><td></td><td></td><td></td><td></td><td></td><td></td></tr>
<tr><td>比较</td><td></td><td></td><td></td><td></td><td></td><td></td><td></td><td></td><td></td><td></td><td></td><td></td><td></td><td></td><td></td><td></td><td></td><td></td><td></td><td></td><td></td><td></td><td></td><td></td><td></td><td></td><td></td><td></td><td></td><td></td><td></td><td></td><td></td><td></td><td></td></tr>
<tr><td rowspan="2">市郊</td><td></td><td></td><td></td><td></td><td></td><td></td><td></td><td></td><td></td><td></td><td></td><td></td><td></td><td></td><td></td><td></td><td></td><td></td><td></td><td></td><td></td><td></td><td></td><td></td><td></td><td></td><td></td><td></td><td></td><td></td><td></td><td></td><td></td><td></td><td></td><td></td></tr>
<tr><td>比较</td><td></td><td></td><td></td><td></td><td></td><td></td><td></td><td></td><td></td><td></td><td></td><td></td><td></td><td></td><td></td><td></td><td></td><td></td><td></td><td></td><td></td><td></td><td></td><td></td><td></td><td></td><td></td><td></td><td></td><td></td><td></td><td></td><td></td><td></td><td></td></tr>
<tr><td rowspan="2">混合</td><td></td><td></td><td></td><td></td><td></td><td></td><td></td><td></td><td></td><td></td><td></td><td></td><td></td><td></td><td></td><td></td><td></td><td></td><td></td><td></td><td></td><td></td><td></td><td></td><td></td><td></td><td></td><td></td><td></td><td></td><td></td><td></td><td></td><td></td><td></td><td></td></tr>
<tr><td>比较</td><td></td><td></td><td></td><td></td><td></td><td></td><td></td><td></td><td></td><td></td><td></td><td></td><td></td><td></td><td></td><td></td><td></td><td></td><td></td><td></td><td></td><td></td><td></td><td></td><td></td><td></td><td></td><td></td><td></td><td></td><td></td><td></td><td></td><td></td><td></td></tr>
<tr><td rowspan="2">计</td><td></td><td></td><td></td><td></td><td></td><td></td><td></td><td></td><td></td><td></td><td></td><td></td><td></td><td></td><td></td><td></td><td></td><td></td><td></td><td></td><td></td><td></td><td></td><td></td><td></td><td></td><td></td><td></td><td></td><td></td><td></td><td></td><td></td><td></td><td></td><td></td></tr>
<tr><td>比较</td><td></td><td></td><td></td><td></td><td></td><td></td><td></td><td></td><td></td><td></td><td></td><td></td><td></td><td></td><td></td><td></td><td></td><td></td><td></td><td></td><td></td><td></td><td></td><td></td><td></td><td></td><td></td><td></td><td></td><td></td><td></td><td></td><td></td><td></td><td></td></tr>
<tr><td rowspan="2">铁路局</td><td rowspan="2">计</td><td></td><td></td><td></td><td></td><td></td><td></td><td></td><td></td><td></td><td></td><td></td><td></td><td></td><td></td><td></td><td></td><td></td><td></td><td></td><td></td><td></td><td></td><td></td><td></td><td></td><td></td><td></td><td></td><td></td><td></td><td></td><td></td><td></td><td></td><td></td><td></td></tr>
<tr><td>比较</td><td></td><td></td><td></td><td></td><td></td><td></td><td></td><td></td><td></td><td></td><td></td><td></td><td></td><td></td><td></td><td></td><td></td><td></td><td></td><td></td><td></td><td></td><td></td><td></td><td></td><td></td><td></td><td></td><td></td><td></td><td></td><td></td><td></td><td></td><td></td></tr>
</table>

4. 旅客列车时刻表的编制

旅客列车运行图编完以后，应根据新运行图规定的车次、运行区段、停车地点、到发通过时分以及列车编组等事项，抄点制表，编制旅客列车时刻表。利用表格形式，把运行图的主要事项反映出来。旅客列车时刻表的格式见表6-8。

旅客列车时刻表

表6-8

丙	甲	甲	丙	甲	开往	申	庚	丑	寅	巳
8537 普客	1379 普快	1315 普快	K149 快速	T5 特快	车次 车次 站名	T6 特快	150 快速	316 普快	1380 普快	8538 普客
已开 8:10	8:50 58	9:22 30	14:30 38	7:12 20	戊	58 20:50	17:01 16:53	44 18:34	30 5:20	— 18:25
14:22 33	12:45 51	13:18 26	18:44 52	10:54 11:00	丁	27 17:18	52 12:43	24 14:17	54 0:48	14 12:02
20:03 —	15:35 46	16:47 17:00	21:16 —	13:21 29	丙	10 15:02	10:08	23 11:13	22:07 21:58	7:30
	17:38 45	18:52 19:00		…	乙	…		26 9:17	12 20:04	
	20:31 —	21:34 —		17:22 —	甲	11:02		7:05 —	17:52 —	

(1)时刻表的编制采用24h制，列车在24:00(即夜间12:00)出发时为0:00，到达时为24:00。

(2)列车的始发、终点站均以该站的字头、字尾或省、市的简称来表示，并在开往栏内注明该列车的终点站站名。

(3)列车的到、开时刻，凡站名左边的均为下行列车，应由上向下看。并以"↓"表示。凡站名右边的均为上行列车，应由下向上看，并以"↑"表示。

(4)为使时刻表简明起见，有关内容可用符号表示。

常用符号的含义如下：

"…"或"↓"表示列车在该车站通过。

"="表示列车不经过此站。

"~"表示列车的终到站。

"※"表示旅客乘降所。

5. 旅客列车编组表的编制

在实行新运行图时，旅客列车编组表由铁路局根据客流性质、机车类型、列车重量、速度、车站到发线有效长度等因素确定，由铁路总公司批准并以部令公布执行。旅客列车编组表规定了该次列车编挂的车种、辆数、顺序及车底周转图等内容，其格式见表6-9。

旅客列车编组表编制方法如下：

(1)列车发到站、车次栏。列车的发到站先填下行发站，后填下行到站，对改变运行方向的列车(即一对列车4个及其以上车次时)，先填担当乘务工作的铁路局的始发站。

列车性质按照特快、直快、直客、管特快、管快、管客、市郊、混合等分别填写。

车次一律先填下行后填上行，一对列车有4个及其以上车次时，车次的填写必须和列车的发到站相对应。

旅客列车编组表 表 6-9

北京—齐齐哈尔特快K47/K48次	车辆乘务齐齐哈尔车客辆运段担任	顺序	京开	1	2	3	4	5	6	7	8	9	10	11	12	13	14	15	16	17	18	计	
			齐开	18	17	16	15	14	13	12	11	10	9	8	7	6	5	4	3	2	1		
		车种		XL	YZ	YZ	YZ	YZ	YZ	CA	RW	YW	YW	YW	YW	YW	YW	YW	YW	KD	UZ	18	18
		定员			118	118	118	118	112		36	60	66	66	66	66	66	60				1070	
		吨数		43	46	46	46	46	46	48	45	48	48	48	48	48	48	48	48	63	48	861	
		附注							办			广							宿				

北京 齐齐哈尔

1 2 3

K48 12:46 16:19 K47

11:10 17:52 11:10

(2)担当乘务栏。担当乘务的车辆、客运(列车)段,如名称相同,可只填写一个。

(3)车底编组栏。列车中车厢顺序号的编定,凡北京站和上海站始发的各次特、直快列车车厢顺序号均小号在前、大号在后(北京、上海间始发和到达的列车以北京站规定顺序为准)。非北京站和上海站到发的各次特、直快列车车厢顺序号,均以担当局始发站的发车方向为准,小号在前、大号在后。两个局担当的列车由有关铁路局事先商定后报铁路总公司。但对途中某个站由于车场进路关系必须调头运行的列车,为便于确认,须在编组顺序项注明发站。

车种按统一的汉语拼音标记,定员按该种车辆的标记定员数(乘务员宿营车按发售给旅客的铺位数)填写。吨数填写该种车的总重,并根据车辆的用途及附属设备,在附注项内注明"行"、"邮"、"餐"、"宿"、"茶"、"播"等字样。

(4)车底周转图栏。车底周转图,表示需用车底组数和始发、终到时刻,并由此计算车底在始发站和终点站的停留时间。

周转图上填写的始发站名顺序须和填写列车种类车次的始发终到站栏相同。不得上下颠倒。一般先填下行始发站名,运行线从担当局的始发站开始,始发和终到时间填在车站中心线与运行线相交的钝角上。

6. 车底需要组数及客车需要辆数的计算

为正确地计算客车需要辆数,在编制旅客列车运行方案的同时,应绘制客车车底周转图,以确定各次列车的车底需要组数,根据车底编成数即可求得车辆数。

客车底需要组数的计算方法有图解法和分析计算法两种。

(1)图解法

根据客车方案图绘制客车车底周转图,从周转图上直接查得需要的车底数。一种是从周转图上的箭头直接查出，如图 6-8a）所示；另一种是在周转图的任何一部分画一截取线，截取线和运行线或车底停留线的交点数即为车底的需要数，如图 6-8b）所示。从图 6-8a）中可以看出，开行某次列车共需要 4 组车底；从图 6-8b）中可以看出，截取线和运行线共形成 4 个交点，因此开行某次列车需要 4 组车底。

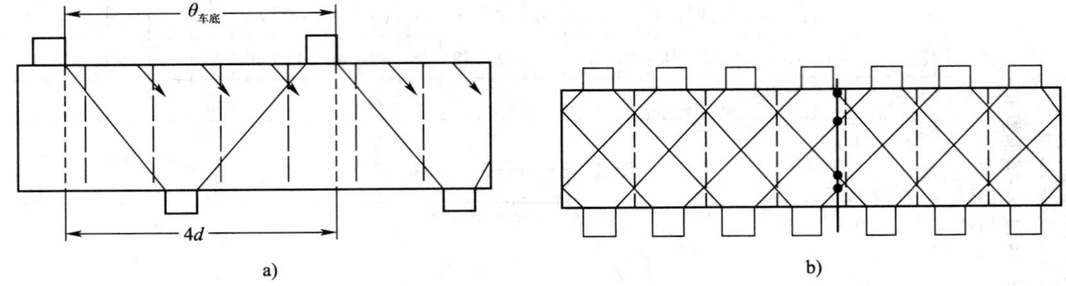

图 6-8　旅客列车车底周转图

（2）分析计算法

通过分析一定到站和一定种类列车的车底周转时间，计算在该周转时间内发出的某种旅客列车的总数。

车底周转时间是旅客列车所用的车底，从第一次由配属站发出之时起，至下一次再由配属站发出之时止所经过的全部时间，以天为计算单位，而且为整天数。其公式如下

$$\theta_{车底}=\frac{1}{24}\left(\frac{2L_{客}}{v_{直}}+t_{折}^{客}+t_{配}^{客}\right) \tag{6-45}$$

式中：$\theta_{车底}$——车底周转时间；

$L_{客}$——车底自配属站至折返站之间的距离；

$v_{直}$——车底的直达速度；

$t_{折}^{客}$——车底在折返站的停留时间；

$t_{配}^{客}$——车底在配属站的停留时间。

设某到站某种旅客列车的车底周转时间为 $\theta_{车底}$，在一个周转时间内平均每天发出的列车数为 K，则该到站该种旅客列车的车底需要数（$n_{车底}$）为

$$n_{车底}=\theta_{车底}K \tag{6-46}$$

由于 $K=N/\theta_{车底}$，上式也可以写成

$$n_{车底}=\theta_{车底}\cdot\frac{N}{\theta_{车底}}=N \tag{6-47}$$

式中：N——车底周转时间内发出的该到站该种旅客列车总数。

式（6-47）表明，一定到站和种类的旅客列车车底需要数等于车底周转时间内发出的该到站该种旅客列车总数，如图 6-9 所示。车底周转时间为 5d，每天开行 1 列，该次列车共需 5 组车底。

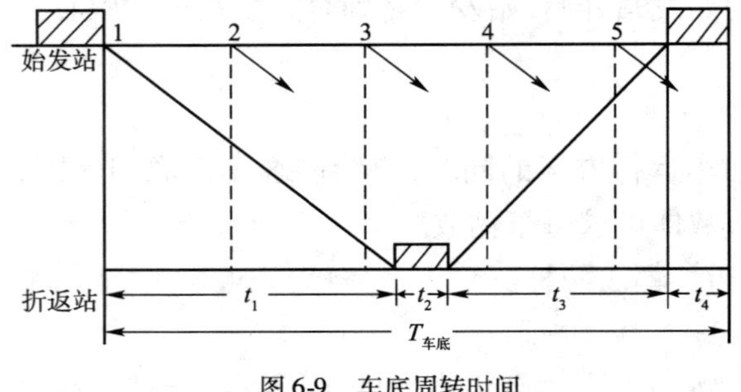

图 6-9　车底周转时间

综上所述，车底数是由车底周转天数和平均每天发出列车数决定的。因此，节省车底的途径有两种——压缩 $\theta_{车底}$ 或缩小 K 值，必须根据具体情况做具体分析。缩小 K 值是有条件的，必须客流小，可以隔日开行或数日

开行。缩减车底需要数可采取压缩站停时间、提高技术速度、采用先进牵引动力及加强运输组织工作等措施,这是挖掘运输潜力的有效途径,也是编制技术计划必须遵循的。

各区段需要的车底数确定后,即可计算车辆的需要数,其公式如下。

为开行某一对旅客列车所需要的运用客车数为

$$N_{客} = N_{车底} M_{客} \tag{6-48}$$

式中:$N_{车底}$——运用车底需要组数;

$M_{客}$——每个车底的编成辆数,辆。

各客车车辆段需要的运用客车辆数为

$$m_{运} = m_1 n_1 + m_2 n_2 + \cdots + m_n n_n \tag{6-49}$$

式中: $m_{运}$——运用客车辆数;

m_1、m_2、…、m_n——列车中编挂的车数;

n_1、n_2、…、n_n——车底数,列。

以运用客车为基础,对于某车辆段配属车辆时,需用式(6-50)计算客车总数

$$m_{总} = m_{运} \times (1 + \gamma) \tag{6-50}$$

式中:$m_{总}$——配属车辆段的客车总数,辆;

γ——检修、备用车所占运用客车的百分数。

第四节 旅客运输日常计划

旅客运输日常计划是旅客运输计划的组成部分,是为保证计划年度任务的完成而编制的。由于旅客运输在节假日、季节及日常时有波动,为指导日常运输工作、保证合理运用技术设备和及时输送旅客,必须编制旅客运输日常计划。

旅客运输日常计划一般是指车站旅客输送日计划,客运调度工作和站、车间的预确报工作,旅客运输的日常统计分析,旅客运输各项指标的完成情况分析。

就铁路旅客列车本身而言,个别列车可能发生始发、运行晚点,临时加挂车辆或加开列车,车底中车辆定期检修或临时故障等情况,这些都会影响到发线的使用、机车交路及旅客乘车组织工作的变更。所有这些,需要通过日常计划由客运调度进行组织调整,使站车互相配合,组织好均衡运输以提高客运服务质量。

旅客输送日计划的编制,实行固定票额与日计划相结合的方法,在客流正常情况下,以分配的固定票额为基础,在客流发生变化时,提出调整票额、增减车辆的计划并报客调,由客调调整后执行。同时,为质量良好地完成旅客输送日计划,防止列车超员(超重)或虚糜,车站和列车间还应实行站、车预报工作。正确的站、车预报,对于合理地组织售票工作,维护站、车秩序,保证列车安全正点运行起着重要作用。

一 票额分配

票额分配是旅客运输计划的重要组成部分。只有合理地分配票额,才能全面地安排售票、行包运输、服务和列车的乘务、餐茶供应等工作,才能正确、科学、合理地提高和加强旅客运输计划的质量,从而真正地起到运输组织的作用。

每次新运行图实行前编制一次,根据客流变化情况每年定期进行调整。直通列车由铁路

总公司与有关铁路局共同编制，跨三个铁路局以上的旅客列车由铁路总公司负责，跨两个铁路局的旅客列车由两局协商解决，管内旅客列车由铁路局编制。

1. 分配依据

(1)指定月份的市郊、管内和直通客流图及主要站间旅客交流表等资料。

(2)列车的旅客密度表，分别车次整理的软卧、硬卧和硬座实际人数，各次列车虚糜和超员情况的分析。

(3)主要站分别车次，区段的上车人数和分车次的下车人数。

2. 分配原则

(1)首先满足始发局(站)到达最后一个区段长途旅客的需要。

(2)适当分配给中途局(站)，特别是对省会、直辖市、自治区政府所在地(包括铁路局所在地)、外宾和华侨旅行集中地、开放城市的车站给予照顾。

(3)最后一个铁路局原则上不分配，各停车站可根据列车预报组织售票(或根据上、下车规律数组织售票)。

3. 列车定员的计算

(1)列车卧铺定员。软卧(座)定员为车厢标记定员；硬卧定员(宿营车除外)为硬卧车厢标记定员的总和减去3个便乘铺位。

(2)列车硬座定员。

①列车硬座标记定员：各硬座车厢标记定员的总和，即

$$A_{标记} = \sum \alpha_{标记} \tag{6-51}$$

式中：$A_{标记}$——列车硬座标记定员；

$\sum \alpha_{标记}$——硬座车厢标记定员之和。

如代用客车，定员按如下规定换算：棚车代用客车时，每吨位按1.5人计算；软卧车代用软座车时，每一下铺按3人计算；硬卧车代用硬座车时，每一下铺按4人计算，不再加超员率，同时上、中铺禁止出售，中铺吊起。

②列车硬座实际定员：硬座车厢总标记定员减去10个座位，包括办公席占用及其他用途占用的座位新型车标记定员；不包括办公席在内者，其实际定员即为标记定员，即

$$A_{实际} = A_{标记} - 10 \tag{6-52}$$

式中：$A_{实际}$——列车硬座实际定员。

③硬座超成定员：列车硬座实际定员与列车实际定员乘以规定超员率之和，即

$$A_{超成} = A_{实际}(1 + K_{超员}) \tag{6-53}$$

式中：$A_{超成}$——列车硬座超成定员；

$K_{超员}$——规定的超员率。

在保证安全、正点的前提下，允许旅客列车硬座车厢超员运输。特快始发不超员，途中准超员20%(全程对号除外)；直通快车始发不超员，途中准超员30%；直通旅客列车始发准超员10%，途中准超员40%；管内旅客列车超员限度比照上述相同等级旅客列车办理。春运、暑运期间按铁路总公司发文、电为准。

4. 分配方法

(1)由直通旅客列车担当乘务的铁路局负责，并进行综合平衡。列车始发和通过局参加，共同研究确定分配。

(2)各铁路局根据整理的实际旅客密度表数字，首先剔除各区段超员的短途客流(超成幅

度以外的)，然后参考各停车站提供的资料和列车密度表中各停车站的上下车人数相对照，反复平衡各停车站长短途客流数，编制分配票额计划密度表。

(3)平衡时，如果直通能力大于直通客流时，对富余的直通能力部分应分配短途票额，组织区段利用。如果直通能力与直通客流处于饱和或不足状态时，计划数字要以直通票额为主，沿途车站不再分配短途套用票额。对中途沿线各站预留的计划票额，由始发站加以利用。

(4)旅客密度表形式推算的计划数字确定后，再按表 6-10、表 6-11 格式编制票额分配计划，给车站售票创造一定的工作条件。

硬座票额分配计划表 表 6-10

硬座： 辆： 标记定员： 实际定员： 超成定员：

<table>
<tr><td colspan="5">上行： 次</td><td colspan="2" rowspan="3">票额计划 ╲ 站名 ╱ 票额计划</td><td colspan="5">下行： 次</td></tr>
<tr><td colspan="4">售票区段</td><td></td><td colspan="5">售票区段</td></tr>
<tr><td></td><td>以下定上</td><td>××以远</td><td>××以近</td><td>总数</td><td>总数</td><td>××以近</td><td>××以远</td><td>以下定上</td><td></td></tr>
<tr><td></td><td></td><td></td><td></td><td></td><td></td><td></td><td></td><td></td><td></td><td></td><td></td></tr>
</table>

卧铺票额分配计划表 表 6-11

<table>
<tr><td rowspan="2">车次</td><td colspan="2" rowspan="2">分 配</td><td colspan="3">软 卧</td><td colspan="3">硬 卧</td><td rowspan="2">附注</td></tr>
<tr><td>数量</td><td>车位</td><td>铺号</td><td>数量</td><td>车位</td><td>铺号</td></tr>
<tr><td rowspan="8">软卧定员、硬卧辆数定员</td><td rowspan="2">宿营车</td><td>乘务员</td><td></td><td></td><td></td><td></td><td></td><td></td><td></td></tr>
<tr><td>列车发售</td><td></td><td></td><td></td><td></td><td></td><td></td><td></td></tr>
<tr><td colspan="2">机务便乘</td><td></td><td></td><td></td><td></td><td></td><td></td><td></td></tr>
<tr><td colspan="2"></td><td></td><td></td><td></td><td></td><td></td><td></td><td></td></tr>
<tr><td colspan="2"></td><td></td><td></td><td></td><td></td><td></td><td></td><td></td></tr>
<tr><td colspan="2"></td><td></td><td></td><td></td><td></td><td></td><td></td><td></td></tr>
<tr><td colspan="2"></td><td></td><td></td><td></td><td></td><td></td><td></td><td></td></tr>
<tr><td colspan="2"></td><td></td><td></td><td></td><td></td><td></td><td></td><td></td></tr>
</table>

二 旅客输送日计划

旅客输送日计划必须从全局出发，按照长短途列车合理分工的原则进行编制，特别要注意运输能力在时间上和空间上的均衡使用。同时，通过计划来指导售票和其他服务的组织工作。为此，三等及其以上或客流量较大的车站要设专职客运计划员(三等以下的车站未设客运计划员的，应由客运值员负责)，根据各次列车运输能力的使用情况及票额分配计划，在客运副站长(或客运主任)领导下，进行编制。

1.旅客输送日计划的编制依据

(1)各次旅客列车的票额分配计划。

(2)近日来各次旅客列车上车人数和中转换乘旅客的实绩及其规律。

(3)节假日与平时客流差异情况及其规律。

(4)近几天内天气情况及过去天气变化对客流影响的规律。

(5)团体旅客预约及其他情况等。

(6)中转换乘旅客签证的规律。

2.旅客输送日计划的编制方法

(1)旅客输送日计划，应分市郊、管内和直通运输，分车次并按客流区段进行编制。车站的发送和中转旅客都要统一纳入计划，其内容包括各次列车的运能（分软、硬卧，软、硬座）及预售、站售、剩余数、中转、乘车证人数（并按限售区段分），直通列车列有预报数，还有考核成绩的兑现率。对团体旅客、下车人数（分别到达及中转）和18点业务简报也另有栏别登记。旅客输送日计划格式见表6-12。

旅客输送日计划表

表6-12

____年____月____日星期____　日班____　　批准号码____

农历____月____日天气____　夜班____　　批准时间____

客调姓名____

车次	运行区段	运能		预售	站售	剩余数	站售	限售区段										预报	合计	兑现率
		软卧/硬卧	硬座								管内计						直通计			

团体旅客登记						下车人数						
车次	到站	人数	单位	备注	线	车次				线	车次	
						人数					人数	
						中转					中转	

业务简报							卧铺预报					记事
线别	上车人数				下车人数	中转	车次车号	上	中	下	收报人	
	直通	管内	合计	中转/乘车证								
合计												

（2）节假日计划与正常日计划的编制方法有所不同。正常日计划主要根据日常的运输能力来调整和均衡地安排旅客运输工作，而节假日运输时间集中，运力和组织工作的安排仅靠铁路本身是不行的，必须得到地方政府及有关部门的协助，收集有关资料综合平衡，共同来确定旅客运输计划和组织工作，以保证节假日旅客运输任务的完成。

旅客输送日计划的编制，除了客运计划员要积极努力，充分发挥高度的负责精神和科学态度之外，还要与客运值班员、售票员和客运员等密切合作，广泛听取他们的意见，以提高计划质量。

3. 旅客输送日计划的主要内容

（1）分线别的管内、直通区段。

（2）分车次、分区段的软、硬卧铺及软、硬座票额。

（3）分车次、分区段的软、硬卧及硬座预售、当日售、剩余数、中转数、乘车证人数。

（4）车辆的甩挂计划。

（5）分车次、分区段的实际上车人数及合计数。

（6）分车次的日计划兑现率。

（7）日计划兑现率。

4. 日计划的审批

旅客运输日计划编制完毕后，经客运副站长（或客运主任）审查并签字（盖章）后，无调整需求时则不再每日上报审批，有调整需求的铁路局直管站直接上报铁路局客票中心进行审批，段管站由车务段汇总后上报铁路局客票中心进行审批后执行。

5. 日计划的执行

客运计划员接到批准的旅客输送日计划，应将预售及团体旅客人数和中转签证的规律数从调整后的计划人数中减去，即可得出本站次日可以发售的票额，再由客运计划员下达给售票处进行发售。

同时，在日计划的执行中，还应注意处理好以下几个问题：

(1)长短途列车的分工和中转换乘优先。长途列车必须组织长途旅客乘坐，如果发售短途票必然积压长途旅客，给长途旅客带来很多困难。换乘优先是指在同等条件下，换乘旅客优先于始发旅客乘车。

(2)大站照顾小站，始发照顾中途。大站是指特、一、二等站，这样的车站，客流量大，停站列车多，分配票额多，有的还有始发列车，客流便于组织调整。中间小站，停站列车少，有的一昼夜内只有 1 ~2 趟列车停站。如大站不按计划票额发售或超售，不照顾中间小站，则小站就无法组织旅客上车。始发站与中途站的关系也如此，始发站必须根据计划票额发售，不得超区段，否则将造成中途站旅客买好了票，上不了车，使列车“吊客晚点”，打乱列车运行秩序。

(3)满足一般，保证重点。一般来说，首长、外宾、华侨、记者、机要人员、老弱病残和其他有特殊困难的旅客，应较一般旅客优先安排；在票额紧张，运能不足时，更应根据具体情况，实事求是地处理好。

(4)严格掌握“热门车”，有计划地组织“冷门车”。旅客旅行时既考虑乘车时间好，又考虑到达站换乘其他交通工具的方便，这样就形成了几趟特别受旅客欢迎的“热门车”，有的车就相对地成为“冷门车”。在 24h 内各站都有“冷门车”和“热门车”的矛盾，必须有计划地组织，把“热门车”的票额掌握得严一些。对“冷门车”则加强组织，使大站客流组织乘坐“冷门车”，因为大城市市内交通比较方便，而且同方向行驶的旅客列车停靠次数也较多。让小站旅客乘坐“热门车”，这样就更能满足不同旅客的需要。

客运计划员对日计划及票额分配执行情况应经常督促检查。为了分析旅客运输日计划的编制质量，车站应对每一车次统计其实际上车人数（分软、硬座和软、硬卧），并和旅客输送日计划相核对，从而查明超员或欠员情况，这样可为列车长向前方站预报提供资料。通过经常的统计分析，积累资料，就能逐步提高计划编制的质量。

6. 日计划的考核

车站旅客输送日计划编制质量的高低，主要是通过对兑现率进行考核。根据铁路总公司的要求，每趟列车计划兑现率与日计划兑现率，都要分别达到95%以上。

(1)每趟列车兑现率。每趟列车兑现率，应根据实际大小分别求算。其计算公式为

实际大于计划时

$$\gamma = \left(1 - \frac{A_{实际} - A_{计划}}{A_{计划}}\right) \times 100\% \tag{6-54}$$

式中：$A_{实际}$、$A_{计划}$——每趟列车实际、计划上车人数。

实际小于计划时

$$\gamma = \frac{A_{实际}}{A_{计划}} \times 100\% \tag{6-55}$$

(2)日计划兑现率。将全天各次列车的兑现率加总后除以列车次数，要求达到95%以上。其计算公式为

$$\beta = \frac{\sum\gamma}{N} \tag{6-56}$$

式中：β——日计划兑现率；

$\sum\gamma$——每趟列车兑现率的总和；

N——列车数。

 站、车客流信息传报工作

1. 概念

站、车客流信息传报工作是指办理客运业务的车站按规定区段或停车站正确、及时地向旅客列车提报确切的乘车人数，旅客列车向指定的预报站正确地发出车内实际人数、区段内旅客密度以及列车剩余能力的预报工作。

2. 目的

建立站、车客流信息传报制度，是合理组织旅客乘车、控制列车超员、弥补列车虚糜、实现旅客计划运输的主要措施之一，同时也是实现车站旅客输送日计划的重要环节。站、车客流信息传报工作和车站旅客输送日计划的结合，可使客调及时了解和掌握各次列车的旅客密度，使始发站和中间停车站的客流得到及时输送，列车前方停车站能有预见性地组织旅客乘车，以保证旅客的均衡运输。

通过站、车客流信息传报，还可为列车提供良好的服务条件，对车站合理地组织售票，维护站、车秩序，保证旅客列车安全正点运行起着重要作用。

3. 站、车客流信息传报的专用表报和填报方法

站、车客流信息传报主要是通过"一单(乘车人数通知单)、一表(列车旅客密度表)、三报(旅客区段密度报告、分界站报告、预报通知单)"来记录、统计、传递的。

(1)乘车人数通知单，简称"一单"，格式见表6-13。

乘车人数通知单 表6-13

站　　年　　月　　日

到站	软卧	硬卧	软座	硬座			
				站发	中转	乘车证	合计
总计							
上车总人数：　人				总进款：　元			

第______次列车长______签收

①用途。

a. 该单是车站统计各次列车上车人数，积累客流资料的原始记录。

b. 该单是列车填写旅客密度表的依据。

c. 该单是车站考核日计划兑现率，检查售票、签票执行日计划情况的依据。

②填报方法。

a. 凡办理客运业务的停车站都必须按到站或规定的区段，正确地统计旅客上车人数，做到真实可靠，正确率达到95%以上，并及时向列车提交“乘车人数通知单”。快车按到站，慢车按规定的区段分别统计软、硬座乘车人数。无旅客上车时，车站也要提交“乘车人数通知单”，并在人数栏内填写“无”字。

b. 在本站始发、中转换乘的上车人数（包括不出站签证换乘的人数）和使用铁路乘车证乘车（简称免票）的人数，要分别填写在始发、中转及铁路乘车证的到站人数栏内。

c. 软、硬座乘车人数的统计采取检票记数或售票记数的方法。检票记数是由检票员检票唱票、记数员记数，一般采取“两剪一记”的方法，大的客运站采用电子统计器记数。在记数时，分始发、中转、免票按到站或区段进行统计。售票记数是由售票员在售票时记录各次列车分到站或区段的售票张数，再加上各次列车中转和免票的上车人数，即为乘车人数。

d. 乘坐卧铺的旅客不统计在“乘车人数通知单”内，但车站要将中途上车和临时调拨的卧铺，按照车号、铺号填写“中途预留剩余卧铺通知单”上，并将剩余软、硬卧铺号贴在通知单上，于开车前交给列车长。

e. “乘车人数通知单”和“中途预留剩余卧铺通知单”，一律一式两份，一份交列车长，一份由列车长加盖规定名章后留站存查。

（2）列车旅客密度表，简称“一表”，格式见表6-14。

列车旅客密度表 表6-14

1366次列车____年____月____日自 广汉 站始发
____年____月____日终到 南海 站
列车编组 14辆 硬座标记定员684人 南海 列车(车务)段
实际定员674人 列车 王伟
超座定员876人
软座定员 人
硬卧定员177人
软卧定员32人

路局管界	发站/人数/到站	硬座 广	调整	下车数																				
广汉局	春兰			春																				
	钟山				钟																			
	那铺		2			那	2																	
	河里	5	3				河	3																
	九洲	21	20					九	20															
	核实								核															
	德阳	25	30						30	德	30													
吉安局	丰城	11	10						10		丰	10												
	吉安	20	20						20			吉	20											
	永顺	12	13					2	15	2			永	17										
	福塘	10	10	3	1	1			15	2		4		福	21									
	飞龙	5	5		5				10			2			飞	12								
	江南	5	5	4	5				14	1		2				江	17							
	核实																核							
	都安	66	73	7	10	2	18	3	113	5	1		5	2	5		131	都	131					
南海局	贺县	10	10		4				15								15	5	贺	20				
	松林	20	22	2	10	1	1	2	38	3	2			2	4		49	5		松	54			
	盐城	10	10	2	4				15		2					3	20	10	5	10	盐	45		
	南海	450	453	15	71	5	13	18	569	20	10	16	10	19	3	11	658	110	10	43	27	南	848	
	固定票额	674		35	97	10	30	25		30	15	20	15	15	10	14		130	15	40	20			
	上车人数	670		33	110	9	32	25		33	15	24	15	23	12	14		130	15	53	27			
	车内人数	670	686	719	829	836	865	870	864	867	872	876	874	867	876	873	873	872	867	866	848			

固定票额	发站/人数/到站	软硬卧	下车数			
	上车人数					
	车内人数					

输送量 硬座 人
软座 人
硬卧 人
软卧 人
计 人

记事：________

①用途。

a. 列车旅客密度表是列车长正确掌握旅客密度，向车站提交预报，向各级客调提交区段旅客密度报告、分界站报告的依据。

b. 列车旅客密度表积累各站上下车人数资料，为编制旅客列车运行图，调整列车停站和票额分配计划提供准确的依据。

c. 列车旅客密度表是列车长及时掌握旅客流量流向变化，合理安排列车统一作业过程，为旅客提供优质服务的基础。

②填报方法。

a. 列车旅客密度表为梯形表格，分硬座和软硬卧两个梯形表格。每一竖格的垂直累计数为各站上车人数，每一横格水平累计数为各站下车人数。

b. 列车长必须亲自填写列车旅客密度表。列车始发前要填写好列车车次、始发日期，始发站名，终到站名，担当段名、组名、列车长姓名，列车编组辆数；填写列车硬座标记、实际、超成定员数及软、硬卧定员数。按列车办理客运业务停车站站顺填记站名（区段），并留出核实栏空格，“固定票额”栏用红笔填写各站的票额分配数（或根据上级命令填记调整后的数字）。软、硬卧梯形图中“固定票额”栏内斜线上方填写软卧票额，下方填写硬卧票额，遇有甩挂车辆时，则应填好甩挂车辆数、车种及到站。

c. 列车从始发站开出后，列车长应根据各停车站提交的“乘车人数通知单”将旅客乘车人数分别填写在各到站（区段）栏内；软、硬卧乘车人数根据各卧铺车厢列车员统计的实际人数分别填写在软、硬卧到站栏内，斜线上方填软卧人数，下方填硬卧人数。

为保证列车旅客密度表中数字的正确性，列车必须认真执行看票上车制度。列车在始发站开车后，应通过旅客去向登记、夜间看票记录或验票的方法，对车内实乘人数按到站（区段）进行一次全面核实，并将核实人数用红笔填写在核实栏内，为全程打好基础。列车运行途中在不干扰或少干扰旅客的前提下，于分界站前用上述方法对车内人数按到站（区段）进行核实调整。如列车在某局管内运行超过800km时，增加一次核实。

列车旅客密度表“车内人数”的计算方法为：列车到站前的车内人数减去本站的下车人数加上本站的上车人数等于列车由该站开出后的车内人数（即车内旅客密度）。在“记事”栏内注明沿途未交“乘车人数通知单”的站名。

（3）旅客区段密度报告、分界站报告、预报通知单，简称“三报”，格式见表6-15。

旅客区段密度报告、分界站报告、预报通知单　　表6-15

<table>
<tr><td colspan="2" rowspan="2">项目
区段
座别　定员</td><td colspan="4">区段密度</td><td colspan="9">分界站报</td><td colspan="4">预　报</td></tr>
<tr><td>|</td><td>|</td><td>|</td><td>|</td><td>|</td><td>|</td><td>|</td><td>|</td><td>|</td><td>|</td><td>局</td><td>局</td><td>合计</td><td>局</td><td>局</td><td></td><td>合计</td></tr>
<tr><td>硬座</td><td></td><td></td><td></td><td></td><td></td><td></td><td></td><td></td><td></td><td></td><td></td><td></td><td></td><td></td><td></td><td></td><td></td><td></td></tr>
<tr><td>软座</td><td></td><td></td><td></td><td></td><td></td><td></td><td></td><td></td><td></td><td></td><td></td><td></td><td></td><td></td><td></td><td></td><td></td><td></td></tr>
<tr><td>软卧</td><td></td><td></td><td></td><td></td><td></td><td></td><td></td><td></td><td></td><td></td><td></td><td></td><td></td><td></td><td></td><td></td><td></td><td></td></tr>
<tr><td>硬卧</td><td></td><td></td><td></td><td></td><td></td><td></td><td></td><td></td><td></td><td></td><td></td><td></td><td></td><td></td><td rowspan="3">硬座</td><td>上</td><td colspan="2"></td></tr>
<tr><td colspan="6">分界站上车人数</td><td></td><td></td><td></td><td></td><td></td><td></td><td></td><td></td><td></td><td>中</td><td colspan="2"></td></tr>
<tr><td colspan="6">分界站上车后合计数</td><td></td><td></td><td></td><td></td><td></td><td></td><td></td><td></td><td></td><td>下</td><td colspan="2"></td></tr>
<tr><td rowspan="4">记事</td><td colspan="14" rowspan="4"></td><td rowspan="4">中转人数</td><td colspan="3">线　人</td></tr>
<tr><td colspan="3">线　人</td></tr>
<tr><td colspan="3">线　人</td></tr>
<tr><td colspan="3">线　人</td></tr>
</table>

站签收人：　　　　　　　　　　　　　年　　月　　日　　次列车长

①旅客区段密度报告(简称“速报”)。旅客区段密度报告是指旅客列车已通过后方各规定旅客密度区段内的车内实际最高人数的报告。由列车长根据列车旅客密度表记载的区段最高密度填报并交指定车站,再由车站转报局客调。

a. 用途。

· 供客调及时了解和掌握各次列车在管内各区段的旅客密度情况、运能的利用和适应程度。

· 作为各级客调及时调整列车编组和增减车辆的依据。

b. 填报方法。

· 请转报栏:填写列车已通过最后区段所属局客调名称。

· 定员栏:填写列车各席别的实际定员。

· 区段栏:根据铁总、路局规定的密度区段填写列车已通过区段两端站名的简称。

· 人数栏:根据列车旅客密度表内已通过各区段的车内最高人数填记。对已填报过的区段密度人数,到下一个“速报”交报站不再重复填报。

· 记事栏:填写有关事项,并将未提交“乘车人数通知单”的车站填记在记事栏内,以便客调及时督促提交。

c. 交接和转报。

由列车长和车站客运值班员(客运计划员)负责办理交接。交报站的客运值班员(客运计划员)或指定人员应及时将“速报”转报有关分局客调。

②分界站报告。分界站报告是指旅客列车在进入各铁路局分界站时,列车长在指定分界站报告交报站,向前方铁路局报告列车内到前方各铁路局的旅客流量流向的报告。

a. 用途。

· 使客调掌握列车通过局在分界站交出分席别的旅客流量流向,并考核其执行票额计划情况。

· 客调根据分界站报告及时采取措施,控制列车超员和防止虚糜,指挥管内各站组织旅客均衡运输。

b. 填报方法。

· 请转报栏:填写通过分界站进入前方区段所属局客调的名称。

· 定员栏:填写列车各席别的实际定员。

· 人数栏:到达列车前方第一个铁路局管内的下车人数,按规定的旅客密度区段分别填写(如分界站属前方局管辖,则将分界站下车人数单列一项);到选第二个及其以远各铁路局的下车人数,只填各铁路局管内下车的总人数。如一个区段跨及两个铁路局时,各站的下车人数应按所属局分别填记在各区段内。

c. 交接和转报。

由车站客运计划员(客运值班员)或指派专人负责办理交接。交报站接到列车长交下的分界站报告后,应及时转报局客调,并在转报时注意:对进入本局的列车,在向自局客调转报时,不加上自站上车人数(即照转);对进入外局的列车,在“分界站上车人数”栏内按旅客到达区段、局填上自站上车人数后,再转报给前方相邻局客调。

③预报。预报是指列车在到达发报站时向收报站预报列车是否有剩余能力的报告。

a. 用途。

· 及时调整和挖掘运输潜力,使剩余能力得到充分利用。

·防止列车超员和虚糜,实现均衡地组织旅客运输。

b. 填报方法。

·请转报栏:填写收报站的名称。

·区段栏:填写应售“××站以远”或应售区段两端站名的简称及局名。

4. 站、车客流信息传报的传递程序和要求

(1)传递程序。站、车客流信息的传递,采用逐站推移的方式。列车始发站向前方第一收报站预报该站以远的剩余能力,第一收报站向第二收报站预报该站以远的剩余能力,依此类推。

传递程序可描述如下:

①办理客运业务的停车站正确地统计上车人数,并向列车提交“乘车人数通知单”。

②列车根据各停车站提交的“乘车人数通知单”,及时填写“列车旅客密度表”,并正确地编制好“三报”,于列车到达交报站时把“三报”交给车站。

③交报站接到列车长交下的“三报”后,由车站客运计划员(客运值班员)或指派专人及时转报给有关分局客调和收报站。

从列车始发站开始一直到终点站,重复循环此过程,逐站往前推移。

(2)要求。做好站、车客流信息传报工作是实现旅客计划运输、防止旅客列车超员和虚糜、组织旅客均衡运输的重要措施。在办理站、车预报中要求做到:

①在时间上必须迅速及时。

②在人数统计、填报和转报上必须正确,表 6-13 ~ 表 6-15 中的数字正确率均要求达到 95% 以上。

③交接和转报。凡规定办理“三报”的车站,列车长要准时下车,客运值班员要准时接车,采取相互加盖“站、段名和姓名”印章的办法,并规定在列车中部办理交接手续;预报站由客运计划员负责转报工作(夜间无客运计划员时由客运值班员负责)。

④列车要认真执行验票上车制度,发现车站无贴条售票和任意超售客票时,列车长应电告有关铁路局和铁路总公司运输局。对造成列车严重超员的车站,要认真追查责任,严肃处理。

⑤资料的积累。

a. 客运(列车)段积累、分析列车在各停车站的上、下车人数,直通旅客快车的运能(分软、硬座和软、硬卧),规定各区段的旅客密度人数。各次列车旅客密度表保存 1 年;各站递交的“乘车人数通知单”和经车站盖章的“三报”存查页分别装订成册,保存 3 个月;列车各车厢的“旅客去向登记记录”保存 3 个月。

b. 车站将经列车长盖章的“乘车人数通知单”和列车提交的“三报”按车次装订成册,保存 3 个月;对未交“三报”的列车要建立登记簿,按月统计保存 1 年。

5. 站、车客流信息传报的计算方法

(1)站、车预报的计算。

①列车预报。

a. 软硬卧、软座及全程对号列车硬座的空位预报按实际空位计算,要注明车号、铺号(座号)和应售区段。

b. 列车硬座预报的计算。硬座实际定员(规定超员的列车按超成定员)减去收报站以远的车内人数,再减去发收报站之间各站的固定票额(不包括发报站)。得出正数为有剩余能力,得出零或负数时,应报满员或超员。

剩余能力要注明应售区段,收报站以远第一个局按密度区段,第二及其以远局按局来确定应售区段。其确定方法为:应售某区段(局)的预报数等于某区段(局)的固定票额减去到达某区段(局)的车内实际人数(最后一个区段或局不做比较),得出正数为应售预报数,得出零或负数时为无应售数,连续出现负数时,剩余能力即为最后一个区段(局)的应售预报数。

特别指出的是:当收报站为限售区段首站及其以近车站时,只预报到首站以远的剩余能力。首站以远的剩余能力等于列车总剩余能力减去首站及其以近的剩余能力。

②车站预报。

a. 始发站预报。于列车开出后将自站剩余空位数,及时报给前方站组织利用,并注明应售区段。

b. 中间站预报。发报站接到列车长交下的预报通知单后,先减去自站到收报站以远的乘车人数,如有剩余能力时,再将列车预报中应售各区段(局)的应售预报数,分别减去自站到达相应各区段(局)的实际上车人数,所得剩余能力报前方收报站组织利用,无剩余能力时,报满员或超员。

收报站接到发报站的预报后,即可加上本站的票额计划数,按应售区段组织发售。

(2)列车旅客输送量的计算。列车到达终点站前,列车长应计算一个单程的旅客输送量,其计算方法如下:

$$\text{旅客输送量} = \text{软、硬座各站下车人数} + \text{软、硬卧各站下车人数} \tag{6-57}$$

用同样方法计算出返程旅客输送量,往返旅客输送量之和即为该次列车总的旅客输送量。

第五节　客运调度工作

一 客运调度的基本任务、职责和权限

1. 基本任务

各级调度机构在值班主任的统一领导下,分别设主任客运调度员和客运调度员,负责其管内的日常客运组织指挥工作。其基本任务是正确编制和执行客运工作日常计划,有预见地组织客流,经济合理地使用客车和客运设备,协调各客运部门工作,保质保量地完成客运任务。

2. 客调的职责和权限

(1)全路调度指挥中心客运调度员的职责和权限

①督促检查各铁路局客调工作完成情况。

②掌握全路客车配属及各局客车运用情况;调用各铁路局的客车;组织掌握路用车的跨局使用。

③掌握全路客流变化情况,根据需要临时调整运能,提出处理旅客列车的停运、加开和变更编组方案,组织各铁路局有计划地、均衡地输送旅客;分析各铁路局,主要站客流波动及旅客列车超员情况。

④加强计划运输、控制列车严重超员;防止全程对号列车虚糜,掌握特、直快列车的利用和交口情况。

⑤掌握国际旅客列车和直通旅客快车的运行情况,遇有晚点时,组织有关局采取措施,恢复正点运行。

⑥遇有灾害或事故中断行车时，及时请示汇报；处理跨局旅客快车的停运、加开、折返、保留和变更径路等事宜。

⑦组织掌握外宾、华侨，以及我国港、澳、台同胞和国际联运旅客的运输。

⑧组织掌握专包及重点任务的挂车计划，并掌握运行情况。

⑨有计划地组织掌握春运、暑运临客开行及其他节假日大批团体旅客和行包的运输；组织掌握新老兵及有关军事运输工作。

⑩收取各铁路局客运表报有关资料、站车的好坏典型事例和旅客、行包运输安全等情况。

⑪处理日常客运工作中的有关事宜。

⑫有计划地组织各级客调人员深入现场调查研究，了解客运工作情况，召开各种专题会议，解决有关问题。

⑬在特殊情况下，报客运主管部门批准后下达特、直快列车在不停车站临时停车的命令。

（2）局客运调度员的职责和权限

①监督检查各站、段客运工作完成情况。

②编制、审批日班计划，根据客流需要，及时调整运能，组织掌握管内旅客列车的停运、加开和加挂车辆，并检查执行情况。

③加强计划运输，控制列车严重超员，防止全程对号列车虚糜，收报特、直快列车交口人数。

④监督组织旅客列车按运行图安全正点运行，努力使晚点列车恢复正点；在特殊情况下，报客运主管部门批准后下达局管内的旅客列车临时停车的命令。

⑤有计划地组织掌握春运、暑运临客开行及其他节假日大批团体旅客和行包的运输；组织掌握新老兵及有关军事运输工作。

⑥认真掌握客车设备及动态；调用各段的客车；组织好出入厂、段客车的回送；及时收报、核对客车编组、备用车、检修车及运用客车外出情况。

⑦铁路局管内发生重大、大事故或自然灾害中断行车时，及时汇报有关领导，采取措施，并提出有关客车停运、加开、折返、保留、变更径路等方案。

⑧收取站、车旅客伤亡、火灾等事故概况，并及时报告上级客调和有关领导。

⑨加强与邻局联系，正确及时交换调度命令，认真核对分界站客车出入、留轴、挂车情况，掌握跨局客车运行情况。

⑩及时转发铁路总公司（铁路局）客调命令，对站、段发布有关客运工作的调度命令。

⑪及时正确收集客运工作概况并上报，按日、按月积累各项资料、节日客流分析。

⑫深入车站和添乘旅客列车调查研究、检查指导，不断改进客运工作，提高调度指挥水平。

 客运调度员的日常工作

1.正确组织旅客及行李、包裹运输

各级客运调度员是旅客和行包运输工作的指挥者，在日常工作中应分别做好以下工作：

铁路总公司客调要经常分析各铁路局、主要站发送旅客人数的波动情况，并及时提出决策意见；经常检查各铁路局直通旅客、行李、包裹的运送情况，掌握旅客列车编组调整及车辆调拨；对节假日和大批旅客、行李、包裹的运送，做到有计划地安排车辆和加开临时旅客列车。

铁路局客调要按日、旬、月对局管内的发送旅客及行包波动情况，做好分析、总结工作，向

铁路总公司汇报跨三局以上的旅客列车利用情况，并提出修改意见；协商处理跨两局的旅客列车的利用情况并报部备案；处理局管内旅客列车的停运、加开或增、减车辆，对停运、增开的旅客列车应向铁路总公司报告；对大批管内旅客、行包的输送（包括节假日）应采取组织分批乘坐正常旅客列车、加开临时客车和增加车辆、套用客车底等办法。督促检查各站做好计划运输工作；严格按批准的票额或规律数售票，如客流发生变化，应调整票额和运能，下达到各站执行；对始发、终到时刻适宜、客流集中的列车应重点掌握；按日、旬、月对自局管内发送旅客人数及行包波动情况做好分析、总结工作；掌握日常及节假日旅客和行包变化，制订旅客和行包输送日计划，组织各站按计划均衡输送；及时安排支农、抢险救灾和团体旅客、行包的输送计划，并进行登记和报告。

铁路局客调应掌握客运情况及区段客流密度、客流量统计所运用的铁路局客运情况表，见表6-16。

2. 经济合理地使用客车

按客车运用规则规定，全路的客车都是固定地配属给各局的有关车辆段，并由其负责日常维修保养。因此，各铁路局客调都应组织好本局配属客车的使用，掌握客车动态。其中，包括建立专门的表报，用以了解和掌握客车运用情况，分析旅客列车晚点原因等；并辅以车牌及客车动态提示板，用以掌握车辆动态。

客调应随时掌握各次列车人数的波动情况，根据乘车人数和区段密度，及时发布调度命令，调整“旅客列车编组表”规定的编组，增减或换挂车辆。本局管内旅客列车凭调度命令，由铁路局自行处理，跨及两局的旅客列车，由两局协商以调度命令办理。跨及两局以上的旅客列车及直通快车在自局管内增挂车辆时，如不影响列车正点及原编组顺序，以调度命令自行办理跨局增挂车辆时，除国际列车、软卧车及公务车外，一般与有关局取得联系后，亦凭调度命令办理。

铁路局客调应根据客运量自行调剂客车使用，解决不了时，及时报告铁路总公司联系借用或调拨外局客车。借用的外局客车使用后，应及时派检车人员送回，并认真办理交接手续，中途不得扣留使用，以严肃调度纪律。铁路总公司调拨车辆时，接车局应派检车人员接车，保证车内设备完整。

3. 监督旅客列车按运行图行车

旅客列车如果运行晚点，不仅打乱整个运行图，而且给旅客带来不便。因此，客调在监督旅客列车按运行图运行的日常指挥、组织工作中应做好下列工作：

（1）了解和掌握旅客列车运行情况，摸规律，抓关键列车、车站，发现问题及时解决。

（2）对始发的旅客列车，应及时检查客车底的整备及取送情况，督促车站及时取送；检查机车交路，了解机车运用和整备情况，发现问题及时通过有关部门联系解决；检查和督促车站安全迅速地组织旅客乘降和行包装卸工作，保证旅客始发。

（3）加强与邻局的联系，遇接入晚点旅客列车时，应及时与行车调度员联系，调整列车运行，并事先了解列车行包件数，以便组织前方有关车站提前做好卸车准备，及时采取措施恢复列车正点运行。

监督旅客列车按运行图运行是各级客调的重要职责。铁路总公司客调应加强对国际联运列车和重点布置的临时旅客列车运行情况的掌握；应每日收录各局旅客列车运行情况，并进行全面分析，找出主要晚点原因，提出改进意见。

铁路局客调应收录旅客列车运行情况，并与有关列车调度员建立必要的联系制度，保证旅

表 6-16

××铁路局客运情况表

年　月　日　星期　气候　　　　值班调度员________日班________夜班________

局管内旅客及行包运送情况

地区 项目 日期	上车总人数	其中发送人数及中转人数						下车总人数		行李件数	包裹件数	
		直通	管内		小计	中转						
当日												
日累计												

主要站客流及行包情况 / 临时情况

项目 站名	上车总人数	其中			下车总人数	发送行包		临时情况			
		发送	中转			行李件数	包裹件数	车次	区段	人数	附注

各线区段客流密度情况

线别	区段	列数	上行			下行		
			定员	实际	%	定员	实际	%

中转旅客流量、流向

去向 线别							合计
合计							
合计							

预售票额

线别 站名						合计
合计						

列车运行情况

时间	始发			运行		
	列数	正点	%	列数	正点	%
16:00~18:00						
18:00~16:00						

记事

客列车按运行图行车，对列车运行情况进行全面分析，找出主要晚点原因，向上级领导汇报并提出改进意见；对晚点列车督促采取措施，使其恢复正点运行；对国际联运旅客列车始发及运行情况每3h向铁路总公司汇报一次。检查旅客列车编组和取送情况，停靠站台、车辆技术检查和整备状态，及时组织旅客迅速乘降和行包的快速装卸，联系站、车工作人员在安全的基础上，加速作业，压缩列车停站时间，恢复列车正点运行。

4. 客运调度工作的分析

为了提高客运工作计划质量，改进客运组织工作，铁路总公司、铁路局的客运调度工作必须建立、健全各种表报和客流分析制度，认真考核客运组织工作情况，系统地对客运工作进行分析研究。分析工作由各级主任客运调度员负责，分析的主要内容包括：

(1)旅客列车晚点情况及其原因分析。

(2)客流的情况及其波动规律。

(3)客车运用及检修车的完成情况。

5. 客运调度报告制度

为准确掌握客运工作情况，及时处理发生的问题，站、车、路局客调必须加强报告制度，除按规定上报的有关资料外，凡发生下列情况时，必须及时逐级向客调报告：

(1)发生自然灾害和行车特别重大、重大、大事故中断行车。

(2)发生旅客、路内客运职工伤亡事故。

(3)车站和旅客列车发生火情、火灾。

(4)原机车、车辆发生事故造成甩车、长时间修理造成始发和运行晚点。

(5)由于站车设备损坏或其他原因造成人员伤亡。

(6)车站和列车票款、票据被抢、被盗。

(7)进京上访人员乘车。

(8)站车之间发生纠纷或其他原因影响旅客列车严重晚点。

(9)站、车发生意外情况，工作人员不能正常作业。

(10)其他需要及时上报的有关客运工作事项。

习题

一、填空题

1. 铁路客运计划一般分为(　　)、(　　)、(　　)三个方面。

2. 年度计划包括(　　)、(　　)、(　　)、(　　)四个方面的内容。

3. (　　)是制订长期规划、年度计划及改进客运设备的主要依据和日常客运工作的基础。

4. 客流计划是实现旅客运输计划的(　　)，是旅客运输能力的(　　)，是旅客运输组织的(　　)。

5. (　　)能比较全面地反映线路客运能力的利用情况和铁路客运工作的强度。

二、判断题

1. 旅客运送量能较全面地反映铁路旅客运输情况，是铁路客运工作中最重要的产品产量指标，也是各铁路局间分配客运收入，计算和分析运输成本和劳动生产率的依据。(　　)

2. 售票厅应根据旅客运送量开设售票窗口。(　　)

3. 运输企业在运输市场上的占有率预测属于宏观预测的范畴。 (　　)

4. 当直通能力 > 直通客流时，对富裕的直通能力部分可分配短途票额。 (　　)

5. 席位复用既可局内使用也可跨局使用。 (　　)

三、简答题

1. 客流调查的方法有哪些？其调查的主要内容有哪些？

2. 旅客运输工作主要指标有哪些？

3. 什么是票额分配？票额分配的依据是什么？

4. 如何确定旅客列车的开行方案？

5. 客运调度分析工作的内容主要包括哪些方面？

第七章　旅客列车的编组结构及开行方案优化

【学习目标】

1. 了解旅客列车的编组结构。
2. 掌握调整旅客列车编组结构的方法。
3. 掌握优化旅客列车开行方案的方法。

在竞争激烈的客运市场上，随着技术的日新月异，旅客的需求是在不断变化的。近几年，我国经济迅速发展，人们的生活和工作节奏加快，对铁路客运产品在快速、舒适、便捷等方面的要求有很大提高。为此，铁路运输企业必须强化市场意识，以旅客现在的需求和未来可能的需求为依据，发挥自身的技术优势，调整现有客运产品的结构，从方便旅客、满足旅客需求出发，按客流变化的规律，开行不同种类、不同编组的列车，为旅客提供安全、快速、舒适的旅行条件和多种客运产品。使铁路客运产品多样化的一个重要手段便是优化旅客列车的编组结构和开行方案。

第一节　优化旅客列车的编组结构

旅客列车的编组是由旅客乘坐的车辆及非旅客乘坐的服务性车辆组成的。旅客乘坐的车辆包括硬座车、软座车、硬卧车、软卧车；服务性的车辆包括餐车、行李车、邮政车以及用于长途旅客列车包乘组休息而编挂的宿营车。

旅客列车编组中车辆的类型及数量要根据客流量的大小、客流的构成、列车全程运行时间等因素来确定。要充分利用铁路运输能力，提高运输效率和经济效益，就必须合理编组列车。短途客流时段分布相对分散，在途旅行时间较短，短途旅客列车应尽量采用小编组。中、长途旅客列车由于行车密度相对较小，应适当增加编组。同时，还可以按淡季、旺季客流量的不同制订出季节性的旅客列车编组方案。

我国长途旅客列车的编组基本上是七车式，即由硬座车、硬卧车、软卧车、宿营车、餐车、行李车、邮政车组成。短途旅客列车的编组以四车式为主，一般挂有硬座车、餐车、行李车、邮政车。根据运输市场需求的变化，可对这种固定编组的方法进行适当的调整。

 调整列车编组内容

1. 减挂餐车

在过去的列车编组中，餐车是长途旅客列车的主要组成部分，它为旅客和列车乘务员的就餐提供了方便。随着列车运行速度的不断提高，很多列车尤其是“夕发朝至”列车，全程运行时间不在供餐时间内，或途中只有一次供餐。例如，K180 次列车 22 点 08 分从配属站出发，次日 06 点 15 分到达折返站；返程 22 点 35 分从折返站出发，次日 07 点 00 分回到配属站。在类

似这样的列车上编挂餐车，既浪费了运输能力，又无法取得理想的餐车经营效益。这些列车完全可以甩掉餐车，推广袋装、盒装食品，或用快餐供应解决旅客用餐问题。

对于运行时间较长、途中需多次供餐的列车，如果其运行在运能远不能满足运量需求的区段，也可以根据列车运行时间，指定一些大站作为快餐定点供应处，改车上供餐为站上供餐，从而减挂餐车，换挂硬座车或硬卧车，以提高紧张区段的运输能力。

2. 调整座、卧车的比例

中、短途旅客列车以挂座车为主，不挂或少挂卧车；长途旅客列车，可适当多挂卧车或开行全列卧铺列车。白天运行的城际旅客列车，可整列编组座车，并根据客流层次的需要加挂一定数量的软座车；夜间运行的旅客列车，也可根据运输市场需求整列编挂卧车。

3. 调整行李车的编挂数量及开行行包专列

根据市场调查的结果，运输距离在 200km 以内的行包运量很小，大部分短途行包均由公路运输了，因此，短途旅客列车上可以不挂行李车。

反之，对于旅客运输能力有余而行包运输能力紧张的方向和线路，还可以少编旅客乘坐的车辆，增加行李车的编组辆数或者开行行包专列。凡有稳定、大宗行包货源的车站，运量达每日开行一列，每列不少于 300t 时，均可申请开行包专列。行包专列可由行李车、Y231 型客车或 P65 型车辆编组而成，以 120km/h 的速度运行，整列装载行李、包裹等小件物品，固定发到站、发到时刻、车辆编组和运行路径，按照旅客列车组织管理，可由物流企业承包经营。行包专列的开行，发挥了铁路在小件零散货运市场中，长距离、全天候、安全正点等方面的优势。

4. 使用新型车辆

2014 年 12 月，中国铁路总公司对列车运行图进行了又一次较大调整。调图后，全国铁路旅客列车开行总数达到 2673.5 对，比调图前增加 226.5 对；全国铁路动车组列车开行数量达到 1556.5 对。至此，中国高铁开行范围扩展至 28 个省市区，开行对数占到旅客列车开行总数的近 60%。

目前，我们在线运营的 CRH 系列列车，均为 8 辆车编组。其中长客动车组为 5 动 3 拖，全列 1 辆一等车、7 辆二等车，定员 610 人；四方动车组为 4 动 4 拖，全列 2 辆一等车、6 辆二等车，定员 670 人；BSP(庞巴迪)动车组为 5 动 3 拖，全列 2 辆一等车、6 辆二等车，定员 670 人。为了解决运力不足的问题会有两组重联的情况。

新研制的新一代高速动车组 CRH380A(CRH2-350)与 CRH380B(CRH3-350)本身就是按照 16 节长编组设计的，而不是两组 8 节的重联。大编组动车组由 3 辆一等座车、12 辆二等座车和 1 辆独立餐车组成，全列车定员增加至 1230 人，比目前已经投入运营的 8 辆编组的动车组运量增加了一倍。

5. 采用优普车辆混编

由于我国各地区经济发展水平不一，旅客成分差别较大，客流构成中有 60% 的客流属于工人、农民和学生，他们对接受新型空调车的票价还有一定困难，这就造成了一些线路上普通列车超员、优质列车虚糜的现象。我们可以根据旅客需求，在某些旅客列车编组中，既编挂有普通车，也编挂有新型空调车，这种编挂方法现已被很多列车采用。

 优化车底使用

在客运车辆不足、库线能力普遍紧张的情况下，积极挖掘车底使用潜力，最大限度地组织

车底套用、车底外段立折和加挂回转车，是优化车底使用、提高客运车辆利用率的有效措施。

1. 组织车底套用

客车车底套用能实现一组车底多次运行，既节省了车底组数，又可实现不进整备所作业，节省库线。

例如，甲—乙间每日开行 K799/800 次旅客列车，由图 7-1a）可知，需 1 组车底。丙—甲间每日开行 T55/56 次旅客列车，由图 7-1b）可知，需 2 组车底。这两对车的开行共需 3 组车底才能满足需要。如组织两对列车的车底套用，共需 2 组车底，即可以节省 1 组车底，如图 7-2 所示。

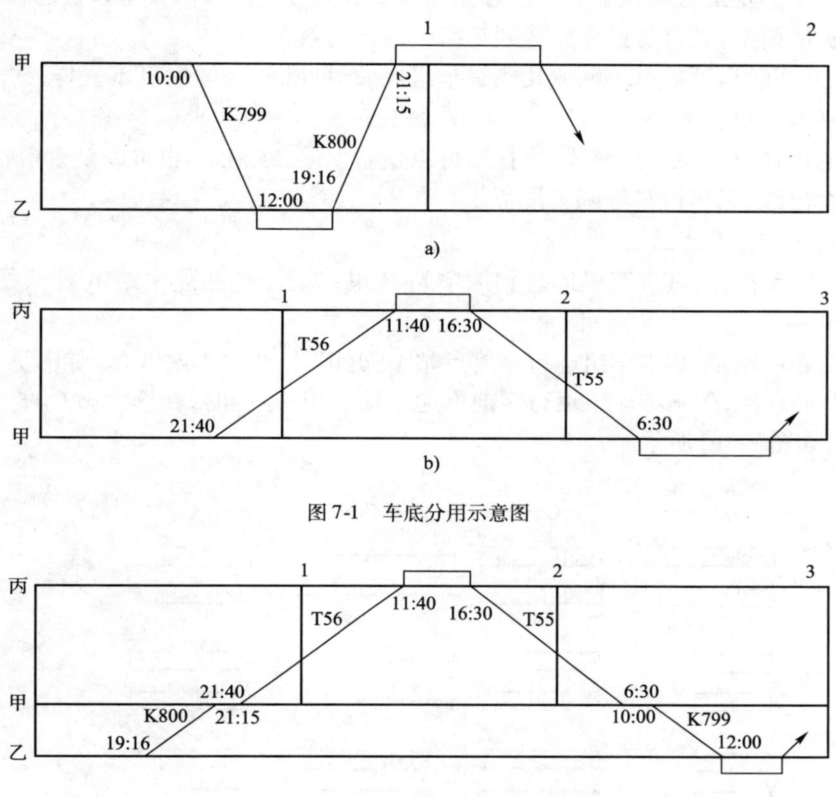

图 7-1　车底分用示意图

图 7-2　车底套用示意图

2. 组织车底立折

车底立折也叫车底立即折返，是指在列车运行图中规定列车在折返站的停留时间在 3h 以内，车底在折返站不进库，只在站线上进行有关的作业。

组织外段客车车底立折主要是为缓解大型客运站和整备所能力紧张的状况而采用的措施。有一些枢纽地区客运站，限制运送能力的不是车站到发线，而是客车整备所。

组织车底立折后可获得如下效益：

（1）提高车底利用率，加快车底周转，节省车底需要数。

（2）减少车底进出库占用咽喉道岔的时间，提高了咽喉道岔的通过能力。

（3）节省了客车整备所线路的数量。

组织车底立折，对运输组织要求更为严谨，并且编制运行图时因限制条件增加而质量要求更高，还应注意以下几方面的问题：

（1）车底在车站到发线上要进行旅客上下、行包装卸及简单的整备作业，一般需要 2 ~

2.5h。

(2)因立折车底较非立折车底占用到发线的时间要长,客运站到发线要有一定的后备能力。

(3)客运站到发线应具备立折车底进行立折作业所必需的设施,如检修、整备、上水、上餐料以及进行简单洗刷作业的设备。

3. 组织加挂回转车

回转车是指在旅客列车运行全程中,只在某一固定区段加挂一辆或几辆客车。组织旅客列车加挂回转车主要是为解决某些区段客流的需要和充分利用技术设备以及运行线的可能条件所采取的扩能措施,具有与扩大旅客列车编组同样的效果。

根据需要,回转车可以由一辆或几辆客车组成,车种既可一样也可不一样,回转车组可大于也可小于基本车组。

回转车的甩挂可采用多种形式,甩挂站可以是始发站、终到站,也可以是途中站,但甩挂站都必须具有牵出线、调车机车等调车设备。

加挂回转车的主要形式有:

(1)始发站 A 挂,随基本车组运行到途中站 B 甩;返程时,在途中站 B 挂回始发站,如图 7-3a)所示。

(2)途中站 B 挂,随基本车组运行至终点站 D;返程时,在途中站 B 甩,如图 7-3b)所示。

(3)途中站 B 挂,随基本车组运行至前方途中站 C 甩;返程时,在途中站 C 挂,随基本车组运行至 B 甩,如图 7-3c)所示。

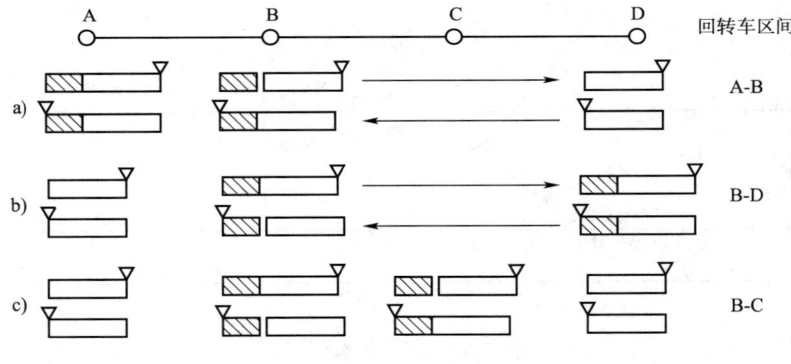

图 7-3　回转车甩挂形式示意图

第二节　优化旅客列车开行方案

确定旅客列车的开行方案,不仅要考虑客流量的大小,还要注意客流成分及旅客出行特点等因素。在目前,要适应市场经济条件下涌现的新的需求变化,必须对旅客列车开行方案进行不断优化。此外,面对我国运输市场竞争的加剧,努力提高铁路竞争力、扩大运输市场份额,是铁路旅客列车开行方案优化的基本准则。旅客列车开行方案的优化是遵循铁路客运的特定规律,在一定的铁路运输能力的限制下,更有效地组织各种旅客列车的开行,达到既能充分地满足市场需求,又能合理地运用铁路运输能力的目的。

旅客列车开行方案优化总的目标是以运输市场为背景,在相关条件允许的情况下,以最大限度的满足旅客出行需要为基本要求。优化列车开行方案的主要目的是提高旅客列车速度、优化旅客出发和到达时间、服务特殊客流、开行直通旅客列车、提高运输能力，以达到更多的吸引、诱发客流和扩大铁路市场份额的目的。

一 提高列车速度

随着我国社会、经济的发展，人们的工作节奏不断加快，时间价值不断增加，对旅行速度的要求越来越高。提高旅行速度、减少在途时间成为旅客的首要要求。

（一）提高列车速度的方法

提高旅客列车的速度，不仅要提高技术速度，还要提高列车的直通速度。

1. 提高技术速度

提高旅客列车的技术速度，主要应改善线路、机车、车辆、信号等技术装备，例如，改造现有线路上的小半径曲线和小号数道岔，使用性能符合提速要求的机车和车辆，采用微机联锁和自动闭塞等信号设备。

2. 提高直通速度

列车直通速度的提高，除了依赖技术速度的提高外，改革运输组织方法、提高运输组织水平也是非常重要的。如交错安排同一线路上各次列车的停车站以减少停车站数，加快旅客列车在车站的技术作业和客运作业进度以压缩停站时间等。

（二）我国近年来的提速实践

我国铁路自1997年以来，已经进行了六次大面积提速。这六次提速在大幅度增加铁路提速线路资源的同时，也相应提高了列车运行的最高速度，其中快速列车最高运行速度达到200km/h，非提速区段快速列车最高速度达到120km/h。

第一次提速是1997年4月1日，提速主要在京广、京沪、京哈三大干线进行。允许时速超过120km的线路延长为1398km，时速超过140km的线路延长为588km，时速超过160km的线路延长为752km。

第二次提速是1998年10月1日，提速范围仍以上述三大干线为主。允许时速超过120km的线路延长为6449km，时速超过140km的线路延长为3522km，时速超过160km的线路延长为1104km。

第三次提速是2000年10月21日，为配合国家西部大开发政策，此次提速范围主要是陇海、兰新线，此外还涉及京九、浙赣线。允许时速超过120km的线路延长为9581km，时速超过140km的线路延长为6458km，时速超过160km的线路延长为1104km。

第四次提速是2001年10月21日，提速范围主要是京九线、武昌—成都（汉丹、襄渝、达成）、京广线南段、浙赣线和哈大线。允许时速超过120km的线路延长为13166km，时速超过140km的线路延长为9779km，时速超过160km的线路延长为1104km。

第五次提速是2004年4月18日，中国铁路开始启动历史上的第五次大面积提速，此次提速将为中国新增3500多km提速线路。其中时速超过160km的线路延长到7700km，部分列车时速达到200km，大大缩短了北京、上海、杭州、哈尔滨等大城市间的旅行时间。

实施提速战略后，铁路旅客列车平均旅行速度达60.28km/h，平均技术速度达68.75km/h，铁路完成的客运量、旅客周转量年年增长。2004年，铁路完成客运量达10.7亿人，旅客周转量5712亿人·km，与提速前的1996年相比，分别增长了12.9%和70.60%。提速适应了旅客对快速化的要求，改变了铁路的社会形象，赢得了社会各界的广泛赞誉。

2007 年 4 月 18 日，我国铁路进行第六次大提速，主要在京哈、京沪、京广、京九、陇海、沪昆、兰新、广深、胶济等干线展开。时速 120km 及以上线路延展里程达到 2.2 万 km，比第五次大提速增加 6000km；时速 160km 及以上提速线路延展里程达到 1.4 万 km，分布在京哈、京沪、京广、京九、武九、陇海、沪昆、兰新、广深、宣杭等干线；时速 200km 线路延展里程达到 6003km，分布在京哈、京沪、京广、陇海、武九、沪昆、胶济、广深等干线；京哈、京广、京沪、胶济线部分区段时速达到 250km。

至 2014 年，中国铁路总公司两次大范围调整运行图，为新一轮的提速奠定了基础。

 在客运专线上组织旅客列车运行

1. 客货共线的不足之处

我国铁路一直沿用客货共线的运输模式。随着国民经济发展和人民物质文化生活水平不断提高，这种运输方式越来越难以满足社会需要。特别是在连接大中城市和工业基地的繁忙干线，运输负荷始终高居不下，客货互争能力的矛盾显得十分突出。主要表现在：

(1) 运输能力不能满足运输需要。经过多年建设，铁路运输能力紧张问题在一定程度上有所缓解，但一些主要运输通道的运能依然十分紧张，进一步提高运输能力受到客货共线模式的制约。由于客货共线，同一线路上客货到车结构阶段性不均衡，致使铁路运输机动性差，难以适应多层次、多变化的市场需求。每年春运、暑运、“十一”等客流集中的 100 多天时间里，都必须采取“压货保客”等非正常措施，以能力来限量运输。

(2) 提升运输质量受到制约。随着经济社会发展和人民生活水平提高，旅客货主对运输快捷舒适、经济便利、安全正点等方面的质量要求越来越高。但客货共线模式制约了运输质量的提高。

(3) 客运高速与货运重载相冲突。按照一般运输规律，客运发展方向是高速，货运发展方向是重载。客运列车速度快、密度大、编组小，货运列车装载重、编组大、大宗货物直达运输。在客货混跑的同一条线路上，既要高速，又要重载，还要加大行车密度，客观上是很难做到的。

2. 客运专线的优越性

客运专线一般在经济发达、人口密集、客流稳定增长的方向上修建，供旅客列车专用。高速客运专线为全线封闭、立体交叉，铺设经过优化并适应高速行车要求的轨道，提高了其可靠性。同时，由于客运专线实现了客货车的分离，避免了客货混跑时速度不一致所引起的问题，使客车运行速度明显提高。客运专线的优越性表现在以下几个方面：

(1) 客运专线具有速度快的优势。

(2) 客运专线运量大、效能高，社会经济效益显著。客运专线列车最小行车间隔可达 3min，列车密度可达 20 列/h，列车定员可达 1600 ~ 1800 人/列，理论上每小时最大输运能力可达 2 × 32000 ~ 2 × 36000 人，能够实现大量、快速和高密度运输。

(3) 客运专线安全可靠的优势也十分突出。铁路客运专线是最安全的现代高速交通运输方式。它采用了先进的列车运行控制系统，能够保证前后两列车必要的安全距离，有效防止列车追尾及正面冲撞事故。信息化程度很高的行车设施诊断、监测、预警设备和科学的养护维修，构成了客运专线现代化的、完善的安全保障系统。

3. 我国客运专线的建设

我国经过多年论证，决定在运输繁忙的大城市间和主要通道上建设客运专线。2003 年 10

月12日,我国第一条高速客运专线——秦沈高速铁路正式通车。尽管目前列车暂不提速,但对于这条试验时速已超过300km的铁路来说,它的开通已经向人们预示着中国开始迈向高速铁路时代。

《中长期铁路网规划》中确定,到2020年,我国将建成1.2万km的客运专线,初步形成北京—上海、北京—武汉—广州—深圳、北京—沈阳—哈尔滨(大连)、杭州—宁波—福州—深圳和徐州—郑州—兰州、杭州—南昌—长沙、青岛—石家庄—太原、南京—武汉—重庆—成都"四纵四横"客运专线网,旅客列车运行时速达到200km以上。

其中,京沪高速铁路与既有京沪铁路的走向大体并行。全线为新建双线,设计时速350km,初期运营时速300km。北京至上海全程运行时间仅需5h,比目前京沪间特快列车缩短9h左右,年输送旅客单方向可达8000余万人。京沪高速铁路还具有与时速200km既有铁路兼容的优势,时速不小于200km列车可以在京沪高速铁路上运行,从上海去往哈尔滨、沈阳、包头、兰州、西安、成都、乌鲁木齐和从北京去往华东的旅客,均可大大缩短旅行时间。

另外,京津、郑西、温福等客运专线也运行多年,收到了良好的社会经济效益。

4.客运专线列车开行方式

客运专线建成运营后,不仅要承担本线各站间发到的旅客运输任务,还要承担本线与临线或各相邻线间交流而通过本线的跨线客流的运输。以京沪高速客运专线为例,建成初期的跨线客流量约占45%。因此,客运专线的列车开行方式主要有以下几种方式:

(1)客运专线只开行高等级旅客列车,跨线客流在衔接站换乘高等级旅客列车,这一方案称为换乘方案。

采用换乘方案输送跨线客流,在衔接站需要有相应的换乘设备,增加换乘站始发和终到列车对数;如换乘不在同一站,将加重市内交通负担。而且,无论采用什么样的换乘方式,换乘客流组织较为复杂,都将增加旅客的不便,容易造成客流流失。

(2)高等级旅客列车除在客运专线上运行外,还下到相邻线上运行,跨线客流不需要换乘,由高等级列车运送,这一方案称为下客运专线方案。采用下客运专线输送跨线客流,需要具备以下条件:

①要有大量的高等级旅客列车车底投入运用。

②相关线路必须电气化。

③高等级旅客列车车底折返站要有相应的整备及维修设备。

采用换乘方式或下客运专线方式,客运专线上运行的都是高等级列车,速度单一或速度差较小,区间通过能力利用充分,行车组织方法简单。

(3)高等级旅客列车只在客运专线上运行,相邻线路上的中速列车上客运专线运行,跨线客流也不需要换乘,由中速列车运送,这一方案称为上客运专线方案。

采用上客运专线方式,跨线列车将采用200km/h以上的电动车组。因此,除相关既有线必须电气化外,动车组还必须适应客运专线的技术条件以及既有线的技术条件。这种方式可减少旅客换乘,更多地吸引客流,但高等级旅客列车与跨线列车速度相差较大,区间通过能力受到限制,行车组织较为复杂。

 三 开行高速动车组

动车组是一种适合铁路中短途,尤其是城际和近郊旅客运输的现代化高效交通工具。由

于动车组可以根据某条线路的客流量变化进行灵活编组,可以实现高密度、小编组发车,以及具有安全性能好、运量大、往返不需掉转车头、污染小、节能、自带动力等优点而受到国内外市场的青睐,被誉为交通运输的“新宠儿”。

与动力装置都集中安装在机车上、在机车后面加挂没有动力装置的客车车厢的传统旅客列车相比,动车是把动力装置分散安装在每节车厢上,使其既具有牵引动力,又可以载客。由几节自带动力的车辆加几节不带动力的车辆编成一组,就形成了动车组。带动力的车辆叫动车,不带动力的车辆叫拖车。由于动车集牵引列车的机车和承载旅客的车辆于一体,因此运行更加平稳,安全系数更高。动车组头部大多采用子弹头型整体玻璃钢结构,具有良好的空气动力学性能。

动车组的分类有多种:按照传动类型,可分为电动车组和内燃动车组;按照动力形式,可分为动力集中型和动力分散型;按照传动方式,又可划分为电传动和液力传动两种类型。

1998 年 8 月 28 日,由瑞典 ABB 戴姆勒—奔驰交通公司生产的“新时速”号 X2000 动车组,在我国广深线上投入运营,该列车采用摆式列车技术,对既有线无须做大的技术改造,采用车体可倾斜和径向转向架技术来达到提高列车速度的目的。在此成功经验的基础上,广深线全部采用动车组担当旅客运输任务,间隔 15min 开行一趟客车,取消列车时刻表,实现旅客列车公交化。

实践证明,使用动车组是我国发展高速化的一条可行途径。动车组列车主要安排在白天运行,以区域内城际间短途为主,以跨区域中心城市间中长途为辅。根据客流情况及运行时间,安排动车组的开行数量、发车间隔及配车列数。第六次大提速,就是在以北京、天津为中心的环渤海地区,以上海、南京、杭州为中心的长三角地区和以广州、深圳为中心的珠三角地区,以及济南—青岛、西安—宝鸡之间密集开行总计 212 对城际间时速 200km 以上的动车组快速列车,在北京、上海、哈尔滨、沈阳、郑州、武汉、南昌、长沙等中心城市间开行 45 对中长途时速 200km 以上的动车组快速列车。

四 使旅客列车的发到、运行时间更为合适

合理的始发、终到时间可以适应人们生活和出行上的习惯,节省旅行时间,方便工作。有调查表明,客车开车时间的不同对旅客的吸引程度的差异非常明显。有的短途客车前后仅相差 30min,但客车的上座率就会相差一半以上。因此,安排适当的始发、终到时间是铁路旅客列车开行方案优化的重要方法之一。近年来,我国铁路开行了多种符合这一条件的列车,主要有以下两种形式:

1. 开行“夕发朝至”旅客列车

“夕发朝至”旅客列车是指运输距离在 1200 ~ 1500km 范围内,旅行时间在 12h 左右,16:00 至 23:00 之间发车,次日 6:00 至 11:00 之间到达终到站的列车,即旅客在车上睡一觉就到达目的地,因此又称之为“旅馆列车”。

“夕发朝至”旅客列车是铁路为提高运输市场竞争力,适应旅客需求创出的铁路名牌产品,是自 1997 年 4 月 1 日第一次大提速时开行的。它充分发挥了铁路在中距离(1000 ~ 1500km)上的运输优势,使实现当日办事、旅游成为可能。如今全路每天开行“夕发朝至”列车 169 列,以北京为中心 1200km 范围内的大城市间,基本上实现了“夕发朝至”,今后还将以上海、广州、西安、沈阳、武汉等城市为中心,开行半径在 1000km 左右的“夕发朝至”列车。

2. 开行“朝发夕归”、“一日到达”旅客列车

我国铁路客运量的93%产生于城市，其中81个大城市占铁路总客运量的66%，今后随着城市化进程的加快和人们生活水平的提高，旅客对铁路运输的要求将会更高。因此，大城市间客流已成为铁路客运的主体，是铁路客运的主要市场。建立城市间快速客运系统既是铁路的优势，又是客观实际的需要。除发展“夕发朝至”列车外，还在城市间开行“朝发夕归”、“一日到达”旅客列车。

“朝发夕归”城际列车，是指运输距离在500km范围内，早晨出发，傍晚返回的旅客列车。在组织开行时应注意给旅客在异地办事留足一定的时间，同时使旅客能当天返回。

“一日到达”旅客列车，是指运输距离在2000~2500km范围内，开行24h即能到达终到站的特快列车。

五 开行“点对点”直达特快列车

“点对点”直达特快旅客列车，是指列车由始发站开出后一站到达终到站，取消了列车中途停站，提高了列车的整体速度，大大缩短了旅客在途时间，可与空中航班媲美，让旅客感受“陆地航班”的快捷。

“点对点”直达特快旅客列车有以下五个主要特点：

(1)实行点对点运输，中途一站不停，列车始发后直达。

(2)实行单司机值乘(一名机车司机驾驶)，长途特快司机在随乘途中换班，不需换挂机车和更换机车乘务组。

(3)实行机车直接向客车供电，直达特快列车采用DF_{11G}、SS_9、SS_7等新型机车牵引，这些机车可直接向客车供电，列车编组取消了发电车，扩大了运能。

(4)取消运转车长。

(5)实行乘务制度重大改革，实行每节车厢单人值乘。

“点对点”直达特快旅客列车主要安排在客流量较大的城市间始发和终到，实现大城市间旅客快捷运输，采用“公交化”运行方式，在繁忙干线的黄金时段采用短间隔追踪连发运行图，使旅客出行更加便利和通畅。

六 开行旅游列车

随着人们收入水平的提高和各地旅游设施的开发，旅游客流的比重不断攀升，有38.2%的城市居民有外出旅游的要求，尤其是在节假日和旅游旺季，旅游客流已成为铁路旅客运输的又一新的增长点。因此，铁路大量开行旅游列车。随着出游人数的增加，铁路只有大幅度增加旅游列车的数量，才能适应市场的需要。

旅游列车开行灵活，“有流就开，无流就停”是开行旅游列车的根本宗旨。对于旅游客流量相对较稳定的线路，应在每年的运行图中安排固定的旅游列车运行线，这样就能够保证旅游列车长期开车的需要，适应市场。在旅游列车停运时，可将该运行线作为货物列车运行线使用，以充分发挥铁路的运能。

对定期出现的旅游客流，也可组织定期开行、周末开行或临时开行的旅游列车。这就需要铺画出各种分号运行图，以来满足旅游列车的开行需要。

旅游列车的车次，除按照列车车次的编排规定编排外，还可根据旅游景点的特色，向旅客

公布个性化的车次。例如,“北戴河号”、“韶山号”、“丝绸之路号”等旅游列车的车次,生动形象,便于记忆。

七 开行通过或绕过枢纽客运站的直通旅客列车

确定旅客列车运行区段的主要因素是全程客流量、客车整备所和机务段的配置及城市的性质、地位等,其中客流量是最根本的依据。在以往的开行方案中,一般都将枢纽地区的大城市作为旅客列车的终到站,但是,随着客流行程的增加,当前客流的发展变化趋势是通过大枢纽的客流越来越多,很多特、直快列车的全程客流都已达到定员的50%以上,列车到终点站还是满员或是超员,可见,从客流产生地已具备了开行通过或绕过枢纽客运站的旅客列车到客流消失地的条件。在沈阳至广州还未开行直通列车时,通过对北京西开往广州的列车进行调查,在北京上车直达广州的全程客流占90%,其中沈阳及其以远在北京枢纽中转的占51.4%。显然,沈阳至广州已具备了开行通过北京枢纽的直通列车的条件。同样,沈阳至成都、沈阳至上海均可开行直通列车。这样方便了大量直通旅客的乘车需求,北京枢纽中转旅客、中转行包过多的压力,客车整备所能力不足的情况都能得到缓解。

1. 开行方式

(1)进枢纽主客站——当能力允许且客流需兼顾时采用。例如广州东至沈阳北的直通列车进北京站。

(2)进枢纽卫星站——为减轻主客站的压力,通过列车进枢纽卫星站停靠,经联络线穿过枢纽。例如让通过北京枢纽的直通列车进北京南站、北京北站。

(3)从平行径路上绕行——在网状线路上可使通过列车绕开大枢纽客运站,而经由不太紧张的区段运行至终点,如两站间开行两对同类列车使最好走不同径路。例如,广州东至哈尔滨的直通列车经由石家庄、衡水、天津,绕开了北京枢纽。

2. 开行效益

(1)直通旅客在枢纽客运站不必中转换乘,扩大了直通化运输,相应减轻了枢纽客运站的压力,缓解了综合运输能力紧张的状况,对于在新形式下提高铁路旅客运输服务质量、方便旅客旅行有极大益处,突出了社会效益。

(2)节省了车底在枢纽客运站的折返停留时间,减少了客运车辆和乘务人员,从而降低了运输成本,增加了经济效益。

(3)使开行旅客列车布局更加合理。

(4)有利于行包运输工作,减少了直通行包的中转,加快了送达速度。

习题

一、填空题

1. 客运站可供旅客选择列车的多少主要取决于(　　)。

2. 旅客列车开行方案是以(　　)为基础,以(　　)、特点和规律为依据。

3. (　　)对吸引客流有着明显的作用。

4. 短途客流量时段分布相对分散,且在途时间较短,因此对短途旅客列车应尽量采取(　　)。

5. 在同一线路上有两次以上的列车经过时,应组织适当(　　),以此达到既满足旅客出行需求，又提高客车运行速度的目的。

二、判断题

1. 旅客列车的编组是固定的，即使运输市场需求发生变化，这种固定编组也是不能调整的。（ ）

2. 服务频率是指可供旅客选择列车的多少，服务频率越高，旅客乘车越方便，其服务质量和竞争力就越低。（ ）

3. 旅客列车开行方案是指某方向旅客列车运行区段、列车种类及开行对数的计划。（ ）

4. 对于车站来讲，停站的列车越多，越有利于旅客上下乘降。（ ）

5. 列车全面提速的同时，对长、短途旅客列车的速度，又应区别对待。（ ）

三、简答题

1. 优化旅客列车编组结构有哪些措施？

2. 从运输组织的角度如何提高旅客列车的速度？

3. 客运专线列车运行组织方式有哪些？

4. 开行通过枢纽客运站的直通列车的形式有哪些？

5. 经济较发达的地区与欠发达地区的车辆运行应如何体现合理编组的原则？

第八章　客运站和旅客列车工作组织

【学习目标】

1. 了解客运站的分类、功能、主要设备和布置要求。
2. 能够对客运站的各种流线进行分析。
3. 熟悉客运站的售票、行包和客运服务工作。
4. 了解列车乘务工作的特点及任务。
5. 会计算乘务组及乘务员的需要数量。

客运站是指专门和主要办理旅客运输业务的车站。它是旅客和铁路联系的纽带，是旅客与铁路最先和最后接触的场所，是铁路旅客运输的基层生产单位。客运站一般设在大中城市、旅游城市或铁路枢纽地区。

客运站的主要任务是安全、迅速、有秩序地组织旅客上下车，便利旅客办理一切旅行手续，为旅客提供舒适的候车条件，保证铁路和市内交通联系便捷，使旅客迅速疏散。为此，客运站要有完善的客运设备和正确高效的工作组织方法。

第一节　客运站的主要设备和布置要求

一　客运站的作业与主要设备

1. 客运站的作业

客运站的作业主要有以下三类：

(1)客运服务作业。包括旅客上下车、候车、问讯、小件携带品寄存，以及对旅客文化生活、饮食卫生等方面的服务。

(2)客运业务。包括客票发售，行李包裹的承运、保管和装卸，邮件的装卸等。

(3)技术作业。按照列车种类的不同，客运站主要办理以下技术作业：

①始发、终到列车。列车到发、机车摘挂、列车技术检查、车底取送、个别车辆摘挂以及餐车整备等。

②通过列车。列车到发、机车摘挂及整备、列车技术检查、客车上水等。个别车站还有车辆摘挂、变更列车运行方向、餐车供应等作业。

③市郊(通勤)列车。列车到发、机车摘挂、列车技术检查及车底取送等。

④货物列车的到发作业。货物列车的通过、停留、交会和越行作业。

2. 客运站的设备

客运站由站房、站场和站前广场等主要设备组成。

(1)站房。站房是客运站的主体，包括为旅客服务的各种用房、运营管理工作所需的各种技术办公用房以及办理行包和邮件的用房。

(2)站场。站场是办理客运技术作业的场所,包括线路(到发线、机走线、机待线和车辆停留线等)、检票口、站台、雨棚及跨线设备等。

(3)站前广场。站前广场是客运站与城市联系的“纽带”,包括车行道、停车场和旅客活动场所等。

在有大量旅客列车始发和终到的车站上,为了对客车车底进行洗刷、检查、整备等工作,还需配备客车整备所。

二 旅客站房的布置要求

旅客站房是直接为旅客服务的房舍,是客运站及城市的大门,它的布置是否合理,对提高服务质量、保证车站的良好秩序、提高车站运输能力十分重要。

旅客站房的设计,应根据客流量的大小、客流特点、线路布置、地形高度、地质条件及城镇规划等因素,合理组织各种流线,减少旅客的多余走行。为旅客服务的各项设施,应布置紧凑、合理,避免干扰。客运站房在设计时,应满足以下要求:

(1)旅客站房的位置要和城市规划及市内交通密切配合。通过式客运站,旅客站房一般设在靠居民区一侧。尽头式客运站,旅客站房一般设在到发线尽端。站房与站前广场及城市交通工具停车点之间,应有便捷、安全的通路。

(2)各种流线应保证畅通无阻、行程便捷,避免交叉干扰,使旅客、行包和各种车辆在站内安全、迅速地集散和通行。

(3)站房建筑的平面应按旅客的需要设置,便利旅客办理各种旅行手续,便于车站工作人员组织旅客上下车。

(4)根据客流量的大小,尽可能使到达与始发客流、短途与长途客流分开。在站房内及站台上应将行包、邮件的搬运与旅客上下车的通路分开。

(5)站房应力求适用、经济、美观,并显示出城市的建筑风格和地理环境的特点,还要求有良好的通风、空气调节和采光条件。

(6)要考虑未来客流的发展,留有发展余地,使站房扩建后仍然是一个协调的整体。

旅客站房的建设规模,应根据车站旅客最高聚集人数来设计。旅客最高聚集人数是指车站旅客最多月份中,一昼夜在候车室内瞬间(8 ~ 10min)出现的最大候车(含送客者)人数的平均值。图 8-1 所示为北京站站房的布置图。

三 客运站各种旅客用房的设置

客运站的站房包括客运用房、技术作业用房、车站行政用房、驻站单位用房、职工生活用房和建筑设备用房等,其中客运用房是站房的主体,是直接和旅客接触的地方,它在站房中所占的面积最大。旅客用房主要有站房出入口、售票厅、候车室、行包房、检票口等。

1. 站房出入口

站房的出口要与站房主要入口保持一定距离,以免进、出站人流相互影响。站房出入口的布置形式,一般有以下几种:

(1)由于我国城市车辆在道路上靠右行驶,站房的主要入口多设于站房中部偏右部,而出口则多设于左侧或偏左部。

（2）在一些大型客运站，为了组织和区分各种不同的进站流线或活动，如普通旅客流线和市郊旅客流线、购票旅客与候车旅客等，可以分别设置不同的入口，如售票厅入口、候车室入口等。

（3）尽端式客运站，到发线接线路别固定使用，可结合城市交通组织、站前广场的设计，在站房的正面和侧面分设两个出口，以减少旅客在站房内外的步行流程，并减少进出站旅客流线的相互干扰。

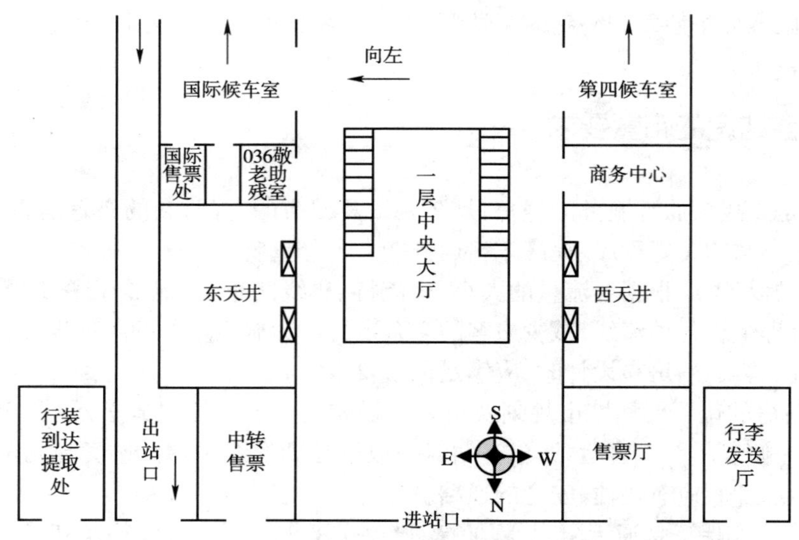

a)北京站一层站房布置平面图

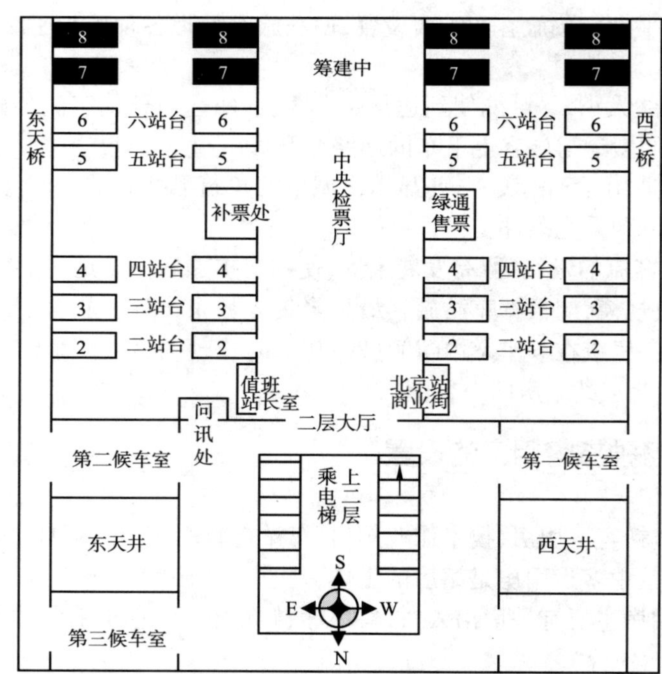

b)北京站二层站房布置平面图

图 8-1　北京站站房的布置图

2. 售票厅

售票厅的位置及布置方式应根据客运站的性质、规模及旅客进站程序等因素决定。售票厅通常应设在旅客进站流线中最明显易找的地方。中、小型客运站的售票处设在广厅内进站口一侧,这样可使进、出站旅客不发生交叉。大型客运站的售票厅应设在进站流线的前端,直通站前广场和广厅,与候车室联系方便。在站房之外另设售票厅时必须通过走廊与站房连接,减少旅客的露天行程。在中转旅客多的车站,可在站台内或出口附近设中转签字处。

售票厅(处)的布置形式一般有下列几种:

(1)售票处直接向候车室开设窗口的布置形式。这种布置的特点是售票处明显易找,在空间使用上也具备较大的灵活性、机动性,旅客流线较短。但购票旅客对候车旅客影响较大,只有在旅客候车时间较短和客运量较小的客运站上采用这种形式。

(2)在营业广厅或靠近主要入口处设置专门的售票厅。这种布置的特点是旅客购票活动与候车等其他活动不相干扰。大型客运站一般可采用这种形式,同时注意应使用廊道将售票厅与候车室连接起来,以免旅客有露天行程。

售票厅应根据旅客发送量开设售票窗口。其计算公式如下

$$c = \frac{k \cdot A \cdot (1+\gamma)^n}{P \cdot \mu \cdot T} + m \tag{8-1}$$

式中:c——售票窗口需要量;

k——始发客流的波动系数;

A——计算期内到达售票厅的旅客总人数;

P——售票员的平均服务强度;

μ——售票员的售票速度,张/h;

T——计算期,h;

γ——客流的平均增长率,%;

n——设计年限;

m——根据客流特殊需要设置的额外窗口。

为方便旅客购票,减轻车站售票的负担,大城市根据市内人口及交通情况设置市内售票所和车票代理发售处。

3. 候车室

候车室是旅客候车、休息、排队进站的场所。候车室要为旅客候车创造舒适的环境,有良好的通风、采光、采暖、防暑、休息等设备,与站房的主要出、入口及检票口有比较便捷的联系,并尽可能靠近站台,减少旅客检票上车的行程。候车室的面积除特殊规定外,一般根据最高聚集人数,按每人占用1.1~1.2m^2计算。

大多数客运站的候车室布置在基本站台上,通过跨线设备与中间站台相连。特大型客运站的候车室也可布置在站场的上方,即高架候车室,通往各站台都有出、入口,分配客流极为方便。候车室的布置形式有以下三种:

(1)集中候车的形式。将与旅客关系最密切的候车、营业等组织在一个空间中,形成具有综合功能的候车室。其优点是使用机动灵活,利用率高。但当客流较大、到发车次多、旅客性质复杂时,候车秩序乱,容易造成旅客误乘,影响服务质量。

(2)分客流候车的形式。在较大规模的客运站上,特殊类型的旅客人数较多,为适应不同旅客对候车环境和条件的不同要求,设置有普通候车室、母婴候车室、贵宾候车室、软席候车室等。这种布置的优点是候车条件好,便于组织客流,提高服务质量。

(3)分线或分车次候车的形式。在客流量较大或衔接方向较多的车站,可按不同的线路

方向设置候车室，也可根据列车运行图规定的到开时间，安排候车室的使用。采用这种布置形式时，应在各候车室的显著位置悬挂候车方向或车次的表示牌。

在客运站的候车室内，应安装旅客携带品安全检查设施、火灾自动报警监控系统和防盗监控系统。

4.行包房

在客运站中，行包房位置的设置，对旅客进、出站流线与行包流线和车辆流线是否交叉，工作人员管理是否方便，有很大的影响。

行包房包括行李、包裹的托运、提取处和行包仓库两部分。行包房的位置应与旅客托运、提取行包的流线密切配合，尽量减少与客流、车流的交叉干扰，并与客运用房、站台、广场取得有机联系，与跨线设备及运输方式密切配合。行包房的布置形式有以下几种：

(1)设一个行包房，兼办行包的托运和提取业务。这种布置的优点是对行包仓库的利用、管理人员的安排和行包的搬运等方便灵活。缺点是托运、提取流线易发生干扰，行包业务容易产生差错。

根据行包房位置不同又可分为下列几种形式：

①行包房设在旅客进、出站流线之间。这种布置能使旅客上车前托运行李和下车后提取行李的流线最短。但旅客出站流线、旅客领取行李流线、行包专用车辆流线和公交车辆流线等交叉严重，容易造成堵塞；同时，不能布置较大的室外行包堆放场，调节功能差，对运输波动的适应性差。

②行包房设在站房左侧或右侧，这种布置的特点是行包房与旅客流线、行包流线和车辆流线的交叉干扰小，并便于布置行包房外的堆放场地。但行包房设置在一侧，使得进站和出站旅客中总有一部分走行距离较长，且要穿过旅客流线。

(2)分别设置发送和到达行包房，设于站房的左侧和右侧。这种布置能方便进出站旅客托运和领取，又可避免行包流线与旅客流线彼此影响；但与一个行包房相比对行包仓库的利用及管理人员的安排均不够灵活。

行包房在站房中的位置如图8-2所示。

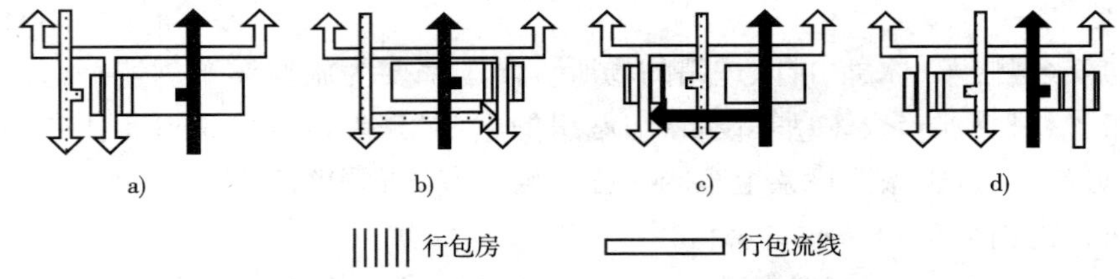

图8-2 行包房在站房中的位置

5.检票口

检票口是旅客进、出站的必经之路，车站应根据客流情况，设置足够数量的检票口。旅客进、出站检票口的最小数量应符合表8-1的规定。

检票口数量 表8-1

最高聚集人数(人)	进站检票口(个)	出站检票口(个)
≥8000	18	14
4000~8000	14	10
2000~4000	12	

续上表

最高聚集人数(人)	进站检票口(个)	出站检票口(个)
1000～2000	8	6
600～1000	6	
300～600	4	4
50～300	2	2

为提高检票效率,大型客运站已开始采用自动识别检票系统。该系统是对电子客票标志信息进行自动识别、判定、检计分类统计,对旅客进、出站检票作业实施系统管理的设施。系统能够进行票面信息的自动收集,判断车票的合法性,并进行自动剪切;同时,当一趟列车的客流由进站检票口放行结束,该系统可自动打印出乘车人数通知单。

四 站场

站场是旅客列车停靠、旅客乘降、行包装卸的场所。客运站站场内应设有各种用途的线路、站台和雨棚、跨线设备和给水设备。

1. 旅客列车到发线

旅客列车到发线应设置在站台两侧,并在相邻两个旅客站台之间布置两股旅客列车到发线。

旅客列车到发线有效长应能满足该区段旅客列车最大编组辆数长度及发展的需要,一般应不少于650m。仅服务于短途旅客列车到发线的有效长,应按照短途旅客列车的长度确定。

旅客列车到发线的数量,应根据旅客列车对数及性质、引入线路数量以及车站技术作业过程等因素确定。一般情况下可参见表8-2。

旅客列车到发线数量表 表8-2

始发、终到旅客列车对数	到发线数量	始发、终到旅客列车对数	到发线数量
12及以下	3	25～36	5～7
13～24	3～5	37～50	7～9

中间站旅客列车到发线,一般应按方向固定使用,客车始发、终点站的列车到发线,应按车次固定使用。这样的安排,既便利旅客的乘降,也便于客运(站、车)作业。

除到发线外,客运站站场内还应布置货物列车到发线、机走线、机待线,无客车整备所的客运站,还应在站场内布置旅客列车整备线,为在本站折返的客车车底进行整备作业。

2. 旅客站台及雨棚

为保证旅客安全、便利的上下车,提高旅客乘降速度,缩短行包、邮件的装卸时间,提高客运站的通过能力,在办理旅客乘降的车站均应设置旅客站台。旅客站台的数量和位置应与旅客列车到发线的数量相适应,随着客运站类型不同而有所不同。当客运站为通过式时,应设基本站台和中间站台;当客运站为尽头式时,应设分配站台和中间站台,

旅客站台应硬化地面,以保证雨季也能正常使用。站台面一般采用1%～3%的坡度向站台边缘倾斜,以便排水。

客运站站台的长度,一般应为550m。乘降所站台应不少于350m,专门用于短途和市郊旅客列车的站台长度,可根据列车长度确定。尽端式客运站的站台长度,应根据上述规定增加机

车及供机车出入的长度。

旅客基本站台的宽度,特、一等站应不少于20m,二等站及县城所在地车站应不少于12m,其他站应不少于6m。中间站台的宽度,特、一等站应不少于12m,二等站及县城所在地车站应不少于10m,其他站应不少于4m。站台安全白线距站台边800mm,白线宽100mm。

旅客站台按站台面高出相邻线路轨面的高度,可分为三种:低站台高出相邻线路轨面300mm,造价低,邻靠此种站台的线路可以通行超限货物列车;但旅客上下和行包装卸不便。一般站台高出相邻线路轨面500mm,与客车车厢阶梯最低的踏板基本持平,旅客上下车和行包装卸比较方便;但邻靠此种站台的线路不能通行越限货物列车。高站台高出相邻线路轨面1100mm,客车车地板与站台面基本等高,这种站台能方便旅客乘降和行包装卸;但邻靠此种站台的线路同样不能通行超限货物列车,且高站台不便于列检作业,仅在旅客较多的特大型客运站上采用。站台的布置如图8-3所示。

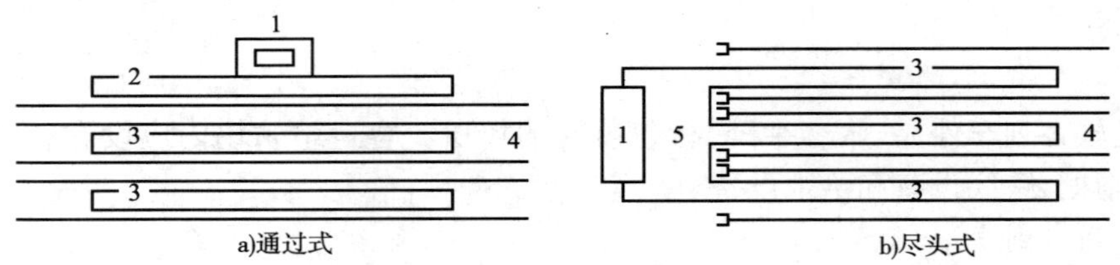

图8-3　站台布置图

1-站房;2-基本站台;3-中间站台;4-到发线;5-分配站

在客车的始发、终点站和其他客流量、行包量大的站台,应设置站台雨棚。雨棚用于遮阳和避风雨,给旅客乘降和行包、邮件装卸带来便利。特、一、二等站(含县城所在地车站)站台上应设与站台等长的雨棚,其他站雨棚长度应不少于250mm,站台地道出、入口处必须设置雨棚。站台宽度超过10m或站台上建有天桥地道时,宜采用双柱雨棚,其他站台可采用单柱雨棚,如图8-4所示。雨棚柱的布置应与地道口配合,不能妨碍旅客流线和行包、邮件流线。在部分采用高架候车室的客运站上,现已使用了无柱雨棚,使站内的视野更加开阔明朗,旅客和车辆出入更加方便快捷。

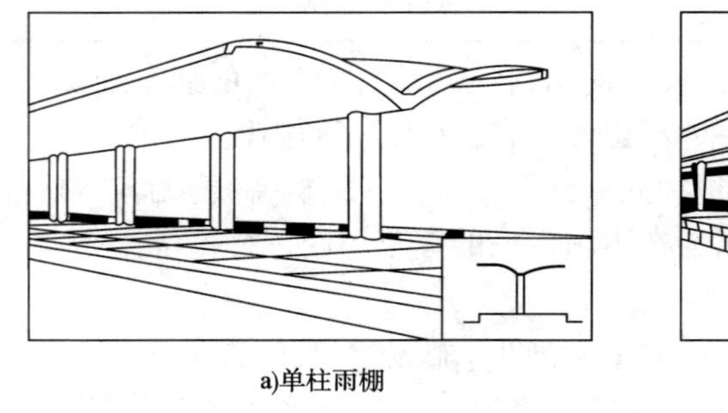

a)单柱雨棚

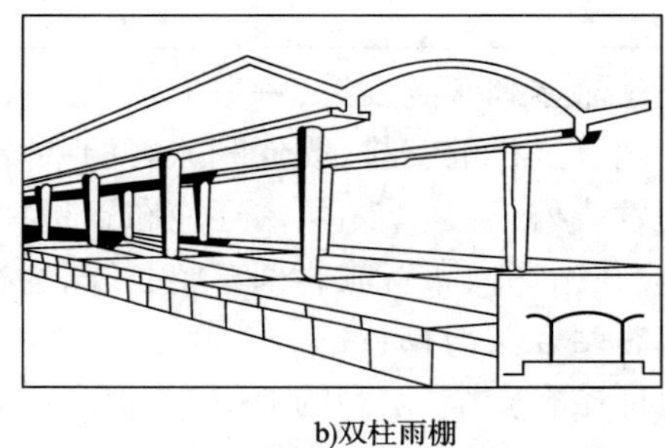

b)双柱雨棚

图8-4　站台雨棚形式

在站台的雨棚内,应设置站名牌、站台号牌、时钟、照明设施和扩音器等。

3.跨线设备

跨线设备是站房与站台之间来往的道路,它对于保证旅客及工作人员安全、便利地通行,保证行包、邮件安全便利地运送,提高通过能力起着重要的作用。跨线设备按其与站内线路交叉关系可分为平过道和立体跨线设备。

(1)平过道是最简单的跨线设备。在通过式车站,站台端部的坡底一般设置平过道,供运输行包和邮件的车辆跨越线路。在较小的客运站,一般在站房进、出口之间和中间站台合适的地方设置平过道。

(2)立体跨线设备中最常见的有人行天桥和地道。中型以上客运站一般应设立体跨线设备;大型以上的客运站,为避免进、出站旅客对流形成阻塞,需设置两个立体跨线设备,这样的车站究竟建造天桥还是地道,应依据站场条件、地形地质、工程造价、站房而定(线上式和线平式站房宜造天桥、线下式站房宜造地道)。一般来说,车站建有两个跨线设备,一个天桥(供进站旅客使用)、一个地道(供出站旅客使用)为宜。

天桥与地道的宽度应根据客流量确定,但不应小于4m,地道净空高度应不低于2.5m,并应设有照明、防水、排水设施。特等站、一等站应设有输送行包、邮件的专用地道。

4. 给水设备

旅客列车始发、终到和技术作业站应设有客车给水设备,给水站分布距离以150~200km为宜,给水井设置以25m为准。主、干线及给水量较大的车站应配置一井双栓、一栓一管。给水能力应能保证按图定旅客列车对数的停站时分及在同一时间内满足客车最高聚集对数的给水需要。干线给水栓的流量不得低于2.5L/s,并按照"一人三井、一井一车"的需要,配齐上水人员。

车站给水栓及供水系统是客运供水的专用设备,不得接引其他用水,以确保水质、流量的稳定,并应能满足防污染、防损坏的要求。在寒冷地区,应具有防冻设施,以保证冬季客车的正常给水。

五 站前广场

站前广场是客流、货流、车流的集散地点,是车站组织旅客室外候车和休息的场所,站前广场还可作为临时迎宾和集会的地方。

为保证旅客和车辆能安全、迅速、便利地通行,站前广场的修建应与城市规划密切配合,使城市道路与站前广场、旅客站房的进、出口取得有机联系,尽量缩短进、出站旅客的步行距离,减少车流、人流、行包流的交叉和干扰。站前广场一般由三部分组成:

(1)各种车辆停车场,包括公共车辆停车场、小汽车及非机动车辆停车场、行包邮件专用车停留场。

(2)旅客活动地带,包括人行通道、交通安全岛、乘降岛和旅客活动平台。

(3)旅客服务设施,包括旅馆、食堂、商店、邮局、汽车站、厕所等。

站前广场的布置应考虑下列因素:

(1)结合城市发展规划、站房规模、地形等情况,合理确定广场的面积及布局,使广场内各种设施与城市道路及站房出、入口有机结合,保证旅客安全迅速地疏散。

(2)合理组织广场内的各种流线,妥善安排各种车辆的行驶路线和停车场地,尽量避免各种流线本身和相互之间的交叉干扰。

(3)广场内的各种建筑物必须统一规划,在空间要求上既不感到压抑拥挤,也不至于空旷无边;在建筑形式上要求既突出站房的主体,还要与站房协调一致。

(4)站前广场的停车场可以集中或分散布置,也可以按不同车辆类型或到发方向进行划分。图8-5所示为北京站广场布置,图8-6所示为郑州东站广场布置。

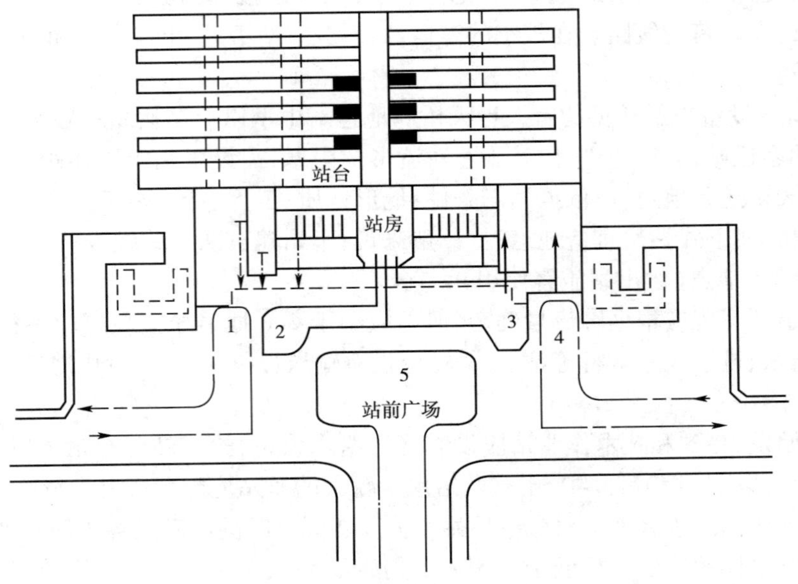

图 8-5　北京站广场布置

1-公共汽车；2、3-地铁；4-无轨电车站；5-小汽车场

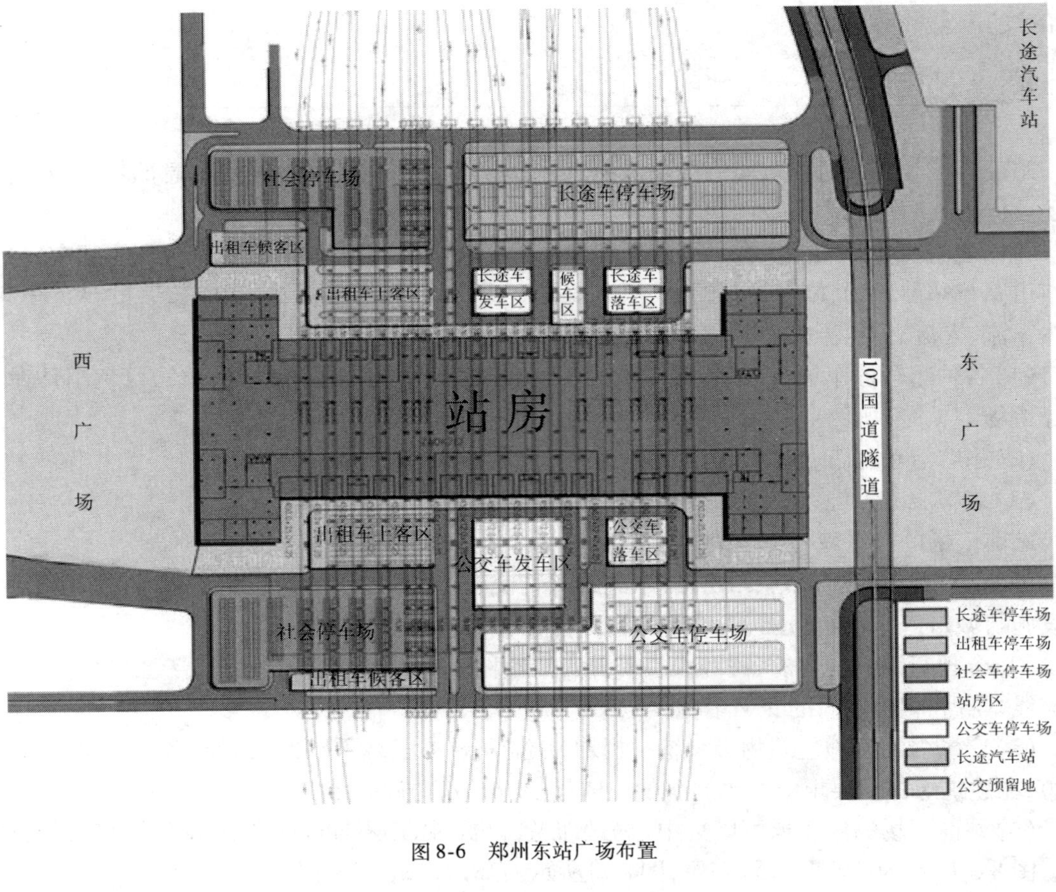

图 8-6　郑州东站广场布置

六 客车整备所

为保证旅客列车技术状态良好,在配属有大量客车车底的列车始发和终到站上,还应设置客车整备所,以便对客车进行洗刷、消毒、检查、修理和整备作业。

第二节 客运站的流线组织

一 各种流线分析

在客运站内,旅客、行包、交通车辆的流动线路简称为流线。流线组织是否合理不但影响客运站的作业效率和能力,同时也直接关系到客运设备的运用及旅客服务质量。

流线按流动方向不同,可分为进站和出站两大流线;按性质不同,可分为旅客流线(简称人流)、行包流线(简称货流)、车辆流线(简称车流)。大、中、小型站流线关系图如图8-7所示。

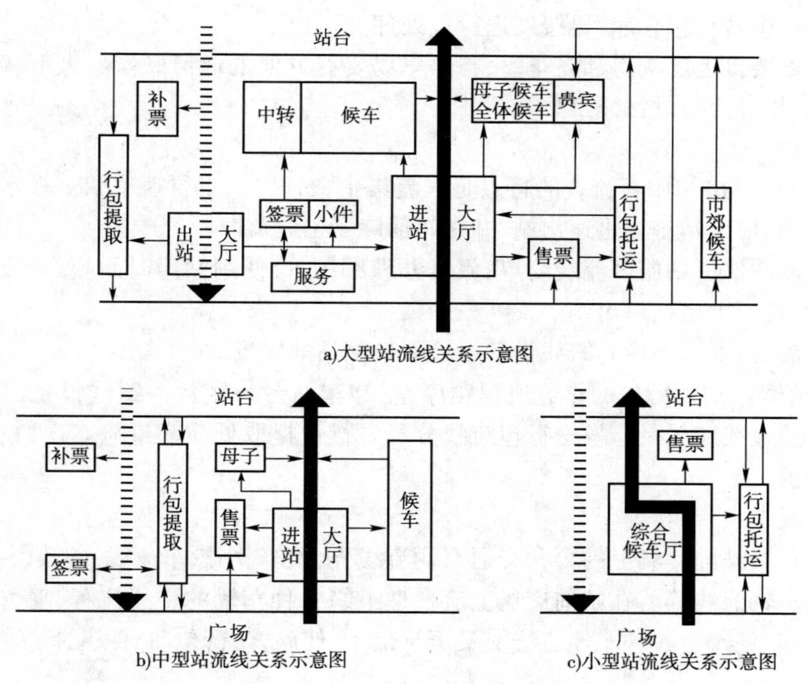

图8-7 大、中、小型站流线关系图

1. 进站流线

(1)旅客流线。车站的进站人流在检票前比较分散,不同旅客在不同时间内办理各种旅行手续,并在不同地点候车。进站旅客流线按旅客类型不同又可分为不同流线。

①普通旅客流线。这是进站人流中的主要流线,人数最多,候车时间最长。多数客流进站的流程是:广场→问讯→购票→托运行李→候车→检票→跨线设备→上车站台。部分已预购客票的旅客和不托运行李的旅客,不全按照上述流程。

②特殊旅客流线。特殊旅客包括母婴及老、弱、病、残旅客,其流程顺序与普通旅客相同,

考虑其特殊性,在中型以上站房均另设母婴候车室和专门检票口,保证他们优先、就近进站上车。此外,对于团体旅客,在大的客运站也应另设候车室,最好与普通客流分开以免延长进站时间。

③贵宾流线。在贵宾来往频繁的客运站,为保证贵宾的安全和便利,应设贵宾室。除设专用通道连通基本站台外,还应设置汽车直接驶入基本站台上车的通道。他们的出、入流线应与普通旅客流线分开。在个别情况下,为举行仪式,贵宾室要连通站房大厅。

④中转旅客流线。中转旅客根据换乘时间的长短,有的办理签票后即在候车室休息,随普通旅客检票进站;有的不出站在相应的站台上即换乘列车。

在进站旅客流线中,如旅客事先买好了预售票或事先托运好行李,就可在临开车前进入候车室或直接进站上车。这样则可简化旅客进站手续,减少站内旅客最高聚集人数。因此,扩大预售车票和办理行包接取、送达业务,将有利于客运站的流线组织工作。

(2)行包流线。发送行包流线:托运→过磅→库房保管→搬运→跨线设备→装车站台。这条流线应尽量与到达行包流线分开。

中转行包流线,根据中转车次衔接情况、中转作业量的大小和有无中转行包库房等情况的不同,有的行包到达后暂时放在站台上并在相应的站台上直接换装;在某些情况下则需预先搬运至发送仓库或中转行包仓库,再按发送行包处理。

行包托运处要接近售票房和候车室,与停车场要有方便的通道联系。大型客运站应设专门的行包地道,将客流与行包完全分开。

2. 出站流线

(1)旅客流线。出站旅客流线的特点是人流集中、密度大、走行速度快。在水平面布置上应考虑通畅便利,使出站旅客迅速出站,并在站前广场迅速疏散。

出站旅客流线比进站旅客流线简单,旅客办理手续少,使用站房时间短。一般情况下,普通、中转旅客均在一个出站口出站。

出站旅客流线:下车站台→跨线设备→检票口→站前广场。

(2)行包流线。到达行包的作业流程顺序是:卸车站台→搬运→跨线设备→库房保管→站前广场。这条流线应尽量与发送行包流线分开。行包提取处应靠近旅客出口,大型客运站应设置行包地道。

3. 车辆流线

车辆流线是指站前广场上的公共交通车辆流线,出租车、小汽车流线,邮政、行包专用车辆流线及非机动车辆流线等。在站前广场上应合理组织各种车辆的交通流程,妥善规划各种车辆的停靠位置和场所,使各种车辆流线交叉干扰最小,使旅客、行包、邮件迅速、安全地疏散。

二 流线组织原则

1. 各种流线避免相互交叉干扰

尽量将到、发客流分开,将长途与短途客流分开,将客流与行包、邮政流分开,将到达行包与发送行包流线分开。

2. 最大限度地缩短旅客行走距离,避免流线迂回

一方面,应缩短多数旅客的进站流线,尽量把站房入口与检票口之间的距离缩短;另一方面,也要给其他活动程序不同的旅客,创造灵活条件,以便他们按照自己的程序以较短的路线

进站。

 流线疏解的基本方式

1. 在平面上错开流线

即在同一个平面上,站房及各种客运设备的布局使各种流线在同一平面左右错开自成系统,达到疏解的目的。为配合站前广场的车流组织通常将进站客流安排在站房的右侧,出站客流安排在站房的左侧。这种方式适用于中、小型或单层的客运站。

2. 在空间错开流线

即进、出站流线在空间上错开,进站客流走上层,出站客流走下层,达到疏解目的。此种流线疏解方式不但避免了各种进出站流线在站房内的交叉,大大方便了进出站客运组织,而且在站场内以及站前广场上各种流线的交叉也得到了很好的疏解。这种方式一般适用于大型双层客运站。

3. 在平面和空间上错开流线

进站客流由站房右侧下层进站,经扶梯进上层候车,然后经天桥或高架交通厅(检票厅)检票上车。出站客流经地道由站房左侧下层出站。上下各层一般也设有多条平行通道,供不同去向的旅客或行包、邮政通行。这种方式不但流线明显分开,而且流线距离也缩短,适用于特大型双层客运站。如北京、上海等站均采用这种方式达到疏解流线的目的。

进、出站流线疏解示意图如图 8-8 所示。

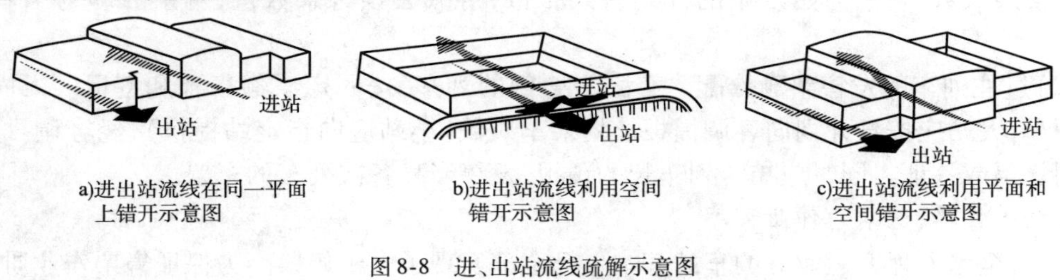

a)进出站流线在同一平面上错开示意图　b)进出站流线利用空间错开示意图　c)进出站流线利用平面和空间错开示意图

图 8-8　进、出站流线疏解示意图

第三节　客运站的工作组织

客运站工作组织,包括售票、行包以及客运服务工作。由于客运站的设备、条件、工作量以及客流性质各有不同,因此,具体的组织方法应根据实际情况来确定。

 售票工作组织

售票工作组织是客运站工作组织的重要组成部分。它的具体任务是正确和迅速地将车票发售给旅客。客运站通过售票把广大旅客按方向、车次有条不紊地组织起来纳入运输计划。为保证旅客及时方便地买到车票,客运站必须做好售票组织工作。

1. 售票处的种类

(1)车站售票处。车站售票处售票范围比较全面,以发售当日车票为主,同时也预售车票及办理电话订票、送票、互联网取票等业务。

车站售票处应根据设备条件,旅客的流向、流量,合理划分各售票窗口的售票范围。如有

发售全国各站车票的窗口，有发售某线、某段车票的窗口，有发售某方向或某列车车票的窗口，还有专门发售军人、通勤车票的窗口及中转签字、加快窗口等。

(2)市内售票所。市内售票所主要办理预售车票，一般设在市内交通便利，人口集中，商业繁华的地点、市内各大宾馆或专业银行。

(3)临时售票处。在节假日服务于突然增大的客流而深入厂矿、企业、机关、学校临时设置的售票场所，发售当日车票或预售车票，以减轻车站和市内售票所的负担。

(4)网络售票。www.12306.cn 作为中国铁路客户服务中心唯一网站，已经成为广大旅客购票的重要渠道。中国铁路总公司官方手机购票客户端“铁路 12306”已于 2014 年 12 月推出 2.0 版本。新版应用优化了用户界面，丰富了信息内容，简化了购票操作，改善了支付体验，增加了车次、票价、代售点及起售时间等查询功能。网络售票相对来说扩大了车站的售票处范围。

2. 售票计划的编制

售票处的工作是合理组织客流，是实现计划运输的重要环节。为保证旅客迅速、正确地办理乘车手续，售票处必须有周密的售票计划和良好的工作组织。

客运量较大的车站，必须制订客票发售计划，以免造成列车超员或座位虚糜现象。编制售票计划，应根据列车定员、超员率、团体预留票额、中转旅客的规律数以及近期客流的变化情况进行发售票额分配。

(1)始发列车的发售票额分配。应以客调批准的票额总数作为发售票额分配数，减去预计中转换乘人数，余额为始发站的计划售票张数，再减去预售票数量，剩余数即为当日的发售数。

(2)过往列车的发售票额分配。有固定票额的列车，按固定票额售票和签证。无固定票额的列车，大站应按日计划向客调提报计划乘车人数(小站应向指定站提报)，经客调批准后，按计划售票或签证。同时应结合列车长的预报，发售当日各次列车的车票。

3. 电子售票、退票的作业程序

目前，全路办理客运业务的车站基本上已全部实现了电子售票。为保证售票作业质量，铁路总公司规定了电子售票、退票作业程序。

(1)“六字”售票法

问：问清到站、日期、车次、座别、张数、经由，并告诉旅客是否停车。

输：输入旅客购票要求，告诉旅客票种、张数、应收票款。

收：收取票款，确认币面，摊平复点复唱，将票款放于桌面上，键入实收款数，按制票键制票。

取：取出打印好的软纸票，取出找零款，复核票面、张数及找零款。

交：将软纸票和找零款一起递交给旅客，同时唱报到站、张数、找零款数。

清：票款按面值放入抽屉内，按键恢复售票状态。

(2)“五字”退票法

看：看清票面是否有效。

输：用扫描仪进行认证，输入票号。

核：核对票面记载项目，确认应退票款。

盖：加盖“退”字戳记，收回已退车票。

交：将应退票款和退票报销凭证一并递交旅客，并唱报，按键恢复退票状态。

4. 提高售票速度的措施

在客流量较大的车站或客流高峰期,售票速度影响旅客的平均购票时间。车站可采取下列措施提高售票速度:

(1)售票窗口设揭示牌或显示屏,实时公布售票的车次、开车时刻、票价、有无票额等。

(2)短途列车或城际列车停车站少,旅客购票集中,可设专口售票;寒暑假期间可设立学生票专用窗口。

(3)强化售票员业务培训,提高售票员业务素质和工作效率,使售票员业务达标、作业规范,票差错率和客票废票率压缩在铁路总公司颁布的有关标准之内。

(4)设专口办理订票和送票业务。

5. 售票交接班工作

由于车站售票窗口是昼夜不间断地向旅客发售车票,由售票员轮流工作,因此售票交接班工作就显得尤为重要。电子售票除了能极大地提高售票效率外,还能减轻售票员结账的负担,大大缩短了售票交接班时间。

电子售票的交接班工作主要有以下内容:

交班售票员应确认、合记软票未售起号及窗口票卷、碳带实存数量;清点、留足备用金;输入封款金额,退出售票系统,关闭窗口机电源;整理登记作废软票,按规定手续交款;对电子售票设备进行维护保养,整理工具、备品等。

接班售票员确认软票未售起号,认真登记;接清窗口备用碳带和票卷数量,点清备用金;检查计算机售票设备、资料及工具、备品,签字交接。

6. 电子售票及预定系统简介

全路目前使用的客票发售和预定系统,是一个覆盖全国的铁路计算机售票网络,实现了客票管理和发售工作的现代化,方便旅客购票和旅行,提高了铁路客运运营水平和服务水平。

(1)客票发售和预定系统的目标。

①实现全国快车营业站计算机联网售票,在任一窗口可以发售任意方向和任意车次的客票,最大限度地为旅客提供方便。

②系统可预定、预售车票和发售当日车票,具有售返程、联程等异地票的功能。

③系统预售期近期为10d,远期为30d;预订期近期为两个月,远期为半年。

④实现票额、席位、计价、结账、统计等工作的计算机管理,逐步形成统一的客票信息源,实现信息共享。

⑤加强客票信息管理与分析,提高信息利用率,为铁路客运组织与管理工作提供辅助决策。

(2)客票发售和预定系统的总体结构。客票发售和预定系统的总体结构取决于业务处理、数据流程、系统功能及网络传输能力等因素,关键是席位数据库的规划与配置。

根据我国地域辽阔、铁路点多线广的特点,以及运营管理体制和通信基础设施的实际情况,我国客票发售和预定系统采用集中与分布相结合的结构,其特点是建立一个中央数据库和若干个地区数据库,席位数据按列车始发站分别存储在各地区中心数据库中。综合考虑各地区数据库所覆盖的客运量、列车数、快车营业站的均衡性及合理性,全路共建立了27个地区中心数据库。在地区数据库中存储本地区始发列车的坐席数据。方案综合了集中式和分布式两种方案的优点,既便于异地购票、坐席复用、信息共享,又相对减少了网络的开销,升级更新容易。

联网售票整体思路是在铁路局客票中心和车站分别建立席位数据库，随着网络条件和管理的改善，车站席位库逐步向地区集中。业务管理上分为铁路总公司、铁路局、车站三级，铁路局地区中心负责异地购票、席位数据处理和票额计划及调度工作，保留一部分公用的席位数据，将预分给车站的席位数据下载给售票车站，车站发售本地票的席位处理基本上仍在车站本地数据库上解决。

(3)客票发售和预定系统的使用。

①票额的生成。

票额根据基本计划和临时计划生成，按照铁路总公司票额集中上网的管理要求，原则上票额100%上网，车站可保留3%～5%的票额作为机动使用。这样就产生了两个票据库：中心票库和车站票库。

根据票额用途的不同，中心票库分为局网票额和路网票额。局网票额是分阶段供票额所属站和局管内各联网车站发售，路网票额分阶段供全路（第一阶段本局除外）和本局（第二阶段）发售。

②客票发售预售期的设置。

客票发售预售期的设置是调整售票布局的重要手段，是发挥联网售票优势的有效方法。

预售期是指定义席位库中客票的最长生成日期。中心席位库中客票的最长生成日期由铁路局客票管理中心根据铁路总公司规定统一定义；车站席位库中客票的最长生成日期原则上应与中心席位库同步，但允许车站根据自己的具体情况，经局客票中心同意后自己定义。各站预售期的定义不宜过短，也不宜过长，应确定在一个适中的范围内。这样，既能通过预售期内车票预售情况摸清客流动态，又能在充裕的时间内进行运力调配、人员安排等一系列售票组织工作。

遇特殊情况和军运时，预售期由铁路局研究决定。

③预售期内票额的管理。

网上票额分为路网票额和局网票额。路网、局网票额（分车站设置用途），提前20d由局客票中心统一生成；车站机动票额由各车站提前12d生成席位。

车站根据局客票中心统一生成的坐席和网上票额范围、用途划分，分时间段组织售票。

路网售票时间段，第一阶段预售20～11d的车票，供非本地区中心各联网车站发售返程票、联程票；第二阶段预售10d～当日的路网剩余票额，全部返回路局公共网，供全局联网车站组织发售。

热门车的局网售票时间段，第一阶段预售20～4d的车票，供票额所属车站发售；第二阶段预售3d～当日的局网剩余票额，全部返回路局公共网，供全局联网车站组织发售。冷门车车票不分阶段，全部为局网公共网票额供各站发售。

④票额用途的设置。

为保证各种用途票额的数量，如军运、学生、团体、公共网、站售等，车站可根据实际需要和日常业务范围对票额用途进行设置。铁路总公司规定特等站用途设置不得超过10个，一般车站用途设置均为“公共网”和“站售”两种。这样做的目的是使各个售票窗口共享票额，保证“一窗有票、窗窗有票”。网上票额用途由铁路局适当考虑车站的意见进行设置，车站票额由车站进行设置。

⑤席位管理。

由于票额分别在车站和网上两个票库生成，铁路局客票中心负责对网上席位进行维护管理，车站对车站机动票额进行维护管理。

遇列车甩车、停运、空调特征变化、欠定员、列车恢复开行等调度命令时，网上席位由铁路局客票中心负责执行，车站进行核对。

7. 售票室日常工作管理

(1)严格按照铁路总公司规定分配票额售票，遇特殊情况经上级部门同意需增加票额时，售票室必须向客运室通报，以便加强组织。

(2)售票室应根据客流情况及时调整窗口开放数额，减少旅客等待时间。

(3)发放一张车票不应超过2min，废票立即处理，加盖戳记，入柜保管。废票率不得超过售票张数的0.3%。填写票据、报表应规范、清晰，内容准确，字迹工整，不使用别字、不规范的简化字。

(4)对团体旅客票额应提前预订，并将客流变化情况及时向上级部门汇报，以便及时调整票额。

(5)经常深入各大院校、疗养院进行走访，组织团体客流努力增收。

 行包工作组织

行包运输是旅客运输的一个组成部分。组织好行包运输既方便旅客旅行，又充分发挥行包的使用效率，完成工农业急需物资的运输任务。客运行包组织工作要做到按计划承运，及时装车，保证运输安全，并方便旅客托运和领取。客运站行包组织工作分为发送作业、到达作业、中转作业和服务工作。

1. 行包发送作业

行包发送作业包括行包的承运、保管及装车作业。

(1)承运。承运是行包运输的开始，也是铁路承担运输作业的起点。车站必须做好承运工作，为安全、迅速、准确地运输行包创造必要的条件。对承运的行李应随旅客所乘列车装运或提前装运。如承运大批行包时，应事先汇报客调预留行李车容积或组织整车运输。节假日、学生、新老兵运输及地区型大型会议等，车站可派人上门办理承运，也可设专口办理团体行包。

承运行包时应分轻重缓急，按行李、一、二、三、四类包裹的顺序有计划地承运，按指定日期搬入站内。

在保证行李承运的前提下，包裹承运件数的确定应根据下式计算

$$\begin{matrix}\text{本次列车应承}\\\text{运的包裹件数}\end{matrix}=\begin{matrix}\text{本次列车计划}\\\text{装车的总件数}\end{matrix}-\begin{matrix}\text{本次列车}\\\text{行李规律数}\end{matrix}-\begin{matrix}\text{中转行李、}\\\text{包裹件数}\end{matrix}-\begin{matrix}\text{库存待装进}\\\text{本次列车件数}\end{matrix}\qquad(8\text{-}2)$$

行包承运作业过程如下：

①旅客托运行李应提出有效的客票和行李托运单，托运人托运包裹时应提出包裹托运单，经安全检查后将托运物品交过磅处。

②车站应认真检查品名与托运单填写是否一致，包装是否符合运输包装标准。正确检斤并在托运单内填写重量，在货签上加盖行包票据号码后拴挂于行包的两端。如托运易碎品、流质品等性质特殊需要在运输过程中特别注意的物品时，还应在包装外部粘贴“包装储运图示标志”。

③按规定正确、清楚地填写行李票和包裹票，计算并核收运费，将行包票的丙联(领货凭

证）和丁联（报销凭证）及剩余款额交给旅客或托运人。

目前，全路各大客运站已开始使用“行包运输管理信息系统”，该系统对发送行包的作业管理主要包括以下内容：

①采集旅客或托运人发送的行包信息，印制货签。

②采用电子称重，重量通过电缆和接口直接进入制票微机。

③自动查找全路各营业站的里程、营业办理限制及判断经由站名，根据品名自动判别包裹类别，自动计算运杂费，并打印行包票。

④接受行包联营点发送的行包票信息。

⑤自动结账，打印日报、旬报和月报。

（2）保管与装车。

①发送行包按方向、区段（到站）或车次划分货位，这样保证行包容易清点、便于装车、不易损坏。一般对行包运量不大的车站，行李按区段堆放，包裹按到站堆放。对大批行包应按票堆放，便于做装车计划。行包运输报单（行包票乙页）必须与行李、包裹同行，以免发生票货分离。

②车站行李员应掌握各次列车行李车的编挂位置、车型容积、载重及车站计划装车的件数，做好计划运输和均衡运输，并严格按照铁路总公司制订的“行李、包裹运输方案”编制各次列车的装车计划，消灭不合理中转，提高行李车的利用效率及行包的送达速度。

行包计划装运数量应于前一日报铁路局客调。客调对各站的装车计划平衡后，按车次编制行包装车计划并下达各站，各站按此计划和列车预报组织装车。

③行包装车作业过程。

a. 编制行包装卸交接证。计划行李员根据行李、包裹运输方案，按车次配好待装的行李票、包裹票（乙页），装车行李员按票逐项核对现货，无误后按到站顺序编制“行李、包裹装卸交接证”（表8-3）一式两份，一份交列车行李员，一份经列车行李员盖章签字后留站存查。

行李、包裹装卸交接证

表8-3

年　月　日

自＿＿＿＿＿＿站 交第＿＿＿＿列车 站行李员＿＿＿＿	自第＿＿＿＿＿＿＿次列车 交＿＿＿＿＿＿＿＿＿＿站 列车行李员＿＿＿＿＿＿

发站	到站	行或包	票据号码	件数	重量	记事
预报事项				合计		

以上件数业经收讫＿＿＿＿㊞　　190mm×130mm（420mm）

（列车行李员或车长行李员）

b. 编制行包装车站顺单。为便利站、车行李员装车点件，提高装车速度，车站行李员装车前再次进行票货核对，确认无误后按先近后远的装车顺序，编制行包装车站顺单（表8-4），统计装车件数。

行包装车站顺单　　表 8-4

第　次　　年　月　日

顺序	其中自行车	站名	件数	顺序	其中自行车	站名	件数
1				16			
2				17			
3				18			
4				19			
5				20			
6				21			
7				22			
8				23			
9				24			
10				25			
11				26			
12				27			
13				28			
14				29			
15				合计			

190mm × 130mm（290mm）

c. 装车。站、车行李员先交换票据，先卸后装，票货核对无误后，双方分别在装卸交接证上盖章签收。车站行李员根据列车行李员的预报，及时正确地将卸车件数、剩余容积向前方站转报，必要时向铁路局客调汇报。同时，将装车、卸车的行李、包裹装卸交接证交计划行李员，以便统计发送、中转、到达的行包件数及流量与流向。

巧装满载是提高行李车利用率的有效措施。因此，必须按轻重配装的原则做好装车计划，实行中转、始发同装，沿途分装，大小套装，分别隔离。装卸工要根据列车行李员指定的货位，分方向、按站顺装车，并做到"大不压小、重不压轻、大件打底、小件放高、堆码整齐、巧装满载、便于清点"。

大型客运站采用的客运行包管理系统，能够对发送货位和中转货位进行配装，自动打印"行包装卸交接证"和"行包装车站顺单"。

2. 行包到达作业

行包的到达作业包括卸车、仓库保管和交付。

（1）卸车。

①车站行李员在列车到达前与车站行李计划员联系预报情况，确认卸车站台、预先准备好人力和搬运车辆。

②列车到达后，车站行李员接受并清点运输报单（行包票乙页）总数，确认与交接证相符后，按票点件卸车。一般采用"边卸、边点、边装搬运车"的货不落地的方法，以缩短行包进库和搬运时间。在中转量较大的车站应根据预报件数组织专人负责分拣行包，根据货签上的到站，分别中转和本站到达，边卸边分方向、分行李、包裹，以免发生卸后再挑货件的重复作业。对立即中转的行包应送至装车站台。卸车后要对所卸行包清点件数，检查包装，无误后在交接证上盖章签收，严禁信用交接。发现件数不符、行包破损有其他异状时，经确认后应在交接证

上注明现状，由站、车行李员按规定手续处理。

(2)仓库保管。为保证到达的行包安全和完整，应及时将卸下的行包送至仓库保管。为便于查找对照，应根据作业量的大小和车站设备条件采用不同形式的分区堆放方法。

①按件分区保管。以票号尾数 0 ~ 9 为标准，再按每一尾号分为 1 件区、2 件区、3 件区、……、10 件区，11 件以上的多件区。这种方法适用于行包到达量大、仓库面积也较大的车站。

②按线分区保管。按线别划分为上行线区、下行线区。车站衔接三条以上线路时，分为 × 线区或 × 方向区，并分别以票号尾数 0 ~ 9 再划分货位。

③按票号尾数分区。不分件数、线别和达到日期，只按票号尾数 0 ~ 9 划分货位。

各站对到达的行包应根据具体情况堆放，不宜强求一致。对于容易破损的货件应单独存放，零星小件应存放在明显处。

行包进入仓库后，接车行李员与仓库行李员应办理交接，将到达日期、车次填记在运输报单相应栏内，再按运输报单填写到达登记簿，注明堆放货位。运输报单的整理和保管也应按上述堆放区域划分，分别整理，并在票据专用柜的固定格子里保管以便查找。仓库行李员交接班时，凭交接簿进行票货核对，并严格执行“货动有交接、交接有手续”的安全工作制度。

(3)交付。交付工作是行包运输过程中的最后一道工序，是铁路负责运输全过程的结束，也是全部运输过程的一个重要环节。交付后双方不再承担义务和责任。

①包裹到达后应用电话、明信片或其他方式通知收货人及时领取，防止包裹到达后长期占用仓库货位。

②旅客或收货人领取行包时，凭行李票或包裹票的丙页(领货凭证)，先到车站行包房换票处换票。换票处将运输报单所记载的到达日期、车次及通知日期、时间填在行包票丙页相应栏内，并填记交付日期和货位编号，在运输报单上填记交付日期。如超过免费保管期间，应按规定核收保管费。最后将行包票乙页交收货人到仓库领取行李或包裹。

③仓库办理交付的行李员对收货人所持行包票和货签记载的票据号码、件数、发站、到站、托运人、收货人、地址核对无误后，在行包票上加盖“交付讫”戳记，将行包票连同行李和包裹交付给旅客或收货人。

大站采用的行包管理系统，通过对到达行包票据信息的录入，实现自动打印催领通知，在换票时计算各项到达作业费用。

3. 行包的中转作业

行包的中转作业是指行包在中转站卸下后，再装入其他旅客列车的行李车内继续运送的作业。中转作业实际也可看成是先卸后装的作业。

为加速行包的运送，在装车时应将行包尽量以直达列车装运。没有直达列车时，应以中转次数最少的列车装运。途中有几个中转次数相同的中转站时，应将行包装到有始发列车接运的车站中转。如途中几个中转站均有始发列车接运时，原则上应由最后一个中转站中转，但其他站也应适量分担。途中几个中转站都没有始发列车时，应在最后一个中转站中转。

为缩短中转时间，站车应加强预报。中转站应按铁路总公司规定的“行李、包裹运输方案”做好中转计划，并采用快速中转的作业方法，即指定对站名较熟悉的装卸工根据装卸计划对中转的行包按货签上的到站，边卸边分中转方向，分别卸在搬运车上。对能立即中转的，逐票进行核对，核对无误后送往列车停靠的站台装车。对不能立即中转的，核对票、货相符后，按方向别送中转或始发仓库加以保管。过往列车的行包中转作业应先卸后装，特别注意点件和交接，防止误卸误装。装车后应按中转方向、件数及时向前方站预报。

在中转过程中如发现行包有破损、减量、无货签或有其他异状时，应会同有关人员采取措施进行处理，不给到站或另一中转站造成困难。

4. 行包房的服务工作

(1)行李、包裹的接取和送达。车站应以“人民铁路为人民”为宗旨，全面开展文明服务、礼貌待客，并扩大服务项目，办理行李、包裹的接取送达业务，做到“接货上门、送货到家”。这样可使旅客或托运人、收货人节省办理托运或领取手续的时间，免除自找运输工具的麻烦，同时也为铁路实行计划运输提供了有利的条件，减少行包房的拥挤，提高行包仓库的使用效率。

行李、包裹的接取和送达根据旅客或托运人、收货人的委托来办理。车站接到旅客或托运人、收货人的委托之后，即行组织接取或送达，但行包托运人必须凭接取证亲自到站办理。送达时应收回行包票，另行填发行李、包裹送达票，交旅客或收货人作为送达后领取的凭证，并按规定核收手续费和搬运费。

办理接取、送达所使用的交通工具，有的车站自行配备，有的则由车站和市内运输部门采取联合运输的方式办理。搬运费根据规定的标准核收。

(2)包装服务。为确保行包在运输过程中的安全、完整，方便旅客和托运人，行包房应设立包装组，为旅客或托运人进行包装服务，真正做到方便托运。

三 客运服务工作

客运服务工作，要树立全心全意为旅客服务的思想，坚持全面服务、重点照顾的原则，做到“三要、四心、五主动”。

“三要”是指对旅客要文明礼貌，纠正违章态度要和蔼，处理问题要实事求是。

“四心”是指接待旅客热心，解答问题耐心，工作认真细心，接受意见虚心。

“五主动”是指主动迎送旅客，主动扶老携幼，主动解决旅客困难，主动介绍旅行常识，主动征求旅客意见。

客运服务工作包括问事处服务工作、候车室服务工作、旅客乘降工作、广播宣传工作、小件寄存处工作、车站美化和卫生工作。

1. 问事处服务工作

车站问事处的基本任务是正确、迅速、主动、热情地解答旅客旅行中提出的各种问题，使旅客在购票、托运和领取行李、上车及中转换乘等方面得到便利。问事处应根据客流动态及车站具体情况进行宣传和组织工作，尽可能使旅客在旅行中不发生错误。问事处的工作方式有口头解答和文字解答两种。

(1)口头解答。通过问事处的直接口头解答、电话解答、广播解答、口头通告，回答旅客的问题。在大的客运站还设有电视问询设备。

口头解答有很大的灵活性，它可针对当时的实际情况随时解决问题，效果较好。解答问讯要耐心、热情，做到有问必答，答必正确，百问不厌，让旅客满意。

在列车到发前后或列车晚点、满员时旅客询问较多，问事处可用广播来解答旅客中带有普遍性的问题。

为正确及时地解答旅客提出的各种问题，问事处应不断收集和积累各种资料。

(2)文字解答。文字解答是让旅客通过自己的视觉来解决自己的问题。车站应在问事处、售票处、候车室等旅客经常逗留的地方，提供旅客列车时刻表、车票票价表，购票、托运行包应注意的事项说明，铁路营业站示意图、车站所在地市区交通路线图及其他临时公告等图标或文字说明。图标的内容要通俗易懂，版面要鲜明、美观，夜间应有充足的照明。

目前，在大型客运站已开始使用客运站信息查询系统。该系统是以电视问询、电话自动查询、自动应答等形式，为旅客提供大量的旅行信息。系统中包含的信息内容不仅有车次、票价、发车时间、到达时间、停靠站等，还可向旅客提供与旅行有关的其他信息，如汽车、飞机、轮船以及城市公共交通的接续信息。尤其可通过双音频电话查询信息，询问内容由计算机控制，用合成语音解答。另外，为满足旅客旅行生活的需要，可提供气象、交通、旅馆、娱乐、餐饮、购物、商业广告等信息。

基于客票发售和预定系统基础上的联网查询系统，能够实现旅客列车到发时刻及晚点信息的实时动态查询、列车车次的动态查询、客票票价查询、客票余额动态查询、铁路客规及重要通告查询、市内售票点查询、传真回复等，系统的信息发布媒体平台是电话网、国际互联网或触摸屏，该系统也已在大型客运站开始使用。

2. 候车室服务工作

候车室是旅客休息和等候乘车的场所，昼夜都有大量的旅客，而且流动性很大，车站必须为旅客创造一个良好的候车环境。候车室一般实行凭票候车的方法，对夜间下车不能回家的旅客也应允许他们在候车室休息。较大的车站可按旅客去向设置候车室或按车次、席别、客流性质设置候车室。

候车室工作人员应保证候车室有良好秩序，要主动、热情、诚恳、周到地为旅客服务。候车室工作包括以下几个方面：

(1) 主动迎送旅客，安排旅客坐席，坚持“人坐两行，包摆一趟”的方法，既保证旅客安全，又保证旅客休息。

(2) 及时通告有关列车到、开和检票进站时间，加强安全、卫生及旅行常识的宣传工作。

(3) 搞好清洁卫生，保洁员应做到随脏随扫，并根据列车开、到时刻，在候车室内旅客较少时进行清扫工作，避免对旅客的干扰。在候车室内应使用空调设备，为旅客创造良好的候车环境。

(4) 候车室内应满足旅客饮水、吃饭、洗脸和文娱活动的要求。

3. 旅客乘降工作

为维护乘降秩序，保证旅客安全，防止旅客乘错车，车站对进站人员持用的车票、站台票要检验和加剪。检票前要清理站台，始发列车在开车前40min，中间站在列车到站前20min开始检票。剪票时要先重点（老、弱、病、残、孕、带婴儿的旅客）、后团体、再一般。剪票要确认车票的日期、车次、发到站、签证是否正确，认真执行“一看（看日期、车次）、二唱（唱到站）、三剪（加剪）制度。在计算机软纸票或代用票的右上方空白处加剪，定期票、卧铺票不加剪。站台客运员应坚守检票口、天桥口、地道口及进站通路交叉地点，组织旅客上下车，并随时做到扶老携幼、督促购物旅客及时上车，保证旅客安全。

对出站人员的车票、站台票、团体旅客证应收回，但中途下车和换乘旅客的车票不收回。收票时要确认旅客的到站、车次、经由、有效期是否正确。认真执行一看（看日期、到站）、二问（问明车票是否报销）、三收（报销撕角、不报销收回）制。特别注意不要误撕车票。对收回的车票要妥善保管，定期销毁。

对中转换乘的旅客，应组织他们在适当地点候车和换乘。

4. 广播宣传工作

客运站的广播对客运工作人员起着指挥生产的作用,对旅客起着向导作用。通过广播,可将车站的接发车准备、进出站检票、清扫及整顿秩序等工作及时传达给工作人员,以便按照统一的作业过程,有条不紊地完成各项工作。通过广播,将列车的出发、到达时刻以及其他有关事项通知候车室、广场和站台上的旅客,组织旅客及时进出站和上下车。对广播工作的具体要求是:

(1)认真执行党的方针政策,充分发挥广播服务于旅客、宣传于旅客、组织于旅客的作用。

(2)广播员应按照列车到、开顺序和旅客候车规律,编制广播计划,做好安全、服务、卫生和旅行常识的宣传,按时转播中央人民广播电台的新闻,适当播放文娱节目。

(3)转播时要预先确认,认真监听,严防误转错播。直播时要事先熟悉材料,做到发音准确,音量适宜,语言通俗易懂,并要积极收集资料丰富广播内容。

(4)勤与运转室联系,准确掌握列车运行情况,遇有列车晚点及作业变化及时广播通告。

(5)爱护机械设备,熟悉机械性能,精心使用,严格管理,认真执行操作规程。

为了更好地发挥广播系统的能力,减轻播音员的负担,近年来,在大型客运站采用了系统利用语音库,通过计算机语言综合代替播音员的播音系统。该系统能够根据车站调度指挥系统提供的列车运行计划和列车进站压轨信息,自动编排播音程序,选择信息源和播音区,并通过接口机柜发出的信号,控制各项设备按程序运行,从而可以在无人干预的情况下完成全天24h的连续播音。在特殊情况下,该系统还可利用人机对话界面,使操作人员通过键盘输入命令进行干预、修改播音程序,并可利用话筒通道进行人工广播。

5. 小件寄存处工作

寄存处是为旅客临时保管随身携带品的场所,做好寄存工作能给上车前、下车后的旅客创造便利条件。由于寄存物品体积小,重量轻,存取时间集中、紧迫。为安全、正确、迅速地完成寄存工作,应设置带格的物架,对寄存物品实行分区、分堆、分线保管。一般采用寄存票尾号对号保管。对笨重大件或集体旅客寄存的大批物品可堆放在一起分堆保管,易碎品应固定货位存放。大型客运站采用电子技术控制的双控编码锁小件寄存柜,旅客可自己选定号码开柜,既安全又方便,为车站服务人员的管理工作创造了良好条件。

6. 车站美化和卫生工作

客运站是城市的大门,是旅客聚集的地点,做好车站的清洁卫生、站容整顿和绿化工作,既可美化站容、净化空气,又为旅客旅行提供良好的环境。

(1)车站站容要求达到庄重整洁,美观大方,设备齐全,标志明显,搞好绿化。栽种树木以常青树为宜,并采取乔木和灌木、花树和花卉相结合的绿化方法,有规划地绿化车站。合理安排站前广场上各种车辆的停靠位置和走行通道,统一布置大型宣传广告和标语。

(2)车站卫生要求达到窗明地净,四壁无尘,内外清洁,消灭"四害"。为此,要保持车站的卫生,必须建立日常清扫与定期突击相结合的管理制度,按班组划分清洁区,分片包干和专人负责相结合,执行检查评比制度并定期公布。

大型客运站为给旅客创造优美候车环境,还设有以下文化服务设施:

(1)书报阅览室。书报阅览室设置在候车室或广厅内,室内布置整洁、明亮,具有足够数量的桌椅、书报、杂志,并按期及时调换,旅客可借用报刊和文娱用品。

(2)电视厅、电影院。在较大的客运站上设有电视厅、电影院,放映时间应根据车次、客流情况而定。

(3)食堂、茶室。为满足旅客在饮食方面的需要应设置食堂，条件许可的，可增设茶室。在候车室内，应经常保持足够的供旅客饮用的开水。

(4)售货部。站台上应设有售货亭及流动售货车，候车室内应设有小卖部，在大型客运站还可开设商场，供应旅客在旅行生活中所需的商品，从而使车站转变为多功能的服务场所。

第四节　旅客列车乘务工作组织

乘务工作的特点及任务

旅客的旅行生活大部分是在列车运行中度过的，因此做好列车乘务工作，对保障旅客安全、便利、舒适地旅行具有十分重要的意义。

旅客列车乘务组是客运部门的基层生产班组，其工作特点是在车内旅客人数多、要求不一、客车条件有限、列车运行和停站时间有严格规定的条件下进行的，并且列车乘务组是在运行过程中，远离领导进行工作，许多问题要及时独立处理。这就决定了旅客列车乘务组要建立相应的组织及一定的工作制度，从实际出发及时解决旅客提出的要求和处理临时发生的各种问题。

乘务组的主要任务是：

(1)保证旅客上下车及旅途中的安全。

(2)及时为旅客安排座席、铺位，保持车内整洁、卫生，维护车内秩序，做好服务工作。

(3)保证行李、包裹安全、准确地到达到站。

(4)充分发挥列车各种设备的效能，爱护车辆设备。

(5)正确掌握车内旅客及行包密度、去向，及时办理预报。

(6)正确报告制度，维护铁路正当收入，做好餐茶供应及文化服务工作。

乘务组的组成及分工

旅客列车乘务组由客运乘务人员、车辆乘务人员和公安乘务人员组成。

客运乘务人员包括列车长、列车值班员、列车行李员、广播员、列车员及餐茶供应人员。

车辆乘务人员包括检车长、检车员(含空调检车员)、车电员。

公安乘务人员包括乘警长和乘警。

他们分别由客运段(列车段)、车辆段、公安处领导，在一趟旅客列车上共同担当乘务工作。乘务中应在列车长领导下充分发挥“三乘一体”的作用，分工负责，共同搞好乘务工作。

客运乘务人员负责保证旅客、行包的安全，列车清洁卫生和车内设备正常使用，组织列车饮食供应，认真做好计划运输组织工作，正确填写规定的票据、表报，及时办理预报。乘务终了认真填写乘务报告，列车长应亲自向派班室和有关领导汇报工作。

检车、车电乘务人员负责客运车辆运行安全。在较大停车站检查车辆走行部分，运行中按规定的技术作业过程随时巡视，检查车内通风、给水、照明和空调等各项设备的技术状态，发现故障及时处理。

公安乘务人员协助客运乘务人员维持列车秩序，调解旅客纠纷，保证旅客安全。

乘务组的乘务形式

旅客列车乘务组的乘务形式，按照既有利于保养车辆又合理使用劳力的原则，根据列车种类和运行距离，分别采用包乘制和轮乘制。

1. 包乘制

包乘制是指按列车行驶区段和车次由固定的列车乘务组包乘。根据车底使用情况不同可分为包车底制和包车次制。

(1)包车底制是指乘务组不仅固定区段、车次而且固定包乘某一车底（长途列车乘务组分成两班轮流服务）。这种形式的优点是有利于车辆设备及备品的保养，可以熟悉该列车的全程运行情况，掌握沿途乘车旅客的性质和乘降规律，以便更好地安排自己的工作，从而有利于提高服务质量。缺点是长途旅客列车需挂宿营车，乘务工时一般难以保证。我国目前大都执行包车底制，不足工时可采用乘务员套跑短途列车或长途车底套跑短途列车（一车底多车次）。这样可节省车底，也可弥补乘务工时的不足。

(2)包车次制是指一个车次（通常叫线路）由几个乘务组包干值乘，但不包车底。其优点是便于管理，可保证服务质量。缺点是交接手续复杂，不利于车底保养。

2. 轮乘制

轮乘制是指在旅客列车密度较大，且列车种类和编组又基本相同的区段，为了紧凑的组织乘务交路和班次，采用乘务组互相套用，不固定乘务组服务于某一列车。其优点是乘务员单班作业，一般在本铁路局内值乘，对线路、客流及交通地理等情况熟悉，联系工作方便，乘务中也不需宿营车，从而节省了运能。缺点是增加了交接手续，影响列车提速，不利于车辆保养，对服务质量有所影响。

四 乘务组及乘务员数量的计算

根据两种不同乘务形式可计算服务于某列车的乘务组数，再根据列车乘务组的编制，计算乘务员的需要数量。

目前我国采用 8h 工作制，全年 12 个月，全年日历日 365d，全年周休日 104d，全年法定节假日合计 11d。

$$\text{乘务员每月工作小时} = \frac{365-104-11}{12} \times 8 = 166.7(\text{h})$$

根据乘务员每月工作时间计算列车乘务组数。

设每对列车（往返）乘务组的工作时间（不包括在折返站的停站时间）为 $T_{往返}$，则

$$T_{往返} = 2\left(\frac{L}{v_{旅}} + t_{接} + t_{交}\right) \tag{8-3}$$

式中：L——列车始发站至终点站间的距离，km；

$v_{旅}$——列车直达速度（列车始发站至终点站包括停站时分在内的平均速度），km/h；

$t_{接}$、$t_{交}$——接收和移交列车的时间，h。

由于一个列车乘务组一个月的工作时间为 166.7h，则一个列车乘务组每月担当的列车值乘回数（往返）K 为

$$K=\frac{166.7}{T_{往返}}=\frac{166.7}{2\left(\frac{L}{v_{旅}}+t_{接}+t_{交}\right)} \tag{8-4}$$

设一个月为 a 日，设每日开行 N 对，则一个月共需要 $a\times N$ 列车回数。所需要的列车乘务组数 B 为

$$B=\frac{aN}{K} \tag{8-5}$$

再根据列车乘务组数乘以该列车乘务人员定员数即为所需乘务员的数量。

目前，各客运(列车)段乘务员需要量的计算，均以实际乘务工时作为计算标准。

乘务工时包括运行中值乘时间(轮班乘务员在车上休息不记工时)、出退勤时间、途中交接班时间(双班作业)、库内清扫和看车时间。

(1)运行中值乘时间：单程运行时间超过12h时，按值乘旅客列车往返一次实际运行时间一半计算(因乘务组在列车单程运行时间超过12h为双班)；单程运行12h以下时按实际运行时间计算。

(2)出退勤工时，按表8-5计算。

出退勤工时计算标准(单位：min)　　表8-5

单程运行时间 / 出退勤时间	$T_{单程}>12h$	$6h\leqslant T_{单程}\leqslant 12h$	$T_{单程}<6h$
本段出勤	90	90	70
外段到达	30	30	20
外段出勤	70	65	60
本段到达	60	30	20

(3)本、外段入库清扫工时，按表8-6计算。

本、外段入库清扫工时标准　　表8-6

单程运行时间	$T_{单程}>12h$	$6h\leqslant T_{单程}\leqslant 12h$	$T_{单程}<6h$
入库清扫时间	360	360	180
作业人数	2人	1人	1人

为减轻列车乘务人员的工作负担，某些客运段(列车段)采用客车整备所内配备库内清扫组的方法，乘务人员不需入库进行车底清扫工作。

(4)途中双班作业时每人每次按30min计算。

(5)车底在本、外段停留，必须派人看车。

看车人数：软硬卧、软座车每车各1人，餐车2人，硬座车1人(冬季采暖时间，硬座车每3辆或不足3辆为1人)。看车工时，按下列公式计算

$$看车工时=\frac{(列车停留时间-出退勤时间-库内清扫时间)\times 看车人数}{全车班人数} \tag{8-6}$$

用一次往返乘务工时($T_{单程}$)除乘务员月标准工时(166.7h)，得每组每月值乘次数，再除以开行列车回数，得所需包乘组数。

再根据列车编组及乘务员编制，确定每组乘务员需要数。用每组乘务员数乘以所需包乘组数即得乘务员总数。

五 乘务组的工作制度及工作组织

1. 乘务组的工作制度

(1)出退勤制。列车乘务员在本段出乘时,要按规定时间由列车长带队到客运段派班室报到,听取派班员传达有关事项,列车长并应摘抄有关电报、命令、指示。

每次乘务终了,列车长应召开班组会议,总结工作,表扬好人好事。返回本段后,列车长向派班室汇报往返乘务工作情况并提出书面乘务报告。

(2)趟计划制。列车长每次出乘前应编制趟计划,趟计划在乘务报告中显示,其主要内容有:

①本次乘务工作中的重点工作安排。

②对贯彻上级规章、命令、指示、通知的具体措施。

③上次乘务工作中的优点及改进措施。

④针对接车所发现的问题应采取的措施。

(3)验票制。为保证旅客安全、准确地旅行,维护铁路运输秩序和运输收入,在列车中应检查车票。验票由列车长负责,乘警、列车员协助,并根据客规规定决定验票次数,检验过的车票应用列车专用票剪加剪(但另有规定者除外)。发现违章乘车时,按规定补收票价。

(4)统一作业制。列车长应根据列车乘务的运行时刻、线路、客流、换班、餐茶等情况编制统一作业过程。

除上述制度外还应建立健全以岗位责任制为中心的各项管理制度,如安全生产,经济核算,票据、现金、备品管理及库内看车,旅客意见处理等项制度。

2. 工作组织

(1)安全工作。安全运送旅客是乘务组的首要任务,必须在保证旅客安全的前提下做好旅客服务工作。

①列车开、到前后的安全工作。出乘前列车长应向车站客运室联系,了解需要重点照顾的旅客,并在出乘会上通知并指定专人负责安排照顾。

旅客上车前必须对车门、车梯,车厢连接处进行检查,发现有影响行车和人身安全的地方,应及时通知有关部门解决。列车开、到前后做好乘降组织工作。始发站旅客进站时列车长应在入口处、列车员应在车门口观察,重点注意需要照顾的旅客,组织旅客上下车。列车接近站台时,要先试开侧门,待车停稳后再打开,组织旅客先下后上,防止拥挤和混乱。对重点旅客应在到站前先安排到车门,列车停稳后及时下车。列车乘务员要加强车门管理,认真执行"停开、动关、锁、四门检查瞭望"制度,遇临时停车时,应看守车门。到站应及时清除扶手和车梯的冰雪,保证旅客上下车安全。旅客上下完毕,列车员要按前后顺序进行确认和口头联系,由尾部列车员通报运转车长或车站外勤值班员"乘降完毕"。途中停车时,广播员应向旅客通报,除有关人员外乘务员应坚守岗位,防止旅客下车。

②列车运行中的安全工作。列车运行中,乘务员要做到:

a. 及时通报站名,防止旅客坐过站或下错车。

b. 宣传安全常识,劝阻旅客不要站在车辆连接处,不要手扶门框、风挡,不要将头、手伸出窗外,不要向车外抛物。列车通过大桥、隧道时,应动员旅客关闭车窗并巡视车厢。应加强禁带危险品的宣传,铁路公安人员和客运人员要密切配合,共同做好检查危险品工作。列车员应能通过"看、听、摸、访、嗅"的方法及时发现和处理危险品。

c. 整理好行李架防止压断或行李坠落砸伤旅客；取送开水或倒开水时，应有相应安全措施，防止烫伤旅客等。

（2）列车行包运输工作。行包运输工作中列车行李员的工作十分重要。列车行李员必须与车站密切协作，做到巧装满载，同时掌握乘务区段的线路情况、停站时分及行包中转站的范围，接续车次和各停车站的卸装规律，以防止事故，保证列车安全、正点。

①始发站作业。列车行李员主动到始发站行李房了解情况，掌握行包装车数量、性质及主要到站，并收集附近站预报，做到心中有数，按行包运输方案及行包装卸交接证核对票据，确定堆放位置。始发站至终点站的行包应集中装在行李车两端，到各中间站的行包按站顺序远装里、近装外，并做到大不压小，重不压轻、大件打底、小件放高、堆码整齐、装载平衡、货签朝外，易碎、易污、放射性物品分别隔离，鲜活物品注意通风，列车行李员要认真监装，发现危险品、国家禁止或限制运输的物品及包装不符合标准的货件、款、密件应拒绝装车。发现行包破损或有异状时应在交接证上注明现状。作业时执行"三检、三对"，检查行包票、货签、包装，核对件数、品名、到站。装卸完毕要清理票据、件数、经确认无误后办理签收手续。

②途中作业。列车从始发站开出后，应按行李、包裹票分别到站登记行李、包裹装卸交接证。款、密件及挂号信件登入公文交接证，并将行包件数、重量填入"列车行李、包裹运输密度表"（表 8-7）。到站前做到"三看"，看密度表记载有无要卸的行包、看行包交接证有无要卸的货件、看公文交接证有无交接的信件、公文，并及时将车内待卸的行包确认一次，集中到车门附近准备卸车，并将不卸车的行包隔离妥当，防止误卸，到站应先卸后装。列车停稳后向车站行李员交应卸的行包票据及公文信件，指明卸货位。卸完后，且站方办理签收手续后再接收待装票据、信件，并指定货位进行装车。列车行李员要认真监装卸，进行票货核对，防止错卸、漏卸、有货无票、混装顶件事故的发生。装卸行包较多的车站，装车时应将车站交给的票据按站顺序整理好，分别列出到站、件数，查对到站、件数是否正确，然后按车站交给的装车站顺单确认到站，点件装车，装卸完毕双方签收，开车后再逐票核对。

列车行李、包裹运输密度表 表 8-7

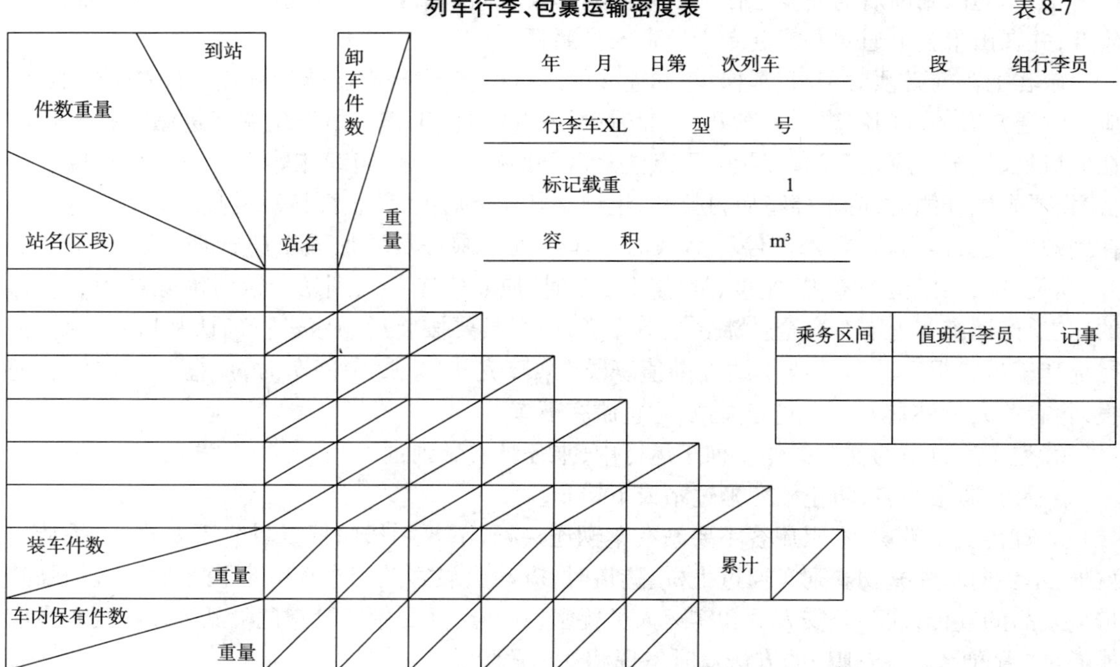
到站
件数重量
站名(区段)
站名
卸车件数
重量
年 月 日第 次列车
段 组行李员
行李车XL 型 号
标记载重 t
容 积 m³

乘务区间	值班行李员	记事

装车件数
重量
累计
车内保有件数
重量

为了充分利用运能，列车的行包要做到巧装满载，每站卸后及时将剩余运送能力和待卸行包向前站做出预报，预报由车站行李员代报。遇有大批行包或列车晚点时应提早预报，并组织快装、快卸，保证列车正点。

列车运行中，行李员要经常在行李车内巡视，做好防火、防塌、防湿损、防丢失工作。车内货位应悬挂到站显示牌，必要时整理翻装，各站分开，码放整齐，不堵车门，做到一目了然。对押运人应进行登记，介绍安全注意事项。发现包装松散时应及时修理。运输途中发生事故或需要说明现状时，应编制客运记录，作为交接凭证和编制事故记录的依据。

③终到作业。列车到达终点站前，行李员应将票据、公文、信件整理清楚，票货核对无误，准备与终点站交接、卸车，并将往返乘务的行包装卸交接证整理装订成册，妥善保管，统计行包件数，将完成任务情况、有关记录、电报事项向列车长汇报。最后搞好行李车的终到卫生，整理各项备品与接收班组交接。

(3)列车服务工作。旅客大部分时间是在列车上度过的，做好列车的服务工作，最大限度地满足旅客在旅行中的物质和文化生活的需要是乘务人员的主要任务。服务工作的好坏直接影响铁路的声誉。因此，乘务员必须树立全心全意为人民服务的思想，讲文明、有礼貌地为旅客服务。

列车服务工作包括以下几项内容：

①车厢服务工作。始发站剪票前乘务员应做好各种准备工作，坚守车门扶老携幼，迎接旅客看票上车。开车后，乘务员按作业过程进行工作，服务中态度主动热情、语言文明、表达得体准确、行动稳重大方、作风谦虚谨慎、方法机动灵活，处理问题要实事求是。及时通报站名，组织旅客安全乘降。

②列车广播工作。列车广播的主要任务是介绍铁路安全、旅行常识及沿线的名胜古迹，正确及时地做好站名及中转换乘通告；按时转播中央人民广播电台的新闻和报纸摘要节目以及宣传党的路线、方针、政策；为活跃旅客的旅行生活适当播放一些文娱节目和录像；为保证旅客身体健康做好列车卫生宣传工作。

列车广播员应根据旅客心理及客流特点对乘务中各区段、各区间的播音内容做出详细安排，经列车长审查批准，按计划执行。

③列车饮食供应工作。铁路旅客饮食供应业务，是铁路设置的国营零售商业。其基本任务是保证广大旅客在旅行中的饮食需要，保证饮食卫生，不断提高服务质量，为旅客旅行及国际友人友好往来服务。

为加强饮食供应工作，客运(列车)段应成立旅行服务的专业机构，实行专业管理，财务单独核算，并应有一名主要领导负责分管这项工作。

饮食供应工作要认真执行“全面服务、重点照顾”的原则，尊重少数民族和外籍旅客的饮食习惯、禁忌避讳。同时，要认真贯彻执行《食品卫生法》，加强食品采购、保管、加工、销售等环节的管理，严防食物中毒。

餐车应根据列车运行时间，实行一日三餐的供应方法，以具有特色的快餐为主，适当供应单炒菜，有条件可供冷饮、夜宵及兼营其他商品。

总之，列车饮食工作，应面向市场，采取灵活的经营方式，参与市场竞争，以满足不同旅客消费水平的需求，实现良好的社会效益和经济效益。

习题

一、填空题

1. 客运站由(　　)、(　　)、(　　)等主要设备组成。

2. 客运站主要包括(　　)、(　　)、(　　)三种流线组织。

3. 客运站的行包运输工作分为(　　)、(　　)和(　　)。

4. 旅客列车乘务组的乘务形式,根据列车种类和运行距离,分别采用(　　)和(　　)。

5. 列车长每次出乘前应编制(　　),并在乘务报告中显示。

二、判断题

1. 通过式客运站到发线可供各种列车使用,机动灵活,互换性大。(　　)

2. 出站旅客流线的特点是人流集中,密度大,走行速度快。(　　)

3. 问事处应设在旅客集中的站前广场、广厅、售票厅、候车室等地。(　　)

4. 因为客流是大而发散的,所以在站房设置方面不必刻意将到达与始发客流分开。(　　)

5. 售票是一项细致的工作,同时又要解答旅客询问,所以在速度上必须放慢以保证票款准确。(　　)

三、简答题

1. 旅客站房的布置要求有哪些?

2. 客运站流线分哪几种? 流线组织原则是什么? 流线疏解方式有哪些?

3. 发送行包的保管方法与到达行包的保管方法有什么不同?

4. 始发列车与过往列车的发售票额分别是如何分配的?

5. 如何确定乘务组数及乘务员的需要数?

第九章　旅客运输阻碍和事故的处理

【学习目标】

1. 了解旅客运输阻碍的分类以及发生运输阻碍时的应急处理方法。
2. 掌握旅客发生急病、死亡以及意外伤害时的处理方法。
3. 了解行包事故的种类以及等级划分规定。
4. 能够对旅客意外伤害和行包事故进行处理。

第一节　旅客运输阻碍的处理

旅客安全运输

1. 旅客安全运输的意义

旅客运输安全，不仅关系到铁路，而且关系到人民生命财产、社会安定和国家声誉的政治问题，必须十分重视。旅客运输如果不能确保旅客的安全，则准时、迅速、便利、舒适及文明服务等其他质量标志就毫无意义。保证旅客运输安全，是我国铁路运输组织的基本原则之一，是客运职工为旅客服务的首要职责，是客运工作优质服务的基础和重要标志。尤其是市场经济的今天，确保旅客运输安全是树立客运企业形象，提高客运企业在运输市场中竞争力的最有力措施。因此，各级领导必须坚决贯彻安全生产的方针，严格实行逐级安全责任制，牢固树立“安全运输、人人有责”的思想，经常对职工进行政治思想、安全知识和遵章守纪的教育，建立健全群众性的安全生产组织，经常开展四查活动（查思想、查纪律、查制度、查领导），抓事故苗头，挖事故根源，论事故危害，订防止事故的措施，牢固树立安全生产人人有责的思想，确保旅客运输安全。

2. 旅客安全运输的措施

（1）维护好站、车秩序，客运工作人员必须经常向旅客宣传铁路安全旅行常识，认真执行岗位责任制。车站要有秩序地组织旅客进出站、上下车，随时清理站内闲杂人员，严禁旅客钻车和横跨股道。除指定车站作业的小型机动车（限速 10km/h）外，其他车辆严禁进入站内。列车乘务员要加强车门管理，严禁旅客背面下车，认真执行“停开、动关、出站加锁、四门瞭望”等安全制度。

（2）车站建筑物和站、车一切为旅客服务的设备，应经常保持良好状态。

（3）加强防火、防爆的宣传，严禁将危险品带进站、带上车。对旅客携带品发现可疑时，站、车客运人员应配合公安人员检查；对查出的危险品，在车站应由旅客自行处理，在列车上应交最近前方停车站处理。列车长应编制客运记录一式三份（一份交车站，一份交旅客，一份列车存查）。由列车交下的危险品除易燃、易爆品及放射性物品交公安机关处理外，其他物品交有关部门收购，所得价款寄交旅客。

（4）车站发现无人护送的精神病患者，应严禁乘车。对有人护送的，应通知列车长注意，以便协助护送人员，防止发生意外。

 旅客运输阻碍的处理

在铁路旅客运输中因意外事件致使铁路运输不能正常进行的称运输阻碍。

1. 运输阻碍的种类及造成的原因

(1)运输阻碍的种类

①列车撞车、颠覆、脱轨、坠河。

②列车发生火灾、爆炸。

③线路中断(含自然灾害、行车事故等)。

(2)造成运输阻碍的原因

①自然灾害，如火灾、冰雹、地震、泥石流等。

②旅客责任，如携带危险品，吸烟者乱扔烟头所引起的燃烧、爆炸等。

③铁路过失，如设备陈旧、失修、职员素质低、基础工作薄弱、劳动纪律松散、列车严重超员等所引起的意外事故。

④其他原因，如人为的破坏、战争等。

2. 发生运输阻碍的应急处理

(1)列车发生火灾、爆炸

①立即停车。列车运行中发生爆炸或火灾，发现火情的列车乘务人员，特别是本车厢或相邻车厢列车员应立即拉下紧急制动阀，迫使列车停在安全地带。

②疏散旅客。紧急制动后，列车乘务人员应迅速指挥旅客疏散到邻近车厢，同时向列车长、乘警长报告。

③迅速扑救。列车长、乘警长在接到报告后，应立即组织、指挥义务消防队和其他工作人员进行扑救，并通知各车厢乘务员封锁车厢，严禁旅客下车、跳车、串车，防止意外事故发生，为事后查明情况创造条件。

④切断火源。停车后，车辆、机车乘务员和运转车长要迅速将起火车厢与列车分离，切断火源，防止火势蔓延。

⑤设置防护。列车分解后，运转车长和机车乘务员要迅速设置防护。

⑥报告救援。列车长、运转车长和乘警长要尽快向行车调度员报告事故情况，请求救援。报告内容要简明扼要，车次、时间、地点、火势情况要报告清楚，并应迅速向当地政府、公安机关和驻军请求支援。

⑦抢救伤员。在疏散旅客、迅速扑救的同时，要积极地抢救伤员。

⑧保护现场。在扑救火灾时，要注意保护好现场。列车乘务人员应采取多种措施做好宣传工作，稳定群众情绪，维持秩序，以免发生混乱。

⑨协助调查。列车长、乘警长要积极协助公安机关了解情况，提供线索，帮助侦破。

⑩认真取证。公安乘务民警应尽可能了解事故情况，索取证据，以利于现场勘察、侦察线索和查明原因。

全体乘务人员在列车发生火灾、爆炸后，必须按照分工坚守岗位，不得擅离职守，要在列车长、乘警长的统一指挥下，根据实际情况灵活果断地采取有力措施，进行紧急处置。

上述十条40个字是应急方案的要点，在处理突发事件时可根据实际情况同步进行。

(2)列车发生撞车、颠覆

①设置防护。机车乘务人员(受伤、遇难时由其他人员)和运转车长负责迅速设置防护。

②报告救援。尽快向行车调度员报告事故情况,请求救援,并应迅速向当地政府、公安机关和驻军请求支援。

③抢救伤员。抢救时要先重后轻、先伤后亡,会同乘警控制现场,为查明原因提供依据。

④保护现场。通过宣传稳定秩序和保护现场,可依靠旅客中的军、警、干部、工人等,防止坏人乘乱作案。

(3)列车被洪水围困

①列车立即退回安全地段(高坡、后方车站或线路所),退行办法按有关行车规定办理。

②必要时有组织地疏散旅客上高地或小山。

③设法报告上级,请求救援。

④通过宣传稳定秩序,组织保卫,以免发生混乱。

⑤组织照顾老、弱、病、残、孕、幼等重点旅客。

⑥联系地方居民组织饮食供应。

(4)列车被塌方阻挡

①立即退回安全地带或后方车站。

②迅速报告上级,听候处理。

③坚守岗位,维持好车内秩序,禁止旅客擅自下车。

④必要时利用其他交通工具有组织地绕道运送旅客,防止发生混乱。

3. 线路中断时的处理

(1)线路中断后对旅客的安排

线路中断造成列车不能继续运行且不能在短时间内恢复运行时,站车应做好服务工作,解决旅客的困难,做好饮食供应工作。必要时,向地方政府报告请求援助。

列车停止运行后,应按下列规定安排已购买车票的被阻旅客。

①在停运站或被阻列车上时,在车票背面注明“原因、日期、返回××站”作为免费返回发站或中途站退票、换车、延长有效期的凭证。动车组列车旅客不办理车票有效期延长,但可根据等候日数办理车票改签。如在发站或一个中途站等候继续旅行的,在通车10d内可凭原票重新签证恢复旅行。

在返回途中自行下车,运输合同终止。

②在发站(或返回发站)停止旅行时,退还全部的有效车票票价,包括在列车补购的车票;但手续费、加收部分的票款,携带品超过规定范围补收的费用,以及已使用至到站的车票票价不退。

[例9-1] 某旅客持广州至安康的车票一张(广州—武昌为新型空调车硬座客特快下卧票,武昌—安康为普通硬座客快票),自广州乘K16次新型空调车至武昌换乘4593/2次(非空调)至安康。列车运行至襄樊,因前方区段水灾塌方,列车不能继续运行,旅客要求返回发站(广州)办理退票。

已收票价:

①广州—安康1771km,硬座客快联合票票价(全程)100元。

②广州—武昌1069km,新空特快硬客与普快硬客的差价72元。

③广州—武昌1069km,新空硬卧(下)票价117元。

②、③两项不退。

应退票价:100 元。

③在停止运行站(或中途站)退票时,退还已收票价与发站至停止旅行站间票价的差额,发站至停止旅行站不足起码里程按起码里程计算(铁路责任退还全部票价)。

[例 9-2] 按上述例 9.1 的已知条件。

(1)旅客要求在停止运行站——襄樊站退票

已收票价:

①广州—安康 1771km,硬座客快联合票票价(全程)100 元。

②广州—武昌 1069km,新空特快硬客与普快硬客的差价 72 元。

③广州—武昌 1069km,新空硬卧(下)票价 117 元。

发站至停止旅行站间票价:

①广州—襄樊 1403km,硬座客快联合票票价 86 元。

②广州—武昌 1069km,新空特快硬客与普快硬客的差价 72 元。

③广州—武昌 1069km,新空硬卧(下)票价 117 元。

应退票价:100 - 86 = 14(元)。

(2)旅客要求返回中途站——武昌站退票

已收票价:

①广州—安康 1771km,硬座客快联合票票价(全程)100 元。

②广州—武昌 1069km,新空特快硬客与普快硬客的差价 72 元。

③广州—武昌 1069km,新空硬卧(下)票价 117 元。

发站至停止旅行站间票价:

①广州—武昌 1069km,硬座客快联合票票价 68 元。

②广州—武昌 1069km,新空特快硬客与普快硬客的差价 72 元。

③广州—武昌 1069km,新空硬卧(下)票价 117 元。

应退票价:100 - 68 = 32(元)。

④铁路组织列车绕道运输时,若以原列车组织绕道,原票有效。若换车组织绕道,注明“因××原因绕道××站乘车”,并加盖站名戳。绕道变座、变铺时(铁路责任按铁路原因变座、变铺),需要补价时,补变更区间票价差额,不足起码里程按起码里程计算;需要退时,退还变更区间票价差额,不足起码里程的票价不退。

绕道过程中,旅客中途下车时,合同终止。

旅客自行绕道,按变径办理。

⑤线路中断后旅客买票绕道乘车时,按实际径路计算票价。

⑥旅客索取线路中断证明时,由车站出具文字证明,加盖站名戳。

(2)线路中断后对行李、包裹的安排

①未装运及由中途运回发站时,收回行李、包裹票,在旅客页和报单页记事栏注明“线路中断、取消托运”,填写“退款证明书”,退还全部运费,并将收回的行李、包裹票附在“退款证明书”报告页上报。

②已运至到站要求返回发站的行李,运费不退。在行李票报销单加盖“交付讫”戳,记事栏注明“线路中断,已运至到站的行李返回,运费不退”交旅客报销。

③在中途站领取时,收回行李、包裹票,填写“退款证明书”,退还已收运费与发站至领取

站间运费差额，不足起码里程按起码里程计算。在旅客页、报单页记事栏注明“线路中断，中途提取”附在“退款证明书”报告页上报。

④在发站(或中途站)停止旅行，要求行李仍运至原到站，补收全程(或终止旅行站至到站)的行李和包裹的运费差额。

⑤包裹变更到站，补收(或退还)已收运费与发站至新到站的运费差额，不收变更手续费，不足起码里程按起码里程计算。在“客杂”(或“退款证明书”)记事栏注明“因××线路中断，变更到站”。

⑥鲜活包裹被阻，返回发站或变更到站按上述有关规定处理。要求承运人在中途处理时，退还已收运费与发站至处理站间(不足起码里程按起码里程计算)的运费差额和物品处理所得款。

⑦组织行李、包裹绕道运输时，应在行李、包裹记事栏注明“线路中断，绕道运输、被阻×日”并加盖站名戳，原车绕道时加盖列车行李员名章，到站根据实际运输里程加上被阻日数计算运到期限。

⑧线路中断后承运包裹，经铁路局批准，按实际径路计算运费。

第二节　旅客运输事故的处理

旅客发生急病、死亡的处理

持有车票的旅客和无票人员，在车站、列车上发生急病、死亡时，按《铁路法》、《合同法》及国务院有关规定处理。

1. 旅客发生急病时的处理

(1)持有车票的旅客在车站候车期间发生急病时，车站应立即送至医院急救，如系传染病应送传染病医院。

(2)旅客在列车上发生急病时，列车长应填写客运记录，送交市、县所在地的车站或较大车站，转送医院或传染病医院治疗。

(3)旅客在治疗期间所需的一切费用，应由旅客自负。如本人确实无力负担，铁路局可在“旅客保险”支出项下列支，由车站按时请领偿还医院。

2. 旅客发生死亡的处理

(1)持有车票的旅客在车站候车期间死亡时，车站站长应会同公安部门、卫生部门共同检验，并按规定处理。如因传染病死亡的应根据卫生部门的指示办理。车站应通知其家属或工作单位前来认领。

(2)旅客在列车上死亡时，列车长应填写客运记录，并会同铁路公安人员将尸体和死者遗物交给市、县所在地的车站或较大的车站，接收站按照在车站死亡时办理。

(3)对死者的遗物妥善保管，待死者家属或工作单位前来认领时一并交还。旅客死后所需费用，先由铁路部门垫付，事后向其家属或工作单位索还。如死者家属无力负担或无人认领，铁路可在“旅客保险”支出项下列支。

3. 无票人员发生急病或死亡时的处理

没有车票的人员，在站台或列车上发生急病或死亡时，由铁路部门负责处理。在候车室、广场等地发生急病或死亡时,由车站通知地方有关部门处理。

 旅客人身伤害事故的处理

1. 旅客人身伤害事故的定义

凡持有效车票的旅客,经检票口进站验票加剪开始,至到达目的地出站缴销车票时止(中转和中途下车的旅客自出站至进站期间除外),在旅行中遭受到外来、剧烈、明显的意外伤害事故(包括战争所致者在内)以及承运人的过错,致使旅客人身受到伤害以至死亡、残废或丧失身体机能者,均属旅客人身伤害事故。

2. 旅客人身伤害事故的种类与等级

(1)种类

旅客人身伤害按其程度可分为三种:

①轻伤:伤害程度不及重伤者。

②重伤:肢体残废、容貌毁损,视觉、听觉丧失及器官功能丧失。具体参照司法部颁发的《人体事伤鉴定标准》。

③死亡。

(2)等级

旅客人身伤害事故可分为六等:

①轻伤事故:只有轻伤,没有重伤和死亡的事故。

②重伤事故:有重伤没有死亡的事故。

③一般伤亡事故:一次造成死亡 1 ~2 人的事故。

④重大伤亡事故:一次死亡 3 ~9 人的事故。

⑤特大伤亡事故:一次死亡 10 ~29 人的事故。

⑥特别重大伤亡事故:一次死亡 30 人以上的事故。

3. 旅客人身伤害事故的现场处理

(1)处理办法

①在站内或旅客列车上发生旅客人身伤害时,列车长或车站客运主任(三等以下车站为站长,以下同)、客运值班员应当会同铁路公安人员查看旅客受伤程度,及时采取抢救措施。列车上受伤旅客需交车站处理时,应提前通知车站做好救护准备工作。

②旅客列车或车站发生 3 人以上食物中毒时,列车长、车站客运主任(站长)应当及时通知前方停车站或所在站卫生防疫部门(疾控所)和公安部门,并做好现场保护工作。

③发生旅客人身伤害人数较多时,应当封锁事故现场,禁止与救援、调查无关的人员进入。

④发生旅客伤亡人数较多的事故车站、列车认为必要时,应请求地方政府协助组织抢救。

⑤发现旅客在区间坠车时应当立即停车处理(特快旅客列车不危及本列车运行安全时除外)。在不具备停车条件或迟延发现时,列车长应当通过运转车长通知就近车站派人寻找。同时,列车长应在前方停车站拍发电报,向事故发生地所属铁路局和列车担当铁路局主管部门报告。

⑥发生旅客人身伤害事故时,列车长、车站客运主任应当会同铁路公安部门及时勘验事故现场,检查旅客所持车票的票种、票号、发到站、车次、有效期及加剪情况等;收集不少于两份同行人或见证人的证言和有关证据并保护好证据材料。

⑦收集证人证言时，应当记录证人姓名、性别、年龄、地址、联系方式、身份证号码等内容。证言、证据应当准确、真实，并能够证明事故发生的过程和原因。

⑧列车上发生旅客人身伤害事故，应当将受伤旅客移交三等以上车站（在区间停车处理时为就近车站）处理，车站不得拒绝受理。列车向车站办理移交手续时，编制客运记录一式两份（一份存查，一份办理站、车交接），连同车票、旅客随身携带品清单、证据材料一起移交。旅客人身伤害事故系因斗殴等治安或刑事案件所致，列车乘警应在客运记录上签字。

⑨因特殊情况来不及编写记录的，列车长必须指派专人下车与车站办理交接，并必须在3d以内向事故处理站补交有关材料。

⑩当次列车因故未能将受伤旅客及有关材料及时移交，旅客在法定时限内向铁路运输企业索赔且能够证明伤害是在运输过程中发生的，事故发生列车应本着方便旅客的原则，移交旅客就医所在地车站或旅客发、到站处理，被移交站应当受理。

⑪车站对本站发生、发现或列车移交的受伤旅客应当及时送附近有救治条件的医院抢救；送医院须先缴纳押金时，可用站进款垫付；动用站进款时，须填写或补填“运输进款动支凭证”（财收－29），5日内由核算站或车务段财务拨款归还。

⑫受伤旅客住院期间的生活费由旅客垫付，如旅客或其家属确有困难，经事故处理站站长（车务段长）批准，用站进款垫付；待事故责任明确后，由责任人或责任单位承担。

⑬受伤旅客在现场抢救无效死亡或在站内、区间发现的旅客尸体，经公安机关或医疗部门确认死亡后，车站应当暂时派人看守并尽快转送殡仪馆存放。对死者的车票、衣物等应当妥善保管并通知其家属来站处理。如死者身份、地址不清或家属不来时，或死亡原因系伤害致死需立案侦查时，可根据公安机关的意见处理死者尸体，必要时应对尸体做法医鉴定。尸体存放原则上不超过7d。

（2）事故通报

车站、列车发生旅客人身伤害事故时，应当立即向上级主管部门及有关铁路局主管部门拍发事故速报；条件允许时，应当先用电话报告事故概况。发生重大及以上伤亡事故时，应当逐级向上级主管部门报告。事故速报内容包括：

①事故种类。

②事故发生日期、时间、车次。

③事故发生地点、车站、区间里程。

④伤亡旅客姓名、性别、国籍、民族、年龄、职业、单位、住址，车票种类、发到站、票号、身份证号码。

⑤事故及伤亡简况。

在站内或区间线路上发现有坠车旅客时，发现或接到通知的车站应当迅速通报有关列车。有关列车接到通报时，应当立即调查情况，收集包括证人证言在内的证据材料和旅客携带品并在3d内向事故处理站移交。

4.旅客人身伤害事故的调查结案

（1）事故处理工作组的组成

发生旅客人身伤害事故，应当成立事故处理工作组。事故处理工作组由以下单位和人员组成：

①事故处理站（车务段）或其上级主管部门。

②事故责任单位或发生单位及其上级主管部门。

③事故处理站公安派出所。

④与事故处理有关的单位或人员。

事故处理工作组组长一般情况下由事故处理站(车务段)的站长(段长)担任;发生重大及以上伤亡事故时,事故发生地所在铁路局局长为组长。

(2)事故处理工作组组长单位负责的主要工作

①办理受伤旅客就医事宜。

②收集事故有关资料,建立案卷。事故案卷中应有:客运记录、证人证言、车票、医院证明、现场照片或图示、寻人启事公安部门现场勘验笔录、鉴定结论和处理尸体意见等。

③查实伤亡旅客身份,通知伤亡旅客家属或发寻人启事。

④召开事故分析会,分析事故原因,确定责任单位。

⑤处理死亡旅客尸体。

⑥与旅客或其继承人、代理人协商办理赔付。

⑦其他与事故处理有关的事宜。

(3)事故分析会的召开

事故发生后,应当及时召开事故调查分析会。铁路局应派员参加重大及以上伤亡事故调查分析会。应由政府安全监督管理部门调查处理的旅客人身伤害事故,按照国家有关规定办理。

(4)明确处理费用

旅客受伤需治疗时,医疗费用按实际需要,凭治疗医院单据,由铁路运输企业承担,但其标准一般最高不超过赔偿金限额。如旅客人身伤害系法律、法规规定铁路运输企业免责的,其医疗费用由旅客承担。

旅客自身责任或第三人责任造成的人身伤害,医疗费用由责任人承担。第三人不明确或无力承担时,由铁路运输企业先行赔付后,向第三人追偿。

旅客受伤治疗后身体部分机能丧失,应当按照机能丧失程度给付部分赔偿金和保险金。旅客身体两处以上受伤并部分机能丧失的,应当累加给付,但不能超过赔偿金、保险金最高限额。旅客受伤治愈后无机能影响,在赔偿金、保险金最高限额的5%以内酌情给付。旅客死亡按最高限额给付。

如铁路运输企业能够证明旅客人身伤害是由铁路运输企业和旅客的共同过错造成的,应当相应减轻铁路运输企业的赔偿责任。

因处理事故需要发生的其他费用(如看尸、验尸、现场勘验、寻人启事等与事故处理直接有关的支出)一并在事故处理费中列支并在事故处理报告上列明。因事故产生的保险金、赔偿金、医疗费用、其他费用,有责任单位(铁路运输企业其他部门责任时,转责任单位所属铁路局)的,由处理事故局将以上费用转账给责任单位;无责任单位的,转事故发生单位。

事故责任涉及两个以上单位时,其事故处理费用由责任单位共同分担,分担比例按责任轻重由事故处理工作组确定。

(5)事故赔付程序

对伤亡旅客的赔偿一般应当于治疗结束或尸体处理完毕后进行。由旅客或其继承人、代理人(代理人应当出具被代理人的书面授权书)提出"铁路旅客人身伤害事故赔偿要求书",如表9-1所示,并出具治疗医院的证明,作为事故处理站办理赔偿、确定给付赔偿金数额的依据。

铁路旅客人身伤害事故赔偿要求书　　表 9-1

No. ____

<table>
<tr><td>主送：　　　　车站
关于　　　年　　月　　日由于　　次列车　　对旅客　　　造成伤害，根据《铁路旅客意外强制伤害保险条例》和《铁路旅客运输损害赔偿规定》，要求铁路企业予以赔偿。

要求人：
身份证号码：
工作单位（家庭居住地）：
年　　月　　日</td></tr>
</table>

注：本要求书填写一式两份，向铁路运输企业提赔一份，本人留存一份。

事故处理工作组接到"铁路旅客人身伤害事故赔偿要求书"后，应当尽快与旅客或其继承人、代理人协商办理赔偿。办理赔偿应当编制"铁路旅客人身伤害事故最终处理协议书"，如表 9-2 所示。事故处理各方对协议书所载内容无异议后签字并加盖"事故处理专用章"生效。同时，开具"铁路旅客人身伤害事故赔付通知书"（表 9-3），及时将赔偿金、保险金支付给旅客或其继承人、代理人。

铁路旅客人身伤害事故最终处理协议书　　表 9-2

No. ____

<table>
<tr><td>一、旅客姓名　　性别　　年龄　　职业　　单位或住址：
二、发生日期、时间、车次：
三、发生地点、车站、区间：
四、客票种类：　自　　　站至　　　站票号
五、伤害简要概况：
六、事故经过和责任分析：
七、协议处理意见：
八、协议人签字：
年　　月　　日</td></tr>
</table>

注：1. 客票种类指全价、半价和乘车证。

2. 本协议由处理站填写一式五份（一份报局主管部门，一份转局财务部门，事故处理单位、发生单位、旅客或家属各一份）。

铁路旅客人身伤害赔付通知书　　表 9-3

No. ____

<table>
<tr><td>____________旅客
对　　　年　　　月　　　日所发生事故，依据《铁路旅客意外伤害强制保险条例》和《铁路旅客运输损害赔偿规定》，经事故当事方共同协商同意，赔付旅客保险金人民币　　　元、赔偿金人民币　　　元，合计　　　元。请您携带此通知（如继承人、代理人领取时，携带与旅客有关的证明）于 30 日内到我站领取。
事故处理站（段）　　（章）
年　　月　　日</td></tr>
</table>

需向事故责任或发生单位转账时，由铁路局财务部门开具转账"通知书"，连同"铁路旅客人身伤害事故最终处理协议书"转送事故责任或发生单位。事故责任或发生单位接到转账"通知书"等资料后，应当 10d 内将费用转拨事故处理铁路局；超过 10d 时，每超过 1d，按应付费用的 0.5% 支付滞纳金。

事故案卷一案一卷，由事故处理站、段保管，案卷保存期为 5 年。

5. 责任划分

铁路旅客人身伤害事故责任分为旅客自身责任、第三人责任、铁路运输企业责任及其他责任。

(1)旅客自身责任

旅客违反铁路安全规定,不听从铁路工作人员引导、劝阻等违法违章行为或其他自身原因造成的伤害,属于旅客自身责任。

(2)铁路运输企业责任

由于铁路运输企业人员的职务行为和设施设备的原因给旅客造成的伤害,属于铁路运输企业责任。

铁路运输企业责任分为客运部门责任和行车等其他部门责任。客运部门责任分为车站责任和列车责任。

①有下列情形之一的,属于车站责任。

a. 旅客持票进站或下车后在检票口以内因组织不当造成伤害的。

b. 缺乏引导标志或有关引导标志不准确而误导旅客发生伤害的。

c. 车站设备、设施不良造成旅客伤害的。

d. 车站销售的食物造成旅客食物中毒的。

e. 因误售、误剪不停车站车票造成旅客跳车的。

f. 在规定停止检票后继续检票放行或检票放行时间不足,致使旅客抢上列车造成伤害的。

g. 因违章操作、管理不善造成火灾、爆炸,发生旅客伤害的。

h. 事故处理工作组有理由认为属于车站责任的。

②有下列情形之一的,属于列车责任。

a. 由于车门未锁造成旅客跳车、坠车或站内背门下车,从而造成旅客伤害的。

b. 因列车工作人员的过失,致使旅客在不办理乘降的车站(包括区间停车)下车造成人身伤害的。

c. 由于组织不力,旅客下车挤、摔造成伤害的。

d. 车站误售、误剪车票,列车未能妥善处理造成旅客跳车伤害的。

e. 因列车报错站名致使旅客误下车造成伤害的。

f. 因列车工作人员的过失造成旅客挤伤、烫伤的。

g. 因餐车、售货销售的食物造成旅客食物中毒的。

h. 因违章操作、管理不善造成火灾、爆炸,发生旅客伤害的。

i. 因列车设备不良造成旅客人身伤害的。

j. 事故处理工作组有理由认为属于列车责任的。

事故处理工作组认为两个以上单位都负有责任时,可列两个以上的责任单位。

③其他部门责任。

铁路运输企业的其他部门责任造成旅客伤害的。

(3)第三人责任

由于旅客和铁路运输企业合同双方以外的人给旅客造成的伤害,属第三人责任。

(4)其他责任

非上述三种责任造成的伤害,属于其他责任。

对事故责任划分有争议时,事故处理工作组应将调查报告、事故案卷、处理意见等有关资料报事故发生和事故处理单位共同的上级客运主管部门或其授权的客运主管部门裁决。

发现事故定性不准确、处理不符合规定时,上级客运主管部门可以责令重新审查或纠正。

事故处理完毕后,事故处理工作组应当出具“铁路旅客人身伤害事故定责通知书”,如表9-4所示,寄送事故责任单位并抄知其上级客运主管部门。

铁路旅客人身伤害事故定责通知书 表 9-4

No. ____

> 铁路局(集团公司)
>
> ________站、(段)
>
> 关于　　　　年　　月　　日发生的　　　　　　旅客人身伤害事故,经事故处理工作组研究,列　　　站(段)责任事故。
>
> 年　　月　　日
>
> 事故处理站(印章)

注:本通知书一式三份,一份留存,一份寄送责任单位并抄知责任单位的上级主管部门。

三 旅客携带品损失的处理

由于铁路运输企业过错造成旅客自带行李损失时,铁路运输企业承担赔偿责任,但赔偿最高不超过国务院规定的赔偿限额。

铁路运输企业对旅客的货币、金银、珠宝、有价证券或者其他贵重物品所发生灭失、损坏不负赔偿责任。

办理旅客自带行李损失赔偿时,由旅客或其继承人、代理人向铁路运输企业提出确认的证据。处理时使用“铁路旅客人身伤害事故最终处理协议书”,由事故处理协商各方签字结案。

四 事故处理报告与统计

事故处理站(车务段)在事故处理完毕后3d内向局客运主管部门报告。一般伤亡事故及以上事故处理完毕后,事故处理和发生单位应逐级向上级客运主管部门报送“事故调查处理报告”,重大及以上伤亡事故由铁路局签署意见后报铁路总公司客运主管部门。

各铁路局于每月10日以前将上月、每年1月10日以前将上年度本局处理的旅客人身伤害事故填写“铁路旅客人身伤害事故统计表”(表9-5、表9-6),报铁路总公司。

____年____月份旅客人身伤害事故统计表 表 9-5

________铁路局(公章)

伤害种类 / 人数 / 事故责任	死亡	重伤	轻伤	伤害种类 / 人数 / 事故责任	挤伤	摔伤	轧伤	跳车	烧、烫伤	石击列车	其他
铁路企业											
旅客自身											
第三人责任											
不可抗力											

续上表

伤害种类 / 人数 / 事故责任	死亡	重伤	轻伤	伤害种类 / 人数 / 事故责任	挤伤	摔伤	轧伤	跳车	烧、烫伤	石击列车	其他
其他											
人数合计											
赔偿金合计											

注:1. 当月事故统计于次月 10 日前,由铁路局客运主管部门统一报铁路总公司。

2. 本表只统计本局站车发生的事故,外局列车发生事故交本局处理的不统计。

3. 对死亡和重伤事故,须对事故发生的原因(如设备设施、管理、违章)另附说明。

填报人签字:________

填报日期:____年___月___日

年度旅客人身伤害事故统计表

表 9-6

________铁路局(公章)

伤害种类 / 人数 / 事故责任	死亡	重伤	轻伤	伤害种类 / 人数 / 事故责任	挤伤	摔伤	轧伤	跳车	烧、烫伤	石击列车	其他
铁路企业											
旅客自身											
第三人责任											
不可抗力											
其他											
人数合计											
赔偿金合计											

注:1. 当年事故统计于次年 1 月 10 日前,由铁路局客运主管部门统一报铁路总公司。

2. 本表只统计本局站车发生的事故,外局列车发生事故交本局处理的不统计。

3. 对死亡和重伤事故,须对事故发生的原因(如设备设施、管理、违章)另附说明。

填报人签字:________

填报日期:____年___月___日

第三节　行李、包裹运输事故的处理

一　行李、包裹安全运输

1. 行李、包裹安全运输的意义

行李、包裹运输是铁路客运的重要组成部分,安全、准确、及时、完整地运送行李、包裹,直接关系到人民的切身利益,也关系到铁路的声誉。因此,我们一定要做好行包的运送工作,为人民的旅行服务,为工业、农业、国防、科学技术现代化服务。

2. 行李、包裹安全运输的措施

(1)各级领导要切实加强对行李、包裹运输工作的领导,加强安全管理。站、车行李员、装卸员必须严格遵守和执行国家运输政策,以及铁路有关行李、包裹运输的规定,认真贯彻负责运输的原则，牢固树立爱货思想，做到安全、质量良好地完成行李、包裹的运输任务。

(2)发生行李、包裹运输事故要认真调查分析，及时正确处理，明确责任，制订改进措施。对长期坚持安全生产和防止事故的有功人员，应给予表扬或奖励。对违章作业、工作失职造成事故者，应给予行政处分，并追究其经济甚至法律责任。对长期安全不好的或损失严重的单位，要追究其领导者的责任。

二 行李、包裹运输事故的种类和等级

1. 行李、包裹运输事故的种类

(1)火灾。

(2)被盗(有被盗痕迹的)。

(3)丢失(全部未到或部分短少、无被盗痕迹的)。

(4)损坏(破损、湿损、变形等)。

(5)误交付。

(6)票货分离、票货不符、误装卸或顶件运输时。

(7)其他(污染、腐坏等)。

2. 行李、包裹运输事故的等级

(1)重大事故

①由于承运的行李、包裹发生火灾、爆炸，从而造成人员死亡或重伤达3人的。

②物品损失(包括其他直接损失，下同)价值超过3万元的。

③尖端保密物品、放射性物品灭失。

(2)大事故

①由于承运的行李、包裹发生火灾、爆炸，从而造成人员重伤的。

②物品损失价值达1万~3万元的。

(3)一般事故

①由于承运的行李、包裹发生火灾、爆炸的。

②物品损失价值达200~1万元的。

(4)事故苗子

在运输行李、包裹过程中(自承运时起至交付完毕时止)造成轻微损失及一般办理差错即为事故苗子。事故苗子包括以下几类：

①损失轻微，其价值不超过200元(含200元)的。

②被盗在30d内破案并追回原物，损失轻微的。

③票货分离、票货不符、误装卸及时发现纠正，未造成损失的。

④误交付及时发现并取回，未造成损失的。

⑤未按规定办理交接手续的。

⑥违反营业办理限制的。

行李、包裹运输事故的立案和调查

1. 行李、包裹运输事故的立案

行李、包裹运输发生下列情况之一者，应立案处理：

(1)行李、包裹运输发生火灾、被盗、丢失、损坏、误交付、票货分离、票货不符、误装卸或顶件运输及其他事故时。

(2)行李、包裹超过运到期限 10d,鲜活包裹超过运到期限没有运到时。

(3)行李、包裹超过运到期限没有运到或发生票货分离、票货不符、误装卸后,车站向发站拍发电报查询行李、包裹的下落,查询无结果时。

事故立案和调查处理由到站办理。行李、包裹在发站装运前全部灭失、毁损时,由发站办理。

事故立案时,车站应会同有关人员编制行李、包裹事故记录(用货运的)一式三份。一份留编制站存查;一份调查用(属于自站责任的留站存);一份交旅客或货主作为提出赔偿要求的凭证(经查询找到后交付时应收回)。

行李、包裹事故记录是铁路内部调查分析责任和处理事故的基本资料,是旅客或货主向铁路提出赔偿要求的依据。因此,必须严肃认真,详细填写,如实记载事故现状,不得虚构、假想、臆测,用词必须具体、准确、明了,书写应清楚,如有涂改必须由涂改人在改正处盖章,对事故责任无确切依据时不做结论。编制事故记录时应根据事故性质会同有关人员共同编制。如丢失、被盗事故应由车站负责人、公安人员、有关行李员及装卸人员共同编制。行李、包裹在发站或运输途中,发生行包运输事故时,有关站、车应编制客运记录一式两份。一份存查,一份随行李、包裹递送到站,作为站、车交接的凭证和到站编制事故记录的依据。如在途中全部丢失、被盗、毁损时,应将客运记录和运送票据车递挂号寄送到站。

2. 行李、包裹运输事故的调查

行李、包裹超过运到期限没有运到或发生票货分离时,到站必须立即向发站拍发电报查询并抄有关铁路局。

(1)发站接到查询电报后,应立即查找核对,如不属于本站责任,应将装车日期、车次、签收情况电复到站,并抄知接收的列车主管段。列车主管段接到电报后,如不属于本段责任,应将卸车站和卸车日期、签收情况电复到站,并抄知卸车站。有关站、段按此顺序进行查找。

对用事故记录调查的,接收站、段应将调查结果电复到站,同时应填写事故复查书(用货运的)附在记录上,转送接收的站、段继续查找。如系本站、段责任,则直接填写事故复查书随同事故记录寄送到站。

查询电报或事故记录(包裹复电和查复书)如发、收双方在同一铁路局的,应抄送主管铁路局;跨局时,应抄送有关各铁路局。

(2)站、段在接到查询电报或事故记录后,车站必须在 3d 内,段必须在 15d 内答复到站,不得拖延。否则,由拖延站、段承担事故责任。但对用事故记录调查的,如逾期不答复,到站可再次电报催问,受调查站、段自接到催问电报日起,再超过 5d 不答复时,即视作责任单位。

(3)发生火灾、被盗事故时,应及时向公安部门报案,并会同调查。

(4)发生和发现重大事故的车站及列车,应立即向铁路总公司、铁路局拍发事故速报,并抄知有关单位。

行李、包裹未到的查询、调查程序如图 9-1 所示。

四 行李、包裹运输事故的责任划分

1. 铁路与旅客、托运人、收货人责任的划分

行李、包裹从承运时至交付时止,铁路担负安全运输的责任,如发生灭失、损坏、短少、变

质、污染时铁路应负责赔偿,并在规定的运到期限内运至到站。由于下列原因造成的灭失或损坏,铁路不负赔偿责任:

(1)不可抗力,如水害、风灾、冰雹、地震、泥石流等。

(2)物品本身的自然属性或合理损耗,如枯萎、死亡、水分蒸发而产生的减量,化学制品的老化干裂,放射性同位素和短寿命生物疫苗的失效等。

(3)包装方法或容器质量不良,但从外部又不能观察发现或无规定的安全标志时。

(4)在行李、包裹中夹带有规定不能按行李、包裹托运的物品。

(5)托运人自己押运或带运的物品。

(6)旅客和托运人、收货人的过错。

由于旅客和托运人、收货人的责任给铁路造成财产损失时,应负赔偿责任。

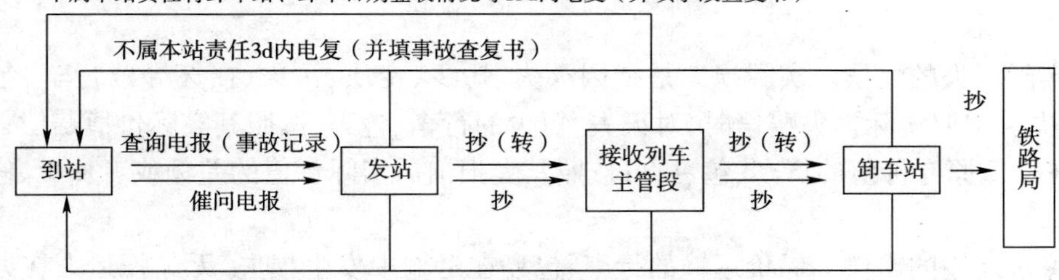

图 9-1　行李、包裹未到的查询、调查程序图

2. 承运人内部站、车责任的划分

铁路运输行李、包裹过程中,涉及铁路内部的发送站、中转站及各次列车等单位,为了判明造成行李、包裹运输事故的责任者,以便追究赔偿责任,也必须进行责任划分。

(1)直接发生事故的车站和列车,应主动承担责任。

(2)在查询过程中,未按规定期限答复时(对已查明直接责任者外),事故责任列逾期答复站、段。

(3)由于违章承运行李、包裹造成事故时,事故责任列承运站。如承运不符合规定的包装技术条件的行李、包裹时;应派人押运的包裹无押运人时,或规章允许可不派人押运的包裹,但未按规定在包裹票和托运单上由托运人自行签注"包装完好、内部破损、铁路免责"字样等。

(4)中途站对包装破损未加整修继续运送,造成事故时,事故责任列应整修而未整修的车站。对符合规定包装要求的行李、包裹,能够证明直接造成包装破损站、车的发生地,事故责任列直接造成的站、段。

(5)站、车交接时,接收方不盖规定名章或印章不清无法确认,以及接收方应签收而未签收或虽已签收但对件数、包装等情况站、车双方有异议时,而在开车后 3h 内(如区间列车运行超过 3h 不停时,为前方停车站)又未拍发电报确认的,发生事故时,事故责任列接收站、段。

(6)列车到达终点站后,超过 1h 不签收或虽未超过 1h 而列车入库,行李、包裹未卸完,发生事故时,列终点站责任。

(7)车站对无法运送的无主行李、包裹,逾期积压不报或顶件运送,应承担事故责任。

(8)由于装卸责任造成事故时,责任列装卸部门,但装卸与客运同属一个单位的除外。

(9)事故赔偿又找到原来的行李、包裹,而旅客或收货人又不愿领取时(确有欺诈行为除外),事故责任仍定原单位。

(10)由于行车事故造成的行李、包裹运输事故,由行车安全监察确定的责任单位负责。

(11)由于下列原因造成的行李、包裹运输事故,责任单位列入“其他”。

①由于列车紧急制动,造成行李、包裹损失时。

②由于托运人、收货人的责任给第三者的行李、包裹造成损失时。

③其他无法判明责任单位的事故。

(12)事故处理站在核定事故责任单位时,如发生站、车各方意见不一致,可将事故记录连同附件逐级上报,由上级机关仲裁核定。若站、车属一个铁路局管辖的,报铁路局;跨铁路局的,报铁路总公司。

五 行李、包裹运输事故赔偿

1. 赔偿标准

(1)实际损失的赔偿。实际损失是指因灭失、短少、变质、污染、损坏导致行李、包裹实际价值的损失。按照实际损失赔偿时,对灭失、短少的行李、包裹,按照其实际价值赔偿;对变质、污染、损坏降低原有价值的行李、包裹,可按照其受损前后实际价值的差额或者加工、修复费用赔偿。

(2)保价运输的赔偿。保价运输的行李、包裹在运输中发生损失,无论托运人在办理保价运输时,保价额是否与行李、包裹的实际价值相符,均应在保价额内按照损失部分的实际价值赔偿,实际损失超过保价额的部分不予赔偿。如果损失是因铁路运输企业的故意或重大过失造成的,不受保价金额的限制,按照实际损失赔偿。

行李、包裹运输事故的赔偿标准如表9-7所示。

行李、包裹运输事故的赔偿标准 表9-7

项　　目	保价物品	不保价物品	附　　记
全部灭失	按照实际赔偿,但最高不超过保价额	按照实际损失赔偿,最高不超过铁路总公司规定的赔偿限额,但由于铁路运输企业的故意或重大过失造成的,不受此限制	退还全部运费
部分灭失	按实际损失的比例赔偿	按照实际损失赔偿,最高不超过铁路总公司规定的赔偿限额,但由于铁路运输企业的故意或重大过失造成的,不受此限制	退还灭失货件重量的运费
分件保价时	按所灭失的货件实际损失赔偿,最高不超过货件保价额		退还灭失货件重量的运费
证明声明价格超过实际价格时	按照实际价格赔偿		多交的保价费不退

注:铁路总公司规定的赔偿限额为每公斤15元(含包装)。

2. 赔偿手续

(1)行李、包裹灭失、损失或超过运到期限30d尚未运到的,旅客和托运人、收货人有权向铁路提出赔偿。

(2)旅客和托运人、收货人要求赔偿时,应在有效期内提出赔偿要求书(用货运的),并附下列证件:

①行李、包裹事故记录。

②行李票或包裹票。

③证明物品内容和价格的凭证。

(3)行李、包裹运输事故经过调查,只要能够证明是铁路责任的,不论其具体事故单位是否确定,事故站均应先行办理赔偿。对需要查找下落的行李、包裹运输事故,其赔偿期限,从旅客或收货人提出赔偿要求书之日起,最迟不得超过30d。

(4)车站在受理赔偿要求时,需审核要求人的要求权利、有效期限、赔偿要求书及有关证明文件。接受赔偿要求后,应在赔偿要求书收据上加盖站名戳记和经办人规定名章,交给赔偿要求人。如经铁路审核确定责任不属于铁路不予赔偿时,处理单位应用正式文件,说明理由和依据,连同全部赔偿资料(赔偿要求除外)退给赔偿要求人,并抄知有关单位。

赔偿要求人向法院提出的诉讼案,由诉状中所列的被告出庭答辩。

3. 赔偿时限

铁路与旅客、托运人、收货人相互间要求赔偿或退补费用的有效期限为365d。有效期限由下列日期起算:

(1)全部灭失为运到期限终了的次日。

(2)部分灭失或损坏为交付的次日。

(3)给铁路造成损失时,为发生事故的次日。

(4)多收或少收运输费用,为核收该项费用的次日。

责任者自接到赔偿要求书的次日起,必须在30d内办完赔偿手续。

4. 赔偿款额清算

(1)赔款不超过200元(含200元)的,互不清算,由处理所属铁路局列销。

(2)赔款超过200元的,处理站与责任站跨铁路局的由铁路局相互间清算。

(3)责任局接到赔款通知之日起,必须在10d内办完付款手续,逾期付款每日增加0.5%的资金占用费。未按规定及时付款时,铁路局管内由铁路局、跨局由铁路总公司按季强行划拨。

(4)列其他责任的事故赔款,由处理局列支。

(5)行李、包裹事故运输赔款,不论行李、包裹是否保价,均由保价周转金支付。

六 行李、包裹运输事故的统计

(1)事故件数以一批为一件,但在同一车站或同一列车内,同时,同一原因发生的多批事故视为一批,应按一件统计。其事故等级按损失款额的总和确定。

(2)一件事故由几个单位共同承担时,事故件数由主要责任单位统计。无主要责任单位时,按发到站间的站顺,由第一个责任单位统计上报。列其他责任的,由单位统计上报。

(3)事故一律按结案日期统计。对报经上级仲裁的事故,按接到批复的当月统计。

(4)行李、包裹运输事故处理结案后,应按时逐级上报。每月填报"旅客伤亡及行李、包裹事故报告"时,行李、包裹运输事故情况各栏增加斜线。斜线上方填写保价行包内容,斜线下方填写未保价行包内容。

七 行李、包裹运输事故案卷的保管

行李、包裹运输事故结案后,对行包的案卷应整理清楚,一案一卷登记入册。事故案卷材料应包括:

(1)行李票或包裹票。

(2)行李、包裹事故记录。

(3)赔偿要求书。

(4)证明物品内容和价格的凭证。

(5)查询电报(包括复电、答复书)和有关客运记录。

(6)其他有关附件。

事故案卷应由处理单位保管。其保管期限:赔偿案卷 3 年;诉讼案卷 4 年;事故记录 2 年;客运记录 2 年;行包交接证 1 年;查询电报 1 年。

其他不随事故案卷保管的资料也要保管一定时间以备查用。

习题

一、填空题

1. 当证明进一步降低风险是不可行的或降低风险的成本与所得的利益极不相称时,才允许存在的风险称为(　　)。

2. 在铁路旅客运输中因意外事件致使铁路运输不能正常进行的称(　　)。

3. 旅客人身伤害事故的种类,根据伤害情况可分为(　　)、(　　)、(　　)三种。

4. 行李、包裹运输事故的等级一般分为(　　)、(　　)、(　　)、(　　)四大类。

5. 行李、包裹运输事故的赔偿包括(　　)的赔偿和(　　)的赔偿。

二、判断题

1. 事故赔偿一般应在始发站办理,特殊情况也可由终到站办理。(　　)

2. 列车上发生旅客人身伤害事故,应当将受伤旅客移交三等以上车站处理。(　　)

3. 因第三人责任造成旅客伤害时,应由第三人负责。第三人不明确或无赔偿能力,旅客有权要求承运人代为先行赔偿。(　　)

4. 铁路运输企业和旅客可以书面约定高于规定的赔偿责任限额。(　　)

5. 因列车上抛掷物体导致沿线当班人员伤亡的,列职工本人责任。(　　)

三、简答题

1. 运输阻碍的种类及造成原因有哪些? 发生运输阻碍应如何处理?

2. 旅客人身伤害事故的种类与等级如何划分?

3. 旅客人身伤害事故的责任主要有哪几种? 如何划分?

4. 行李、包裹运输事故种类和等级如何划分? 保证行李、包裹安全运输的措施有哪些?

5. 简述突发事件应急救援的基本任务。

第十章　铁路客运记录及电报

【学习目标】

1. 了解铁路客运记录及电报的填写规定。

2. 了解铁路客运记录及电报的拍发范围。

3. 掌握客运记录的编制和电报的拍发方法。

第一节　铁路客运记录

客运记录是指在旅客或行李、包裹运输过程中因特殊情况，承运人与旅客、托运人、收货人之间需记载某种事项或车站与列车之间办理业务交接的文字凭证。

一　铁路客运记录的填写规定

(1)据实填写，事项齐全。编写的客运记录应内容准确、具体、详细、齐全、完整，如实反映情况，不得虚构、假想、臆测。如涉及旅客车票时，应有发到站、票号；涉及行李、包裹票时，除应有发到站、票号外，还应有旅客、发(收)货人姓名、单位、物品品名、数量、重量等，不得漏项。

(2)语言简练，书写清楚。记录语言要简明扼要，条理清楚，说明问题。字体要清楚，不得潦草，不写自造简化字。

(3)客运记录应有顺序编号，加盖编制人名章。客运记录一式两份，一份交接收人，另一份由接收人签字后自己留存。对留存的应装订成册，妥善保管，以备存查。

二　铁路客运记录的编写范围

1. 列车编写客运记录的范围

(1)卧铺发售重号，列车应尽量安排同等席别的其他铺位，没有空位时，应编制客运记录交旅客，由到站退还卧铺票价，不收退票费。

(2)因承运人责任使旅客不能按票面记载的日期、车次、座别、铺别乘车时，列车应重新妥善安排。重新安排的列车、座席、铺位低于原票等级时，应退还票价差额，不收退票费。在列车上发生时应编制客运记录。

(3)发生车票误售、误购，应退还票价时，列车应编制客运记录交旅客，作为乘车至正当到站要求退还票价差额的凭证。

(4)旅客误乘列车或坐过了站，列车交前方停车站免费送回时。

(5)旅客丢失车票，另行购票或补票后又找到原票时，列车长应编制客运记录交旅客，作为在到站出站前向到站要求退还后补票价的依据。

(6)对无票乘车而又拒绝补票的人，列车长可责令其下车并编制客运记录交县、市所在地车站或三等以上车站处理(其到站近于上述到站时应交到站处理)时。

(7)在列车上，旅客因病不能继续旅行，列车长应编制客运记录交中途有医疗条件的车站转送医院治疗时。

(8)因铁路责任,致使旅客在中途站办理退票,退还票价差额时。

(9)发现旅客携带国家禁止或限制运输的物品、危险品乘车,移交最近前方停车站或有关车站处理时。

(10)旅客携带品超过规定范围(危险品除外),无钱或拒绝补交运费,移交旅客到站或换车站处理时。

(11)向查找站或列车终到站转送旅客遗失品,与车站办理遗失物品交接手续时。

(12)旅客在列车内发生因病死亡,移交县、市所在地或较大车站处理时。

(13)列车内发现无人护送的精神病患者,移交到站或换车站时。

(14)因意外伤害(包括区间坠车),招致旅客伤亡,移交有关车站处理时。

(15)发现违章使用铁路职工乘车证,上报路局收入部门处理时。

(16)列车接到行、包托运人要求在发站取消托运,将行、包运回发站时。

(17)列车接到发站行李、包裹变更运输(包括行李误运)电报时,应编制客运记录,连同行李、包裹和运输报单,交前方营业站或运至新到站(需中转时,移交前方中转站继续运送),旅客在列车上要求变更时,同样办理。

(18)列车上发现装载的行李、包裹品名不符,或实际重量与票面记载的重量不符,移交到站或前方停车站处理时。

(19)列车对已装运的无票运输行李、包裹,应编制客运记录,交到站处理时。

(20)列车内发现旅客因误购、误售车票而误运行李时,如其托运的行李在本列车装运,应编制客运记录,交前方营业站或中转站向正当到站转运时。

(21)行李、包裹在运输途中发生事故,移交到站处理时。

(22)其他应与车站办理的交接事项。

2. 车站编写客运记录的范围

(1)发生误售、误购车票需退还票价的,在中途站、原票到站发现时。

(2)将旅客遗失物品向查找站转送时。

(3)旅客在车站发生意外伤害时。

(4)车站向铁路局收入部门寄送因违章乘车所查扣的铁路乘车票证时。

(5)行李、包裹票货分离,需转送行李、包裹或票据时。

(6)行李、包裹票货分离,部分按时到达交付,部分逾期时。

(7)行李、包裹装运后,旅客或托运人在发站提出要求运回发站取消托运时。

(8)行包所在站接到行包变更运输的电报,转运行包时。

(9)车站发现伪报品名的行李、包裹损坏其他行李、包裹时。

(10)在中途站(中转站)、原票到站处理因误售、误购车票而误运的行李时。

(11)线路中断,列车停止运行后,鲜活包裹在途中被阻,托运人要求被阻站处理时。

(12)在发站或中途站,行李、包裹发生事故或需要说明物品现状时。

(13)行李未到,办理转运手续后,逾期到达时。

第二节　铁路电报

铁路电报是铁路部门之间处理铁路紧急公务的通信工具。

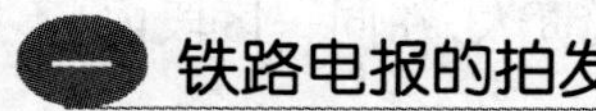

铁路电报的拍发规定

1. 铁路电报的等级

铁路电报的等级按电报的性质和急缓程度分为以下六种：

(1)特急电报(T)，指非常紧急的命令、指示，处理重大事故、大事故、人身伤亡事故、重大灾害及敌情的电报。

(2)急报(J)，指铁路总公司、部属公司、铁路局的紧急命令、指示，时间紧迫的会议通知、列车改点、变更到站和收货人、车辆甩挂、超限货物运行及行车设备施工、停用、开通、限速的电报，国际公务电报及其他时间紧迫的电报。

(3)限时电报(X)，指限定时间到达的电报。根据需要与可能，由用户与电报所商定，在附注栏内填记送交收电单位的时间，如限时 8:30，应写“XS8:30”。

(4)列车电报(L)，指处理列车业务，必须在列车到达以前或在列车到达当时送交用户的电报。

(5)银行汇款电报(K)，指银行办理铁路汇款业务，按急报处理。

(6)普通电报(P)，指上述五类以外的电报。

2. 发报权限、范围和内容限制

(1)发报权限

铁路总公司规定，下列铁路单位和单位负责人(包括同级政府部门)有权拍发电报：

①部、部属公司、局及其他部属单位(包括部内各局、司，局、院各处及同级单位)。

②基层单位的站、段、厂、场、院、校、队、所及同级单位和铁路总公司、铁路局的驻在单位。

③出差和执行各项列车乘务工作的负责人员。

④与运输有直接关系的基层单位所属部门需要拍发电报时，由铁路局批准。

(2)发报范围

拍发电报只限向全路有线电报通信网能够通达的范围内：

①铁路总公司(包括部内各局级单位)及直属单位发报范围不限。

②部属单位可发至全路各同级单位，但不得发全路各站段。

③其他单位只能发至本局和外局有关单位。

④基层单位不得向所属车间、工区、班组拍发电报。特殊情况需要拍发时，由铁路局批准。

⑤发给路外单位和铁路出差、乘务人员的电报，必须指定能够代其负责收转的铁路单位，但不得指定电报所。

(3)电报内容限制

拍发电报时，电文涉及的事项必须是工作范围的内容。如遇下列情况，不准拍发电报：

①处理个人私事(由组织领导上处理个人问题不在此限)的电报。

②已经有文电的重复通知。

③挑战书、应战书、倡议书、感谢信的电报。

④公用乘车证丢失声明的电报。

⑤由于工作不协调，互相申告(执行列车乘务工作的负责人，在列车运行中向上级领导汇报列车运行中发生的问题不在此限)的电报。

⑥报捷、祝贺、吊唁(铁路局及以上单位或负责人不在此限)的电报。

⑦推销产品、书刊及广告类的电报。执行列车乘务工作的负责人，在同一区段内，不得重复拍发同一内容的电报。

(4)使用铁路电报注意事项

拍发电报必须使用铁路电报纸。编拟电报稿应使用规定的文字、符号、记号（即汉字及标点符号，汉语拼音字母，阿拉伯数字，规定有电报符号的记号和能用标准电码本译成四码的记号和字母），收电单位明确，电文通顺，文字力求简练，标点符号完整，字体清晰，并在原稿上填写拟稿人姓名和电话号码。电报稿左上角应有收、抄报单位，右下角有发报单位本部门电报编号、日期，并应加盖公章、名章或字。

 铁路电报的拍发范围

1. 列车电报拍发范围

旅客列车遇有下述情况时，列车长应拍发电报：

(1)因误售、误购车票而误运行李，行李又未在本列车装运，列车通知原到站向正当到站转运时。

(2)列车超员，通知有关部门和前方停车站采取控制客流措施时。

(3)列车行包满载，通知前方有关停车营业站停止装运行包时。

(4)遇有特殊情况，列车途中发生餐料不足，通知前方列车（客运）段补充餐料时。

(5)餐车电冰箱发生故障，通知前方列车（客运）段或车站协助加冰时。

(6)列车在中途站因车辆发生故障甩车或空调车发生故障不能修复，通知前方各停车站并汇报有关上级部门时。

(7)列车广播设备中途发生故障，通知前方广播工区派员前来处理时。

(8)专运等列车在中途站临时需要补燃料（煤、油等），通知前方列车段或客运段补充时。

(9)列车运行中因发生意外伤害，招致旅客重伤或死亡，应立即向有关铁路局、车务段（中心站）拍发事故速报时。

(10)列车发生或发现重大行包事故后，应立即向铁路总公司和有关铁路局拍发事故速报时。

(11)站、车之间办理行李、包裹交接时，接受方未按规定签收，但双方对装卸的件数、包装等情况产生异议，向当事站拍发电报声明时。

(12)列车内发生运输收入现金、客票票据丢失、被盗和短少等事故，向路局收入部门和公安部门报案，通知有关单位协助查扣时。

(13)列车发生爆炸、火灾及重大刑事案件等突发事件，须迅速报告上级部门处理时。

(14)列车上发生旅客食物中毒，向所属铁路局或前方铁路疾控所报告时。

(15)遇其他紧急情况，需要迅速报告时。

2. 车站拍发铁路电报范围

(1)车站发现少收票款时。

(2)到站发现少收票款时。

(3)线路中断列车停止运行后，向上级汇报时。

(4)因发生意外伤害，招致旅客重伤或死亡时。

(5)发生票货分离、票货不符，需查找下落时。

(6)发生票货分离、顶件运输,需声明纠正时。

(7)行李、包裹装运后,托运人在发站要求变更到站时。

(8)行李、包裹装运后,托运人要求运回发站取消托运时。

(9)中途站发现行李、包裹中有国家禁止或限制运输的物品和危险品时。

(10)到站发现伪报一般货物品名时。

(11)到站发现重量不符,补收运费差额后,发电报通知发站和双方收入管理部门时。

(12)到站发现重量不符,需退还运费差额,发电报通知发站办理并报告双方收入管理部门时。

(13)站、车对装卸的行李、包裹,因故未办理交接手续时。

(14)到站查询逾期未到的行李、包裹时。

(15)车站对查询逾期行李、包裹电报的复电时。

(16)发站向到站通报笨重货件装运及要求组织卸车的电报时。

(17)列车遇特殊情况在中途站向车站借票时,列车长应与车站办理借票手续,出借票据的车站应发电报向有关收入部门、站段报告借票情况时。

第三节　铁路客运记录编写及电报拍发实例

一　铁路客运记录的编写实例

[例 10-1]　××年 6 月 8 日 1527 次(北京西—信阳)列车进入许昌站二站台 2 股道,下车旅客××(女,36 岁,许昌电信局职工),持北京西—许昌硬座普快票,票号 00C007006。她为了省时、省力,慌张地横跨线路时,摔倒在 1 股道钢轨上,前额破口 5 厘米,血流不止,并已昏迷。经简单包扎抢救后,送中心医院治疗。许昌站编制客运记录如表 10-1 所示。

[例 10-2]　××年 7 月 18 日,大同列车段值乘的大同开往北京 1638 次列车由张家口南站开出后,一名女旅客突发急病休克。列车广播找医生诊治后未见好转,移交宣化站送医院抢救。该旅客身份不明,其上衣装有人民币 260 元及大同至北京 00A001008 号硬座客快票,携带约两周岁男孩一名,提包一个。编制客运记录如表 10-2 所示。

[例 10-3]　××年 5 月 3 日,郑州客运段值乘的郑州开往广州东的 K259 次列车,岳阳开车 30 分钟后,车上有六位旅客出现了上吐下泻、头晕恶心的现象。该六位旅客自述食用了岳阳车站出售的盒饭(前方停车站长沙站)。编制客运记录如表 10-3 所示。

二　铁路电报的编写实例

[例 10-4]　列车超员电报。

石家庄客运段值乘的由北京西经郑州、洛阳东、襄樊到重庆的××××次列车过郑州时有大批农民工上车到达州,致使列车硬座超员率达 70%(实际定员 1062 人,现车内人数 1806 人),列车长于该站拍发超员电报,见表 10-4。

[例 10-5]　误运行李电报。

××年 7 月 12 日,太原客运段值乘的太原经石家庄、德州开往上海的××××次列车到石家庄北站前,列车长验票时发现旅客李国增持阳泉至常州车票,正当到站为沧州站,.因误购车票以致误运行李一件，重50kg，票号00D058796，经查找行李未在本列车装运，列车长于石家庄北站拍发电报，见表10-5。

交许昌中心医院的客运记录　　表10-1

<table>
<tr><td colspan="2">郑　州　铁路局　　客统-1
●客 运 记 录
第74号</td></tr>
<tr><td colspan="2">记录事由：移交受伤旅客</td></tr>
<tr><td colspan="2">许昌中心医院：</td></tr>
<tr><td colspan="2">6月8日1527次列车正点进入我二站台2股道，下车旅客××（女，36岁，持北京西至许昌硬座普快票，票号00C007006），横跨线路时，摔倒在1股道钢轨上，前额破口5厘米，血流不止，并昏迷。我站进行了简单包扎后，现送你医院予以治疗。治疗费用由我站垫付。</td></tr>
<tr><td>注：1. 站、车要编制记录时均适用。
2. 本记录不能作为乘车凭证。</td><td>许昌站段编制人员　（印）
站段签收人员　（印）
××年6月8日编制</td></tr>
</table>

交宣化站的客运记录　　表10-2

<table>
<tr><td colspan="2">北　京　铁路局　　客统-1
●客 运 记 录
第102号</td></tr>
<tr><td colspan="2">记录事由：移交急病旅客</td></tr>
<tr><td colspan="2">宣化站：</td></tr>
<tr><td colspan="2">7月18日我车由张家口南站开车后，该旅客突发急病休克。经找医生诊治未见好转，现移交你站，请按章送医院抢救。</td></tr>
<tr><td colspan="2">该旅客姓名、住址等不详，携带的两周岁男孩壹名，人民币贰佰陆拾元整，提包一个（内装衣服五件及食品），并持大同至北京有效硬座客快票一张，票号00A001008。</td></tr>
<tr><td>注：1. 站、车要编制记录时均适用。
2. 本记录不能作为乘车凭证。</td><td>大同站段编制人员1638次列车长（印）
站段签收人员　（印）
××年7月18日编制</td></tr>
</table>

交长沙站的客运记录　表 10-3

郑　州　铁路局　客统-1

●客 运 记 录

第 03 号

记录事由:移交食物中毒旅客

长沙站:

××年 5 月 3 日,郑州开往广州东的 K259 次列车上有六位旅客自述食用了岳阳车站出售的盒饭,岳阳开车半小时后出现上吐下泻、头晕恶心的现象。列车已通过广播寻找医生进行了积极救治,食物及呕吐物已封存。现交贵站,请按章处理。

附:旅客(××,性别×,年龄××,×族,××××单位,家庭住址××××,持××至××站有效客票,票号××××,身份证号码××……××,携带品××××。)

注:1. 站、车要编制记录时均适用。
2. 本记录不能作为乘车凭证。

郑州站段编制人员　K259 次列车长(印)
站段签收人员　(印)
××年 5 月 3 日编制

超 员 电 报　表 10-4

铁 路 电 报

发报所	电报号码	等级	词数	日	时分	附注

主送:洛阳东至达州间××××次各停车站

抄送:铁路总公司运输局客运管理处、客调,郑州、武汉、成都、北京局客运处、客调,石家庄客运段

1 月 9 日过郑州××××次列车超员严重,硬座实际定员 1062 人,现车内人数 1806 人(其中襄樊以远直通客流 1500 人),超员率达 70%,请各站严格控制售票,以确保列车安全正点。

石重五组(2014)第 389 号
××××次列车长(印)
××年 1 月 9 日于郑州站

误运行李电报 表10-5

铁路电报						
发报所	电报号码	等级	词数	日	时分	附注
主送:阳泉站行包房、常州站营业部						
抄送:沧州站、太原客运段						
7月12日,我车验票时发现旅客李国增持阳泉至常州车票,其正当到站为沧州,因误购车票以致误运行李一件,重50kg,票号00D058796。其车票我已按章处理,该旅客在德州下车去沧州,请接电后将误运的行李转送到沧州站。						
太沪2组(2014)第232号						
××××次列车长(印)						
××年7月12日于石家庄北站						

习题

一、填空题

1. 客运记录应有(　　),并加盖编制人名章。其编制一般是一式(　　)份。

2. 铁路电报的等级按电报的性质和急缓程度可以分为(　　)、(　　)、(　　)、(　　)、(　　)、(　　)六种。

3. 处理列车业务,必须在列车到达以前或在列车到达当时送交用户的电报称(　　)。

4. 列车电报的代号是(　　)。

5. 限时电报的代号是(　　),如果用户与电报所商定,该限时电报必须在10:30送交收电单位时,在电报附注栏应填写(　　)。

二、判断题

1. 车厢严重超员时,值乘该车厢的列车员可以向有关部门拍发超员电报。　(　　)

2. 旅客携带品超过规定重量,拒绝补交运费时,列车长应编制客运记录移交前方停车站处理。　(　　)

3. 行李、包裹在运输途中发生事故,应编制客运记录移交到站处理。　(　　)

4. 限时电报,是根据用户指定时间送交收电单位的电报。　(　　)

5. 执行列车乘务工作的负责人,在同一区段内,不得重复拍发同一内容的电报。　(　　)

三、简答题

1. 什么是客运记录?其用途是什么?

2. 铁路电报主、抄送单位指哪些单位?

3. 铁路客运记录的编写规定有哪些?

4. 铁路电报的等级有哪些?

5. 铁路车站、列车编写客运记录的范围有哪些区别?

第十一章　铁路军事旅客运输

【学习目标】

1. 了解铁路军事运输的意义、特点。
2. 掌握铁路军事旅客运输计费、付费办法。
3. 了解军事运输的种类与等级。
4. 熟悉军运号码的分类与组成。
5. 会办理新老兵运输。

第一节　概　　述

一　军事代表机构的设置

我国执行军事交通工作的军事代表机构，是在抗美援朝初期建立起来的，几经变革后，其基本组织形式逐步合理与完善。在铁路局（集团公司）和主要车站派设驻局、车站军事代表办事处。在总后勤部和军区联勤部都设有军事交通运输部，负责对军代处进行业务管理。

二　铁路军事运输的意义及特点

铁路军事旅客运输是国家运输的重要组成部分。组织好军事运输是保障部队行动的重要手段，也是铁路和军队各有关部门的共同任务。

铁路军事运输受现代战争和国家铁路运输体制的制约，有以下主要特点：

（1）统一计划，集中指挥。军队所固有的高度统一性和铁路所具有的特殊性质，决定了铁路军事运输必须纳入国家统一的运输计划，由总部、军区分级管理，其运输组织实行高度集中的调度指挥。

（2）涉及部门多，协同工作复杂。铁路军事运输本身是一个系统工程，涉及部队、铁路和地方政府。就部队而言，上至军委作战意图，下至有装卸任务的每一个单位；在铁路系统涉及运输、机务、工务、车辆、电务和公安系统；在地方政府也涉及粮食、燃料、军供和各级支前组织。由于涉及的部门多，关系复杂，组织协同就成了铁路军事运输组织工作的一项重要内容。

（3）紧急运输多，工作难度大。战争的突发性是现代战争的特点之一，突然袭击，先发制人是战争的惯用手段。战争的突发性使临战准备时间大为缩短；战场形势瞬息万变，使作战物资运输的时间、地点、去向均很难把握。有时为达成某一战略、战役企图，部队实施行动往往是极其隐蔽而突然的。因此，运输任务突然下达，时限紧，形成紧急运输多，另外，应付突发事件、抢险救灾、保护国家的安全和人民的生命财产，是军队义不容辞的职责，也是产生紧急运输的一个原因。要想在运输准备时间短促的情况下，迅速拟好运输计划，协调各方关系，准备大量的车辆、器材，保证输送任务的完成，其组织工作的难度是相当大的。

现代战争对军事运输的依赖性越来越大，研究和揭示铁路军事运输方针、原则，有益于我们针对新情况、新问题采取相应对策，努力提高铁路军事运输的快速反应和综合保障能力。铁路军事运输以国家运力为依托，按照“统一计划、保障重点、迅速准确、安全保密、经济合理”的方针组织实施。铁路军事运输应当坚持为部队服务、为国防建设服务的宗旨，遵循统一组织、统筹计划、集中指挥、按级负责的原则，适应国防建设和现代战争的需要。当前，铁路改革不断深入，特别是在实行铁路局资产经营责任制新形势下，要继续把军事运输的工作摆在重要位置，认真贯彻执行军事运输的各项法规制度；加强国防教育，坚持军事运输为国防和部队建设服务的宗旨，正确处理经济效益与军事效益的关系。自觉做到不管企业的管理体制怎么变，承担的国防义务不能变；不管经营方式怎么变，军事运输的指令性地位不能变。不管运输组织方式怎么变，应急输送中“一切服从军事需要”的原则不能变。确保军事运输和建设的健康发展，确保迅速、准确、安全、保密地完成各项军事运输任务。

 军运事故

在军事运输过程中，发生非正常人员伤亡、物资损失和延误军事运输任务的事件，均构成军运事故。军运事故分以下三类：

（1）人员伤亡，指乘车或押运人员当场死亡或重伤住院治疗者。

（2）物资损失，指军运物资的丢失、损坏，不能使用或需要入厂检查修理，军马等有生动物死亡。

（3）特殊运输发生迂回、越站、错到及漏加装分卸等情况。

第二节　铁路军事旅客运输计费、付费

 概述

为统一铁路军事运输计费、付费办法，加强军运运价管理，根据国家有关政策规定，结合军事运输实际，制定铁路军事运输计费、付费办法。

国家铁路（包括特定运营线、临时运营线）军运运价，由铁路总公司、总后勤部根据国家有关规定制定。

地方铁路军运运价，由铁路总公司授权机构与所在军区后勤部会同省、自治区、直辖市物价主管部门制定，报上级主管部门备案。

铁路军事运输产生的费用，实行“后付”和“现付”两种付费方式。“后付”由运费主管部门定期向铁路部门清算；“现付”按铁路总公司有关规定，实行同类物资的商运运价，由托运单位直接向车站支付。

铁路军运运价属于指令性运价，未经运价主管部门批准，任何地区、部门、单位不得擅自提价或额外收取其他费用。

任何单位或个人不得以军运名义办理军运范围以外的运输或代地方办理运输。

对违反军运规定的，发站可拒绝承运。如果已经发运，经铁路和军交运输部门确认后到站可按《铁路货物运价规则》规定运价的两倍向收货单位另外收取运费。已按军运后付办理的运输，由计划审批单位向计划提报单位追回已支付的运费。

二 后付人员运输计费

凡按后付办理的人员运输，依据铁路军事运输计费付费办法附件的“军运人员票价表”，按下列规定计费：

（1）客车按车辆定员的座别、铺别票价（硬卧按中铺，软卧按包房）分别计费，每批不够整车的剩余人员按实乘人数、座（铺）别票价计费。发生换乘时，均按首次乘坐列车的种类、席别票价计费，不分段计算。首次乘车使用优质优价旅客列车（含旅游列车，准高速列车），按照列车种类、席别，依据“军运人员票价表”加价 50% 计算全程票价。

（2）公务车按 18 人（米轨按 15 人）定员的软座票价和高级包房的卧铺票价计费。

（3）军用卫生列车（包括伤员车、手术车、行李车、餐车、硬座车），每车按 75 人（米轨按 25 人）定员的硬座票价计费。

（4）使用固定客车底运送新、老兵，每批按实际发到站和实乘人数、座（铺）别的票价计费。

（5）棚车代用客车，不分车辆吨位与实乘人数，每车按 45 人（米轨按 30 人）硬座票价计费。乘坐棚车代用客车一般中途不得换乘客车。遇特殊情况必须换乘时，需经驻铁路局军事代表办事处（以下简称局军代处）与铁路局协商认可后，可凭原票换乘，不另计费。

（6）用铁路客车、卧车、公务车、行李车、邮政车、合造车、餐车需在中途或折返站停留时，应经驻铁路局军代处与铁路局协商确定。包车停留费和餐车使用费按《铁路旅客运输规程》的有关规定核收。

（7）自备车辆或租用铁路车辆运送人员挂运在铁路货物列车上，棚车代用客车按 45 人（米轨按 30 人），客车按车辆定员的座（铺）别，以军运人员票价的 80% 计费。

人员运输运价里程的计算：使用旅客列车运送人员或挂运在旅客列车上的车辆，按客运运价里程计算；军运人员专列（不含人、货混合列车）按实际经由的客运运价里程计算，其他均按货运运价里程计算。

三 后付办理与清算

1. 后付的办理

“铁路军运费后付凭证”（以下简称后付凭证，见表 11-1）是办理后付运输和结算运费的凭据。军交运输部门归口结算的后付凭证（黑色印刷）由总后勤部统一印制，并加盖“中国人民解放军总后勤部军运后付专用章”。托运单位使用时，除按《科学尖端保密产品、国防保密物资运输警卫工作规定》办理和上级有特殊要求的运输加盖部队负责人、经办人印章外，必须加盖托运单位公章和经办人印章。

单独使用客车、自备客车的托运单位根据批准运输计划凭后付凭证到客运部门办理后付运输，并按下列规定填写后付凭证：

（1）一般运输填写日期、军运号码、付费号码、托运部门代号、收货部队代号、发站、到站、车种、吨位、请求车数、物资实重等栏。

（2）重点、特殊运输，不填写到站和收货部队代号；以客车运送的整车人员，物资实重栏填写定员数，不够整车的剩余人员和使用固定客车底运送新、老兵时，物资实重栏填写实乘人数。

（3）部队输送训练用车，须在后付凭证右上端注明“输送训练”字样。

（4）国内外相互间的运输，在后付凭证右上端注明“出（入）境”字样。

(5)对未填写发到站的后付凭证，车站报铁路局财务处(收入处)转驻局军代处填写，由铁路局财务处(收入处)计算运费。

(6)后付凭证必须用蓝、黑墨水填写。填写有误时，应在错处划两条红色横线予以更正，并加盖经办人印章。

2. 铁路军运后付客票的填写

铁路军运后付客票以现行的“代用票”代替。后付客票由车站客运部门填写，始发站不办理客运或人员、物资一起运输时，后付客票由货运部门填写。其填写方法如下：

(1)后付客票按批填写，每批一票。

(2)重点以上运输的后付客票，不填写到站和收货部队。

(3)按《科学尖端保密产品、国防保密物资运输警卫工作规定》和上级有特殊要求办理的运输，后付客票不填写发站、到站、发货部队、收货部队，不盖站名戳，只盖不带站名的经办人印章，并在记事栏注明“w”标记。

(4)未填发、到站的后付客票，由铁路局财务处(收入处)根据驻局军代处提供的发、到站填写。

后付客票(代用票)只填写乙丙两联，丙联发站按日汇总与后付凭证一起报铁路局财务处(收入处)。旅客列车运送的人员客票乙联由客运部门交乘车部队作为乘车凭证；非旅客列车运送人员时，后付客票乙联用票据封套签封后(重点以上运输，封套加盖无站名“密”字章)交运转车长带至到站，到站报所属局财务处(收入处)；中途换乘旅客列车时，由运转车长或车站将客票乙联交部队凭此换乘。

3. 后付的结算

后付运费按下列要求进行结算：

(1)铁路局财务处(收入处)根据驻局军代处提供的“本区”、“外区”的付费号码，对车站上报的后付凭证与客票进行审核汇总，按附表一编“本区”和“外区”月份军运费清算表，“本区”一式三份、“外区”一式四份，连同后付凭证送驻局军代处审核签证。

(2)驻局军代处对后付凭证审核后，按开支单位和“本区”、“外区”进行统计汇总，编制“月份后付凭证统计表”，与铁路局编制的“月份军运费清算表”核对无误后在“月份军运费清算表”上加盖单位公章和审核部门领导、经办人印章，报送有关单位：

①本区“月份军运费清算表”于月度终了15d内退铁路局财务(收入处)一份，报军区后勤部军交运输部一份，留存一份。同时向军区后勤部军交运输部报送“本区”月份后付凭证统计封面及数据盘。军区后勤部审核后与铁路局清算运费。

②外区“月份军运费清算表”于月度终了15d内退铁路局财务(收入处)两份，报总后勤部军交运输部一份，留存一份。同时向总后勤部军交运输部报送“外区’月份后付凭证统计封面、有关后付凭证及数据盘。

(3)铁路局财务处(收入处)于月度终了20d内向铁路总公司财务司报送经驻局军代处签证的“外区”月份军运费清算表一份，并按季汇总编制“季度军运费清算表”一式两份。在“部局收入清算单”中报铁路总公司结算记账运费项目内反映。

(4)铁路总公司财务司按各铁路局财务处(收入处)上报的“外区”月份军运费清算表，按季与总后军交运输部清算。

(5)后付运费应及时结算，具体结算日期和手续由总后勤部、军区后勤部军交运输部与铁路总公司、铁路局协商确定。

(6)签退后的“月份军运费清算表”，如发现差错，应在下月清算表中更正。

铁路军运费后付凭证填写样例如表11-1所示。

铁路军运费后付凭证填写样例(正面) 表11-1a)

铁路军运费后付凭证

6078959

2012年10月5日

军运号码	821000	托运部队代号	81001部队	发 站	沈 阳
付费号码	211	收货部队代号		到 站	

车种	吨位(定员)	请求车数	物资实重(吨、辆、人)	实用车数	计费人(吨)数	里程	价率	运费
软卧	32	1	30	1	32			
硬座	118	1	120	1	120			
承运日期		2012年10月6日		合计金额				

托运单位(负责人)

部队经办人________发站站名日期戳________发站经办人________

铁路军运费后付凭证填写样例(背面) 表11-1b)

部队注意事项

一、粗线内各栏由托运部队填写；

二、"部队代号"填写规定的代号，无代号者填写单位名称；

三、"物资实重"栏一般物资按吨，车辆类按辆，人员按名；

四、除有特殊要求的运输加盖部队负责人印章外，其他运输均加盖托运单位公章。

	车种	吨位	车号	车种	吨位	车号	车种	吨位	车号	车种	吨位	车号
使用车辆记录栏	RW	32	50975									
	YZ	118	20443									
记事栏	挂7日4276次 实乘人数150人											

车站注意事项

一、细线内各栏由车站填写；

二、凭军交运输部门通话记录办理的事宜，必须在凭证记事栏内注明通话内容、单位、姓名及记录文号；

三、无付费号码的付费凭证无效。

四 现付办理、票据填记及计费

1.现付办理

军运现付计费证明(表11-2)是部队办理军事运输的凭据，由总后勤部军事交通运输部、军区后勤部军交运输部按规定样式印制,部队凭军运计划提报单位介绍信领用。按现付办理的军事运输(单独使用客车,自备客车),托运单位根据月度军运计划,凭加盖团以上单位公章和经办人印章的军运现付计费证明到客运部门办理要车手续。

军运现付计费证明

表 11-2

No. :000001 2012 年 10 月 8 日

军运号码	620001	发站(港)	沈阳	到站(港)	长春
物资种类	人员	车数	硬座 1 辆	重(数)量	110 人
发货部队代号	81001 部队	收货部队代号	81001 部队	押运人数	
记 事	定员 118 人　　挂运 10 月 10 日××××次				

注:零担运输不填军运号码。

发货部队(代号)公章:　　　　经办人:

2. 现付有关票据的填记与计费

(1)现付证明的填写

托运部队填写军运号码、发站部队代号、收货部队代号、请求车种、车数,重(数)量栏填写实际乘车人数,记事栏注明有关要求(乘坐代客车注明禁溜),记明请车日期,加盖托运部队公章和经办人名章。

(2)军运现付的计费及票据填写

车站客运部门根据托运部队提供的“军运现付计费证明”,按《铁路旅客运输规程》规定的计费条件和铁路旅客票价计费,托运单位直接向车站支付,并使用代用票制票。事由栏填写“军现”,在记事栏注明军运号码、军运现付计费证明编号、车号(乘坐代客车时,注明实乘人数),其他栏根据实际填写。

代用票甲联车站留存,乙联交部队作为乘车凭证,丙联与现付证明一同上报。

第三节　军运人员运输

军运人员运输是铁路军事运输的重要组成部分。凡属军运人员运输,无论使用客车、代客车或自备客车,部队均应于起运前 5d,派员携带运输计划和有关资料到所在分局军代处商定乘车计划,安排运输有关事宜。

一　铁路军事运输种类及等级

1. 军事运输种类

铁路军事运输按运输种类分为人员运输和物资运输;按运输性质分为战备运输和日常运输。

2. 军运人员运输范围

(1)部(分)队(含预备役)调动、参战民兵(工)、民兵高炮分队打靶。

(2)军队机关、院校、医院、仓库、在编军工厂的搬迁。

(3)兵员补退,伤病员后送,战俘遣送。

(4)军以上机关批准的执行其他军事任务的人员运输。

3. 军事运输等级

军事运输根据任务性质和物资品类分为特殊运输、重点运输和一般运输三个等级。

(1)特殊运输。特殊运输是指重要的或紧急的运输,它是铁路军事运输中最高等级的运输。

(2)重点运输。重点运输是指重要的人员运输和重要的装备、物资运输,其重要程度仅次于特殊运输。

(3)一般运输。一般运输是指不属于特殊、重点运输的物资运输,其重要程度又次于重点运输。

4. 军运号码与付费号码

(1)军运号码。军运号码是核准运输计划和区分运输种类、运输等级和物资品类的标志,也是军队、铁路和各有关部门在运输过程中调度指挥和联系工作的代号。军运号码由总后勤部军交部统一编制,每一批运输由核准计划的军交部门签发一个军运号码。

①军运号码的分类:

a. 按运输种类分为:人员军运号码和物资军运号码。

b. 按运输等级分为:特殊运输军运号码、重点运输军运号码、一般运输军运号码。

c. 按计划性质分为:基本运输军运号码、临时运输军运号码。

②军运号码的组成:

现行军运号码由阿拉伯数字组成。人员军运号码由六位整数组成,物资军运号码由分数组成。人员军运号码中,基本计划军运号码的首位数字表示等级;特殊运输军运号码首位数字为“8”,如820001;重点运输首位数字为“9”,如920001;临时计划军运号码的首位数字为“0”,第二位数字表示运输等级,“8”表示特殊运输,“9”表示重点运输,第三位表示承办单位,如082001、091001;新兵运输军运号码首位数字为“4”,铁路水路联运军运号码首位数字为“5”,如421001、521001。在新兵运输中,没有临时计划,也没有特殊运输,不论第一位是“4”或“5”,都是重点运输。

物资运输号码由分数组成。分子是三位数的为重点以上的运输,分子是两位数的为一般运输,分母第一位为“0”的是临时计划的军运号码,如855/07731。

(2)付费号码。军运付费分为后付和现付两种。后付凭“铁路军运费后付凭证”办理,现付凭军运现付计费证明办理。按后付办理的运输,由批准计划单位在批给军运号码的同时,批给付费号码,一批运输为一个付费号码。付费号码是后付运费结算的代号,按后付办理的运输,车站不得收取现款。无付费号码者不得按后付办理。后付由运费主管部门定期向铁路部门清算;按现付办理的人员运输,车站根据《铁路旅客运输规程》规定的计费条件和铁路旅客票价计费,行李、包裹运输由托运单位直接向车站支付。

 二 军运人员运输的实施

在组织大批部队运输和新老兵运输时,车站客运部门应根据分局客调和军调命令及驻分局军代处的通知,主动与乘车部队取得联系,安排好具体乘车计划。对每批运输列车的到(开)时间、线路、上下车站台及出入站路线等,都要向部队交代清楚。部队到达车站的时间、候车地点、进站登车时间、登车顺序等,事先都要进行商定,安排日间乘车计划。

1. 乘降工作组织

(1)做好安全服务工作。结合本站实际情况,制订切实可行的安全措施,确保运输安全。

列车到达前或部队上下车前，客运值班员要组织客运人员对站内闲杂人员进行清理。禁止无关人员接近或扒乘军用列车。对部队上下车所经由的大门、线路、天桥、道口及列车两头和背面，都要派人进行看守，做到定人员、定岗位、定职责，维护好秩序，保障安全。

(2)对利用旅客列车加挂、留席或军用列车途中待上的军运人员运输，车站客运部门应事先向局客调或列车长了解加挂、留席车辆的位置。站停时间短的应事先了解车厢号码、定员等，以便提前制票，防止列车晚点。

对在本站换乘的军运人员，应安排好候车、休息地点。根据局客调和军调命令组织优先换乘，提前检票进站上车。

2. 人员上车

根据列车梯队拟制的开进序列和列车编组，确定上下车组织工作。按确定的每节车厢人数，落实到排、班、个人，安全迅速地完成乘降任务。人员上车前，按顺序进入上车地点。上车时，先指派战士放妥梯子，1 人在车上扶助，2 人在车下扶稳梯子，其余人员按车厢长的口令依次上车。上车后，清点人数，收回梯子，横挡于车门处，插好门销。

3. 安全乘车

输送中除指定的列车乘务人员外，严禁无关人员搭乘军用列车，必须搭乘时，须经军事代表同意。不准以任何形式暴露部队的出发地点和去向，不准将标有部队番号、代号的衣物外露或抛弃可能识别部队原驻地的信封、信纸、地方报纸、商品包装纸、火柴盒及烟盒等物品。隐蔽输送时，要严格执行隐蔽输送的有关规定。

乘车前向部队宣传安全乘车常识，向列车梯队全体人员宣布军运号码，作为部队输送中联系工作的代号。人员进、出站时，应按指定的路线通过，如须横越轨道时，应指派专人瞭望，严禁从车下钻过，以防发生伤亡事故。禁止在站内仓库、货场和装有危险品、易燃品的车厢内生火和吸烟。冬季在代客车内生火炉时，要严防火灾和煤气中毒。

输送中，乘务人员要向部队宣传安全旅行常识，要严格遵守铁路规章，爱护铁路的一切设备。严禁扳动铁路信号、道岔、车钩、手制动机等设备，不得在车站和列车上挥动红、绿、蓝颜色物品和灯光，以免混淆铁路信号，造成行车事故；不准将枪支及笨重物悬挂在车厢内，以免坠落伤人；列车运行时，不准将头部和手脚伸出车外；通过山洞时，要关闭门窗；通过电气化铁路区段时，严禁人员攀登到敞(平)车的装备、物资之上，以防触电；在代客车门口大小便时，要注意安全，特别在夜间，一定要站稳扶牢，并要有人扶助；在输送中，个人不准寄信、打电话(电报)、访亲会友、打听和泄露有关行动的机密。

列车长：出乘前，要认真受领军运任务，应全面掌握本列车全程军运计划，做到运量、留席、上下车及去向等心中有数。主动与乘车部队联系，转达上级指示，核对上下车计划，并带领列车员认真落实、妥善处理乘务中的情况，如发现重大问题应及时向上级汇报。

列车员：认真领会列车长布置的军运任务，熟悉掌握留席、上下车等情况。乘务中热情服务、宣传安全、搞好卫生，按计划组织上下车。

行李员：认真落实“军用物品的携带与托运”的规定，保证做到托运行李不丢失、无破损。

4. 接送列车

(1)接送通过列车时：客运值班员、客运员根据车站值班员的通知，及时组织有关人员出务接车，组织好部队上下车，做好车站的活动以及通道线路、道口、天桥或去厕所引导和安全防护工作。

向部队介绍开车时间和转达上级机关或部队首长的有关指示要求。于开车前 5min，广播、响铃、预示发车,组织乘车人员上车。

(2)中转换乘时:客运人员要安排好部队候车地点,介绍换乘车次、时间。临时接到换乘任务时,主动与局客调、军调联系留席位置,组织好安全乘车。

遇有部队乘代客车换乘旅客列车时,应及时从运转车长处取回代用客票交部队负责人携带,作为乘车凭证。

(3)终到时:客运人员根据局下达的日班到达计划,主动联系,掌握到达时间、接车线路,及时通知有关部门和人员,做好接车准备。

列车到达后组织好安全下车和引导出站工作。

对到达车站的代客车,应及时通知货运部门与部队办理军用物品的移交验收。

(4)上报情况:任务完成后应将军运号码、车种、车数、乘车开始和完毕时间及乘车秩序等有关情况及时报局军调或驻局军代处。

5. 军人乘车及途中处理

(1)军人团体乘车可直接向车站客运部门提出,也可向驻车站或局军代处提出。车站客运部门根据部队军人团体执行任务的性质、要求及乘坐的车次及席位(别)与有关部门共同商洽解决,优先妥善安排。

(2)零星军人乘车遇有列车满员,又确因执行紧急任务必须乘坐该车次列车时,经驻车站或局军代处承认,出具证明,车站应售予车票。售票确有困难时,凭军代处开具的"军人进站上车补票证"列车长应准予乘车,不受限售区段或满员的限制;军人因特殊情况,急需搭乘货物列车时,经驻局或车站军代处承认,按规定购买客票,机车乘务员应准予乘车。

(3)现役军人乘坐旅客列车或押运物资运往边境地区,应持有团以上单位填发的军人通行证,否则车站不售票,不准乘车。

(4)为了照顾军人购买车票的方便,有条件的车站,应根据需要增设军人售票窗口。

(5)在军事运输中,乘车或押运人员漏乘时,可由军事代表或车站客运部门开具证明,安排最近客、货列车免费乘车追赶原列车或车辆。军人在乘车或押运途中发生伤病,不能继续乘车时,列车应及时移交给车站。车站客运部门应热情接待,积极联系就近铁路、地方或部队医院进行抢救治疗,并应及时报告局客调、军调,或直接通知军事代表。对伤病员在铁路医院和地方医院治疗的医疗费、住院费、士兵伙食费、归队差旅费及伤病员死亡后的埋葬费,由当地武装部门垫支。

6. 军用物品的携带与托运

军人乘坐旅客列车时,可携带随身佩带的枪支、子弹和手榴弹;军用物品办理包裹托运时,发货人应向车站提出部队团以上机关的证明文件,否则车站不得办理托运。

为了做好科学尖端保密产品、国防保密物资运输,铁路总公司对在旅客列车上自行携带或按包裹运输的免检物品进行了规定,车站及有关人员对于携带免检物品和按包裹托运的免检物品应尽量提供方便,做好保卫、保密工作,以确保安全。铁路发现与规定不符时,可拒绝办理,并及时报告有关部门查处。在旅客列车上自行携带或按包裹托运时,需持所属部(委)保卫部门、地(市)以上公安机关或军队师级以上保卫部门开具的证明,向起运站所属铁路公安局、处(公安分局、分处)提出申请,经确认后,发给一次免予检查物品证明书。车站和列车工作人员,对持有免检证明的物品,应准予带上列车和予以办理托运。托运的包裹每件不得超过80kg,携带时每人不得超过20kg。免检物品的包裹必须合乎铁路旅客运输规程的规定。国际旅客列车不准携带、承运免检物品。列车长、行李员、乘警,对持有免检物品证明的人员,要协助其将自行携带的免检物品，依照其所购客票的席别，安排在客车上适当地点，由携带人自行看管；按包裹托运的，要放置在行李车内适当地点，由托运人自行看押；免检物品需在途中站换装时，携带人或托运人应与车站和铁路公安部门联系，选择适当地点存放，由托运人自行看管；托运单位或携带人，严禁在免检物品中携带易燃、易爆、剧毒、放射性等危险物品。如因托运单位违反规定，所携带或托运的物品在车站或列车上发生事故灾害，其后果一律由托运单位和出具证明的机关负责。

出具证明的公安保卫部门，需在证明信上注明携带人的单位、姓名、职务、物资代号、件数、重量、日期、发站、中转站、到站等。免检物品在自行携带或按包裹托运中，铁路客运、公安部门应协助做好保卫、保密工作，以防止丢失、被盗和损坏。一旦发生丢失、被盗，有关人员要及时报告上级领导，铁路公安部门要及时查清破案。

车站对无人认领的军用遗失品和无法交付的军用物品，应交予驻车站军事代表或驻分局（总公司）军代处处理，并应做详细记录，按规定手续进行交接。

第四节　新老兵运输

新老兵运输工作是铁路总公司、交通运输部、民政部和军事交通运输部运输的一项重要任务，是直接关系到军队建设的一件大事，是搞好拥军优属、拥政爱民和密切军民关系，加强军民团结的重要内容。

一　组织领导

新老兵运输工作涉及部门多、要求高、组织工作比较复杂，各有关部门应根据征兵命令和退伍工作要求，统筹全局、周密计划、合理安排、团结协作，严格按计划组织实施，保证安全及时地完成新老兵运输任务。新老兵运输期间，各级铁路、港、航和军交部门要会同有关部门组成新老兵运输办公室，在各级新老兵运输领导小组领导下统一组织指挥新老兵运输工作。领导小组组长由各级领导担任，客运、运输、机务、车辆、公安、房产、卫生部门领导参加。在新老兵运输开始前，领导小组要召开电话会议，全面部署检查各项准备工作；各部门要明确分工，加强岗位责任制，切实做好这项工作。

运量较大的车站应在当地人民政府统一领导下，成立临时中转接待机构，负责做好新老兵接待、中转、食宿、医疗卫生和行李托运等工作。

铁路总公司部门、交通运输部部门要教育职工关心热爱子弟兵，帮助解决旅途中遇到的困难，要派出执勤分队负责维持秩序，并热情为新老兵服务，使新老兵顺利到达目的地。

在正常情况下，退伍老兵每年从 11 月 25 日开始起运，12 月 31 日基本结束；入伍新兵从 12 月 10 日开始起运，至 12 月 31 日止，该时期为新老兵运输期限。

二　运输方式

新老兵运输采取整批军运和零星购票相结合进行，主要有四种方式：一是组成专用客车底循环套用；二是选用部分旅客列车运送；三是在旅客列车中预留车厢；四是零星购票。

（1）新兵和出新疆的老兵以组织军运为主，其他老兵以购票为主。新老兵全部乘坐客车。除国际旅客列车和市郊通勤车不能选用外，其他旅客列车可均衡选用。选用时根据旅途的远近选用长途列车,并注意紧密衔接,减少中转。为方便新老兵,在保证安全、不影响铁路分界交出时分的前提下,可组织新老兵在旅客列车没有停站时分的车站上下。局管内列车经驻局军代处和铁路局批准,跨局列车则须在全国新老兵运输会议确定。

(2)抽调客车组成新编列车循环使用时,新编列车开行军用车次,每列定员1400人左右。客运部门临时抽调专门的乘务人员担当乘务工作,在旅客列车中预留车厢,原则上在本局始发列车中预留(国际旅客列车除外),预留车数由铁路局和驻局军代处商定。需在较大枢纽地区中转的,每个列车预留车数一般不要超过两辆。留车后,由驻局军代处根据管内部队提出的要车计划与铁路局商定后,逐级下达执行。安排列车时要尽量安排直通车次,以减少中转换乘。

(3)20人以上不足整车的新老兵集体乘车时,可由部队持介绍信于乘车5日前,到车站客运部门提报乘车计划。驻军较多、运量较大的车站,可由部队、军事代表和铁路客运部门共同协商研究,统筹安排。可按大单位划片,定时间、定车次、定票额纳入客运计划,组织均衡运输,有条件的车站应派人到部队驻地预售客票。团体新老兵购票时,车站应优先受理,并事先商定到达车站的时间,指定候车地点,提前检票,提前进站上车。零星老兵,可凭复员证到车站购买客票,车站应优先售票、优先乘车。

三 乘车组织与管理

铁路总公司、交通运输部、民政部和军事交通运输部门要按运输方案和运输通报,严密组织,加强管理,采取有效措施,保证完成新老兵运输组织计划。

1. 运行组织

接、送兵单位应于起运日期5天前到始发局军代处或车站新老兵运输办公室(或客运部门)办理乘车手续。始发局军代处或车站新老兵运输办公室按运输方案与接送兵单位核对确认始发和中转计划。整批运输与运输方案有变化时,始发局军代处要提前通报中转站和到达局军代处;无变化时,按运输方案组织实施。乘坐新编客车的应认真掌握运行。铁路、水路联运中,先铁路后水路的,始发局军代处通报到达局军代处,到达局军代处通报到达港航务军代处;先水路后铁路的,始发港航务军代处通报到达港航务军代处,到达港航务军代处再通报换乘站所属局军代处。购买客票走的,由始发站新老兵运输办公室在落实始发计划后,直接向中转站新老兵运输办公室联系通报。部队应严格按下达的中转换乘计划组织中转,不得擅自变更中转日期、地点和车次。部队应及时派出先遣联络人员按始发站新老兵运输办公室通知内容到中转换乘站联系中转换乘事宜,安排食宿和短途运输。

铁路要加强新老兵运输中的中转预报工作。当始发站确定了乘车日期、车次、人数后,即由发站以铁路电报通知中转站。预报内容有发站、到站、乘车部队代号、乘车日期、车次、人数、换乘站、军运号码和部队负责人姓名。中转站应尽量安排换乘就近直通旅客列车,以减少中转,方便乘车的新老兵。

2. 途中管理

部队或接送兵单位要指派责任心强、有一定组织能力的人员担任接送兵工作。接送兵人员要认真负责,严格管理,严禁携带无关人员搭乘。接送兵人员和新老兵要接受军事代表的指导,途中发生问题要及时向军事代表反映。接送兵人员要教育新老兵遵纪守法,开展精神文明活动。对途中违法乱纪者,沿途驻军、军事代表和接送兵干部可会同铁路、交通部门妥善处置。对情节严重、触犯刑律的要予以扣留,并上交公安部门处理。

军交部门和各级新老兵运输办公室要加强运输情况的掌握。中途人员上下车和进出站凭军事代表的通报办理。整批军运发生人员漏乘时，按军运有关规定办理。途中人员发生伤病不能继续乘车时，车站、军事代表应通知就近驻军或地方医院抢救治疗。其医疗费、伙食费按章办理。对危重伤病者接送兵单位要留人负责护理并做好善后工作。新老兵运输期间，运量较大的车站，应在当地人民政府领导下，成立新老兵运输办公室，安排好中转换乘和饮食供应工作，热情为新老兵服务。有条件的车站应设立专门售票窗口和候车室。

3. 安全服务

新老兵运输期间，任务量较大、中转换乘较多的车站，应组成安全服务队，做好安全服务工作。要安排专门的候车室或候车地点，并要设置一定数量的保温桶、饮水杯等用具，保证开水供应。对新老兵列车要安排接入基本站台。新老兵上下车、进出站时客运人员要做好引导，以免上错车或发生事故。天桥、道口、线路、大门等都要派人看守防护，禁止无关人员混杂在内，以免发生意外。列车前、后、下面、背面也都要派人看守，劝阻送行人员不要上车，列车开动后不要和车上人员握手。特别要注意防止有人扒车，如发现有人扒车时，应及时采取措施，以免发生危险。新老兵列车要按旅客列车办理，并配备乘务人员，落实安全措施，确保安全正点。

四 退伍战士行李托运

退伍战士托运的行李、物品等，车站应予以优先受理，优先装车，及时中转，不得积压，力争人到行李到，到后免费保管。

(1)退伍战士随身携带的行李、物品、书籍等，铁路、水路准予免费携带35kg，公路准予免费携带25kg，超过免费携带部分，按整批军运办理的凭部队团以上机关介绍信(购买客票走的凭退伍证)，于乘车前3～5d到车站办理托运手续，50kg以内按行李计费，35kg以内凭托运费收据由原部队按实报销，超过此重量部分的托运费由老兵自理。在老兵退伍期间，有条件的车站应派人到部队驻地，集中为退伍战士办理托运，托运手续一人一票。部队要主动配合，提供方便。

(2)老兵乘车时，不准携带自行车、缝纫机、家具、木料等大件物品。随身携带的物品和托运的行李严禁夹带武器、弹药和其他易燃、易爆危险品。部队要对老兵行李进行点检。托运行李由部队负责检查，团以上机关盖章施封，车站可凭施封条免检承运。发现携带危险品，军队或公安部门要及时收缴，严肃处理。危及运输安全时，要追究部队和当事人责任。托运的行李除拴挂铁路货签外，在行李包装外面，还应标明发站、到站、发货人、收货人姓名和详细地址，并注明“老兵行李”字样，自备标记的规格为15mm×25mm，行李到后，老兵应尽快取走。

习题

一、填空题

1. 铁路军事运输按运输种类可以分为(　　)和(　　)，按运输性质可以分为(　　)和(　　)。

2. 军用列车等级是根据列车运送的对象和性质确定的，一般低于(　　)，高于(　　)。

3. 铁路军事运输产生的费用，实行(　　)和(　　)两种付费方式。

4. (　　)是核准运输计划和区分运输种类、运输等级和物资品类的标志，也是军队、铁路和各有关部门在运输过程中调度指挥和联系工作的代号。

5. 军事人员运输，中途发生换乘时，均按(　　)的种类、席别的票价计费。

二、判断题

1. 铁路军事运输根据任务性质和装备性能，分为重点和一般两个运输等级。　(　　)

2. 为保证军运备品的购置、储存、发放和回收保管，铁路部门设置了军供站。　(　　)

3. 现行军运号码用阿拉伯数字组成，人员军运号码由分数组成，物资军运号码由整数组成。　(　　)

4. 为方便新老兵，在保证安全、不影响铁路分界交出时分的前提下，可组织新老兵在旅客列车没有停站时分的车站上下。　(　　)

5. 老兵乘车时，允许携带手枪、手榴弹等军事用品。　(　　)

三、简答题

1. 铁路军事运输的意义和特点有哪些？

2. 铁路新老兵运输的方式有哪些？

3. 军运后付的含义是什么？

4. 什么是军运号码？

5. 关于退伍老兵行李托运的安全检查工作的规定有哪些？

第十二章　铁路国际旅客联运

【学习目标】

1. 掌握国际联运旅客乘车票据及运送条件。
2. 掌握国际联运行李、包裹的范围及运送条件。
3. 能够对国际联运运送费用进行计算。

第一节　概　　述

凡两个国家或两个以上国家铁路间按国际联运票据办理的旅客、行李和包裹的运送，即为国际旅客联运。参加旅客、行李和包裹联运的铁路间，负有相应的责任。为了做好国际铁路旅客、行李和包裹的直通联运，明确规定各国铁路的利益和责任，参加国际联运的各国铁路中央机关，缔结了《国际旅客联运协定》（以下简称《国际客协》）。

国际铁路旅客联运是指发、到站不在同一国内的旅客、行李和包裹铁路运输，包括海铁联运。下列情况不属于国际联运：

（1）发、到站都在同一国内。

（2）发、到站都在同一国内，只是用发送国的列车、车厢过境另一国运送。

（3）两国车站间，用发送国或到达国铁路列车、车厢过境未参加《国际客协》的第三国运送。

一　参加国际联运的国家

目前，主要有下列国家的铁路采用《国际客运运价规程》（以下简称《国际客价》）：

（1）白俄罗斯共和国铁路（白铁）—BC。

（2）越南社会主义共和国铁路（越铁）—DSVN。

（3）哈萨克斯坦共和国铁路（哈铁）—KZH。

（4）中华人民共和国铁路（中铁）—KZD。

（5）朝鲜民主主义人民共和国铁路（朝铁）—ZC。

（6）拉脱维亚共和国铁路（拉铁）—LDZ。

（7）立陶宛共和国铁路（立铁）—LG。

（8）蒙古铁路（蒙铁）—MTZ。

（9）俄罗斯联邦共和国铁路（俄铁）—RZD。

（10）吉尔吉斯斯坦共和国铁路（吉铁）—KRG。

（11）土库曼斯坦铁路（土铁）—TRK。

（12）塔吉克斯坦共和国铁路（塔铁）—TDZ。

（13）爱沙尼亚共和国铁路（爱铁）—EVR。

（14）乌兹别克斯坦铁路［乌（兹）铁］—UTI。

二 我国铁路的旅客联运站

《国际铁路客运运价规程》中规定的办理国际旅客联运的车站叫做联运站。

到 2014 年，我国铁路共有 30 个旅客联运站：北京、北京西、大同、天津、衡阳、长沙、汉口、郑州、呼和浩特、集宁、二连、沈阳、长春、丹东、哈尔滨、牡丹江、满洲里、绥芬河、桂林、南宁、崇左、凭祥、乌鲁木齐、阿拉山口、昆明北、河口、山海关、开远、宜良、昂昂溪。

我国铁路国际旅客联运站示意图如图 12-1 所示。

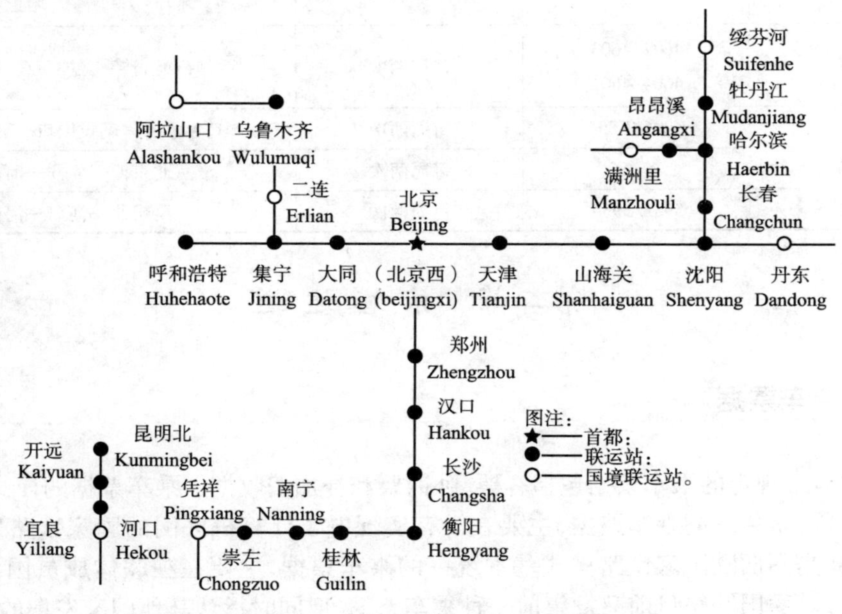

图 12-1 中国铁路国际旅客联运站示意图

三 国境站及国际列车

国与国之间邻接的车站称之为国境站，我国现有国际旅客联运的国境站如表 12-1 所示。

国境站站名 表 12-1

文别 / 路别	中文	拉丁字母	文别 / 路别	中文	拉丁字母
中铁 朝铁	丹 东	DANDONG	中铁 俄铁	满洲里	MANZHOULI/MANTCJURIJA
	新义州	SINYDJU		绥芬河	SUIFENHE
中铁 越铁	凭 祥	PINGXIANG		后贝加尔	ZABAIKALSK
	河 口	HEKOU		格罗迭科沃	GRODEKOWO
	同 登	DONGDANG	中铁 哈铁	二连	ERLIAN
	老 街	LAOKAI		扎门乌德	DZAMYN－UDE
中铁 哈铁	阿拉山口	ALASHANKOU			
	多斯特克	DOSOYK			

我国铁路与其他铁路间现有国际旅客列车如表 12-2 所示。

国际旅客列车 表 12-2

路　别	车　次	开行次数	经　由
中、蒙、俄	K3/K4	每周一次	北京—乌兰巴托—莫斯科
中、俄	K19/K20	每周一次	北京—满洲里—莫斯科
中、朝	K27/K28	每周四次	北京—丹东—平壤
中、蒙	K23/K24	每周一次	北京—二连—乌兰巴托
中、俄	K607/K608	每周两次	哈尔滨东—绥芬河—符拉迪沃斯托克 哈巴罗夫斯克
中、蒙	4602/4603 4604/4601	每周两次	呼和浩特—二连—乌兰巴托
中、哈	K895/K896	每周两次	乌鲁木齐—阿拉山口—阿拉木图
中、越	T5/T6	每周两次	北京西—凭祥—河内
中、越	5933/5934	每周两次	昆明北—河口—河内

第二节　旅客运送

一　乘车票据

国际联运中规定的乘车票据包括客票、卧铺票和补加费收据。乘车票据的样式分为两种：一种是人工票（是传统的乘车票据，主要在没有实现电子计算机联网的国家铁路发售）；另一种是电子票（是同西欧国家铁路样式基本统一的乘车票据，主要在独联体成员国波罗的海三国铁路发售）。我国铁路目前只发售前一种乘车票据，但同时承认其他国家发售的电子票。

册页票本，由票皮和相应的乘车票据（册页客票、卧铺票、补加费收据）组成，并按客票、卧铺票和补加费收据的顺序订入票皮后，即成为册页票本。册页票本中必须有票皮和客票，如缺少票皮或客票，视为无效，发现后铁路应予没收。

1. 客票

客票是证明铁路同旅客间缔结运输合同的基本票据。《国际客协》的客票为册页客票，如果有个别国家铁路间有单独协议，也可采用卡片客票（尺寸 31mm × 57mm，一等印成绿色，二等印成褐色）。

客票颜色、尺寸、种类：客票按填写方法分为固定册页客票（用浅粉色底纹特种水印白纸印制，105mm × 148mm）和补充册页客票（用粉色底纹水印白纸印制，192mm × 86mm，手写式补充册页客票的尺寸为 105mm × 148mm）；按等级分为软席车（一等）票和硬席车（二等）票；按乘车方向分为单程客票和往返客票；按乘车人数分为散客票和团体客票。

册页票本票皮（图 12-2）和册页客票，用发送国文字以及中文、德文和俄文中的两种文字印制；卡片客票可只用发送国和到达国文字印制。

客票上应载有下列主要事项：

（1）发站和到站名称。

（2）印制的客票号码。

（3）经路。

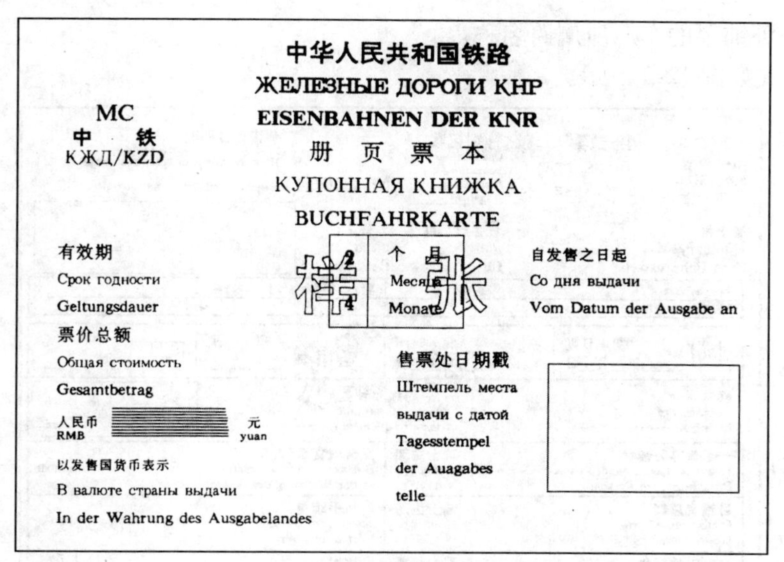
中华人民共和国铁路
ЖЕЛЕЗНЫЕ ДОРОГИ КНР
EISENBAHNEN DER KNR
MC
中 铁
КЖД/KZD
册 页 票 本
КУПОННАЯ КНИЖКА
BUCHFAHRKARTE
有效期
Срок годности
Geltungsdauer
2 个 月
Месяца
4 Monate
自发售之日起
Со дня выдачи
Vom Datum der Ausgabe an
样 张
票价总额
Общая стоимость
Gesamtbetrag
人民币 RMB 元 yuan
以发售国货币表示
В валюте страны выдачи
In der Wahrung des Ausgabelandes
售票处日期戳
Штемпель места выдачи с датой
Tagesstempel der Auagabestelle

图 12-2 册页票本票皮(封面)(中国铁路票样)

(4)车厢等级。

(5)客票票价。

(6)客票有效期。

(7)客票发售日期。

(8)发售客票的铁路名称。

2. 卧铺票

旅客乘坐卧车和座卧车时,除客票外,还应有占用相应铺位的卧铺票。

卧铺票的尺寸、颜色、种类:卧铺票的种类与客票相同,按办理方式还可以分为签认和未签认票(即"OPEN"票);卧铺票的尺寸为105mm×148mm,卧铺票用浅绿色底纹特种水印白纸印制,卧铺票收据用浅绿色底纹不带水印的白纸印制,卧铺票存根用不带底纹和水印的白纸印制;用电子方法办理的卧铺票用淡褐色底纹白纸印制,尺寸为192mm×86mm。

旅客凭卧铺票,不论夜间或白天,均有权使用卧铺;但对持座卧车时,仅限在夜间(21:00~次日7:00)有权使用卧铺,并免费提供卧具,每套卧具的使用时间为5昼夜。

卧铺票任何情况下均没有减成。

卧铺票上应载明下列主要事项:

(1)"MC"字母和铁路代号(用电子方法办理的卧铺票为"MC"字母、发售卧铺票铁路的代码和代号)。

(2)发站和到站名称。

(3)经路。

(4)发车日期和时分、车次、车厢号和铺位号。

(5)车厢等级和铺位种类。

(6)人数。

(7)卧铺票票价。

(8)发售卧铺票的铁路名称。

(9)卧铺票发售日期。

(10)发售卧铺票的车厢所属路名称。

卧铺票样式如图 12-3 所示。

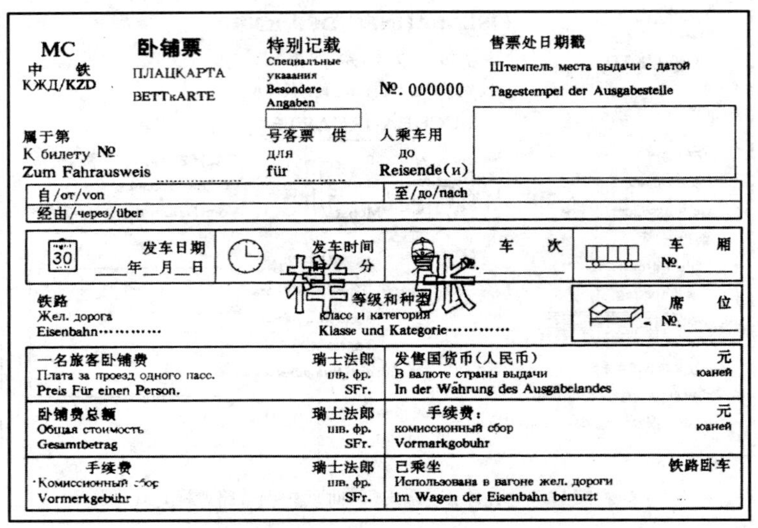

MC 中 铁 КЖД/KZD

卧铺票 ПЛАЦКАРТА BETTKARTE

特别记载 Специальные указания Besondere Angaben

№. 000000

售票处日期戳 Штемпель места выдачи с датой Tagestempel der Ausgabestelle

属于第 К билету № Zum Fahrausweis ………

号客票 供 для für ………

人乘车用 до Reisende(и)

自/от/von

至/до/nach

经由/через/über

发车日期 ___年__月__日

发车时间 ___时___分

车 次 №. ______

车 厢 №. ______

铁路 Жел. дорога Eisenbahn…………

等级和种类 Класс и категория Klasse und Kategorie…………

席 位 №. ______

一名旅客卧铺费 Плата за проезд одного пасс. Preis Für einen Person. 瑞士法郎 шв. фр. SFr.	发售国货币(人民币) В валюте страны выдачи In der Wahrung des Ausgabelandes 元 юаней
卧铺费总额 Общая стоимость Gesamtbetrag 瑞士法郎 шв. фр. SFr.	手续费: комиссионный сбор Vormarkgobuhr 元 юаней
手续费 Комиссионный сбор Vormerkgebuhr 瑞士法郎 шв. фр. SFr.	已乘坐 Использована в вагоне жел. дороги Im Wagen der Eisenbahn benutzt 铁路卧车

样 张

图 12-3 卧铺票(中国铁路票样)

3. 补加费收据

当变更经路、等级以及同一经路上分乘不同等级车厢等情况下,需开具补加费收据。客票和卧铺票差价应分别单独开具补加费收据,其他项目可开具同一张补加费收据。

补加费收据尺寸为 105mm × 148mm,由两联组成:白纸印制的存根和浅蓝色底纹特种水印白纸印制的补加费收据。用电子方法办理的补加费收据为一张,用绿色底纹白纸印制,尺寸为 192mm × 86mm。

4. 免费乘车证

国际联运中允许使用的免费乘车证有:铁组公用免费乘车证、铁组一次性私用免费乘车证、国际旅客列车(车通客车)国内段免费乘车证。

二 列车中席位的提供

(1)车内席位提供,按照各铁路国内规章并根据旅客所持的客票办理,乘坐卧车和座卧车时,还应根据所持卧票办理。

每名旅客一般只有权占用 1 个铺位。但是根据旅客请求,且当有空闲席位时,铁路可以在办理往程乘车手续时,为旅客在卧车内提供单独包房。此时,旅客应按包房中实际铺位数支付客票费和卧铺费。

在运行途中由铁路工作人员向其他人员提供实际未占用但已购买的席位,只有征得所购乘车票据享用单独包房的旅客同意才能办理。在这种情况下,该旅客有权领回至到站剩余里程的乘车票价,但旅客旅行全程实际占用席位的客票票价和卧铺票费除外。在乘车票据上由车长做相应记载。

(2)如由于车厢在发站或运行途中被摘下,或由于席位售重,不能给旅客提供符合其客票和卧铺票的等级和种类的席位时,旅客可拒绝乘车或拒绝占用较低等级和种类的席位,铁路可向旅客提供较高等级和种类的席位,在这种情况下,不核收客票和卧铺票的票价差额。

如列车中不能为旅客提供席位，则铁路必须将旅客及其行李安置到按同一经路或其他经路开往同一到站的另一列车上，而不核收票价差额，并协助旅客尽可能少耽误时间抵达到站。

三 国际旅客联运票据的发售和填写

乘车票据由铁路售票处和代售点发售。

填写乘车票据时，应使用圆珠笔或打字机（如不违反国内规章）以俄文拉丁字母填写（按俄文发音用拉丁字母填写）。根据某些铁路间的协议，也可用俄文填写。在车票上不得做任何记号、涂抹和修改。修改和涂抹的乘车票据，应沿对角线划销，并随报表作为废票提出。

延长客票的有效期时，站长应在册页客票、卧铺票或卡片客票背面记载下列车事项或加盖“客票的有效期延长至……”的戳记。此项记载应签字并加盖车站戳记证明。

1. 册页客票

册页客票的发站、到站、等级、经由均已印就，用于客流大的各站间一名旅客的乘车。发售往返乘车用的固定册页客票时，在票皮内定入两份册页客票，在用于往返乘车的册页客票上，划掉“返”字，在用于返程乘车的册页客票上，划掉“往”字。如果旅客享受减成，在“减成率”栏填写减成百分比，在“理由”栏按照《国际客协办事细则》附件第 3 号的相应内容填写。客票右下部为票价栏，在条状线内分别用阿拉伯数字填写瑞士法郎和人民币款额数。最后在“售票处日期戳”方格内加盖售票日期戳，并在客票背面加盖出发日期和车次戳记。

固定册页客票没有存根，根据号码编制报表和进行清算。

固定册页客票的样式，如图 12-4 所示。

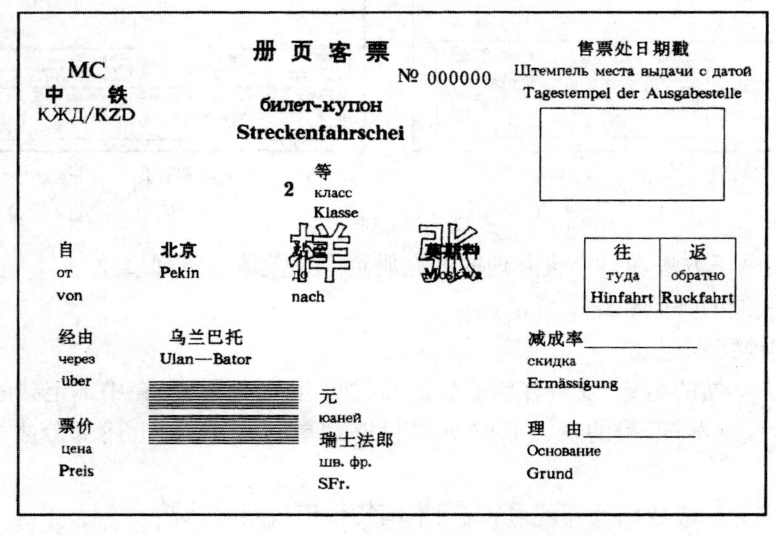

册页客票
№ 000000
售票处日期戳
Штемпель места выдачи с датой
Tagestempel der Ausgabestelle
MC
中 铁
КЖД/KZD
билет-купон
Streckenfahrschei
2 等
класс
Klasse
样张
自 от von 北京 Pekin
至 до nach 莫斯科 Moskva
往 туда Hinfahrt
返 обратно Ruckfahrt
经由 через über 乌兰巴托 Ulan—Bator
减成率__________
скидка
Ermässigung
票价 цена Preis
元 юаней
瑞士法郎 шв. фр. SFr.
理 由__________
Основание
Grund

图 12-4 固定册页客票（中国铁路票样）

补充册页客票分为单程补充册页客票和往返补充册页客票两种。

补充册页客票上的旅客人数、发站、到站、经由、票价等栏，均为空白，售票时复写填发，适用于国际联运各站间一名或数名旅客的乘车。

单程和往返乘车用的补充册页客票均由两联组成。第一联即存根，留在客票发售处所，以便随同客票报告提出，第二联订入册页客票本票皮内交给旅客。发售往返乘车用的补充册页客票只供单程乘车使用时，不适用的相反方向各栏用斜线划销。

补充册页客票复写填写应注意以下内容：

(1)旅客人数以阿拉伯数字和中文大写填写。

(2)到站名称填入应乘车厢等级栏内，不乘用的车厢等级栏，应沿对角线划销。

(3)票价栏填写以运价货币和发售国货币表示的一名旅客的全程客票票价和票价总额。

(4)发售儿童乘车用补充册页客票时，在“减成率”栏注明减成数额，在“理由”栏填写“REBENOK”字样。

(5)发售有组织的团体旅客乘车用补充册页客票时，在“减成率”栏注明减成数额，在“理由”栏填写“GRUPA"字样。

(6)发售盲人陪同(人或狗)补充册页客票时，在“减成率”栏注明减成数额，在“理由”栏填写“陪同”字样。

(7)发售散客(人数少于6人)往返补充册页客票时，在“减成率”栏注明减成数额，在“理由”栏填写“TUDAIOBRATNO”字样。

(8)铁路在办理团体和散客往返客票时，每一方向均使用单独的册页客票，在返乘客票的上部注明往程册页客票的号码。补充册页客票的样式，如图12-5所示。

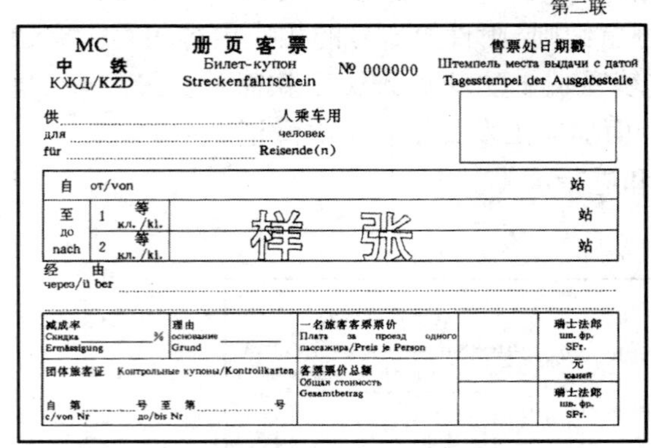
第二联
MC
中 铁
КЖД/KZD
册 页 客 票
Билет-купон
Streckenfahrschein
№ 000000
售票处日期戳
Штемпель места выдачи с датой
Tagesstempel der Ausgabestelle
供……人乘车用
для …… человек
für …… Reisende(n)
自 от/von 站
至 до nach 1 等 кл./kl. 站
2 等 кл./kl. 站
样 张
经 由 через/ü ber
减成率 Скидка ____% Ermässigung
理由 основание ____ Grund
一名旅客客票票价 Плата за проезд одного пассажира/Preis je Person
瑞士法郎 шв. фр. SFr.
团体旅客证 Контрольные купоны/Kontrollkarten
自 第____号 至 第____号 с/von Nr до/bis Nr
客票票价总额 Общая стоимость Gesamtbetrag
元 юаней
瑞士法郎 шв. фр. SFr.

a)补充册页客票(单程)(中国铁路票样)

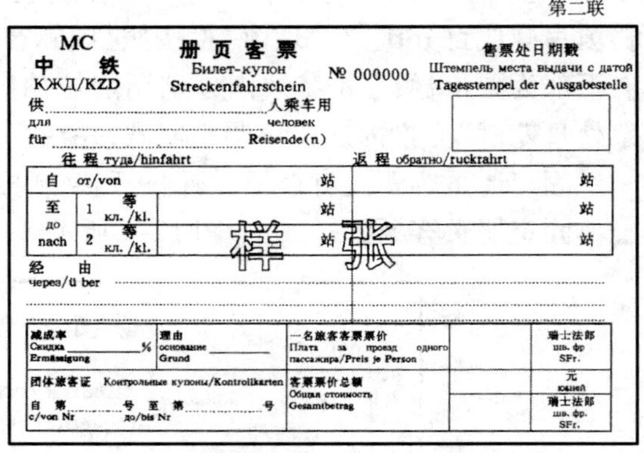
第二联
MC
中 铁
КЖД/KZD
册 页 客 票
Билет-купон
Streckenfahrschein
№ 000000
售票处日期戳
Штемпель места выдачи с датой
Tagesstempel der Ausgabestelle
供……人乘车用
для …… человек
für …… Reisende(n)
往 程 туда/hinfahrt
返 程 обратно/ruckrahrt
自 от/von 站 站
至 до nach 1 等 кл./kl. 站 站
2 等 кл./kl. 站 站
样 张
经 由 через/ü ber
减成率 Скидка ____% Ermässigung
理由 основание ____ Grund
一名旅客客票票价 Плата за проезд одного пассажира/Preis je Person
瑞士法郎 шв. фр. SFr.
团体旅客证 Контрольные купоны/Kontrollkarten
自 第____号 至 第____号 с/von Nr до/bis Nr
客票票价总额 Общая стоимость Gesamtbetrag
元 юаней
瑞士法郎 шв. фр. SFr.

b)补充册页客票(往返)(中国铁路票样)

图12-5 补充册页客票

(9)在采用电子方法和打字机办理的补充册页客票上填写下列事项：

①客票有效期的开始和结束日期。

②人数、其他特别记载。

③客票发售车站的名称、发售客票的日期和时间、售票处号码、在中部记载的旅客人数。

④往程的发、到站；返程的发、到站(如果只办理单程乘车，则上述部分之一不填写并划销)；乘车经路。

⑤记载规定的减成数额及其代号，或用本国货币记载票价总额。

(10)如旅客希望在某些区段乘坐不同等级的车厢，可按乘坐较低等级车厢向其发售全程册页客票，乘坐较高等级车厢的票价差额，用补加费收据另行核收。

(11)对在始发站只购买返程客票的旅客，发售单程乘车用的册页客票。

(12)对乘坐不同运输工具的旅客，册页客票票皮中应订入在铁路各相应区段乘车用的单独的补充册页客票。客票票价按该册页客票上记载的每一区段单独计算。

(13)如旅客要在某一区段乘车两次，则应在发售的补充册页客票中，将重复乘车区段的最后站名填写两次。客票票价按实际行经里程计算。不按册页客票上两次注明的地点分段计算运价。

(14)如发售的补充册页客票系供乘坐专列、包车或专用内燃动车,则应在存根和补充册页客票的背面,尽可能地用戳记记载下列事项:

①乘坐专列时——专列、车次。

②乘坐专用内燃动车时——专用内燃动车、席位数。

③乘坐包车时——车厢等级、铺位种类及二、三、四轴车的辆数。

如对乘坐专列、专用内燃动车和包车的旅客,随团体客票一起还发售若干属于团体客票的单人客票,应将单人客票的号码记入团体客票内。

(15)如本路国内规定,售票处还应在册页票存根的背面,注明经路和以运价货币表示的一名旅客分别在每一国家铁路乘车的票价及以运价货币表示的票价总额,铁路名称用规定代号表示。

(16)发售补充册页客票时,应在右上角加盖客票发售部门的戳记,并注明发售日期。

(17)旅客在乘车时,应在册页客票和卧铺票上扎针孔或盖戳记以注明车次和发车日期。

2. 卡片客票

(1)对年满4周岁至12周岁的儿童发售卡片客票时,应顺客票的切断线将儿童票截角剪下,留存在客票发售处,以便随同售票报告表提出。

(2)发售卡片客票时,应用针孔机或胶皮戳打出客票发售日期。

(3)对于返程乘车,可发售往程卡片客票,并在背面加盖“返程乘车用,四个月内有效”字样的戳记。

(4)在两相邻站间直通联运中,也可发售返程有效的卡片客票。

3. 卧铺票

乘卧车和座卧车时,发售卧铺票。我国铁路的卧铺票目前为两联,复写填发。第一联为白色的存根,留在发售部门,随当月报表报送清算部门。第二联为浅绿色底纹水印纸,填好后订入票皮交给旅客。当旅客凭此乘坐卧车时,由卧车乘务员收回并提交本国清算部门。

卧铺票的办理方法如下:

(1)购买卧铺票的旅客人数、客票号、车次、车厢号、铺位号、一名旅客卧铺费、核收的卧铺费总额、手续费、发售日期和列车发车时间、卧铺所属路名称,以及补充卧铺票上的到发站名称、乘车经路、车厢等级、铺位种类和票价等项,均用手工填写。“特别记载”栏根据铁路国内规章填写。如果乘坐卧车的旅客使用数夜卧铺,则给该旅客只发售一张全程卧铺票。在“一名旅客卧铺费”栏内用括号注明该卧铺的夜数和一名旅客的全程卧铺费,以瑞士法郎表示,右侧填写折算的人民币。

(2)卧铺票上的车厢等级和铺位种类,按下列方法填写:

①2/0——开放式硬卧。

②2/4——4人包房式硬卧。

③2/3——3人包房式硬卧。

④2/2——2人包房式硬卧。

⑤BC_4——4人包房座卧车。

⑥BC_6——4人包房座卧车。

⑦1/4——4人包房式软卧。

⑧1/2——2人包房式软卧。

⑨1/1——1 人包房式软卧。

(3)填写卧铺时,应以旅客乘坐同一车厢不换乘的发、到站作为发、到站。

(4)卧铺票上应加盖售票处的戳记并注明日期。

(5)发售卡片客票和卧铺票或只发售卧铺票时,卧铺票订入册页票本票皮中,在这种情况下,在票皮的“票价总额”栏内记载卧铺票价。同卡片客票一起发售卧铺票时,就根据卡片客票有效期,划去票皮上的“2”或“4”个月的有效期。如只发售卧铺票时,在册页票本票皮上不注明有效期。

(6)准许发售不记载车次、车厢号、铺位号、发车日期和时间的卧铺票(“OPEN”卧铺票)。在卧铺票上扎针孔(预定铺位)时,将未填的各栏填上,扎针孔时,应提出有效的册页票本或卡片客票和“OPEN”卧铺票。

(7)如旅客将所持的乘坐一国铁路车厢用的卧铺票,更换为乘坐另一国铁路车厢的卧铺票,在向旅客收回的卧铺票和卧铺票收据(如旅客有这种收据)上应记载“本卧铺票更换为乘坐……铁路卧车的第……号卧铺票”。此项记载应有签字,并注明日期。

一名旅客乘坐卧车单独占用包房时,应发售注明该包房的实际铺位数和支付全部费用的客票和卧铺票。当乘坐双人包房时,应发售给旅客一张 1 等客票和一张“单人”或“1/1”卧铺票。在乘车票据上记载“一名旅客乘车”。

(8)如旅客乘坐的不是卧铺票上记载的铁路车厢,各铁路间的清算应根据列车员收回的卧铺票上所作的记载办理。

(9)售给团体旅客的每张卧铺票,只能供该团体乘同一车厢使用。卧铺票包括的旅客人数,不得超过一节车厢的铺位总数。

(10)用电子方法办理的卧铺应注明以下内容:

①卧铺票使用淡褐色底纹白纸印制,尺寸为 192mm × 86mm。

②在卧铺票左上角注明发售卧铺票的铁路编码和代号,所有这些内容均为印制。

③在上中部打印特别记载。

在右上角办理卧铺票的售票处的戳记内容(填写方法类似客票)。在戳记的下一行加注车厢所属铁路代号。

④在卧铺票中部注明下列内容:

a. 预定席位的数量。

b. 提供席位所在的车厢种类。

c. 发、到站名称。

d. 发车日期和时间。

e. 车次。

f. 车厢号和等级。

g. 席位号。

⑤车厢种类的记载方式如下:

a. 卧车 WLB:硬席(2 等)卧铺车厢。

b. 卧车 WLA:4 人或 2 人包房软席(一等)卧铺车厢。

c. 坐席车 B:(2 等)坐席车。

⑥在“包房”字样下面注明席位种类:

a. SINGLE:单人包房软席(一等)卧铺车厢。

b. DOUBLE:2 人包房软席(一等)卧铺车厢。

c. T4:4 人包房软席(一等)[硬席(二等)]卧铺车厢。

d. T3:3 人包房硬席(二等)卧铺车厢。

e. T6:6 人包房硬席(二等)座卧车。

f. 开放式包房:硬席(二等)开放式卧铺车厢。

⑦在右下部注明用本国货币表示的卧铺费总额。

4. 补加费收据

补加费收据复写填发。第一联(存根)留存在发售部门,并随同收款报告表提出,第二联交给旅客。

补加费收据的填写方法如下:

(1)客票票价差额和其他运送费用单在一张补加费收据上,卧铺票差额另开一张补加费收据。

(2)补加费收据,按每一方向分别填发。使用往返册页客票时,补加费收据也按每一方向分别填发。在“属于第……号客票”栏内填写册页客票号码和代号“TO”。

(3)在关于卧铺费差额的补加费收据内,应记载变更内容。

(4)专列中挂运的行李车、货车、餐车在办理运送手续时,应在补加费收据的空栏内填写车数和轴数。办理卧车空车走行费时,应在补加费收据的空栏内填写车公里数。

(5)在办理狗的运送手续时,应在右侧最上 1 个空栏内填写“SOBAKA 字样。

(6)补加费收据不用的各栏,沿对角线方向打叉划销。

(7)如本路国内规章有此要求,则在补加费收据存根背面注明有关事项。

(8)用电子方法办理的补加费收据用绿色底纹白纸印制,尺寸为 192mm × 86mm。

补加费收据的样式如图 12-6 所示。

第二联

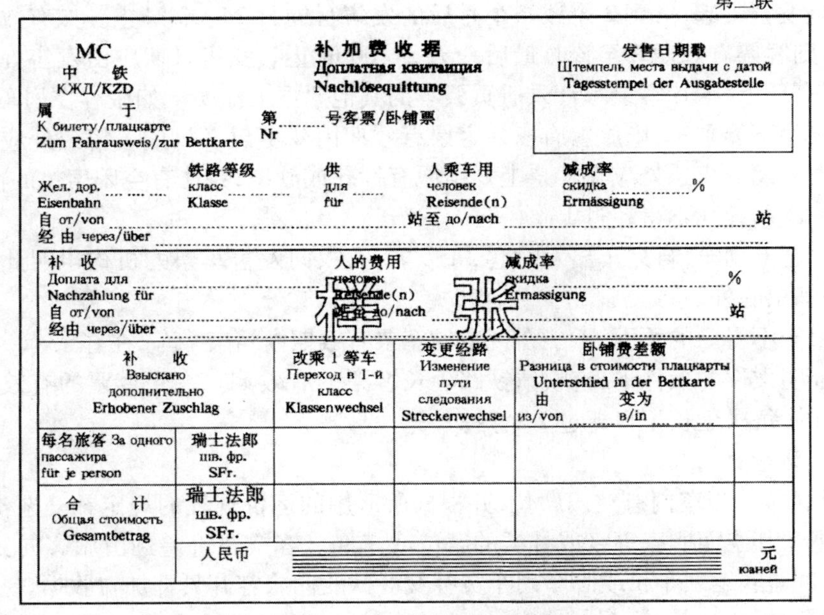

MC
中　铁
КЖД/KZD

补加费收据
Доплатная квитанция
Nachlösequittung

发售日期戳
Штемпель места выдачи с датой
Tagesstempel der Ausgabestelle

属　于
К билету/плацкарте
Zum Fahrausweis/zur Bettkarte　第 Nr .... 号客票/卧铺票

Жел. дор. Eisenbahn .... 铁路等级 класс Klasse .... 供 для für ...... 人乘车用 человек Reisende(n) 减成率 скидка Ermässigung .... %

自 от/von .... 站至 до/nach .... 站

经 由 через/über ....

补　收
Доплата для Nachzahlung für .... 人的费用 человек Reisende(n) 减成率 скидка Ermassigung .... %

自 от/von .... 站至 до/nach .... 站

经由 через/über ....

样张

补　收 Взыскано дополнительно Erhobener Zuschlag		改乘 1 等车 Переход в 1-й класс Klassenwechsel	变更经路 Изменение пути следования Streckenwechsel	卧铺费差额 Разница в стоимости плацкарты Unterschied in der Bettkarte 由 из/von .... 变为 в/in	
每名旅客 За одного пассажира für je person	瑞士法郎 шв. фр. SFr.				
合　计 Общая стоимость Gesamtbetrag	瑞士法郎 шв. фр. SFr.				
	人民币				元 юаней

图 12-6　补加费收据(中国铁路票样)

客票、卧铺票和补加费收据填好后按顺序订入票皮,其中卧铺票和补加费收据应订在其所属的客票后面。然后,将每张客票、卧铺票和补加费收据上的人民币款额数相加,总数以阿拉伯数字填入“票价总额”栏条状线内。往程票将“有效期”栏内“4”字划销,返程票或往返票将“2”字划销,在售票处日期戳方格内加盖本售票处日期戳,在票皮右上角填写旅客本人护照号。

5. 团体旅客证

团体旅客证发给 6 人和 6 人以上的乘车团体的每一旅客,但领队除外,领队乘车使用团体旅客乘车用的册页客票。

团体旅客证应在填好册页客票号码和车厢等级栏之后,发给旅客。对于往返乘车的团体旅客的每个成员,发给一张团体旅客证。在该团体证的背面加盖“往返”戳记。

团体旅客证的样式如图 12-7 所示。

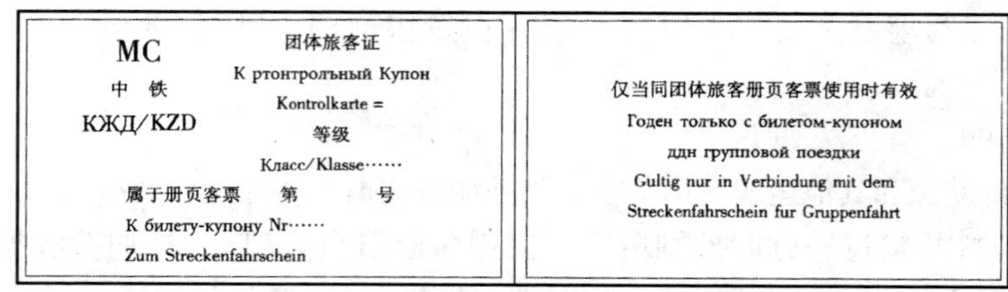

MC
中 铁
КЖД/KZD
团体旅客证
К ртонтролъный Купон
Kontrolkarte =
等级
Класс/Klasse……
属于册页客票 第 号
К билету-купону Nr……
Zum Streckenfahrschein

仅当同团体旅客册页客票使用时有效
Годен толъко с билетом-купоном
ддн групповой поездки
Gultig nur in Verbindung mit dem
Streckenfahrschein fur Gruppenfahrt

图 12-7 团体旅客证(中国铁路票样)

四 乘车条件

1. 客票的有效条件

旅客凭册页票本和卡片客票,有权在票面所载的有效期内乘车。客票有效期规定如下:

(1)往程册页票本和往程卡片客票:2 个月。

(2)在原发站发售的返程册页票本和返程卡片客票:4 个月。

(3)带有“往返”册页客票的册页票本:4 个月。

有效期自发售日起算,到 2 个或 4 个月后的发售日同日 24:00 时止。如有效期终止的月份没有该日,则客票有效期算至该月最后一天 24:00 时止。发售日期应由发售处在册页票本的票皮、册页客票上、卡片客票和订入册页票本的其他票据上注明。如旅客在列车出发 6 小时前向售票处声明不能乘车,则旅客有权在客票有效期内变更出发日期。售票处应在客票有效期内变更出发日期。售票处应在客票上划销原有针孔或戳记,并在有空闲席位的情况下,重新扎孔或盖戳。重新扎孔不得超过 1 次。

如旅客未赶上列车,自列车出发时起 3h 以内,有权向发售车票的机构申明此事并改乘下次列车,但卧铺票除外。

如旅客由于不得已的原因,不能在规定的客票有效期内结束乘车,在客票有效期终了以前并提出有关证明文件的条件下,有权请铁路延长客票的有效期。一张客票的有效期延长不得超过 2 次,同时,每次延长不得超过 2 个月。

2. 旅行变更

(1)变更席位。当车内有空闲席位,并根据所适用的运价规程的规定补交票价差额时,旅客可以改乘高于其票面所载等级或种类的席位或车厢。客票票价差额由旅客向铁路售票处、代售点、国际直通联运列车长或卧车列车员补交。铁路向旅客开具补加费收据。

(2)变更径路。

①旅客要求变更径路。如旅客在乘车开始前要求变更乘车经路,则按退票的有关规定办理。对新经路,旅客应重新购票。

如在运行途中适用的运价规程所载的某一车站变更经路,应向旅客核收原经路和新经路的票价差额并开具补加费收据。如新经路里程短于原票所载里程，则应在客票背面记载实际运行经路，也发给补加费收据。在补加费收据上注明按新经路经由的铁路。

如果在适用的运价规程未列载的车站上变更乘车经路，且变更经路只涉及接受变更申请的铁路，则按该路国内规章的规定核收票价差额。

②铁路责任造成旅客变更经路。如因列车晚点、停运等原因，造成旅客错过乘车票据中所载的接续列车，旅客仍要求继续乘车时，铁路应尽可能安排旅客及其行李乘坐的列车，不核收补加费。必要时，铁路应在客票上签注“列车晚点或停运，因铁路过失延误旅客的时间，延长客票有效期”；并注明“客票在同一经路乘坐高等级和种类的车厢有效”。原卧铺免费更换为新票。

3. 中途下车

在护照和行政当局的规定允许的情况下，旅客有权在客票有效期内在途中某站下车，不限次数和时间。但中途下车不延长客票的有效期。

旅客中途下车后，应在列车到达时起3h内向车站提出票据，以便做出相应记载。

中途下车后，在客票有效期内，旅客可以在中途下车站或从客票所载乘车经路上更接近到站的任何车站，继续乘车。应向车站提出自己的客票以便扎针孔。

如旅客自愿仅从中途某站占用卧铺，则未乘坐卧车区段的卧铺票不予退还。旅客在中途下车时，卧铺票即失去效力，未乘坐区间费用不退，卧铺票由卧车列车员留下。

中途下车后，旅客从非联运站继续乘车，则应按国内规章和运送票据将其行李承运至该国某一联运站；如继续乘坐卧车，则应按该国国内规章和运价规程购买至该国内某一联运站的卧铺票，并支付卧具使用费。

4. 儿童乘车

(1)儿童乘车条件

①不满4周岁的儿童：不单独占用席位时，每名成人旅客可免费携带1名；超过1名时，其他儿童应购买儿童客票。单独占用席位时，每名儿童均应购买儿童客票；单独占用卧铺时，还应购买卧铺票。儿童客票的卧铺票价与成人旅客相同。

②年满4周岁但不超过12周岁的儿童：无论是否单独占用席位，每名儿童均应购买儿童客票；单独占用卧铺时，还应购买卧铺票。

③12周岁以上儿童乘车条件与成人相同。

儿童年龄以乘车开始之日护照所载为准。

(2)各种减成的规定

为照顾儿童、学生和残疾人乘车，国际旅客联运中对儿童、学生、盲人陪同、旅行团体和往返乘车旅客，在购买客票时给予一定的优惠(卧铺票一律不予减成)，具体规定如下：

①儿童客票的票价为成人票价的50%。

②对在国外学习的年龄超过12周岁的学生，当其回国或返程乘车时，凭学生证和学校证明，客票减成25%。

③对于团体，单程乘车时，客票减成25%；往返乘车时，减成50%。团体旅客中，不计算持各种免费乘车证的旅客。

④对非团体旅客往返乘车时，客票减成20%。

⑤对盲人的1名陪同(可以是人或经过训练的狗)在陪同盲人乘车时，免付客票费。

以上各种减成，旅客只能享受其中最高的一种。

5. 拒绝运输和终止运输合同

下列人员不准乘车，一旦上车可责令其中途下车：

(1)不遵守适用于旅客的国内法令和规章的人员，不退还运送费用，并在乘车票据上做相应记载。

(2)处于疾病状态并经医务部门诊断对其他旅客有危害性，而事先没有或无法预订单独包房人员。对于途中得病的人，无论如何，均应送到能够治疗的最近车站。票价和行李运费，扣除已乘车里程应付的部分后，应根据《国际客协》第 30 条规定办理。

五 客票的查验

(1)在每一铁路上检查国际列车乘车票据，应根据该路的国内规章进行。

(2)旅客应依照列车员或有关检查机构代表的要求出示客票，必要时，还应出示卧铺票和乘坐所乘车厢所必需的其他票据。

铁路工作人员检票时，应在旅客没有结束乘车以前，勿使册页客票同册页票本分离。对有怀疑的乘车票据，以及被无权更改的人做了更改的乘车票据，应由工作人员按规定办法收回。对凭团体旅客乘车用的册页票本乘车的旅客人数，按册页票中记载的团体乘车人数和旅客手中的团体旅客证相对照的方法确定。

在国际直通联运卧车内，旅客的所有乘车票据在乘车开始时都交给列车员，在旅客乘车期间由列车员保管。乘车结束时，列车员一般应将乘车票据退还给旅客。乘坐卧车时，卧铺票留在卧车列车员处。

(3)不能出示所乘列车和车厢的有效客票的旅客，应根据发现无票乘车旅客所在的铁路国内规章计算并核收罚款和已乘车里程的票价，旅客如要求继续乘车，应购买客票。如旅客拒绝交付上述费用，应根据铁路国内规章处理。

六 携带品的规定

旅客在不违反规定的前提下，有权免费携带轻便物品(携带品)。携带品应放置列车内规定的地方。

1. 携带品的范围

(1)免费携带品的总重量：成人旅客每人不得超过 35kg，未满 12 周岁的儿童每人不得超过 15kg。折叠式儿童手推车或残疾人轮椅如属于乘车的儿童或残疾人，不计算在免费重量以内。

在外交信使占用的单独包房内，允许运送 200kg 以内的外交邮件和行李。这种情况下，应按包房内的铺位数支付客票和卧铺费。超过免费运送携带品标准的外交邮件，按手提行李办理，交付行李运费。

(2)国际直通联运车厢内，禁止旅客随身携带动物，但室内动物(狗、猫、禽鸟等)除外。但只准在硬席(二等)车厢内运送，且一个包房不得超过两只，并必须按包房内的铺位数支付客票票价和卧铺费(狗、猴每只按硬席(二等)车票价的半价核收运费)。在铁路不能提供单独包房运送动物的情况下，不准许以上述方法运送。

旅客应看管好随身携带的动物，对违反卫生要求负完全责任，并须适当地清扫车厢，承担因违反运送规定造成的一切损失。

2. 下列物品禁止按携带品运送

(1)可能损坏或弄脏车厢、其他旅客或其携带品的物品。

(2)易燃品、易发火品、自燃品、爆炸品、放射性物质、腐蚀性和毒害性的物品。

(3)装有弹药的武器。

(4)能引起感染或具有恶臭气味的物品。

(5)海关和其规定禁止运送的物品。

(6)长、宽、高三个方向长度总和超过200cm的大件物品。

3. 旅客不遵守规定的携带品运送规定时,铁路可拒绝运送旅客

铁路如怀疑有旅客违犯了携带品运送规定时,有权检查携带品的内容,检查时,旅客应在场。对查出的违禁品,旅客应按发现违章行为的铁路国内规章的法令的规定承担责任;如铁路受到损失,旅客还应赔偿铁路的损失。

第三节　行李、包裹运送条件

国际铁路旅客联运是指我国同其他国家铁路间办理的行李、包裹和旅客运输,其中关于行李、包裹的运输必须符合《国际客协》的有关规定。

一 行李、包裹的运送

1. 可按行李运送的物品

(1)活动的单人沙发、折椅、轮椅(包括自动轮椅)。

(2)婴儿车。

(3)装入包装的轻便乐器。

(4)容易装入行李车的舞台道具。

(5)长度不超过3m的测量用具和装入包装的工具。

(6)普通自行车、机械脚踏车、无斗摩托车(油箱必须排空)。

(7)长度不超过3m的滑雪板和其他体育用品。

(8)收音机、电视机、电唱机、录音机。

2. 禁止按行李运送的物品

(1)一切易燃品、自燃品、爆炸品、放射性物品,具有腐蚀性、毒蚀性或毒害性物品,枪支、弹药和能使其他旅客的行李或铁路设备受到损害的物品。

(2)能引起感染或具有强烈刺激性异味的物品。

(3)金、银、白金及其制品、有价证券、硬币和纸币、天然珍珠、宝石和其他贵重物品、艺术品(画、雕塑品、各种艺术制品等)。

(4)动物。但检疫规章不禁止的装在笼子或其他相应容器里的宠物(狗、猫和禽鸟)除外。托运动物时,动物的喂食和饮水由旅客负责。

(5)属于参加运送的铁路任何一国邮政专运的物品。

(6)易腐产品。

3. 准许按包裹运送的物品

凡准许按行李运送的物品,均可按包裹运送。此外,下列物品当遵守规定条件时,也可按

包裹承运：

（1）冰箱、洗衣机、缝纫机、小型生活用具、属于旅客的家具及其他零星货物。

（2）艺术品（如字画、雕塑等）。对这类物品，必要时车站可要求发送人押运。押运人与旅客相同，乘坐客车。

（3）放射性物质。这类物质必须符合《国际铁路货物联运协定》（简称《国际货协》）附件第2号、《危险货物运送规则》（简称《危规》）规定的包装和运送条件。

（4）不需制冷、通风、加温或照管的食品。这类物品只有经参加运送的各国铁路中央机关商定后，车站才能承运。承运的食品一旦发生腐坏变质，铁路概不负责。

4. 禁止按包裹运送的物品

凡禁止按行李运送的物品，除以上所列的以外，均不得按包裹运送。

二 行李和包裹的承运

1. 行李承运

行李应预先托运。《国际客协》规定托运行李最迟不得晚于所乘列车开车前30min。在中国铁路，国际联运行李不得晚于发车前1日托运。

承运的行李一般应随旅客所乘列车发送。如无此可能，则应随最近的列车发送。

旅客托运行李后，如行李经过国境站时旅客本人不能到场，则该旅客应编写一份行李检查委托书交给国境站站长或客运主任，通过国境站行李房交海关查验。

（1）行李的包装和标记

旅客托运的行李必须具有坚固的包装，能保证在运送途中不致毁损，否则铁路不予承运。如果托运的行李包装虽然不良，但在运送途中不致使本身及其他旅客的行李毁损，则发站可以在行李票正面"发站关于包装不良或行李状态的记载"栏注明包装不良的情况，然后予以承运。

可按行李托运的物品，除有特殊要求外，可以不加包装托运。承运这些物品时，应在"发站关于包装不良或行李状态的记载"栏填写物品特征，如男式自行车、女式自行车、儿童自行车等。如有号码，还应填写号码。承运这类物品如发现有明显损伤，应在本栏内详细注明损伤部位和程度。

旅客托运行李时，应将行李上的一切旧有标记、标签等清除，并需在每件行李上拴挂"飞子"。飞子可用纸板、塑料或布制成，尺寸为150mm×80mm，上面用发送国文字清楚地书写如下内容并附俄文或德文或中文译文（同中国、朝鲜、越南铁路间运送时，飞子上的内容应用发送国文字和俄文书写）：

行李所属人（姓名）________

发　　站________

到　　站________

旅客地址________

上述飞子由铁路提供时，铁路可收取相应的费用。

发站承运行李后，应在每件行李上牢固地粘贴统一样式的铁路标签。标签的样式如图12-8所示。

（2）声明价格

MC
行李标签
行李票号码
发站和发送路名称
到站和到达路名称
经由（国境站）
本批行李件数

图 12-8 行李标签

旅客托运行李时，为确保其利益不受损失，可以声明价格。是否声明价格由旅客本人决定。

旅客不希望声明价格时，承运的车站必须在行李票"声明价格"栏填写"本人不声明价格"字样，并由旅客签字确认。

旅客可以分别声明每件行李的价格，也可以只声明全部行李的总价格。

声明价格时，用旅客发送国货币提出，承运的车站应按本国主管部门公布的折算率，将全部行李的总价格折算为瑞士法郎，连同每件的价格一并记入行李票。

发站在承运行李时有权检查声明价格是否与物品本身价值相符。如果不符而旅客又不同意进行修正，则这批行李只能按不声明价格托运。

(3)行李票的填写方法

铁路承运行李，应填写行李票然后交旅客核对。旅客在收到行李票时，应该核对票面记载同其所提要求是否相符。

行李票的尺寸为 280mm×210mm，一式三联。第一联为行李票，填好后交给旅客，旅客凭此在到站领取行李；第二联为行李运行报单，随同行李运至到站；第三联为行李票存根，由发站留存并随当月报表报送上级机关。行李票和行李运行报单用绿色底纹白纸印制，行李票存根用白纸印制。国际旅客联运行李运行报单如图 12-9 所示。

行李票用发送国文字复写填写，填写时可使用钢笔或圆珠笔，也可以用打印机打印。由《国境铁路协定》指定的国境站翻译成相应的国家文字。

旅客交运行李时发站工作人员应首先准确确定行李的件数、单件重量及总重(kg)和包装状态。然后计算经由的每一铁路的运费和杂费(声明价格等)并填写行李票。填写时要注意：

①按多名旅客乘车的册页票本托运行李时，在行李"提出的客票号码"栏内应记载"册页客票第一号，供____人乘车用"。

②承运外交人员行李时，应在行李票"关于行李的记载"栏填写"外交人员行李"。

③如外交信使要求占用单独包房运送重量在 200kg 以内的外交邮件，则应在其行李票上记载"手提行李"。该运行报单交列车行李员，在国境站与其他行李运行报单等同看待，编制交接单交邻国铁路。行李票存根由发站留存。

④旅客声明价格时，如按每件声明，应在行李票上"每件的声明价格"栏用阿拉伯数字填写每件的声明价格款额，以发送国货币表示；然后在"声明价格"栏用大写和阿拉伯数字填写总计声明价格数，以瑞士法郎表示，并分别加括弧。如按批声明价格，则只需填写"声明价格"一栏即可。

⑤编制行李票后，应在行李票规定位置加盖发站日期戳，并需有司磅员签字。有包装不良等记载时，做记载的车站还应在规定位置"车站戳记"栏处加盖本站戳记。

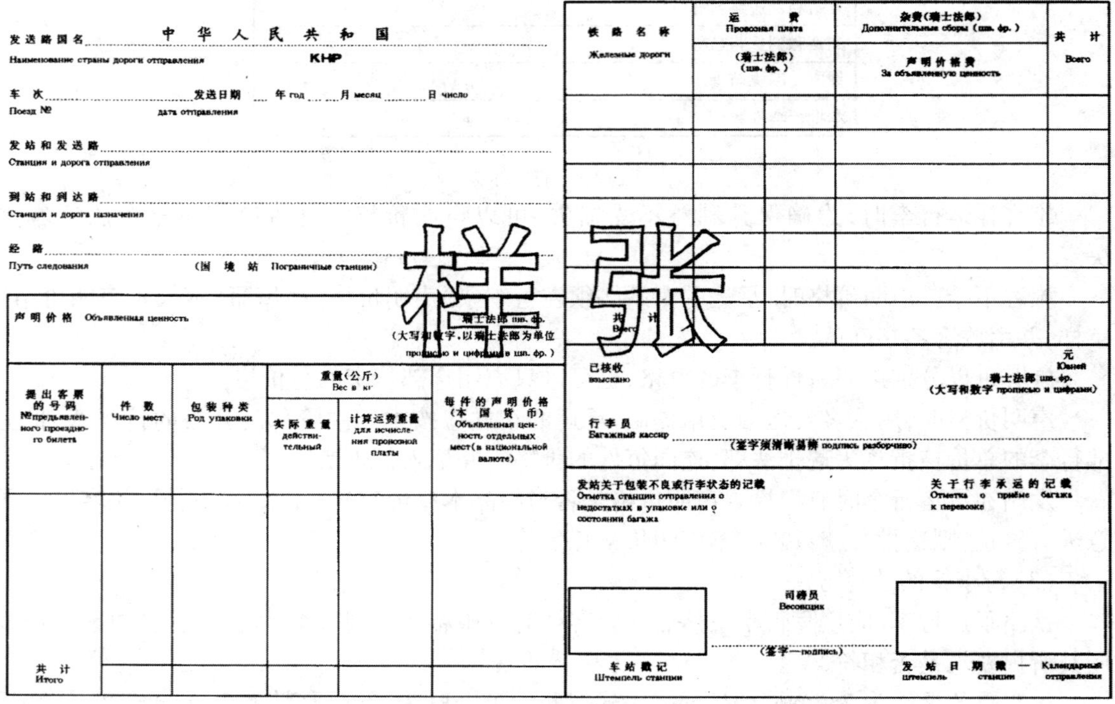

MC
中铁
КЖД/KZD

国际旅客联运
МЕЖДУНАРОДНОЕ ПАССАЖИРСКОЕ СООБЩЕНИЕ
行李运行报单
Дорожная багажная ведомость

行李票:第二联——行李运行报单
№ 000000

发送路国名 中华人民共和国
Наименование страны дороги отправления KHP

车次……发送日期……年 год……月 месяц……日 число
Поезд № дата отправления

发站和发送路……
Станция и дорога отправления

到站和到达路……
Станция и дорога назначения

经路……
Путь следования (国境站 Пограничные станции)

声明价格 Объявленная ценность
瑞士法郎 шв. фр.
(大写和数字,以瑞士法郎为单位 прописью и цифрами в шв. фр.)

提出客票的号码 № предъявленного проездного билета	件数 Число мест	包装种类 Род упаковки	重量(公斤) Вес в кг 实际重量 действительный	重量(公斤) Вес в кг 计算运费重量 для исчисления провозной платы	每件的声明价格(本国货币) Объявленная ценность отдельных мест (в национальной валюте)
共计 Итого					

铁路名称 Железные дороги	运费 Провозная плата (瑞士法郎) (шв. фр.)		杂费(瑞士法郎) Дополнительные сборы (шв. фр.) 声明价格费 За объявленную ценность	共计 Всего
共计 Всего				

已核收 взыскано 元 Юаней 瑞士法郎 шв. фр. (大写和数字 прописью и цифрами)

行李员 Багажный кассир ……(签字须清晰易辨 подпись разборчиво)

发站关于包装不良或行李状态的记载
Отметка станции отправления о недостатках в упаковке или о состоянии багажа

关于行李承运的记载
Отметка о приёме багажа к перевозке

司磅员 Весовщик ……(签字—подпись)

车站戳记 Штемпель станции

发站日期戳—Календарный штемпель станции отправления

图 12-9 国际旅客联运行李运行报单

⑥行李票不允许有任何修改或更正。

发站在行李票上填写的所有事项,均应相应记入行李运行报单和行李票存根。

填好行李票后,应在旅客的客票背面加盖“行李”字样的戳记。如果行李不是托运到客票所载的到站,而是某一中途站,还应在“行李”戳记旁边注明“行李托运至××站”。

2. 包裹承运

在保证旅客行李运送的前提下,如行李车中有空闲货位,发站可以承运包裹。

(1)包裹的包装和标记。包裹的包装要求与行李相同。

发送人托运包裹时,应将包裹上的一切旧有标记、标签等清除,并须在每件包裹上拴挂飞子。飞子可用纸板、塑料或布制成,尺寸为150mm×80mm,上面用发送国文字清楚地书写如下内容并附俄文或德文或中文译文(同中国、朝鲜、蒙古、越南铁路间运送时,飞子上的内容应用发送国文字和俄文书写):

发送人及其地址____________

领收人及其地址____________

发站和发送路____________

到站和到达路____________

上述飞子由铁路提供时,铁路可收取相应的费用。

发站承运包裹后,应在每件包裹上牢固地粘贴统一样式的铁路标签。标签的样式如图12-10所示。

MC
包裹标签
包裹票号码
发站和发送路名称
到站和到达路名称
经由（国境站）
本批包裹件数

图 12-10　包裹标签

(2)声明价格。发送人托运包裹时,必须声明价格。包裹声明价格的方法与行李相同。

发站在承运包裹时有权检查声明价格是否与物品本身价值相符。如果不符而发送人又不同意进行修正,则发站不得承运。

旅客声明价格时,铁路应按《国际客价》的规定收取声明价格费。

(3)包裹票的填写方法。发送人要求托运包裹,应首先向车站提出书面申请,写明下列主要事项:

①发送路、发站和到达路、到站名称。

②发送人和领收人及其地址。

③运送经路(即包裹应经由的国境站)。

④货物名称、件数、每件的重量和包装的种类。

⑤声明价格款额。

⑥货物出口许可证号码及填发日期,并注明许可证与何时寄往哪国的哪一个海关。如果出口许可证仍在发送人手中,则发送人应该将该证附在申请书上。运送家庭用品时,如发送国国内法令允许,可不要许可证。

车站在收到申请后,应进行核对。如果缺少出口许可证或发送人不能说明许可证寄往的海关,或者出口许可证记载的国境站与发送人提出的经由国境站不符,发站应拒绝承运。对于发送人提出的其他添附文件是否正确、齐备,发站不予负责。

车站同意承运时,给发送人开具包裹票交发送人核对,并在申请书上注明承运日期和包裹票号码。包裹的承运日期以包裹票上加盖的日期戳为准。申请书由发站留存。

旅客在收到包裹票时,应核对票面记载同其所提申请书的要求是否相符。

包裹票的尺寸为 280mm × 210mm,一式三联。第一联为包裹票,填好后交给旅客;第二联为包裹运行报单,随同包裹运至到站;第三联为包裹票存根,由发站留存并随当日报表报送上级机关。包裹票用粉色底纹白纸印制,包裹票存根用白纸印制。国际旅客联运包裹运行报单如图 12-11 所示。

包裹票用发送国文字复写填写,填写时可使用钢笔或圆珠笔,也可用打印机打印,由《国境铁路协定》规定的国境站翻译成相应国家文字。

发送人交运包裹时,发站工作人员应首先准确确定包裹的件数、单件重量及总重(kg)和包装状态。然后计算经由每一铁路的运费和杂费(声明价格费等),并填写包裹单。填写时应注意:

(1)承运属于旅客的包裹时,应在包裹票填写运送费用的空栏内记载“包裹属于持第一号客票的旅客”字样。此外,还要在旅客的客票背面加盖“包裹”字样的戳记。

(2)关于包裹出口许可证寄往哪国哪一海关的记载,应在包裹运行报单背面“其他记载”

栏注明。

(3)发站应将发送人提出的全部添附文件牢固粘贴在包裹运行报单上,并在文件上加盖车站日期戳,在运行票据上列载全部添附文件的名称。

填写包裹票的其他办法和注意事项与行李票相同。

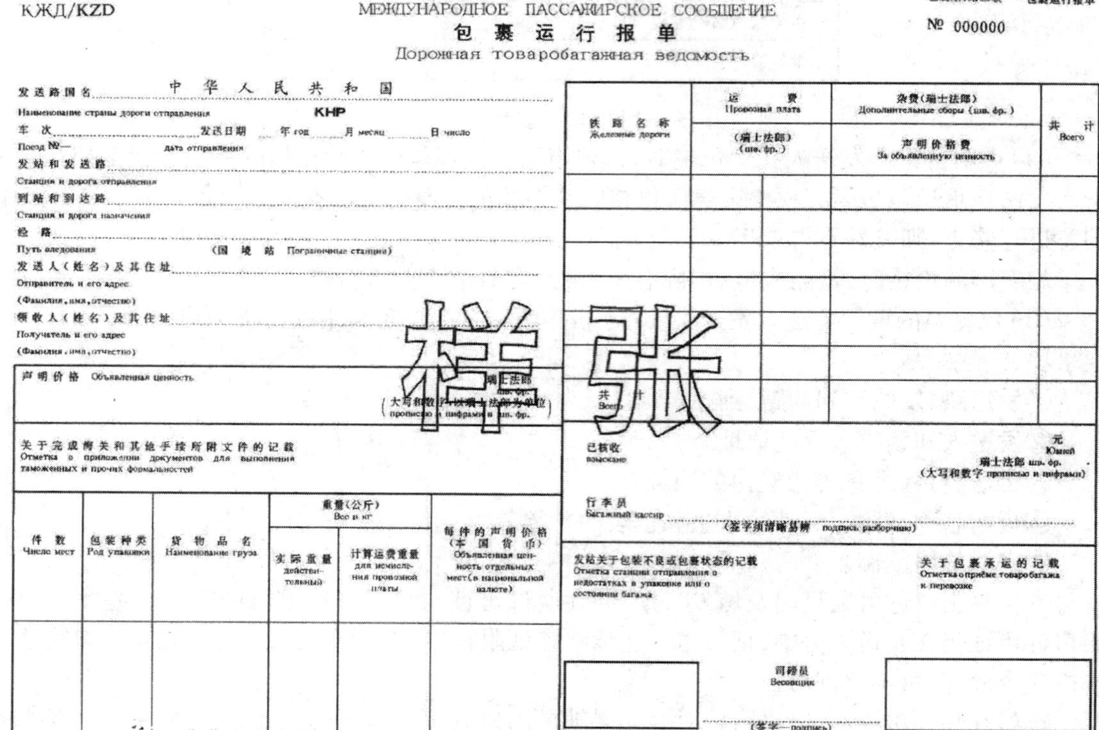

MC
中 铁
КЖД/KZD

国 际 旅 客 联 运
МЕЖДУНАРОДНОЕ ПАССАЖИРСКОЕ СООБЩЕНИЕ
包 裹 运 行 报 单
Дорожная товаробагажная ведомость

包裹票:第二联——包裹运行报单
№ 000000

发送路国名 中 华 人 民 共 和 国
Наименование страны дороги отправления KHP
车 次 发送日期 年 год 月 месяц 日 число
Поезд №— дата отправления
发站和发送路
Станция и дорога отправления
到站和到达路
Станция и дорога назначения
经 路
Путь следования (国 境 站 Пограничные станции)
发送人(姓名)及其住址
Отправитель и его адрес
(Фамилия, имя, отчество)
领收人(姓名)及其住址
Получатель и его адрес
(Фамилия, имя, отчество)

声明价格 Объявленная ценность
瑞士法郎
шв. фр.
[illegible]
прописью [illegible]

关于完成海关和其他手续所附文件的记载
Отметка о приложении документов для выполнения таможенных и прочих формальностей

件 数 Число мест	包装种类 Род упаковки	货 物 品 名 Наименование груза	重量(公斤) Вес в кг		每件的声明价格(本国货币) Объявленная ценность отдельных мест (в национальной валюте)
			实际重量 действительный	计算运费重量 для исчисления провозной платы	
		共 计 Итого			

铁路名称 Железные дороги	运 费 Провозная плата		杂费(瑞士法郎) Дополнительные сборы (шв. фр.)	共 计 Всего
	(瑞士法郎) (шв. фр.)		声明价格费 За объявленную ценность	
共 计 Всего				

已核收
взыскано
元
Юаней
瑞士法郎 шв. фр.
(大写和数字 прописью и цифрами)

行李员
Багажный кассир
(签字须清晰易辨 подпись разборчиво)

发站关于包装不良或包裹状态的记载
Отметка станции отправления о недостатках в упаковке или о состоянии багажа

关于包裹承运的记载
Отметка о приёме товаробагажа к перевозке

司磅员
Весовщик
(签字—подпись)

车站戳记
Штемпель станции

发 站 日 期 戳 Календарный штемпель станции отправления

图 12-11 国际旅客联运包裹运行报单

三 行李、包裹的托运重量

1. 行李的重量

一件行李的重量不得少于5kg,也不得超过75kg,体积和形状应不妨碍装车和卸车。

除外交人员托运行李重量不受限制外,其他旅客凭一张客票托运的行李,总重量不得超过100kg。数名旅客凭一本册页票本乘车时,上述重量标准按客票上的人数相应增加。一名旅客托运行李超过100kg时,如车内有空闲货位,车站可以按包裹办理承运。

2. 包裹的重量

一件包裹的重量不得少于5kg,也不得超过165kg,体积和形状应不妨碍装车和卸车。

四 行李、包裹的到达和交付

1. 行李的交付

(1)正常交付的手续

行李一般在行李票所载的到站交付。特殊情况下,旅客可以要求在发站或中途站领取行李,但必须提前征得铁路和海关等部门的许可。在中途站交付行李后,行李员应在旅客所持的客票背面"行李"戳记下面记载"行李已在××站交付"字样。

行李到达后,到站应在行李运行报单背面"关于行李到达的记载"栏填写到达日期和车次,在"行李到达簿顺序号码"栏记录行李到达簿顺号,然后在方框内加盖车站日期戳。

旅客凭行李票领取行李。

铁路交付行李时,应将行李票同行李运行报单进行核对,无误后收回行李票。交付行李后,在行李票和行李运行报单背面"关于交付行李的记载"栏填写"已交付"字样,并在方框内加盖车站日期戳。铁路没有义务核查提出行李票的旅客是否确是行李的所有者。

车站交付行李后,将收回的行李票和行李运行报单造表上报上级主管部门。

(2)特殊情况的交付

①行李未到。旅客要求领取行李,但行李未到时,车站应在旅客提出的行李票背面记载"行李未到"并加盖车站日期戳。

②重量多出。交付行李时发现重量多出,应编制商务记录,但不向旅客补收多出重量部分的运费。这项费用将通过本国铁路中央机关向过磅错误的国家铁路核收。

③行李票丢失。按本国铁路国内规章处理。

2.包裹的交付

包裹应在包裹票上记载的到站交付。

包裹到达后,到站应在包裹运行报单的背面"关于包裹到达的记载"栏填写到达日期和车次,在"包裹到达簿顺序号码"栏记录包裹到达簿顺号,然后在方框内加盖车站日期戳。到站应在包裹到达16h内,按到达国铁路国内规章规定的办法通知领货人。

包裹应交付包裹运行报单所载的领收人,也可以交付给持有领收人委托书的其他人,但其所持的委托书必须符合到达地现行国内规章的规定。领收人或其委托人不必提出包裹票,但需出示本人有效身份证件,如身份证、护照。

到站交付包裹时,应由领收人核收途中和到站发生的一切费用,由领收人在包裹运行报单背面签字。车站将领收人身份证件的号码等有关事项记入包裹运行报单背面相应栏内。凭委托书领取包裹时,车站还应填写委托书号码等有关事项,然后在包裹运行报单背面"关于包裹交付的记载"栏填写"已交付"字样,并在方框内加盖车站日期戳。

五 凭免费乘车证托运行李

免费乘车证分为铁组公用免费乘车证、铁组一次性私用免费乘车证和国际旅客列车(直通客车)国内段免费乘车证三种,其中凭铁组公用免费乘车证和铁组一次性私用免费乘车证可免费托运35kg以内的行李。

第四节 国际联运运送费用

在国际旅客联运中,运送费用的概念包括运费和杂费。运费指的是客票费、卧铺费、行李运费以及包裹运费。杂费包括售票手续费、签票费、行包声明价格费等。

国际旅客联运的运价货币是瑞士法郎。

一 运送费用的计算

国际旅客联运的运费按《国际客价》计算,《国际客价》由运送费用构成原则、里程表和票价表等部分组成。

在《国际客价》中,运送费用构成的基本原则是:

(1)客票费、行包费以及声明价格费要按国际联运车厢经过的每一国家铁路里程分段,依照各国铁路分别公布的票价表计算(声明价格费按统一的费率表计算),然后加总核收。在哪一国家铁路段的客票费、行包费以及声明价格费,即归该国铁路所有。

(2)卧铺费按照提供车厢并担当乘务的国家公布的票价表,对每一不换乘区段分别计算,全程加总核收,不需按各国铁路里程分段。卧铺费全部归提供车厢并担当乘务的铁路所有。

(3)一般情况下,运费和杂费都在发站核收,然后由参加运送的国家铁路中央机关之间进行清算。

在《国际客价》中,里程表由各国分别公布。每一国铁路的里程表应包括以下两部分内容:

(1)一个国境线至另一个国境线里程,用于计算过境运送时的运送费用。

(2)国境线至各联运站里程,用于计算始发、终到以及换乘运送时的运送费用。

在《国际客价》中,运费表包括以下内容:

(1)每一国铁路公布的本国铁路段客票票价表和本国铁路担当卧铺车的卧铺票票价表。

(2)每一国铁路公布的本国铁路段行包运费表。

(3)统一的行包声明价格费率表。

1. 客票费

计算国际联运客票费时,先根据旅客要求的乘车经路,在《国际客价》里程表中查出经由的每一国家铁路里程,然后按照旅客提出的车厢等级(一等车或二等车),查出各国铁路公布的相应里程和等级的客票票价,最后将各国铁路段客票加总。多名旅客乘车时,乘以旅客人数。旅客享受减成时,扣除减成数额。

[例12-1] 一名旅客乘硬卧车(二等)从北京经乌兰巴托到莫斯科,计算全程客票费。

(1)该旅客乘车径路为:北京—二连—乌兰巴托—苏赫巴托—莫斯科。

(2)从里程表中查出里程为:

①中国铁路(中国铁路里程表第二部分,二连国境线下)北京—二连/扎门乌德国境线847km。

②蒙古铁路(蒙古铁路里程表第一部分,俄罗斯同中华人民共和国之间)—扎门乌德/二连国境线—苏赫巴托,纳乌什基国境线1110km。

③俄罗斯铁路(俄罗斯铁路里程表第二部分,纳乌什基国境线下)—纳乌什基/苏赫巴托国境线—莫斯科5910km。

(3)从票价表中查出各国铁路段二等车厢客票票价分别为:

①中国铁路(847km)—28.56瑞士法郎。

②蒙古铁路(1110km)—37.13瑞士法郎。

③俄罗斯铁路(5910km)—114.08瑞士法郎。

(4)将各国铁路段客票票价加总,算出全程客票合计:

28.56 + 37.13 + 114.08 = 179.77(瑞士法郎)。

计算客票费时应注意以下几点:

(1)计算客票票价时,各国铁路里程均应从国境线起算,而不是从国境站算起。

(2)在查找里程前,一定要准确确定经路、同一车站距国境线的里程,有可能因经路不同而不同。

以俄罗斯铁路为例,扎维列日耶(俄铁)/叶泽里谢(白铁)国境线至加里宁站即有两条经路:

①扎维列日耶—列宁格勒—莫斯科—加里宁,里程为1323km。

②扎维列日耶—列宁格勒—加里宁,里程989km。

仍以俄罗斯铁路为例,从中国经绥芬河到白俄罗斯,过境俄罗斯可以有两条经路:

①格罗迭科沃(俄铁),绥芬河(中铁)国境线—乌苏里斯克—新西伯利亚—莫斯科—列宁格勒—扎维列日耶(俄铁)/叶泽里谢(白铁)国境线,过境里程为10461km。

②格罗迭科沃(俄铁),绥芬河(中铁)国境线—乌苏里斯克—新西伯利亚—莫斯科—斯摩棱斯克—克拉斯诺耶(俄铁),奥西诺夫卡(白铁),过境里程为9795km。

(3)在同一国内乘车需换乘时,客票费按总里程计算,不需分段。

例如:从北京乘车到乌兰巴托,在乌兰巴托换乘其他列车再前往莫斯科,在北京购票时,蒙古铁路段客票费仍按1110km里程计算,而不是分别计算所门乌德—乌兰巴托和乌兰巴托—苏赫巴托的客票票价再加总。

又如:在平壤购票到郑州,旅客需在北京换乘,这时中国铁路段的客票票价应按丹东国境线—郑州的里程计算,而不是分别计算丹东—北京和北京—郑州的票价再加总。

(4)在计算国际联运客票票价时,只能使用《国际客价》公布的里程表,而不能使用以其他方式公布的里程表,如各国的国内客运里程表等。

(5)在对于《国际客价》里程表中没有列载,但位于国际列车运行经路上,而且可以办理旅客乘降的车站(非国际旅客联运站),旅客要求在这些车站下车时,只能发售给旅客到前方最近的一个联运站的车票,并按此计算票价。

2. 卧铺票

旅客乘坐卧铺车时,需购买卧铺票,计算卧铺费时,先要明确旅客所乘的车次和经路,途中是否必须进行换乘以及换乘地点、每一并不换乘区段担当车厢的铁路以及车厢的等级等,然后在里程表中查出每一不换乘区段的里程,在票价表中查出相应铁路担当卧铺车的卧铺票票价,最后将各不换乘区段卧铺费加总。多名旅客乘车时,乘以旅客人数。

[例12-2] 一名旅客从北京乘5次经凭祥、同登前往河内,假设该铁路在中国铁路段乘软卧车(1/4),在同登站换乘越南铁路硬卧车(2/4),计算步骤如下:

(1)首先确定旅客换乘区段。由于中越两国铁路轨距不同,国境站又没有换轮条件,根据《中越国境铁路协定》规定,旅客必须在同登站(越铁)换乘。

(2)在里程表中查出每一不换乘区段里程。

北京—同登2799km(北京—凭祥/同登国境线)+5km(同登/凭祥国境线—同登站)=2804km。

同登—河内162km。

(3)从票价表中查出每一不换乘区段担当卧车(1/4)卧铺费。

北京—同登(2804km)中国铁路软卧车(1/4)卧铺费40.00瑞士法郎。

同登—河内(162km)越南铁路硬卧车(2/4)卧铺费4.00瑞士法郎。

(4)将各不换乘区段卧铺费加总,算出全程卧铺费。

40.60 + 4.00 = 44.60(瑞士法郎)

计算卧铺费时应注意:

(1)计算卧铺费的里程按每一不换乘区段分段,而不按国境线分段。

(2)卧铺费没有减成。

例如:从北京乘中国铁路担当的3次国际旅客列车前往莫斯科,计算卧铺费的里程为847 + 1110 + 5910 = 7867(km)。在中国铁路票价表中查出卧铺费为55.30(2/4)、72.10(1/4)和144.20(1/2)瑞士法郎。

3. 行李、包裹运费

计算国际联运行李、包裹运费时,先根据发送人提出的经路和到站,在《国际客价》里程表中查出经由的每一国家铁路里程,然后从各国铁路公布的行李、包裹运费表中查出相应里程下每10kg行李或包裹的运费,再乘以该批行李或包裹总重量的10kg倍数,最后将各国铁路段运费加总。

[例12-3] 发送人要求从北京托运一批包裹到平壤,总重量为800kg,计算包裹运费。

(1)确定该批包裹的运送经路为北京—丹东(中铁),新义州(朝铁)—平壤。

(2)从里程表中查出里程为:

中国铁路(中国铁路里程表第二部分,丹东国境线下)—北京—丹东国境线1120km。

朝鲜铁路(朝鲜铁路里程表新义州国境线下)—新义州国境线—平壤227km。

(3)从行李、包裹运费表中查出中、朝两国铁路段包裹每10kg运价率,乘以包裹总重量10kg的倍数,算出运费分别为:

中国铁路(1120km):4.88 × 80 = 390.4(瑞士法郎)。

朝鲜铁路(227km):0.87 × 80 = 69.6(瑞士法郎)。

(4)将两国铁路段运费加总,算出全程运费合计:

390.4 + 69.6 = 460.0(瑞士法郎)。

计算行李、包裹运费时,应注意以下几点:

(1)对1000kg以内的包裹和任何重量的行李,重量尾数不足10kg的部分,一律进整为10kg;对重量超过1000kg的包裹,重量尾数不足100kg的部分,进整100kg。

例如:票据记载包裹实际重量842kg,记费重量应为850kg;票据记载行李实际重量72kg,计费重量应为80kg;票据记载包裹实际重量为2480kg,计费重量应为2500kg。

(2)每批包裹在每一国家铁路段的运费,不应低于0.6瑞士法郎,不足0.6瑞士法郎时,按0.6瑞士法郎计算。

(3)一名旅客托运的行李(包括外交人员行李)总重量超过400kg时,全部物品应按包裹办理并按包裹计算运费。

(4)对下列特殊物品,有包装时,按实际重量收费;无包装时,按以下重量标准计算运费:

①一副滑雪板(含滑雪杖),按10kg计算;一捆若干副滑雪板,按每副10kg计算。

②自行车、儿童手推车、自摇式或手推式轮椅、转动圈椅、折椅、自动小车和长度不超过3m的体育用具,按每件20kg计算。

③装有发动机的自行车和轻便摩托率,按每件20kg计算。

④小型摩托脚踏车,按每辆80kg计算。

⑤无斗摩托车,按每辆150kg计算。

⑥带斗摩托车,按每辆200kg计算。

4. 杂费

在国际旅客联运中，除运费外，有时还产生杂费。杂费主要包括售票手续费、签票费和声名价格费等。

(1)售票手续费。售票手续费包括两部分：客票中统一包含的部分和各国铁路各自规定的部分。

《国际旅客联运和国际铁路货物联运清算规则》统一规定，将客票费的5%作为售票处的收入。各售票处向上级机关缴款以及各国铁路中央机关相互清算时，将这一部分扣除。

除此之外，各国铁路还可以在规定的票价之外加收一定的手续费，以抵补售票处，特别是代理发售铁路车票的旅行社售票处的支出。如我国铁路总公司和国家计委批准的旅行社代理售票手续费标准为国际列车50元/人，国际列车国内段乘车25元/人。

(2)签票费。售票处在办理中转、返程票和往返票签证手续时，可以收取签票费。签票费标准由各国铁路确定。我国铁路还规定对持铁组一次性私用免费乘车证的旅客，在办理签票时要收取签票费200元/人。

(3)声明价格费。国际旅客联运中，行包不办理保价运输，只办理声明价格。行包发送人声明价格时，应支付声明价格费。声明价格费取决于运送里程和行包的声明价格款额，其标准在《国际客价》中统一规定。

声明价格费对经由的每一国家铁路分段计算。因此在计算声明价格费时，首先要确定经由的每一国家铁路里程。声明价格不足150瑞士法郎，可以根据每一国家铁路的运送里程直接在声明价格费率表中查找；声明价格超过150瑞士法郎时，先要将声明价格为150瑞士法郎的费率，乘以声明价格款额中所包含的150瑞士法郎的整倍数，然后再加上余数的费率。

[例12-4] 一批行李(或包裹)从乌鲁木齐托运到阿拉木图，声明价格为150瑞士法郎，计算其声明价格费。

①确定该批行李(包裹)的运送经路为：乌鲁木齐—阿拉山口(中铁)/德鲁日巴(哈铁)—阿拉木图。

②从里程表中查出里程为：中国铁路(中国铁路里程表第二部分，阿拉山口国境线下)—乌鲁木齐—阿拉山口国境线481km。

哈萨克斯坦铁路(哈萨克斯坦铁路里程表第二部分，德鲁日巴国境线下)—德鲁日巴国境线—阿拉木图861km。

③将声明价格款额分解成150瑞士法郎的整倍数和余数：$500 = 150 \times 3 + 50$。

④查出中、哈两国铁路段声明价格费：

中国铁路(481km)：$3 \times 0.23 + 0.09 = 0.78$(瑞士法郎)。

哈萨克斯坦铁路(861km)：$3 \times 0.41 + 0.17 = 1.40$(瑞士法郎)。

全程声明价格合计：$0.78 + 1.40 = 2.18$(瑞士法郎)。

计算声明价格时应注意：每批行李或包裹在每一国家铁路段的声明价格费，不应低于0.03瑞士法郎；不足0.03瑞士法郎时，进整至0.03瑞士法郎。

二 运送费用的核收

办理国际旅客联运的车站和售票处，必须向旅客公布运价规程的基本内容，包括票价和运、杂费收费标准等。遇到率费调整时，票价和运费按购票承运当日的现行费率计算。

铁路在制定和公布运价规程时，应对所有旅客一视同仁。

国际旅客联运的运送费用，一般在发站一次性核收，然后由有关铁路中央机关之间进行清算分配。

国际联运的计价货币为瑞士法郎。计算以瑞士法郎计价的客票票价、行包运费和杂费时，得出的每一国家铁路的总款额保留小数点后两位，第三位四舍五入。

车站和售票处收取费用时，应将以瑞士法郎计价的全部运送费用，按照付款当地当日的折算率折算成发送国货币，向旅客核收。我国铁路执行由铁路总公司财务司不定期公布的折算率，折算成人民币时，先将每张票据上的一名旅客的票价折算成人民币，再乘以人数，得出每张票据款额，最后将所有票据款额加总，向旅客核收。国际联运客票和卧铺票的款额以元为单位，不足1元的尾数一律进整至元；行包运费和杂费的款额以角为单位，角以下四舍五入。

我国铁路担当的国际旅客列车和直通客车在运行途中补收费用时，按《国际客价》计算并收取瑞士法郎。旅客支付其他可兑换外币时按发车前一日中国银行公布的现钞买入价将瑞士法郎折算成人民币，然后再折算成旅客所支付的外币核收。

习题

一、填空题

1. 国际联运卧铺票中特别记载栏，我国填记(　　)。
2. 国际联运中，中铁的简称代号是(　　)。
3. 国际联运册页票本的有效期：单程票为(　　)，往返票为(　　)。
4. 国际联运旅客免费携带品的重量规定：成人(　　)kg，儿童(　　)kg。
5. 国际联运旅客免费携带品的外部尺寸(即长、宽、高相加之和)不得超过(　　)cm。

二、判断题

1. 国际联运的册页票本含票皮和票页，其中票页由客票、卧铺票和补加费收据组成。(　　)
2. 国际联运中的补充册页客票经由栏，主要填写入境国的国境站。(　　)
3. 国际联运旅客乘坐中国担当的旅客列车，当册页票本使用完毕后，由列车员负责收回。(　　)
4. 国际联运中外交人员托运行李重量不限，并对其全部重量均按照行李计价。(　　)
5. 国际联运中计算卧铺费的里程应按照国境线分段。(　　)

三、简答题

1. 目前，参加国际铁路联运采用《国际客价》的国家有哪些？
2. 我国铁路的旅客联运站及国境站有哪些？
3. 国际铁路联运中乘车票据有哪些？
4. 关于国际联运减价票及旅客随身携带品有哪些规定？
5. 国际联运行李、包裹的运送条件是如何规定的？

参 考 文 献

[1] 中华人民共和国铁道部.铁路客运运价规则[M].北京:中国铁道出版社,1997.
[2] 中华人民共和国铁道部.铁路旅客运输管理规程[M].北京:中国铁道出版社,1997.
[3] 中华人民共和国铁道部.铁路旅客运输办理细则[M].北京:中国铁道出版社,1997.
[4] 中华人民共和国铁道部.铁路旅客运输管理规则[M].北京:中国铁道出版社,1994.
[5] 中华人民共和国铁道部.铁路旅客运输组织工作办法[M].北京:中国铁道出版社,1994.
[6] 中华人民共和国铁道部.铁路客运调度工作规则[M].北京:中国铁道出版社,1994.
[7] 中华人民共和国铁道部.铁路旅客计划运输组织工作办法[M].北京:中国铁道出版社,1994.
[8] 中华人民共和国铁道部.客运规章汇编[M].北京:中国铁道出版社,1999.
[9] 中华人民共和国铁道部.国际旅客联运补充规定[M].北京:中国铁道出版社,1996.
[10] 铁道部运输局.客运员[M].北京:中国铁道出版社,2004.
[11] 铁道部运输局.售票员[M].北京:中国铁道出版社,2004.
[12] 铁道部运输局.列车员[M].北京:中国铁道出版社,2004.
[13] 谢立宏,王建军.铁路客运组织[M].成都:西南交通大学出版社,2013.
[14] 王越.铁路客运组织[M].北京:人民交通出版社,2013.
[15] 彭进.铁路客运组织[M].北京:中国铁道出版社,2012.
[16] 杜文.旅客运输组织[M].成都:西南交通大学出版社,2008.
[17] 周平.铁路旅客运输服务[M].北京:中国铁道出版社,2009.
[18] 王甦男,贾俊芳.旅客运输[M].北京:中国铁道出版社,2010.
[19] 邓岚.高速铁路客运组织与服务[M].北京:中国铁道出版社,2011.